KB265733

유교, 기독교
그리고
페미니즘

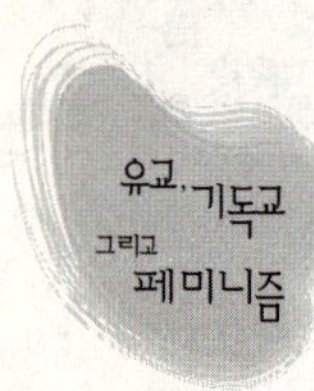

초판 1쇄 인쇄 2003. 1. 23
초판 1쇄 발행 2003. 1. 27

지은이   이은선
펴낸이   김경희
펴낸곳   (주)지식산업사
주소   서울시 종로구 통의동 35-18
전화   (02)734-1978(대)
팩스   (02)720-7900

인터넷한글문패 지식산업사
인터넷영문문패 www.jisik.co.kr
전자우편 jsp@jisik.co.kr, jisikco@chollian.net

등록번호 1-363
등록날짜 1969. 5. 8

책값 18,000원

이 책을 읽고 지은이에게 문의하고자 하는 이는 지식산업사 e-mail로 연락 바랍니다

유교, 기독교 그리고 페미니즘

이은선 지음

지식산업사

책을 내며

이 책이 나오기까지 많은 시간이 걸렸다. 이미 재작년부터 시작된 일이었지만 올해의 초가 되어서야 빛을 보게 되었다. '유교'와 '기독교', 그리고 '페미니즘'은 필자에게 항상, 그리고 또다시 반복해서 돌아오는 주제이다. 유교와 기독교 사이의 대화에서 출발하여 거기에 현대 페미니즘적 시각이 보태어졌을 때 어떠한 새로운 삶의 실천원리들이 얻어질 수 있을까가 필자의 주된 관심사였다.

1편은 유교와 기독교 사이의 대화이다. 유교의 내재신관적인 초월성을 바탕으로 여전히 형이상학적이고, 이원론적이며, 그래서 배타적인 기독교의 신론과 기독론, 성령론 등을 재구성해 보려고 하였다. 유목문화의 자연환경 속에서 지극히 초월적인 유신론을 전개시켜왔으며, 그로부터 배타적인 그리스도의 상을 발전시켜온 기독교의 모습이 오늘의 다원적 상황 속에서 그렇게 잘 기능하지 못한다고 보았기 때문이다.

이 책에서의 유교해석은 기독교신학에서부터 출발하여 유교와 대화해 온 것이다. 따라서 유교를 한 단독자 개인이 끊임없는 자기단련(self-cultivation)을 통해서 자신의 내면 속에서 초월을 실현해 가는 과정으로 보았다는 점에서 매우 종교적이고 개인주의적인 해석이 되었을 것이다. 그러나 한편으로는 자기 아들(鯉)의 죽음에 대해서도 말하고, 사랑하는 제자 안회가 죽었을 때 장례비 마련 등의 문제로 고민하던 공자의 인간적인 모습과 견주어서 예수를 생각하고 기독교의 전개를 살펴보았기 때문에 이 책의 기독교 이해는 매우 인간적이고 역사적인 것이 되었을 것이다. 그러나 나는 이 두 가지야말로 오늘날 유교와 기독교가 진정으로 서로에게 배워야 하는 점이라고 생각한다.

깊은 종교적인 차원을 상실하고 단지 어떤 정치체계나 도덕체계 이론쯤으로 전락하여서 생동력을 잃은 유교는, 공자나 왕양명을 비롯한 종교적인 신유교 사상가들의 가르침과는 다르다고 생각한다. 공자는 밤에 자다가도 천둥과 번개가 심하게 치면 일어나 앉아서 옷매무새를 바로 하고 하늘의 뜻을 들으려고 노력했다. 그리고 제사 지내는 데 쓰였던 음식은 한치의 헛된 손실도 허락하지 않았다고 한다. 또한 이 책에서 반복해서 언급하며 그 뜻을 밝히려고 노력했던 공자와 왕양명 등은 매우 뛰어난 종교적 영웅이었다. 그들은 여기 이 세상의 것을 철저히 인정하는 가운데 초월의 계시가 바로 인간과 삶 속에서 이루어진다고 보았다. 이러한 유교의 내재적인 초월성은 기독교의 탈세상성과 배타적인 그리스도주의, 교회중심주의를 개선할 수 있는 근거가 된다고 보았다. 그리하여 이들의 대화를 한국의 기독교가 성심껏 이루어내야 하는 작업이라고 보았다.

이렇게 시도된 유교와 기독교 사이의 대화는, 그것을 시도하는 필자가 '여성'이고, 특히 현대 페미니즘과 관계한다는 점에서 또 다른 차원으로 확장된다. 즉 현대 페미니스트의 시각을 가지고 전통의 유교와, 기독교를 보았을 때 그들의 모습이 어떻게 다르게 나타날 수 있을까가 탐색되었다.

2편은 필자가 지난 1990년대 기독교 여성신학자로서, 또한 종교적 페미니스트로서 전통의 유교를 새롭게 보고자 한 시도들을 모은 것이다. 이런 시도 속에서 서구 기독교 여성신학자들이 오늘의 페미니즘적 시각에서 전통의 가부장적 기독교를 새롭게 구성하는 여러 시도들이 시사가 되었다.

모두 주지하듯이 한국에서 페미니스트로서 유교 전통과 만나는 일은 쉽지 않다. 왜냐하면 지금까지 한국여성들의 질곡과 한이 특히 유교 전통과 관련이 있기 때문이다. 따라서 페미니스트라면 유교 전통과 관계를 맺을 수 없다고 생각되었기 때문이다. 그러나 필자는 이 일을 해보고 싶었고, 또한 적극적으로 해보고 싶었다. 그래서 위에서 밝힌 대로 오늘날 우리 시대에서 유교의 역할을 여전히 긍정하고 있는 필자로서는, 유교와 페미니즘에 대한 새로운 이해의 틀을 찾게 되었다.

그 새로운 이해의 실마리를 유교에서는 그의 '종교성'(religiosity)을 강조하는 데서 찾았고, 페미니즘에서는 인간의 性에 대한 이해를 좀더 장기간의 역사 진행의 과정 안에서 이해해 보는 일을 통해서 찾았다. 즉 '생명역사 진화적' 시각으로 인류의 가부장주의와 성 역할, 그리고 오늘날의 성 해방과 결혼, 가족제도 등을 좀더 긴 기간의 역사적 변화의 과정 안에서 진화해 온 것으로 보는 것이다. 이 이야기는 페미니즘 쪽에는 지금까지 여남불평등적 상황의 시대적 한계와 제약을 인정하자는 제안이고, 유교 쪽에는 오늘의 또다시 변화된 상황을 인지시켜 과거의 성차별적 모습을 고정된 실체로 보지 않도록 하는 촉구이다.

그러나 이러한 시각은 매우 전체주의적으로 보이고, 그러한 비판도 많이 받았다. 그러나 필자는 종교의 포기할 수 없는 역할이란 한 개인의 삶뿐만 아니라 역사에서도 전체적인 조망과 통합적인 의미를 지시해 주는 일이라고 생각한다. 오늘의 과학과 분석의 시대에도 이것을 포기해서는 안 되며, 포기했을 때 우리의 삶이란 지속될 수 없다고 보기 때문이다.

현대 페미니즘을 통해서 우리는 우리의 몸을 더욱더 우리 인식과 가치의 기초로 보게 되었다. 그런데 요즘 이 기초를 지나치게 물질주의적으로(쾌락주의적으로) 해석하고 적용하여 이 몸이 다시 위기에 빠지게 되었다. 그리하여 오늘날 우리는 이러한 물질주의와 정신주의 적용의 양극성을 넘어서는 새로운 몸 관리 방법이 필요하게 되었다. 그런 의미에서 전통의 유교란 거기서의 성차별적인 적용만 뺀다면 우리의 '몸'[性]을 하늘의 '도'[理]로 만들려는 시도이므로 오늘날의 우리에게도 의미를 줄 수 있다고 생각한다. 오늘날 우리 모두는 이 둘 사이의 관계를 어떻게 잘 맺을 수 있을까를 탐색하는 과정에 있기 때문이다. 즉 우리 몸의 요구가 자연스럽게 우리 삶의 건강한 질서원리가 되어서 갈등과 억압 대신에 더욱더 커다란 화합과 생명의 피어남을 기대하는 일이다.

유교 전통은 한국의 여성들로부터 어떤 다른 전통보다도 더 심하게 여성들을 억압했고, 성차별적이었다고 비판받는다. 그러나 나는 이러한 비판을 일면 수긍한다. 하지만 위에서도 지적했듯이 거기에는 더욱 포괄적이고 근원적인 의미도 함께 있었다는 것을 지적하고 싶다. 즉 인간 삶을 좀더 장기적인 생명역사 진화의 관점에서 보면, 그 기간은 몸의 혹독한 훈련기간이었고, 교육기간이었다고 할 수 있다는 것이다. 그러나 이와 동시에 오늘날 유교측도 이제 인간 삶의 상황이 다시 변화했음을 빨리 받아들여야 한다. 우리들의 몸과 성은 이제 더 이상 우리의 운명이 아니게 되었다. 그리하여 우리 몸의 性적 차이를 가지고 한 사람의 역할이나 지위를 구분해서는 안 된다는 것이다.

이렇게 전통적 풍토에서 그동안 견원지간이었던 유교와 페미니즘을 만나게 해서 오늘을 사는 모두를 위해서 의미를 줄 수 있는 새로운 몸프로젝트의 비전을 주는 것이 한국적 페미니즘의 역할이라고 생각한다. 그것은 한편으로 그동안 페미니즘 연구에서 많이 간과되었던 종교적이고 생명역사적인 이해와 전망을 더욱 활성화시키는 일이기도 하다.

3편은 이상에서 드러난 대로 오늘날 종교가 좀더 수행적인 성격을 가져야 한다는 입장에서 유교의 수행적이고 인간교육적인 특성을 드러내보려는 것이다. 이것은 유교의 평생교육적이고, 우리의 전 삶과 일생의 모든 과정을 넓은 의미의 교육기간으로 보는 인간교육사상을 다시 부각시키려는 것이다. 이러한 일은 우리 삶 자체를 위해서만이 아니라 오늘의 형식적인 학교교육을 위해서도 의미 있다. 왜냐하면 오늘날, 넓게는 우리의 인생과, 좁게는 우리의 교육이 그 진행 방향과 목표에 대한 감각을 잃어버리고 흔들리고 있으며, 방향을 잃고 혼란 속에 빠져 있기 때문이다. 그런데 어떤 이는 오늘과 같이 큰 담론 해체의 시대에 다시 무슨 목표를 이야기하며, 미래를 전망하고, 약속을 말하느냐고 할지 모른다. 하지만 나는 우리가 삶에서 목표를 잃어버리고 중심을 잃어버렸을 때는, 인간성을 잃는 것이고 모든 것을 엉망으로 만들어 버리는 것이라는 사실을 상기시키고 싶다. 그래서 다시 중심을 이야기하고, 목표를 말한다.

그러나 동시에 그 중심과 목표들이 예전처럼 지금 여기로부터 떨어져서 탈세상적으로, 철저히 과정목표 분리적으로 되어서는 아무런 설득력과 실천력을 가지지 못한다는 것도 말하고 싶다. 유교의 가르침은 다시 여기에서 道를 찾는 것이고, 일상의 모든 삶을 교육목표 실현의 장으로 보는 것이다. 그래서 유교에서는 목표와 과정의 순환, 정신과 몸 단련의 하나됨, 공적 영역과 사적 영역의 조화를 말한다. 인간의 일생에서도 단지 일정한 기간으로 구분된 형식적 교육기간만을 이야기하는 것이 아니고, 일생의 전 기간을 교육기간으로 본다. 그래서 결국 우리들의 삶은 누구나 그 남녀노소, 신분이나 학력, 재산의 많고 적음의 차이를 떠나 '성인지도'(聖人之道)의 과정이 된다.

이상과 같이 세 영역으로 나누어서 오늘 우리의 삶 속에서 다시 유교의 의미를 찾으려고 했다. 하지만 그렇다고 해서 전통유교의 오류와 한계에 눈감으려 했던 것은 아니다. 누구도 부인할 수 없듯이 우리 민족은 한 기간 동안 완강하게 유교를 거부해야 했으며, 그것의 폐해와 오류를 철저히 되새기면서 비판해야 했다. 그것이 19세기 후반부터 20세기까지의 우리 모습이라고 생각한다.

그러나 오늘날은 상황이 많이 변했다고 본다. 과거의 유교 전통을 버리고 철저히 기독교인으로, 서구적 페미니스트로서, 그리고 대단히 이원적인 서구 역사의식을 가진 자로 살다보니 그것들이 기능을 제대로 발휘하지 못하는 측면들을 경험하게 된 것이다. 그래서 다시 '온고이지신'(溫故而知新)으로 과거의 전통을 되돌아보았을 때, 오늘날 달라진 상황에서 새롭게 적용될 수 있는 귀한 것들을 많이 발견할 수 있었다는 것이다. 그러나 다시 과거로 돌아가자는 것은 아니다. 또한 그럴 수도 없다. 그리고 우리들은 이미 너무나 서구적 자아에 동화되어 오히려 과거 우리의 유교 전통이 타자가 되어버렸는지도 모른다. 그래서 이번의 시도는 서구적 자아가 유교적 타자를 껴안으려는 것이라는 표현이 더 적절한지도 모르겠다. 적어도 이 책에서는 그렇다.

필자는 인류의 어느 전통도 그 나름의 진리를 가지고 있지 않은 것이 없다고 생각한다. 그리고 그 진리란 하늘에서 그냥 뚝 떨어진 것이거나 단시일에 이뤄진 것이 아니라 장기간에 걸쳐서 그것과 관계했던 수많은 사람들의 고통과 수고를 통해서 영글어진 것이라고 본다. 순수하고 견고하게 영근 것일수록 더욱더 오랜 기간 인간의 삶을 이끌고 지지할 수 있다고 생각하는데, 필자가 보기에 유교가 그렇다. 그래서 유교 전통은 결코 단숨에 폐기해 버릴 것이 아니다.

또한 필자는 지난 세월 동안 이러한 일들 가운데서 삶의 짐을 졌던 많은 사람들의 수고와 고생들이 묻혀서 나중에라도 바르게 평가되지 않은 것이 너무 안타깝다. 특히 여성들의 삶은 많은 경우가 그랬다. 그래서 그들이 가졌던 시대제약적인 한계를 벗기고 그들 인간성의 정수와 고귀한 정신성을 드러내고 싶은 것이 이 책을 통한 필자의 소망이다.

이 책이 나오기까지 많은 분들의 도움이 있었다. 스위스의 부리 선생님 내외분, 돌아가신 변선환 박사님, 물론 나에게 피와 살을 주시고 정신까지 주셨던 아버지 이신(李信) 박사와 어머니 정애 여사, 그리고 우리를 위해 희생하신 시어머니 김재수 여사, 남편과 아이들의 수고, 또한 이렇게 서로 연결이 잘 되지 않는 것을 연결시키려는 노력 속에서 필자의 속마음과는 다르게 상처를 주게 된 주위의 지인들과 학인들 모두에게 감사를 드리고 용서를 구한다. 또한 성균관 대학교의 유승국 선생님과 이동준 선생님을 포함한 여러 선생님들, 그리고 필자의 조교들, 모두에게 감사하고 싶다. 여기에는 어려운 상황에서도 출판을 맡아주신 지식산업사와 편집부의 전소영 씨도 포함된다. 아무쪼록 이 책의 출판이 우리 삶에서 더 많은 대화와 행위를 불러왔으면 좋겠다. 한나 아렌트의 지적대로 말과 행위야말로 인간의 일이고, 여기에서만이 인간의 위대성이 참으로 드러나기 때문이다.

2003년 1월 이은선

책을 내며

1편 유교에서 본 기독교, 기독교에서 본 유교

2편 유교적 페미니즘, 페미니즘적 유교

3편 유교에서 본 오늘, 오늘에서 본 유교

1편

유교에서 본 기독교,
기독교에서 본 유교

1장 유교와 기독교 - 그 만남의 필요성과 의미

1. 시작하는 말

《뜻으로 본 한국역사》의 지은이 함석헌 선생은 그의 책 마지막에서 지금까지의 우리 역사를 '갈보'의 역사로 평하였다. 동시에 주체적이지 못하고 시대마다 그때그때 전래된 사상에 따라서 철저히 변해버리는 우리의 모습을 갈보의 그것에 비유했다.[1] 기독교가 중국을 통해 전래된 뒤 200년이 지나고 있는 요즈음, 우리나라는 아시아의 그 어느 나라에서도—오랫동안 서양의 식민지였던 필리핀을 제외하고—유례를 찾아보기 힘들 정도로 기독교 국가가 되었다.

그러나 한민족의 역사는 바로 19~20세기부터 시작된 것이 아니다. 그럼에도 우리들 대부분은, 특히 그 가운데서도 한국의 기독교인들은 자신들의 문화 전통과 단절된 채 마치 고아와 같은, 아니면 지금 막 부자가 되어서 바로 산 새옷으로 화려하게 치장은 했지만 그것을 벗겨보면 아무것도 내놓을 것이 없는 그런 모습들을 하고 있다. 이러한 '식민지 기독교인'의 모습을 반성하면서 유교와 기독교의 만남을 시도해 보려고 한다.

기독교가 전래되기 이전 우리 조상들의 정신세계는 유·불·선 삼교를 주로 하여 형성되었다. 특히 유교는 조선왕조가 그 치국이념으로 삼으면서 나라의 중심이념이 되었다. 그래서 우리나라에서 맨 처음 기독교와 만난 사람들은 유학자들이었다. 이렇게 보았을 때 유교와 기독교의 대화는 그 어떠한 종교 사이의 대화보다도 더 필요한 문제이다. 또한 이들의 창조적인 만남이야말로 동아시아 전통과 서양 전통의 만남의 정수를 보여주는 것이라 하겠다.[2]

중국계 여성신학자이면서 철학자인 줄리아 칭(Julia Ching)도 지적하기를, 이제까지 기독교 신학자들이 불교에 대한 관심 때문에 유교와 대화하기를 소홀히 해왔는데, 오히려 유교야말로 그 '윤리적 관심'(ethical concern) 때문에 기독교와 더 잘 관계될 수 있다고 했다.[3] 1583년 중국 땅에 첫발을 내딛은 예수회 신부 마테오 리치(Matteo Ricci, 1552~1610)도 선교를 위해 처음에는 불교승처럼 차려 입고 불교의 용어를 빌려 기독교복음을 전파하려 했다. 그러나 그는 얼마 안 되어 중국인들 본래의 정신과 관심은 유교에 있다는 것을 깨닫고, 곧 그 차림을 바꾸고 유교를 공부하면서 그들과 대화를 시작하였다고 한다.[4]

우리나라의 상황도 이와 다르지 않다. 그러나 유교와 대화하는 데서 끊임없이 제기되는 문제는 유교가 과연 종교인가라는 것과, 단순히 철학과 윤리의 차원에 한정된 것이 아닌가라는 것, 그리고 오히려 외형적으로 뚜렷하게 종교의 모습—승려가 있고 사찰이 있는 등—을 가지고 있는 대화가 더 의미 있는 것이 아닌가라는 물음들이다. 이 물음에 대해 동아시아의 정신세계를 더욱더 근원적이며 포괄적으로 이끌어 온 유교의 정신 속에서 그 나름의 독특한 영성과 초월성을 밝혀 내고, 또한 그것이 오늘날에도 여전히 역할을 하고 있다고 보면서, 이제 특히 한국인에게는 더 이상 외래정신이 아닌 기독교의 복음을 이해해 보려는 시도가 유교와 기독교의 대화이다. 그러한 대화에서 줄리아 칭은 유교를 하나의 '세속적 종교'(a secular religion)로 보았다.[5]

그러나 이러한 대화의 요구는 오늘날 포스트모던의 시대, 종교다원주의의 시대, 그리고 '기독교이후'(postchristian)와 '신 죽음 이후'의 시대에 더 이상 우리 아시아 기독교인들에 의해서만 제기되는 문제는 아니다. 오늘날 서구 현대주의가 비판받고, 그것의 정신적 지주였던 그리스-로마적 기독교 세계관이 뿌리째 흔들리고 있는 까닭에, 서구인들은 이제 더 이상 자신들 종교의 배타적 절대성과 우월성을 주장할 수 없게 되었다. 그래서 오늘날의 책임 있는 기독교 신학자들은 기독교가 맨 처음 그리스-로마의 정신세계와 만났을 때처럼, 그리고 중세의 오랜 잠을 깨고 현대 과학정신과 만났을 때와 같이, 오늘날 세계의 다양한 문제들과 동양종교들의 등장 앞에서 자신을 새롭게 규정해 나가기를 바란다.[6] 기독교의 정체성이 이러한 주변과 적극적으로—자기비판적이고 또한 상대방을 변화시키는—대화하는 데 있다고 하겠다.[7] 그래서 오늘날 종교들 사이의 대화를 통한 기독교의 자기갱신은 사활을 건 중대한 관건이 된다.

이상과 같은 문제의식을 가지고 우리는 유교와 기독교 사이의 대화를 시도해 보려 한다. 그러기 위해서 먼저 중국과 우리나라에서 이제까지 행해졌던 만남의 과정을 아주 개괄적으로 더듬어 보면서 그 가운데서 드러난 대화의 중심 관건들을 세 가지로 정리해 볼 것이다. 다음으로는 앞에서 드러난 중심 주제에 따라 16세기 중국에서 자신의 급진적인 초월경험[心卽理]에 근거하여, 당시의 건조한 합리주의적 주자(朱子) 철학에 반기를 들고 일어난 양명(陽明)의 사상이 어떻게 종교적으로 이해되면서 오늘날 기독교이후 포스트모던 시대에 새롭게 요구되는 기독교 신학과 만날 수 있는지를 살펴볼 것이다. 마지막 절에서는 이 대화에서 얻어진 관점들을 오늘날 우리 시대에 필요한 새로운 영성을 위해 의미지어 보려고 한다. 이것은 곧 여기서 얻어진 결론들을 두 전통들 사이의 '서로 자극하며 서로 보완하는' 관계에서 파악하면서, 그것을 우리 시대의 한 대안적 영성의 모습으로 제시해 보려는 것이다.

2. 유교와 기독교가 만나는 과정에서 드러난 세 가지 대화 관건들

기독교와 중국 종교들과 대화를 시도하면서 독일 신학자 한스 큉(H. Küng)은 먼저 세계의 종교들을 세 개의 커다란 무리[群]로 묶었다. 첫 번째는 셈족 계통의 '예언자 종교'로서 유대교, 기독교, 이슬람교를 포함하고, 두 번째는 힌두교나 불교, 마니교 등을 포함하는 '인도 신비종교'이며, 세 번째가 '중국 지혜종교'(Weisheitreligion)로 묶을 수 있는 고대 중국 종교, 유교, 중국화된 불교, 도교라고 한다.[8] '예언자'(Prophet), '신비가'(Mystiker), '현인'(Weiser)으로 대표되는 세 종교군 가운데 중국의 현인종교는 서양종교에서 볼 수 있는 교회와 국가의 구별, 성직자와 정치가 등의 구별이 없기 때문에 '나이'에 대한 존중과 그것이 가져오는 '지혜'에 대한 존경이 매우 높았음이 지적된다.[9]

그의 대화 파트너 줄리아 칭에 따르면, 조상숭배와 점술활동으로 주로 실행되던 고대 중국 종교는 기원전 6세기경 급격한 인본화의 과정을 겪었다. 그래서 고대 중국 종교는 인본주의를 종교로 하는 '한 윤리적 인본주의'(ein ethischer Humanismus), 그녀의 또 다른 표현대로 하면 '한 세속적 종교'(a secular religion)로서 유교(儒敎) 또는 유가(儒家)의 모습으로 자리잡기 시작했다고 한다.[10]

전통적인 서양적 의미의 '종교'(religion)의 개념—조직적인 교회와 그에 따르는 성직자단, 그리고 뚜렷이 규정된 도그마와 규약들 등—으로 보면 고대유교는 거기에 부응되는 점도 있고 그렇지 않은 점도 있다. 그러나 유교의 진정한 관심은 그 중심 가르침인 仁(humanity)에서도 표현되듯이 '여기 이곳'의 구체적인 인간 삶에 관한 것이다. 그러므로 이 구체적인 삶에서 인간다운 질서와 조화를 추구하는 유교는, 그의 영성을 한 휴머니즘의 모습으로 표현한다고 하겠다.[11]

마테오 리치를 포함한 예수회 전교사들이 처음으로 중국에 왔을 때 그들은 이러한 유교보다는 불교에 대해 더 많이 알고 있었다. 또한 중국인 스스로도 처음에는 기독교를 불교의 한 종파로 오해했다고 한다.[12] 그러나 우리가 이미 언급했듯이, 마테오 리치는 중국의 중심가치체계가 불교가 아니라 유교임을 알고, 그것을 공부하면서 특히 공자 자신의 가르침인 고전유교가, 그 한 신성한 존재자에 대한 경외와 뛰어난 도덕적 가르침 때문에 기독교와 더 상응될 수 있다고 생각하였다고 한다.[13] 이같은 이유로 리치는 자신을 한 승려나 종교가로 나타내기보다는 철학자나 도덕가 또는 학자로 표현하였다.

그는 중국어로 쓴 책 《천주실의》(天主實義, 1603)에서 기독교 신앙의 기초적인 내용들을 다음의 세 가지로 정리하였다. 첫째, 하느님, 하늘과 땅의 창조자에 대한 가르침이고, 둘째, 영혼의 불멸에 관한 것이며, 셋째, 선한 행위의 보상과 악한 행위의 처벌에 관한 것이다.[14] 기독교의 모든 신비를 한꺼번에 다 드러낼 수는 없다고 생각한 리치는 먼저 자신의 하느님(Deus)을 중국어 '천주'(天主, The Lord of Heaven)로 표기하면서 그 창조주 하느님이 유교에서 말하는 상제(上帝)와 天과 상응됨을 가르쳤다. 우리가 잘 알다시피 기독교의 하느님(Deus)과 '천주' 또는 '상제', 天을 등가화하는 것은 그 뒤 많은 논쟁을 일으켰으며, 이 논쟁 속에 유교와 기독교의 초월의식[神개념]의 차이성과 상관성이 표현된다.

먼저 기독교 쪽의 반응을 보면, 1610년 리치가 죽을 때까지는 이 중국문화와 융화가 별 문제가 되지 않았다. 그러다가 그의 후임자 니콜라우스 롱고바르디(Nicolaus Longobardi) 신부에 의해 처음으로 제기되었다. 롱고바르디는 당시 중국인들이 그들의 '상제'를 인격적이고 유일하며 전능한 창조신으로 이해하지 않고, 우주를 정돈하고 순환시키는 한 비인격적인 힘으로 이해한다는 것을 알았다.[15] 그리하여 그는 특히 신유학자들의 天 개념에 의심을 품으면서, 천주라는 중국 개념을 사용하는 것을 반대하고, 대신 라틴어 'Deus' 발음을 중국어와 일본어로 표기할

것을 제안했다고 한다.[16]

이에 대한 논쟁은 그 뒤 계속 번져나가 예수회 안에서도 여러 차례 거듭되었고, 뒤에는 전례문제와 함께 예수회 전교사들과 프란체스칸, 도미니칸들 사이의 종파 갈등으로 표현되었다. 또한 19세기에 들어와서는 개신교 선교사들이 가담하면서 상제(上帝) 용어가 다시 쓰이기도 했으나, 가톨릭 교회는 최종적으로 상제와 天을 제외한 천주 개념만 사용했다.[17] 줄리아 칭에 따르면, 한국에서는 이 하느님 용어에 대한 문제가 중국이나 일본보다 덜 심각했다고 하였다. 왜냐하면 먼저 한국이 기독교를 받아들인 것이 중국의 번역서를 통해서였고, 둘째는 한국에는 이미 그 나름대로 최고의 존재를 나타내기 위한 한 인격적인 이름 '하나님'(Hananim)을 가지고 있었기 때문이라고 보았다.[18]

한국 가톨릭 교회의 창시자 이벽(李檗, 1754~1786)의 저서로 알려진 《천주공경가》와 《성교요지》를 보면 천주와 상제 등의 개념이 사용되면서 유교의 사상체계를 가지고 기독교의 창조주 하느님을 설명하는 것을 볼 수 있다.[19] 한국 개신교 최초의 변증신학자 최병헌(崔炳憲, 1858~1927)도 기독교의 하느님(Deus)을 유교가 경외하던 상제나 상주, 天, 道 등으로 번역하면서 이 둘을 '이명동일체'(異名同一體)로 보았다.[20]

이러한 전통 유교와 융화적인 입장과는 반대로, 특히 유학자들로부터 제기된 거센 반발을 살펴보자. 이 가운데 《서학변》(西學辨)을 지은 주자학자 신후담(愼後聃, 1702~1761)은 천주교의 하느님이 창조주로서 인간적으로 인식되었다고 반박하면서 성리학의 자연의 개념인 '천리'(天理)를 대응시킨다.[21] '천지가 개벽되었다'고 믿고 있는 그로서는 '천지를 제작했다'는 말은 참을 수가 없었다. 그리고 "저 위대한 '상제'를 목수에 비해서는 안 된다"고 하면서 결국 상제를 理로 보게 되었다.[22]

이에 대해, 서학에 대한 한국 유학자들의 반응을 탐색한 최동희는 이것은 서학에서는 상제를 의지적으로 보는 데 반해, 신후담은 자연적으로 보는 것이라고 하였다.[23] 그리하여 천주에 관한 이야기는 理 또는 태극(太極)에 관한 이야기로 이어져서, 리치가 태극과 理에서 어떠한 신적인 요소도 발견하지 못한 것에 반해, 신후담은 서열상 상제 위에 순수한 理로서의 태극을 두었다. 그렇게 되면 천지의 개벽은 태극에서 유래되는 것이고, 상제는 이렇게 생성된 천지만물을 다만 주재하는 데 그친다는 것이다.[24]

유교와 기독교 사이의 神 개념에 관한 논쟁은 두 번째 대화의 관건이 되는 '영혼불멸'의 가르침에 연결된다. 앞에서도 지적했듯이, 리치는 처음부터 기독교의 모든 신비를 다 드러낼 수는 없다고 생각했다. 그래서 예수에 관해서는 짧게 언급했을 뿐이며,[25] 대신 중국인들이 자연적 이성으로 받아들일 수 있는 인간의 영혼불멸에 관한 것을 가르치려고 했다. 이미 리치는 유교 전통에서 그 중심 의례로 행해지는 조상제사를 기독교의 영혼불멸의 가르침이 유교의 가르침과 서로 어긋나지 않는다고 생각하였다. 그리하여 리치는 중국의 주요 제사인 '하늘에 대한 제사'[祭天]와 '공자에 대한 제사'[祀孔], '조상숭배'[崇祖]를 인정하였다.

그러나 우리가 잘 알다시피 이러한 판단은 나중에 앞의 상제 칭호건과 함께 가톨릭 교회 안에서 커다란 전례문제를 일으켜 마침내 로마 교황의 간섭으로 상제 또는 경천(敬天) 용어를 사용하지 못하게 되었다. 그리고 공자에 대한 제사도 우상숭배로 낙인찍혔다. 그리고 1742년 교황의 칙령으로 중국의 모든 전례가 완전히 거부되었다. 가톨릭 교회의 판단은, 하늘에 제사를 드리던 고대 중국인들은 우상숭배자들이며, 당시의 유교인들은 무신론자들이고, 또한 조상에 대한 제사는 그들에 대한 단순한 예의가 아니라 '영'(spirit)으로 생각하기 때문에 우상숭배나 미신이었다. 그래서 공자는 우상숭배자였고 무신론자였다는 것이다.[26] 예수회는 1773년 교황령에 따라 해산이 명령되었다.

줄리아 칭에 따르면 '유교' 또는 '유가'를 지칭하는 서양의 용어 'Confucianism'은 잘못된 말이다. 그 이름대로 하면 'Confucianism'이란 '공자라는 이름을 가진 사람에 의해서 전개되는 이야기'라는 뜻이다. 그런데 그것을 기독교를 지칭하는 'Christianity'와 대비되는 용어로 사용할 때, 기독교에서 예수 그리스도가 차지하는 결정적인 역할과 의미만큼 유교에서는 공자가 비중을 차지하지 않기 때문이라고 한다.[27] 이러한 지적에서도 나타나듯이 기독교의 영혼불멸의 가르침과 관련되어서 제기된 유교의 제례문제는 결국 기독교의 '기독론'(Christology)과 '인간론'의 문제로 연결된다. 19세기 중반 방대한 중국 고전을 영역한 영국의 개신교 선교사 제임스 레게(James Legge, 1815~1897)도 유교와 기독교를 비교·연구하면서 기독교 우월성의 마지막 근거를 '예수의 부활사건'에서 보았다. 그에 따르면 부활의 주제에 도달했을 때 그것은 기독교에 대한 '神의 보증'(the divine stamp)이라는 것이다.[28]

반면 이 주제에 대한 유교학자들의 비판도 거세었다. 17·18세기 중국이나 일본, 한국에서 행해진 기독교 비판은 그 교리의 비이성성, 인간에게 주어진 경험보다는 神의 계시라고 주장하는 것에 대한 황당함에 근거하여 불교의 아류 같은 것이라고 평가하였다.[29] 우리나라의 안정복(安鼎福, 1712~1791) 같은 이는 사람의 생사를 대체로 氣의 집산이라고 보는데, 그런 관점에서 氣란 본래 늦고 빠른 정도의 차이는 있지만 흩어지고 마는 것이므로 영원히 흩어지지 않는다는 주장은 옳지 않다고 반박한다.[30]

세 번째 대화의 주제가 되는 '선한 행위에 대한 보상과 악한 행위에 대한 처벌', 즉 기독교의 천당과 지옥에 대한 가르침이 유교인들의 눈에 가장 생소하게 비쳤던 것 같다. 이미 불교의 윤회설에 대하여 강한 비판을 제기했던 유교인들은, 비록 기독교인들이 불교를 비판하지만 그들의 천당과 지옥설도 결국 같은 미신을 증거하는 것이라고 반박한다.[31] 또한 유교인들은 비판하기를, 기독교가 천당/지옥을 가지고 화복을 가리는 것은 참으로 이기적인 발상이고, 그것은 유교 군자의 가르침에 어긋난다는 것이다. 왜냐하면 군자의 道란 이미 天이 부여한 본성을 가지고 그 덕을 확장하는 것이고, 또한 天이 마련한 인륜을 살펴 마땅히 해야 할 道를 다 하라는 것인데, 오직 복을 구하고 화를 두려워하는 마음에서 행한다면 그것은 성현의 성심(誠心)의 가르침에 어긋나기 때문이라고 한다.[32]

이 기독교의 내세관을 중심으로 한 토론은 결론적으로 기독교와 유교 사이의 '윤리관'에 관한 대화임을 알 수 있다. 성호 이익(李瀷, 1682~1763)은 서학의 천당지옥설에 대해 아마 그쪽 나라의 풍속이 급속히 나빠지자 그것을 구제하기 위해 생겨난 것인지도 모른다고 추측하였다.[33]

그러나 이러한 유교 쪽의 평가와는 달리 리치가 북경에서 활동할 때 보좌신부였던 디에고 데 반도하(Diego de Pantoja, 1571~1618) 신부의 《칠극》(七克, 1604)―중국 신유학자들을 위해 중국어로 쓴 400여 쪽의 기독교 수양서―에 보면 다르게 평가하고 있다.

이 책에서는 보상을 받겠다는 희망을 가져서는 안 된다는 신유교의 입장은 고상하게 들릴지언정 사람들이 선을 행하고자 하는 의지를 약화시켰다고 판단하였다. 따라서 백성들이 바랄 것이 없을 때 의욕적으로 힘을 쓸 수가 없다는 근거로 기독교의 천당지옥설을 지지하고 있다.[34] 또한 기독교가 처음 전래되었을 때 신부들의 헌신적인 생활로 비록 반대하는 사람들에게조차 감동을 주었다는 사실과, 우리나라에서도 기독교의 전래를 통해 음주호색의 문제, 청결의 문제, 정직성의 문제가 거론되면서 뚜렷한 변화가 이루어졌다는 것은 부인할 수 없다. 그와 더불어 천주교를 받아들인 유학자들이 이제 죽음 뒤의 세계에 대해서까지 답을 얻었다고 하면서 크게 기뻐했던 것도 같이 생각되어야 한다.

이렇게 하여 우리는 이 절에서 한 탐구를 통해 유교와 기독교 사이의 대화에서 세 가지 관건을 다음과 같이 정리할 수 있겠다. 첫째, 神에 대한 이해와 관련하여 그 내재성과 초월성의 문제이고, 둘째, 인간의 구원과 관련한 공자와 예수 이해 또는 자기 행위와 은총의 문제와 악의 문제이며, 셋째, 세계의 의미설정을 위한 윤리의 문제와 또한 그 안에서의 도덕과 형이상학(종교) 관계의 문제이다.[35]

다음 절에서 우리의 과제는 이 세 가지의 주제가 어떻게 오늘날 기독교이후 포스트모던적 상황에서 새롭게 다루어질 수 있는가를 보는 것이다. 줄리아 칭이 오늘날 기독교 신학과 철학이 점점 더 인간화되어 인간의 구체적인 상황에서 시작하기 때문에 참된 인본주의의 모습인 유교와 대화하기가 더 쉽다고 한 것처럼, 유교 전통에서 이 인간화, 내면화의 길을 누구보다도 급진적으로 나아간 16세기 양명의 사상과 대화하는 것도 가능하게 여겨진다.

3. 왕양명과 '기독교이후 시대'의 기독교 신학

1) 양명의 心 이해와 기독교이후 시대 기독교 神 이해

지난 세기부터 여러 맥락에서 듣는 '포스트모던'이라는 수식어는 오늘날 우리가 살고 있는 세계가 '세계관의 전환'(paradigmshift)이 이루어지는 시기라는 의미를 담고 있다. 아시아에 살고 있는 우리들은 먼저 원하든 원치 않든 간에 서구의 산업혁명 뒤 지구 전체가 그들의 합리적 과학정신의 영역 아래에 놓이게 되었음을 인정해야만 했다. 그러나 오늘 그 서구의 '현대정신'(modernity)이 한계를 드러내고 있다는 말이다. 이 서구 현대정신의 한계란 바로 그것의 초월적 근거가 되는 서구 기독교 영성의 한계를 의미하는 것이고, 더 좁게는 그의 전통적인 神 이해의 문제성을 드러내는 것이다.

유교와 기독교를 아주 단순화시켜 비교하였을 때, 유교는 인간에 대한 관심이 그 첫번째 주제인 데 반해 기독교는 神 중심적이라고 할 수 있다. 또 유교는 그 인간과 세계 안에 내재된 내재성으로서의 초월에 대해 얘기하는 반면, 기독교는 이 세계와 철저히 구분되는 타자성으로서의 초월에 대해 이야기해 왔다고 할 수 있다.

그런데 오늘 이러한 철저한 타자성, 이원적인 구조 안에서 절대자로서 神에 대한 이야기가 한계성을 드러내고 있다면, 그것과는 다른 동양적 사고와 대화하는 것은 창조적이 된다. 완전한 타자로서 神의 죽음이 결국 자신의 죽음이 되고(patricide means suicide),[36] 그리하여 급기야는 모든 것이 철저한 무의미성으로 해체되는 것을 막고자 한다면—이것이야말로 오늘날의 신앙과 종교의 의미인데—하느님과 초월에 대한 '새로운 이름'(a new name for the deity)이 찾아져야 한다는 것이다.[37]

양명은 15세기말인 1472년 후기 명왕조 시대에 태어났는데 당시 12세기부터 중국의 지적 세계를 지배해왔던 정주(程朱) 철학에 대응해 일어난 그의 심학(心學)도 위와 유사한 문제의식에서 출발하였다. 11세기 송나라 시대에 그 전의 도교와 불교의 극성에 대하여 중국 정통사상을 부흥시킨다는 의지로 시작된 '신유교'(Neo-confucianism) 운동은 태극(太極)과 理, 性 등의 개념으로 대변되는 주희(朱熹, 1130~1200)의 사상에서 집대성되었다. 만물의 근원으로서의 '태극'(the Great Ultimate)의 개념은 주희가 주돈이(周敦頤, 1017~1073)한테 배웠는데, 주돈이는 그것을《역경》에서 빌려와 만물의 우주론적인 근원을 밝히는 데 사용하였다.[38]

이것은 곧 유교의 초월에 대한 이해가 신유가들에게서 더욱더 합리화되고 내면화되었다는 것을 의미한다. 그런데 주희는 그것을 더 존재론화시켜 만물의 존재와 생성의 법칙인 理[the Principle] 또는 '천리'(天理, the Principle of Heaven)와 일치시켰다. 특히 인간에서는 그 본체(the original substance)로 여긴 性[the nature]과 일치시켜 초월과 세계의 신비한 합일을 표현하였다.[39] 신유교가들의 생각에서는 고대 중국의 경전 속에 나타나는 상제(The Lord-on-High)나 帝[The Lord]는 다름 아닌 자연론의 태극이나 理의 신인동형적 표현이었던 것이다.[40]

주희가 태극을 만물의 理와 일치시키고 인간의 性과 하나로 본 것[性卽理]을 줄리아 칭은 서양 중세의 신비가 마이스터 에크하르트(Meister Eckhart, 1260~1327)와 현대의 테이아르 드 샤르뎅(Teilhard de Chardin, 1881~1955)의 그것과 유사하다고 지적하였다.[41] 주희의 이러한 시도는 그 자체가 하나의 급진적 내면화이지만 [42] 300여 년 뒤의 양명의 눈에 비친 그것은 부족한 것이었고, 그 안에 한 심각한 존재론적 문제를 내포한 것이었다. 즉 주희에 따르면 인간의 존재[心]는 理[formal princilple]와 氣[the material force]라고 하는 두 가지 존재원리로 이루어져 있다. 그런데 氣의 방해로 분명히 드러나 있지 못한 理의 추구가 인간의 본분인바, 자기 속에 '본체'[性]로서 놓여 있는 理를 깨닫기 위해서는 만물 속에 똑같은 것으로서 놓여 있는 만물의 理를 탐구[格物]하라는 것이었다.

이러한 주희의 가르침[性卽理와 格物]에 따라 양명은 만물의 이치를 탐구함으로써 초월[性 또는 理]에 이르려고 노력하였다. 그러나 양명은 그러한 주지주의와 객관주의 방식을 통해서는 도저히 이를 수 없다는 것을 알았다. 곧 그 가르침대로라면 인간[心]과 초월[理] 사이의 심연이 너무 깊었다. 그리하여 그 가르침은 결국 존재론적 이원론에 빠지게 되며, 이것은 유가 정통의 道, 곧 '사람은 누구나 다 성인이 될 수 있다'는 가르침에도 상치된다는 것을 발견했다.[43]

양명이 이와 같은 절망감에 빠져 있을 때 용장의 한 유배지에서 신비로운 체험을 통해서 그가 그토록 찾아 헤매던 理가 바로 자신의 心 속에 내재한다는 것을 깨달았다. 즉 그의 유명한 '심즉리'(心卽理, 마음이 곧 하늘이다)를 경험한 것이다.[44] 양명의 심즉리의 경험이란 초월의 더욱더 급진적인 내재화의 경험이다. 주희가 인간의 마음 가운데서 본체[性]를 따로 나누어서 그것만을 초월[理]과 관계시키고 또한 객관적인 理[太極]에서부터 시작하여 인간과 세계로 들어오는 반면, 양명은 인간 마음 전체가 초월과 직접적으로 관계 있다는 것이다. 바로 그 마음이 모든 존재와 도덕의 근원이 되고 원리가 된다는 것이다. 양명에 따르면 우리의 배움은 이러한 주관에서부터 시작되어야 하고 주관 밖에 초월[理]이 있는 것이 아니라는 말이다.

줄리아 칭은 이러한 양명의 신비적 합일 사고는 '인간의 神에 대한 혈연적 하나됨'을 말하는 것이라고 한다. 또 그녀에 따르면 그것은 마이스터 에크하르트의 사고와 매우 유사한 것이다. 또한 서양 중세적 신비사고를 이어받은 '절대정신'(der absolute Geist)으로서 신을 말하는 헤겔(F. Hegel, 1770~1831)이나 '절대자아'(das absolute Selbst)를 이야기하는 셸링(F. Schelling, 1755~1854)과 유사성이 비교될 수 있다고 한다.[45]

필자의 생각으로는 이뿐 아니라 서구 현대신학의 아버지 슐라이어마허(F. Schloeiermacher, 1768~1834)의 종교이해와 매우 유사하다고 여겨진다. 슐라이어마허는 그 당시의 냉철한 계몽주의자, 도덕가들과는 달리 종교의 본질이란 '무한자에 대한 직관과 감각'이고, 모든 개별적인 것을 전체의 일부분으로, 모든 한정된 것을 무한자의 표현들로 보는 것이라고 하였다.[46] 그는 종교란 '우주'(das Universum)에 대한 직관과 느낌이라고 보았다. 또 "세상의 모든 주어진 것을 神의 활동으로 보고 모든 것을 무한한 전체와 연결된 것으로 나타내는 것"이라고 보았다. 슐라이어마허가 그 뒤 현대신학의 새로운 방법론으로서 더욱더 인간화되고 내면화되고 육화된 하느님으로 인식하는 길을 열어 놓은 것처럼, 양명의 위와 같은 급진적 초월의 내면화는 그로 하여금 더욱 통체적이고 실천적으로 사고하게 하였다.

양명은 당시의 극심한 지적 도덕적 타락이 바로 주희 철학의 냉철한 이성주의와 객관주의에 따른 것임을 알고, 오늘날 우리에게도 그 의미가 크게 드러나는 심즉리와 '지행합일'(知行合一)의 경험을 다음과 같이 역설했다.

> "사물의 모든 이치는 마음의 밖에 있는 것이 아니다. 마음은 하나일 뿐이다. 그 완전한 측은함으로 말하면 仁이라고 부를 수 있고, 옳은 것을 얻은 것으로 말하면 義라 할 수 있으며, 정리된 것으로 말하면 理라 할 수 있다. 仁과 義를 마음 밖에서 찾을 수 없거늘 왜 理를 마음 밖에서 찾으려 하는가? 사람들이 理를 마음 밖에서 찾으므로 知와 行이 나누어졌고 知와 行이 하나라는 유가의 가르침은 곧 理를 마음 안에서 찾는 것이다."[47]

이렇게 이제까지 양명의 心 이해를 통해서 본 바에 따르면, 유교에 기독교에서 말하는 창조신앙이나 창조신화가 없다고 하는 것이, 결코 유교에 초월의식[神觀]이 없다는 것이 아님이 다시 한번 밝혀졌다. 투웨이밍(Tu Wei-ming, 杜維明)에 따르면, 그것은 단지 기독교적인 창조신화가 없다는 것뿐이다. 그리하여 "창조신화의 결여라기보다는 존재의 연속성에 대한 의뢰가 중국인들로 하여금 자연을 '비인격적인 우주적 기능들의 포괄적 조화'로서 파악하도록 고무"하였다는 것이다.[48]

따라서 위의 투가 인용한 모트(F. W. Mote)도 그의 《중국 문명의 철학적 기초》에서 다음과 같이 말하였다. 즉 "고대 중국의 우주관과 우주발생론은 신화나 종교체계가 해주는 설명보다 현대물리학이 제공하는 설명에 어느 정도 더 가까운 듯하다"는 것이다.[49] 요즘의 포스트모던 기독교 신학자들이 화이트헤드(A. N. Whitehead, 1861~1947) 등과 대화하면서 바로 현대 물리학과 수학의 세계관과 만날 수 있는 새로운 기독교 창조신앙과 신관(神觀)을 찾고 있음을 볼 때, 이 화이트헤드 등과 매우 유사하다고 여겨지는 중국 신유교사상과 대화하는 것은 참으로 고무적이다.[50]

2) 양명의 '양지론'(良知論)과 기독교이후 시대의 '기독론'

우리가 이제까지 본 바와 같이, 양명이 심즉리(心卽理)를 이야기하면서 인간과 초월 사이의 완벽한 합일을 주장했다. 그러나 그가 삶의 현실을 보지 못한 것은 아니었다. 즉 인간이 이렇게 초월과 하나임에도 현실에서 나타나는 많은 惡의 문제들, 전통 유가에서의 '도심'(道心)과 '인심'(人心)의 구별, 그리고 그의 통찰에 따르면 知와 行이 하나인데도 알면서도 실천하지 않는 많은 사람들, 이러한 현실 앞에서 양명은 자신의 심즉리의 주장이 부족함을 느꼈다. 그래서 그 이론이 나온 거의 7년 뒤 1514년경부터는 자신의 가르침을 '존천리 거인욕'(存天理 去人欲, 마음 속의 天理를 보존하고 인간적인 욕망을 제거하는 것)으로 바꾸어서 표현하였다.[51]

이러한 양명의 변화를 기독교와 대화하는 관점에서 보면 그것은 다름 아닌 기독론 등장의 의미와 같다. 왜냐하면 기독론이란 곧 인간의 죄악과 관련 아래에서 구원에 대한 이야기를 하는 것이기 때문이다. 예수는 기독교의 결정적인 규준이다. 그의 삶과 가르침을 神의 계시로 믿는 것이 기독교의 핵심이다. 예수 그리스도는 그리하여 공자가 유교에서 의미하는 것보다 훨씬 더 결정적인 의미를 가져왔다. 따라서 이제까지 기독교인들은 다른 종교들과 대화하면서 그 다른 가르침들을 영감의 원천이나 행동의 규준들로 볼 수는 있었지만 항상 예수 그리스도에 대해서는 부차적인 것으로 여겨왔다.[52] 다시 말하면 예수 그리스도의 배타적 유일회성이 주장되었으며, 조금 더 열렸다고 한다면 '포괄적 기독론'의 모습이었다.[53]

그러나 오늘날 기독교이후 포스트모던의 시대, 종교다원주의의 시대, 탈가부장주의의 시대에 그러한 입장이 더 이상 견지될 수 없다는 것이 드러나면서 여러 차원에서 패러다임의 큰 전환을 요구받는다. 리요타르(F. Lyotard)가 포스트모던 시대의 핵으로서 '메타이야기'의 해체를 애기했다면, 기독교의 기독론이야말로 인류가 가졌던 어떠한 메타이야기보다도 더 거대한 것일 것이다. 그것의 해체 내지는 수정은 불가피하게 되었다.[54]

먼저 우리 모두에게 관계되어 있는 性 차원에서 보면, 이제 남성 신학자들도 만일 기독교가 여전히 남성 그리스도인 예수에게서만의 神의 유일회성을 주장한다면, 그의 남성성은 여성들에게는 달리 해석될 수 없고, 따라서 그리스도는 여성들에게는 결국 소외의 언어가 된다고 인정하였다.[55] 같은 구조를 가지고 우리가 민족 차원, 종교 사이의 관계 차원에서 볼 때, 서구 기독교의 오래된 배타주의와 우월주의는 지양되어야 한다.

미국 신학자 톰 드라이버(Tom Driver)는 그의 《변화하는 세계와 그리스도》에서 이러한 상황이란 교회가 어렵게 코페르니쿠스 혁명과는 화해를 했으면서도 아직 아인슈타인의 상대성 시대에 대해서는 거의 생각하지 못하고 있는 것이라고 지적하였다.[56] 그에 따르면, 오늘날 교회는 "다원주의를 사랑하게 되는 신학적 인준, 특히 그리스도론적 인준이 결여"되어 있다. 그리하여 "모든 시대를 위한 단 하나의 그리스도만이 존재한다는 관념을 청산하기 전까지 우리는 다원주의와 상대성에 대한 진정한 신학적 이해에 도달할 수 없음"이 지적되었다.[57]

이러한 입장에서 밝히는 기독교 역사에서 기독론의 전개과정에 따르면, 원래 예수와 그의 부활을 경험한 추종자들―바울도 포함하여―의 신앙은 종말론과 무정부주의의 '하느님 신앙'이었다. 그러나 그것이 지연되고 초기교회가 형성되자 교회는 그 자체를 유지하고 통일시키기 위해서 그러한 초기의 가르침을 뒤집어버렸다. 즉 현재와 미래에 있는 하느님 나라말고는 최종적인 것이 없다고 가르쳤던 바로 그 예수가 하느님의 최종적인 형식이라고 선포되었다. 그는 단지 '하느님의 말씀'이 되는 데 그치지 않고 '하느님의 마지막 말씀'이 되었다는 것이다.[58] 이렇게 가장 개방적이었던 것이 가장 폐쇄적으로 변함으로써 기독교는 유대교와 인연

을 끊게 되었다. 또 다른 종교 사이의 대화자 존 힉(J. Hick)에 따르면 초
대교회가 그리스-로마문화권으로 넘어가면서 유대교의 '신의 아들'의 이
미지가 '성육신'과 '유일회적인 신성화'의 개념으로 굳어졌다고 한다.[59]
이것은 곧 여성신학자 류터(R. Ruether)의 표현대로 하면 '종말론인 것의
부당한 역사화'이고,[60] 그리스-로마적 사고의 절대주의와 배타주의의 범
주들로 존재론화한 것이라고 한다. 그리하여 "'신의 아들'로부터 '아들
이신 神', 삼위일체의 제2위로의 매우 중대한 전이"가 일어났으며,[61] 이
러한 과정으로 이제 하느님은 예수의 모습에 감금당하게 되었다. 이것은
곧 그리스도가 과거의 예수의 모습에 포로가 된 것이다.[62]

　이러한 상황에 직면하여 니터(P. Knitter) 같은 신학자는 그 대안으로
서 '신 중심적 기독론'(a theocentric christology)을 제안하였다. 전통의 기
독론이 예수에 대한 이해를 그의 절대주의와 배타주의의 범주들로 존재
론화하여 '그리스도 독재론'(christofacism)이나 '그리스도 우상주의'
(christolatry)[63]에 빠져 버린 것에 반해, 니터의 시도들은 오늘날의 다원
화된 상황에 직면하여 더욱더 관계적이고 역동적으로 사고하려는 것이
다. 즉 예수를 유일회적이지만 '관계적 유일회적'으로, 다시 말하면 神
은 오직 예수 안에서만 만나지는 것이 아니라 예수 안에서 '참으로' 만나
지는 것으로 이해하려는 것이다.[64] 이것은 곧 예수가 원래 가르쳐준 대로
다시 신 중심적으로 생각하자는 것이며, 또한《신약성서》에 나타난 예수
의 유일회성에 대한 고백들－예를 들어 '그를 통하지 않고서는 누구도
아버지께 올 수 없다'(요 14:6), '예수는 하느님의 외아들이다'(요 1:14),
'인간을 구원할 수 있는 다른 이름이 없다'(행 4:12)－을 경험과 형이상
학의 실재에 대한 사실적 언술로 받아들이는 것이 아니라, 종교의 언어,
사랑의 언어, 고백의 언어로 받아들이자는 것이다.[65]

　이러한 신 중심적 사고가들에 따르면 위의 신 중심적 사고야말로 죽
은 자의 하느님을 믿는 것이 아니라 산 자의 하느님, 부활하신 그리스도

를 믿는 일이다. 우리가 앞절에서 제임스 레게의 예수 부활에 관한 언급
에서도 보았듯이, 도대체 어느 누구도 사실적으로 죽음으로부터 부활하
여 다시 산 예는 없기 때문에 예수의 부활이야말로 그의 절대적 유일회성
을 확립시켜 주는 것이 아니냐는 반문은 이제까지 신학적 논쟁에서뿐만
아니라 평범한 신앙인들의 주장 속에서도 끊임없이 나타난 것이었다. 그
러므로 이 부활에 대한 논의가 다시 행해져야 한다.

그런데 신 중심적 사고가들은 이러한 역사적인 부활에 대한 강조가
갖는 신학적 의미를 놓치지 않으면서도, 그 부활의 사건이 바로 주관들
에 의해서, 예수 주변의 사람들에게서 경험되고 고백되었기 때문에 부활
되었음을 지적한다.[66] 이와 마찬가지로, 그 부활사건이 오늘날 우리들의
현재와 미래에서 조성해 내는 일이 없을 때에는 그 역사적 사실의 입증도
아무런 의미가 없다는 것이다.[67] 다시 말하면 과거의 그리스도가 아닌 오
늘날 우리가 우리의 삶에서 그리스도로 다시 만나는 하느님, 그 하느님
을 믿는 것이 신앙이며 그것이 부활신앙이라는 말이다. 그런 의미에서
또 다른 신학자 마크 테일러(Mark K. Taylor)도 폴 틸리히(P. Tillich)를
예로 들면서 말하기를 그리스도 사건에서 예수가 누룩과 효소로서 '필요
한' 요소이지만 '충분하지는 않았다'고 한다.[68] 그에 따르면 그리스도
사건이란 밀가루로서 존재하는 그 주변에 있었던 다른 남자와 여자들,
그리고 다른 사회문화정치적 요소들과의 창조적 통합(transformative mix-
ture)이다.[69]

톰 드라이버는 '다수(多數)의 그리스도'에 대해서 말한다. 그에 따르
면 부활보다도 더 명백하거나 결정적으로 '주관성과 객관성이 일치'되는
일이 없다. 그러므로 현재 교회의 그리스도가 과거의 그리스도에 지나지
않는다면, 그리고 그리스도가 새롭게 첨가될 수도 없고 변할 수도 없으
며, 성서의 유산을 뛰어넘을 수가 없다면 그런 그리스도는 죽은 그리스
도라고 선언한다.[70] 그리스도는 하느님[객관]과 세계[주관]의 현실적인

만남의 인간적인 형식이기 때문에 삶이 변하듯 이 만남도 변하는 것이므로 '다수의 그리스도'가 존재한다는 것이다.[71]

이렇게 하여 우리는 기독교이후 시대에 다시 신 중심적으로 사고하려는 시도가 결국 '성령'으로서의 하느님(다수의 그리스도), 성령 중심적 사고로의 전환을 의미하는 것임을 알 수 있다. 그리고 이 같은 사실은 우리가 지금 비교 연구하고 있는 양명의 사상과 관련시켜 봤을 때, 바로 그의 '양지'(良知) 이해와 관계시킬 수 있는 가능성을 열어 주는 것이다. 즉 그가 인간 누구나 마음의 '천리'(天理)로서 가지고 있다고 밝힌 선한 지식인 양지란 다름 아닌 우리 마음속에 성령으로 내재하는 하느님, 부활의 그리스도를 의미하는 것으로 이해될 수 있기 때문이다.[72]

우리가 앞에서도 지적했듯이 양명은 1514년경부터 자신의 심즉리의 정리가 부족함을 느끼고 '존천리 거인욕'(存天理 去人欲)을 말하기 시작했다. 그러나 그가 이렇게 노력했지만 제자들이 그 마음의 천리가 구체적으로 무엇을 가르키느냐고 물을 때에는 대답하기 곤란해했다. 또한 이렇게 다시 인간의 '본심'(本心 ; 天理)과 '심욕'(心欲) 등에 대해 얘기함으로써 존재를 둘로 나누는 것이 아닌가 고민하게 되었다. 이러한 가운데 당시 민중이 겪는 크나큰 고난 앞에서 자신의 개인적 무력감을 통감하고 있던 양명은, 이러한 세계관적 문제점들을 다시 한번 내면화된 초월 경험을 통해서 극복하게 된다. 즉 그는 인간의 마음속에 자신이 그 마음의 천리(天理)로 규정했던 것의 구체적 실현체인 양지를 발견하게 된 것이다.[73]

양지(良知)란 원래 맹자의 개념—그의 '사단론'(四端論)과 관련하여—이다. 그런데 그것이 어느날 갑자기 神의 계시처럼 떠올라 그가 '천리'와 같은 것으로 보았던 마음의 본체를 구체적으로—인식론적으로, 육화되어서—표현하는 말로 이해되었다. 양지에 따르면 인간은 누구나 선천적으로—자연적으로—그 때와 장소에 따라 무엇이 옳고 그른지를 판단하고 행동할 수 있는 선한 능력이 있다. 우리 마음의 본체로서의 양지는 易[the Change]과 道[the Way]와 같은 것으로서, 우리 삶의 순간순간 마치 선원의 나침반과도 같이 우리를 이끄는 직관력이다.[74] 위에서도 지적했듯이 기독교적인 용어를 가지고 표현하면 그것이란 다름 아닌 우리 마음속에 성령으로 내재하시는 하느님, 부활의 그리스도, 또는 그에 의해서 깨어난 양심 등을 얘기한다. 또한 기독교이후 신 중심적 사고가들이 역사적 예수에 대한 존재론적 집착에서 벗어나서 부활의 그리스도, 다수의 그리스도에 대해서 말했다면, 그것은 바로 양명이 말한 우리 모두 안에 내재한 양지를 의미하는 것이라고 하겠다.[75]

주희가 그의 태극 이해에도 불구하고 인간의 惡[人欲이나 감정]의 문제를 氣라고 하는 우주론적인 존재원리에 의해 설명하는 반면, 양지를 깨달은 양명은 더욱더 그러한 우주론과 존재론의 이원론을 용납할 수 없었다. 양명이 비록 양지를 우리 마음의 본체로서 얘기하지만, 그에 따르면 惡이란 원래 독립적으로 실재하는 것이 아니라 우리 마음이 그 본래의 상태에서 벗어났을 때를 지칭하는 것이다. 그런데 왜 때때로 그렇게 벗어나게 되는지에 대해서는 양명은 한번도 그럴듯한 이론적인 설명을 붙이기 원하지 않았다.[76] 다시 말하면 그는 악의 문제를 인간의 깊은 실존적 의지의 문제로 파악하여 과도한 형이상학적 논쟁 대신에 오히려 지선(至善)의 상태, 본래적인 善의 상태로 회복시키기 위한 실천적 노력에 관심을 가질 것을 요구한 것이다.

양명에게 理와 氣는 하나이다. 그에 따르면 그것은 하나의 원리로서 이 둘의 차이란 원리적인 형이상학적인 것이 아니라 같은 원리에 대한 기능과 시각의 차이일 뿐이다. 그리하여 양명에게서는 주희와는 달리 실재의 물리적이고 육적인 차원-행정, 경제, 육체, 감정 또는 기능 등-이 부정적으로 평가되지 않고 통체적인 사고 속에서 더불어 인정된다.[77]

이러한 양명의 전일적이고 역동적인 사고는 기독교이후 신 중심적 신학자들이 예수의 부활사건을 '객관'[역사적 예수의 부활]과 '주관'[그것을 경험하고 고백하는 공동체]의 통합사건으로 보고, 그것을 오늘 다시 우리들의 주관의 빛에서 의미지으려는 것과 유사하다. 이것은 다시 말하면 후자가 그들 사고의 출발점을 역사적 예수에서 부활의 그리스도로 옮겼고, 그것을 다시 오늘날의 구체적인 생활경험에서 찾았다는 것을 말한다. 이와 유사하게 양명은 理와 氣를 통합하고 우리 마음의 직관력으로서 양지에서 모든 만물의 근원과 도덕의 기원을 보았다는 것이다. 이렇게 하여 기독교이후 신중심적 사고가들에게서 역사적 예수 한 인물에게만의 집중이 지양된다. 또한 성서주의가 비판되는 것처럼 양명에게서 전통적인 제례의식의 의미나 경전 또는 주석의 의미, 그리고 공자의 의미가 크게 상대화된다.[78]

이것은 하나의 강력한 '주체성의 원리'의 표현이다. 그러나 그것은 우리가 이미 여러 가지로 지적한 대로 결코 나약한 자아중심적 주관주의가 아니다.[79] 이미 양명의 理·氣 이해에도 드러난 대로 그의 실재이해는 매우 전일적이고 통전적이어서 그는 나중에 인간의 양지를 단지 그의 마음의 지적 도덕적 원리로서만이 아니라 전우주적 생성과 존재의 원리로서 파악한다.[80] 그리하여 양명은 그의 양지를 우주의 원리인 氣와 일치시키고 그렇게 함으로써 만물의 하나됨[萬物一如]의 근거로 제시한다. 그에 따르면 우리 마음의 양지와 깨어져 길거리에 나뒹구는 기와 조각의 양지와 매가 하늘을 날고 물고기가 뛰는 것은 다 같은 이치라는 것이다.[81] 이것은 바로 위의 중국신학자 장춘신(張春申)도 지적한 대로 기독교 성령의 무소부재하심에 대한 믿음을 연상시킨다.[82]

이와 같은 의미로 양명은 또한 그가 자신의 심즉리에 입각하여《대학》의 격물(格物)을 정심(正心, rectifying the mind)과 성의(誠意, making the will sincere)로 해석했다. 그러나 분명히 밝히기를, 마음이란 결코 공허 가운데 존재하는 것이 아니라 항상 그 내용[物]을 담고 있다고 하였다. 그리하여 마음을 고친다는 것은 항상 "……에 관한 마음"을 고친다는 것이므로 주관[마음]은 결코 객관[物]과 떨어져 존재할 수 없다는 것이다.[83]

이렇게 보았을 때 양명의 사고는 결코 오늘날 포스트모던적 사고에서 '주관'의 해체라는 의미에서 神의 해체와 더불어 같이 비판되고 있는 나약한 주관주의가 아니다. 오히려 그것은 그 극복의 의미로서 현상학적인 '마음[의식]의 지향성'의 의미라고 할 수 있겠다. 나아가 오늘날 다원주의의 상황에서 그 핵심원리라고 할 수 있는 '관계성', '대화', '만남'의 원리와 상통하는 것이라고 할 수 있다.[84] 다만 양명은 그 관계와 만남에서의 출발점은 그럼에도 각 주관이 되는 것을 또한 지적하여 주었는데,[85] 그 주관이란 그에게서는 다름 아닌 하늘로부터 부여받은 것[良知]이다. 기독교의 용어로 하면 그리스도의 영, 하느님의 육화된 영이 된다. 1524년에 씌어진 양명의 다음 시에서는 그 뚜렷한 표현을 만날 수 있다.[86]

공자는 모든 이의 마음에 존재한다.
비록 눈과 귀의 혼란함 때문에 감추어져 있을지라도
지금 발견한 진정한 모습,
더 이상 너의 양지를 의심하지 말아라.

왜 항상 흥분해 있으며
걱정들로 너의 노력을 낭비하는가,
성인(聖人)의 신비한 언어를 모르는가,
양지가 너의 '참동계'(參同契)이거늘,

모든 사람들 안에는 항해자의 나침반이 있다.
그의 마음은 천만 가지 변화의 장소이다.
바보처럼, 나는 예전에는 사물들을 거꾸로 보았다.
잎과 줄기들을 나는 밖에서 찾았다.

색도 없고 냄새도 없는 고독한 자기인식의 순간,
그것이 하늘과 땅과 만물의 근원을 포함하고 있다.
얼마나 어리석은지, 자신의 고갈되지 않는 보물을 버리고
그릇을 들고 거지처럼 이집 저집을 옮겨 다니는 이는.

3) 양명의 '치양지'(致良知)와 기독교이후 시대 윤리적 신학

기독교이후 신중심적 사상가들은 그들의 통체적이며 역동적인 사고를 통해 역사적 예수로 집중함을 지양하고 부활의 그리스도를 그들 사고의 출발점으로 삼았다. 또한 그 부활의 확실성이 지금 현존하는 주관과 관계성 속에서 유지되는 것으로 파악했다. 그런데 이것은 그들이 바로 기독론적 진술의 최종 판단근거를 '정론'(正論, orthodoxy)이 아닌 '정행'(正行, orthopraxis)에서 찾았음을 의미한다. 다시 말하면 기독론적 진술의 진위는 그 어떤 보편적인 이론이나 권위에 근거한 것이 아니라, 그 윤리적 결과와 공동체적 의미에 따라 판단되어야 한다는 것을 말한다.[87] 우리가 앞서 여러 번 인용한 드라이버 같은 신학자는 자신의 신학적 과제를 '윤리적 기독론'(ethical christology)의 정립으로 보고, "윤리가 기독론의 시작이요 마지막이므로 기독론의 과제는 그리스도의 역할을 개인의 양심과 사회의 양심을 성취하는 면에서 규정하는 데" 있지만, 여기서 제시되는 방법은 그리스도를 윤리의 규범이나 완성으로서가 아니라 '윤리 발전의 동반자'로 보는 데 있다고 밝힌다.[88]

이렇게 윤리에 대한 관심을 그 첫번째의 신학적 관계로 삼는 기독교이후 윤리적 신학은 그 당연한 귀결로서 이제까지 기독교인들이 전통적으로 예수에 관해 믿고 있던 모든 규범들을 철저히 재조명할 것을 요구한다. 성서의 증거, 전통의 공식적인 진술들은 예수가 누구이며 무엇을 의미하는지 아는 데 불가피하기는 하다. 그렇지만 그것들은 이제 더 이상 '모든 다른 규범들 위의 규범'이 되지는 않는다고 한다. 왜냐하면 과거의

예수가 그렇게 원형이나 규범, 또는 모든 가치의 중심으로 생각되는 한 기독교 윤리는 불구가 되고 그것은 교회를 예수의 이름을 빌려 그 자신의 과거에 묶어 놓은 결과가 되기 때문이다.[89]

이와 유사한 맥락에서 니터도 오늘날 다원적 비규범적 그리스도에 대한 이해의 가능성을 여성신학과 더불어 특별히 해방정치신학에서 보고 있다. 왜냐하면 거기서야말로 '실천'을 오늘의 신학적 방법 가운데서 가장 본질적인 요소로 보기 때문이라고 한다.[90] 그리스도의 현재-미래적 활동이 경험적으로 부재하는 곳에서는 아무리 많은 신조들이 외워진다고 해도 듣는 사람들에게 그리스도가 살아있다는 확신을 주지 못하는 것처럼, 이것은 곧 이론에 대한 '실천의 우위성'을 얘기하는 것이다. 그리고 이제 '정론'이 문제가 아니라 '정행'이 문제이며, 과거의 확립된 이론이 권위가 되는 것이 아니라 현재에서의 미래를 위한 실천적 행동이 관건이 된다는 말이다. 이들은 예수를 따름이 없이는 그 예수가 도무지 누구인지를 알 수 없다고 말하면서 예수를 따르는 실천을 모든 기독론적 진술들을 평가하는 시금석으로 삼는다.[91] 이러한 실천에 기초한 기독론이 오늘날 특히 문제가 되고 있는 예수의 유일회성과 보편성에 관한 물음에 좋은 시사를 주고 있다는 이야기다.

이러한 실천의 우위성을 '종교 사이의 대화'라는 구체적 물음에 적용시켜 보았을 때도, 단지 알고 있는 이론으로만이 아니라 구체적인 실행을 하여보면 그 사람은 결코 자신만의 독단적인 신앙에 빠지지 않는다는 것이다. 니터에 따르면 설사 이와 같은 대화를 통하여 예수의 유일회성이 밝혀진다 하더라도, 그 같은 이론적인 규명은 단지 '부수적인 결과'일 뿐이고 그보다 더 중요한 관심, 즉 제1차적 목적이란, "종교들이 서로 말하고 서로 듣도록 하는 것, 서로와 더불어 성장하고 서로로부터 성장하는 것, 모든 인류의 복지와 구원을 위해서 공동의 노력을 기울이는 것."이라고 밝힌다.[92] 그리하여 니터는 마지막으로 테이아르 드 샤르뎅—줄리아 칭이 양명의 사상과 매우 유사한 것으로 평가한—적인 종교의 진보의 의미를 인정한다고 하였다. 그러면서 그는 오늘날 종교적 다원주의의 상황에서 이 대화에의 임무를 성실히 수행할 수 있는 새로운 '지구신학'(global theology)의 필요성을 역설했다.[93]

이상과 같이 오늘날 기독교이후적 상황과 성실한 대화를 추구하는 사람들에게서 보이는 '실천과 행함의 해석학'은 우리가 지금 그 대화의 파트너로 삼고 있는 양명의 사상 속에서 더욱더 두드러지게 드러난다. 원래 유교의 영성이란 다른 것들에 비해서 그 뚜렷한 실천성으로 구별되는 바,[94] 특히 그 가운데서도 양명의 사고는 더욱더 두드러진다.[95] 우리가 이미 보았듯이 양명은 일찍이 초월의 급격한 내면화를 겪고서 자신의 사상을 한마디로 지행합일(知行合一)로 규정한 바 있다. 이것은 곧 知와 行은 본질적으로 하나이며 또한 하나가 되어야 함을 강조한 것이다. 양명에 따르면 배움의 참된 목적은 군자와 성인이 되기 위한 것이므로 이와 같은 실천적 목표를 달성하기 위해서는 그 과정에서도 知와 行이 하나가 되어야 한다. 그래서 이렇게 실천적 방법을 통해서 얻어진 知란 다름아닌 상황과 때에 따라서 자연스럽게 善을 행할 수 있는 '진지'(眞知)가 된다는 것이다. 그의 말을 들어보자.

> "知란 원래의 순수하고 진지한 모습에서 보면 行이고, 行은 그 지적이고 구별하는 측면에서 보면 知이다. 원래 知와 行의 과제는 나누어질 수가 없으며 참된 知란 行을 가능하게 하는 것이고, 만약 그렇지 못하면 그것을 知라고 할 수 없다."[96]

양명에 따르면 당시 사회의 혼탁상이란 바로 知와 行을 둘로 가르는 데서 연유한 것이다. 사람들이 이 둘을 하나로 보지 못하고 나누어서 생각하기 때문에 행동하기 위해서는 먼저 원리를 알아야 한다고 여기지만, 이렇게 하다 보면 일생동안 토론만 일삼게 되고 종국에는 한 가지도 행동하

지 못하며, 그리하여 결국 한 가지도 제대로 알지 못하게 된다고 한다.[97]

이미 인간의 마음속에 理를 발견하고 그것을 '양지'[선한 지식]로 파악한 양명은 이제 모든 힘을 그것의 확장[致良知]에 쏟는다. 理가 무엇이고 왜 인간의 마음이 그 본래의 상태에서 벗어나 이기심에 물들게 되는지를 따지는 이론적 논쟁 대신에, 자신이 이미 가지고 있는 '선한 지식'[良知]을 순간순간의 일에 적용시켜 길러내는 일이 더 참된 공부라는 것이다. 양명은 당시의 사람들이 그리고 자신의 제자들조차 知나 '양지'(良知)에 대해서는 관심을 가지면서 '치(양)지'(致(良)知)의 '치'(致, extention)에 대해서는 관심이 적다고 지적한다. 그리고 그 이유란 바로 知와 行을 나누어서 생각하기 때문이고, 또한 양지의 참뜻을 여전히 깨닫지 못하기 때문이라고 한다.[98]

그에게 《대학》의 가르침 '치지'(致知)란 낱낱의 객관적 정보를 수집하는 것이 아니라 우리가 마음의 본질로서 가지고 있는 '선한 지식'[良知]을 키우는 것이다. 그런데 그 일이란 오직 구체적인 삶에서의 실천을 통해서만 가능하다고 한다. 이것을 기독교적 용어로 표현하면 부활의 확신이란 그것의 객관적인 증거들을 수집함으로써 가능해지는 것이 아니라, 그 진리를 자신의 실제 삶에서 실행해 나감으로써 가능해진다는 것이다. 더 넓게 얘기하면 구원의 성취란 예수가 그것을 "모든 사람을 위하여 단번에" 이룬 것이라고 하면서 "온 세계의 죄를 사하기 위해 유일회적인 완전한 희생제물이 되었다"고 되뇌이는 데 있는 것이 아니라, 부활의 영에서 양심이 깨워져서 자신의 양심을 예수 뒤에 숨기지 않고 그 양심을 철저히 하는 데 있다는 말이다.[99]

이러한 기독교이후적 윤리신학의 부활과 구원 이해가 그 급진적인 실존화와 내면화에도 역사적 예수의 부활사건과 십자가 사건을 부정하지 않는 것처럼, 양명에서의 도덕적 실천의 강조는 결코 고전의 탐구나 독서와 같은 지적 작업을 부인하는 것이 아니다. 오히려 그의 '치양지'의 의미, 실천의 강조의 의미는 바로 그 두 가지가 하나가 되어야 함을 말하는 것이며, 또한 공부의 참 목적이란 진정한 자아의 회복에 있다는 것을 가르쳐 주기 위함이다. [100]

심즉리를 이야기하고 '양지'를 말하는 양명에게서 인간은 이미 '성인'(聖人)이고 구원을 받은 존재이다. 그러나 그는 또한 '치양지'를 강조하면서 인간은 그의 끊임없는 실천을 통해 비로소 성인이 될 수 있음을 밝혔다.

이러한 양명 사상에서의 앎과 행함, 신비와 윤리, 형이상학과 도덕(교육), 객관과 주관 사이의 상호관계성과 역동성에 대한 인정은 그가 말년에 자신의 가르침을 네 가지 명제로 엮으면서 내린 '사구교'(四句敎)에서 다시 한번 뚜렷하게 드러난다. [101] 양명은 그의 가르침이 순간의 '깨달음'(enlightment)을 이야기하는 것인지, 아니면 오랜 기간의 '자기훈련'(self-cultivation)을 말하는 것인지를 밝혀달라는 제자들의 물음에 그 둘 다 맞는 것으로 긍정한다. 그러면서 그는 말하기를, 여기서의 관건은 사람들에 따라 알맞은 방법이 골라지는 것이라고 하였다. 그러나 그에 따르면 세상에는 순간의 覺에 따라서 理에 도달할 수 있는 사람이 그렇게 많지 않으므로, 오히려 꾸준한 실천의 가르침이 중요하다고 했다. [102] 다시 말하면 여기서의 양명을 이끄는 주된 관심은 '교육' 바로 그것이었다. [103]

정론보다 정행을 강조하는 기독교이후 윤리적 신학자들은 부활의 확신과 경험은 최종적으로 교회와 공동체 안에서의 '떡을 떼는 행위'를 통해서 가능해짐을 지적하였다. [104] 그리하여 그들은 우리가 계속해서 기독교인으로 남기를 원하는 한 교회의 공동체 안에 속해 있어야 함을 강조하였다. [105] 이와 유사하게 양명은 말년으로 갈수록 점점 더 자신의 양지를 오랜 유교의 개념인 仁이나 氣로 표현하면서, 그것이 '만물일여'(萬物一如)의 우주적 근거가 됨을 밝힌다. 또한 자신의 치양지란 다름 아니라 만물에 대한 仁의 실천이고, 그 일을 통해 마침내 하늘과 땅과 만물의 일체를 실현시키는 '만물일체'(萬物一體)의 가르침임을 밝힌다. 자신의 양지를 최대한으로 확장시킨 성인과 군자란 바로 만물을 하나로 보며 그 道를 실천하는 사람이다. 이 만물일체의 도가 실천되는 가장 기초적인 장으로서 그는 유교의 전통에 따라 '가정'을 들고, 그 가운데서도 특히 어버이와 자식 사이의 孝를 든다. 가정은 그런 의미에서 기독교의 교회공동체와 같은 의미를 갖는다.[106]

4. 결론을 대신하여
— '유교적 기독교' 또는 '기독교적 유교' 의 가능성을 생각하며

20세기에 들어와서 동아시아의 유교와 기독교의 위상은 참으로 많이 변했다. 서구 과학문명과 자본주의의 물밀듯한 유입으로 거대한 세속화의 물결이 일어나자 유교와 기독교는 그들 스스로의 의지로 그렇게 된 것은 아니지만 더 이상 초기 만남 때에 가졌던 첨예한 대립을 겪지 않게 되었다. 오히려 둘 다 거대한 세속화의 물결 앞에서 정체성의 위기를 맞게 되었다.

중국대륙에서는 1982년부터 종교의 자유가 다시 인정되면서 각종 종교적인 관심이 일기 시작했고, 그것과 더불어 공자나 유교에 대한 평가도 다시 이루어지기 시작하였다. 우리나라에서는 급속한 근대화와 기독교의 번창 속에서 그동안 철저히 잊혀졌던 옛 전통에 대한 관심이 되살아나기 시작했다. 그리하여 한국적인 신학과 한국적인 교리에 대한 탐색이 본격화되었다. 또한 오늘날 교회가 그렇게도 번창하고 있지만, 우리가 겪는 가치관의 혼란은 다시 전통의 가치들을 되돌아보게 하는 계기가 되었다.

결국 이러한 상황이란 우리의 정신적 뿌리가 되는 유교의 가치관과 기독교의 만남을 그 필연적인 귀결로 불러 세운다. 우리는 이 장에서 포스트모던적 상황―초월적 神개념의 해체를 요구하는 기독교이후적 상황―에서의 유교의 내재적 영성의 의미를 살펴보았다. 그것은 그 인본주의적이고 자연주의적인 성격 때문에 오늘날의 상황에서 다시 종교적일 수 있고 다른 방식으로 새롭게 초월을 경험할 수 있게 하는 가능성이었다.[107] 모트에 따르면 공자가 지난 2천년 동안 중국문명에 기여한 것을 생각할 때 "역사에서 그토록 중대한 역할을 떠맡으면서도 단지 한 인간으로 남았다는 것은 인간의 업적 가운데 가장 희귀한 일"이라고 평가한다. "그를 신성화하려는 후대의 모든 가당치 않은 시도들을 저지하면서 그와 같은 일을 그렇게 참을성 있게 해냈다는 것은 참으로 위대한 업적"이라는 것이다.[108]

그러나 이러한 유교의 인본주의와 자연주의는 그 안에 '초월성의 완전한 함몰과 상실'이라는 위험성을 내포하고 있다는 사실을 지나칠 수 없다. 유교는 기독교에 비해 초월에 대한 뚜렷한 인식이 전개되지 못하였다. 더군다나 일반대중들에게는 天에 대한 제사가 금지된 것 때문에 오늘날에 와서는 거의 그 종교성을 상실하는 위기에 놓였다. 이런 의미에서 볼 때는 기독교의 초월의 철저한 차이성에 대한 강조, '너'로까지 불리는 친밀한 인격적 신관(神觀), 예수와 그 부활의 역사성에 대한 강조 등은 여전히 의미를 갖는다. 이러한 상황은 곧 유교와 기독교가 이제 서로 배타적이거나 또는 어느 한쪽이 어느 한쪽을 포괄시켜 버리려는 지배주의적 태도 대신에 '서로 자극하며 서로 보완하는 입장'으로서 오늘날의 세속화된 상황에서 종교의 역할을 수행해 나가야 한다는 말이다. 곧 '유교적 기독교'(Confucian Christianity) 또는 '기독교적 유교'(Christian Confucianism)의 가능성을 이야기하는 것이다.[109]

이것은 기독교 입장에서 보면 자신을 역사의 중심, 최종적인 가치의 담지자로 여겨오던 종래의 태도를 포기하고 "굴욕감을 맛보지 않고서는 받아들일 수가 없는,"[110] 또한 "이 지점 이상 넘어가지 못함"[111]의 경고 표시를 파기하는 대전환의 태도이다. 이 전환의 가능성을 우리는 '신 중심적 기독론', 또는 우리의 해석대로 하면 '성령 중심적 사고' 속에서 찾을 수 있음을 알았다. 그러나 이러한 이론적 근거보다도 위의 우리의 화합을 더욱 가능하게 하는 기반으로서 우리는 바로 오늘날 우리 시대의 실천지향성을 보았다. 즉 '정론'보다 '정행'을 추구하는 입장에서 오늘날 지구가 당면한 위기상황 속에서 유교와 기독교가 같이 손을 잡고 일해야만 한다는 당위를 본 것이다.

유교는 '가정'이라고 하는 원형적인 진리를 우리에게 가르쳐 주었고, 기독교는 '공동체'(교회)라고 하는 가치를 일깨워 주었다. 오늘날 인간 삶에서 기초가 되는 이 두 가치가 크게 도전받고 있는 때에, 유교와 기독교는 그들의 화합을 통해서 이 두 가지를 더욱 새롭고 조화로운 의미로 깨우쳐 준다. 오래된 유교의 전통 속에서 세계 어느 나라에서보다도 더욱더 공고하게 가정의 유대를 지켜왔던 우리나라, 또한 기독교 역사에서 그 유례가 없을 정도로 크게 성장한 교회를 가지고 있는 우리들, 이 두 가치의 조화로운 인식과 성장이야말로 오늘날 한국 민족이 세계에 줄 수 있는 한 대답이 아닌가 여겨진다. 오늘날 우리 자신도 이 두 가치의 붕괴라고 하는 위기상황에 빠져 있지만, 이 위기는 또한 기회도 된다. 서구신학자 한스 큉은 대화의 마지막에 가서는 '종교적 이중국적'의 가능성을 의심했지만,[112] 우리 아시아의 기독교인들에게는, 특히 한국인들에게는 그 가능성이 그렇게 부정적으로 보이지만은 않으리라는 것이 필자의 생각이다. 즉, 종교의 이중국적도 이제 가능하다는 것이다.

주 ________

1) 함석헌, 《뜻으로 본 한국역사》, 제일출판사, 1979, p.386.

2) Hans Küng, Julia Ching, *Chiristentum und chinesische Religion* (München & Zürich: Pieper, 1988), p.11ff ; 한스 퀑/줄리아 칭 저, 이낙선 역, 《중국종교와 그리스도교》, 분도출판사, 1994.

3) Julia Ching, *Confucianism and Christianity* (Tokyo, New York & San Francisco : Kodansha International, 1977), p.xxiii.

4) Jacques Gernet, *Christus kam bis nach China* (Zürich und München : Artemsi Verlag, 1984), p.22ff.

5) Julia Ching, op. cit., p.9.

6) T. F. 드라이버 저, 김쾌상 역, 《변화하는 세계와 그리스도》, 대한기독교출판사, 1984, p.61.

7) 이은선 · 이경 편, 《李信의 슐리이리즘과 靈의 신학》, 종로서적, 1992, p.19ff.

8) Hans Küng/Julia Ching, op. cit., p.11ff.

9) Ibid., p.15.

10) Ibid., p.91ff.

11) Julia Ching, op. cit., p.9 ; Rodney L. Taylor, *The Religious Dimensions of Confucianism* (Albany : State University of New York Press, 1990), p.145.

12) Julia Ching, op. cit., p.14.

13) Ibid..

14) Jacques Gernet, op. cit., p.29ff.

15) Ibid., p.38 ; Julia Ching, op. cit., p.20.

16) Julia Ching, op. cit., p.21.

17) Ibid..

18) Ibid., p.21.

19) 이성배, 《유교와 그리스도교 — 이 벽의 한국적 신학원리》, 분도출판사, 1979, p.48ff.

20) 변선환, 〈漢基 崔炳憲 목사의 토착화사상〉, 《한국그리스도사상》 제1집, 한국그리스도사상연구소, 1993, p.209.

21) 이성배, 앞의 책, p.155ff.

22) 최동희, 《서학에 대한 한국실학의 반응》, 고려대민족문화연구소, 1988, p.82.

23) 위의 책, p.82.

24) 위의 책, p.84 ; 이성배, 앞의 책, p.159ff.

25) Jacques Gernet, op. cit., p.29.

26) Julia Ching, op, cit., p.23.

27) Ibid., p.7.

28) James Legge, "The Chinese Religions, as copmpared with Christianity", p.284. 이 글의 출처는 표지를 분실하여 밝히지 못함.

29) Julia Ching, op. cit., p.25.

30) 최동희, 앞의 책, p.118ff.

31) 이성배, 앞의 책, p.152.

32) 위의 책, p.157.

33) 위의 책, p.152.

34) 김승혜, 〈《七克》에 대한 硏究—그리스도교와 신유학의 초기 접촉에서 형성된 수양론〉, 《종교 다원주의와 한국적 신학》(변선환 학장 퇴임기념논문집), 한국신학연구소, 1992, p.591.

35) 張春申 저, 이정배 역, 《하늘과 사람은 하나다—중국적 신학의 초석》, 분도출판사, 1991, p.94ff. 참조.

36) M. C. Taylor, *Erring—A Postmodern A/Theology* (Chicago & London : The University of Chicago Press, 1984) ; D. R. Grffin et. al., W. A. Beasdslee, J. Holland(ed.), *Varieties of Postmodern Theology* (State University of New York Press, 1989), p.31.

37) Gregory Bateson and Mary Catherine Bateson, *Angels Fear — Toward an Epistemology of the Sacred* (Bantam Books, Bantam Doubleday bell Pub., 1988), p.8.

38) Un-Sunn Lee, "Die religiöse Grundlage der Menschenbildung bei H. Pestalozzi und Wang Yang-ming", Diss. Basel Universität, 1987, p.133 ; Julia Ching, op. cit., p.129 참조.

39) Ibid., p.138ff.

40) Julia Ching, op. cit., p.133ff.

41) Ibid., p.127.

42) 이은선, 〈왕양명과 페스탈로치의 인식론적 존재물음 비교연구〉, 《종교연구》 제5집, 한국종교학회, 1988, p.89.

43) Un-Sunn Lee, op. cit., p.142ff., p.260 미주 참조; 김용옥, 《절차탁마 대기만성》, 통나무, 1987, p.71 참조. 여기서 김용옥도 이상은과 모종삼의 말을 들어 밝히기를 孟學의 관점에서 말한다면 "陸王이 정통이요 程 · 朱가 이단" 이라고 지적한다.

44) Un-Sunn Lee, op. cit., p.123 ; Julia Ching, *To Acquire Wisdom— The Way of Wang Yang-ming(1472~1528)* (New York : Columbia University Press, 1976), p.44.

45) Julia Ching, op. cit., p.137.

46) F. Schleiermacher, "Über die Religion—Reden an die Gebildeten unter ihren Verächtern" (Gottingen : Vanderhoeck & Ruprecht, 1967), p.53.

47) Trans. Wing-tsit Chan, *Instructions for Practical Living and other neo—Confucian Writings by Wang Yang-ming* (New York : Columbia Univ. Press, 1964), pp.94~95.

48) 두유명(Tu Wei-Ming, 杜維明), 〈존재의 연속성—중국의 자연관〉, 루너 편저, 이정배 · 이은선 역, 《자연 그 동서양적 이해》, 종로서적, 1989, p.123.

49) 후레드릭 W. 모트 저, 권이숙 역, 《중국문명의 철학적 기초》, 인간사랑, 1991, p.35.

50) D. R. Griffin et. al., W. A. Beasdslee, J. Holland(ed.), op. cit., p.40ff.

51) Un-Sunn Lee, op. cit., p.159.

52) Julia Ching, op. cit., p.6.

53) 폴 F. 니터 저, 변선환 역, 《오직 예수이름으로만?》, 한국신학연구소, 1986, p.199ff.

54) Jean-Francois Lyotard, *Das postmoderne Wissen. Ein Bericht*, hrsg., von Peter Engelmann(Passagen Verlag, 1986), p.102ff.

55) Mark kline Taylor, *Remembering Esperanza* (New York : Orbis Books, 1990), p.157ff.

56) T. F. 드라이버, 앞의 책, p.76.

57) 위의 책, p.79.

58) 위의 책, p.29.

59) "Jesus and the World Religions", *The Myth of God Incarnate*, John Hick(ed.)(London : SCM Press, 1977), pp.172~176 ; 폴 F. 니터, 앞의 책, p.245.

60) Rosemary Radford, Ruether, *Faith and Fratricide* (New York : Seabury Press, 1974), p.248 ; T. F. 드라이버, op. cit., p.56.

61) 폴 F. 니터, 앞의 책, p.245.

62) T. F. 드라이버, 앞의 책, p.109.

63) Mary Daly, *Beyond God the Father* (Boston: Beacon Press, 1973), p.69ff.

64) 폴 F. 니터, 앞의 책, p.248.

65) 위의 책, p.294.

66) 위의 책, p.314.

67) T. F. 드라이버, 앞의 책, p.44.

68) Mark Kline Taylor, op. cit., p.172.

69) Ibid..

70) T. F. 드라이버, 앞의 책, p.124.

71) 위의 책, p.207.

72) Heup Young Kim, "Yen and Agape—Toward a Confucian Christology," *The American Academy of Religion* (San Francisco, Nov. 21. 1992), p.35, p.39ff. 왕양명과 카를 바르트의 사상을 비교 연구하면서 동아시아 기독교인들을 위한 '유교적 기독론' (a Confucian Christology)을 탐색하는 저자는 양명의 '良知'를 바르트신학에서의 '그리스도의 인성' (humanitas Christi) 내지는 '그리스도' (Christ)와 유비시키고, '致良知'를 '성령의 인도하심' (the Direction of the Holy Spirit)과 연결시킨다. 그러나 저자가 맨 처음 밝힌 대로 기독교의 가르침은 'Theology' 라고 하면서 유교의 가르침은 그 아류단계인 'Confuciology' 로 규정한 것이나, 결론적으로 예수 그리스도를 바로 유교가 오랫동안 추구해 온 '仁의 완성자' (as the Tao), '군자' (as the Sage), '良知의 완성자' (as the liang-chih) 등으로 규정한 것은 저자가 여전히 전통의 배타적 유일회성의 그리스도론에 사로잡혀 있다는 것을 보여준다. 저자는 유교와 기독교, 특히 양명과 바르트의 사고가 그 강한 인본주의와 실천성 때문에 서로 잘 관계될 수 있다고 이야기하지만, 유교나 양명 쪽에서 보면 다른 종교에 대한 바르트신학의 입장은 철저한 그리스도 우월주의에서 야기된 것이므로 비교가 쉽지 않다고 하겠다.

73) Un-Sunn Lee, op. cit., p.183ff.

74) Wang Yang-ming, op. cit., p.109.

75) 張春申, 앞의 책, p.160 참조.

76) Un-Sunn Lee, op. cit., p.226.

77) Ibid., p.171ff.

78) Ibid., p.175ff.

79) Ibid., p.170. Hwa-yol Jung, "Wang Yang-ming and Existential Phenomenology" (*International Philosophical Quarterly* 5, 1965), pp.612~636 참조.

80) Un-Sunn Lee, op. cit., p.213ff.

81) Ibid., p.218.

82) 張春申, 앞의 책, p.172ff.

83) Wang Yang-ming, op. cit., p.223.

84) Hwa-yol Jung, op. cit., p.621.

85) Un-Sunn Lee, op. cit., p.148.

86) Julia Ching, *To Acquire Wisdom-The Way of Wang Yang-ming(1472~1528)* (New York : Columbia University Press, 1976), p.242.

87) T. F. 드라이버, 앞의 책, p.33ff.

88) 위의 책, p.36.

89) 위의 책, p.74ff.

90) 폴 F. 니터, 앞의 책, p.265.

91) Leonard Boff, *Jesus Christ Liberator : A Critical Christology for Our Time* (Maryknoll, New York : Orbis Books, 1978), p.279ff.

92) 폴 F. 니터, 앞의 책, p.364.

93) 위의 책, p.352ff.

94) Julia Ching, *Confucianism and Christianity* (Tokyo, New York & San Francisco : Kodansha International, 1977), p.151.

95) Un-Sunn Lee, op. cit., p.240ff ; Tu Wei-ming, *Neo-Confucian Thought in Action* (Berkeley : California Univ. Press, 1971) 참조.

96) Wang Yang-ming, op. cit., p.93.

97) Ibid., p.11.

98) Wang Yang-ming, *Philosophical Letters of Wang Yang-ming*, trans. Julia Ching (Canbera : Columbia University Press, 1963), p.70.

99) T. F. 드라이버, 앞의 책, p.34.

100) Un-Sunn Lee, op. cit., p.202ff.

101) Ibid., p.226ff. 그의 四句教란 1) 마음의 본체에는 선과 악의 구별이 없다. 2) 의지가 작동할 때 거기서 그 구별이 생긴다. 3) '良知'의 역할이란 그 선과 악을 구별하는 것이다. 4)

'格物'이란 선을 행하고 악을 제하는 것이다 등을 말한다.

102) Un-Sunn Lee, op. cit., p.229.

103) Ibid., p.230 ; Julia Ching, *To Acquire Wisdom— The Way of Wang Yang-ming (1472~1528)*(New York : Columbia University Press, 1976), p.151 참조.

104) T. F. 드라이버, 앞의 책, p.222 ; Mark Kline Taylor, op. cit., p.174.

105) William A. Beardslee, "Christ in the Postmodern Age—Reflections Inspired by Jean-Frangois Lyotard", D. R. Griffin et. al., W. A. Beasdslee, J. Holland(ed.), *Variety of Postmodern Theology*, p.76ff.

106) 윤성범, 《孝》, 서울문화사, 1973.

107) 이은선, 앞의 글, p.91.

108) 후레드릭 W. 모트, 앞의 책, p.78.

109) 이제까지 유교와 기독교 사이의 대화를 시도하는 작업은 우리나라의 기독교 신학자들(윤성범, 변규룡, 김흡영 등)은 물론이려니와 줄리아 칭(Julia Ching)도 포함하여 '유교적 기독교' 까지는 이야기했지만, 그 반대로 '기독교적 유교'에 대해서는 거의 인식이 없는 것으로 보인다. 이렇게 대화에서 주체가 항상 기독교가 되는 '이 지점 이상 넘어가지 못함'에 대한 지적을 요즘 니터나 드라이버 같은 신학자들이 하고 있다.

110) T. F. 드라이버, 앞의 책, p.53.

111) 폴 F. 니터, 앞의 책 , p.237.

112) Hans Küng, Julia Ching, op. cit., p.303ff.

2장 유교적 기독론 - 기독론의 수행적 지평 확대

1. 유교적 기독론의 배경과 그 지향

1990년대에 우리나라에 번역, 소개된 독일의 역사사회학자 노버트 엘리아스(Nobert Elias, 1897~1990)의 《매너의 역사 - 문명과 과정》은 어떻게 인간의 삶이 그 구체적인 일상의 매너(습속, 예절) 속에서도 시간과 함께 점점 변화해 가는지를 잘 보여 주고 있다. 그는 중세에서 시작하여 유럽인들의 일상적인 습속인 식사예절, 오줌누기 등의 생리적 기능, 코 풀기, 침 뱉기, 침실에서의 행동, 성생활 태도, 공격본능 등의 변천과정을 탐색하였다. 그리고 그는 그것들을 '문명화 과정'(civilizing process)으로 규정하였다. 그것은 우리가 좀더 장기간의 과정에 주목할 때 변화는 뚜렷하고, 인간의 본능적 충동이 억제되고 자율적 자기통제가 증가되는 방향으로의 전개라는 것을 뚜렷이 알 수 있다고 한다.[1] 예를 들어, 우리가 오늘날에는 도저히 생각하기 어려운 다음과 같은 일들이 중세시대 도시에서는 흔하게 볼 수 있었다고 한다. 즉 목욕탕에 가기 위해서 사람들이 대낮에 집에서부터 옷을 벗고 가족들끼리 거리를 질주하여 몰려가는 것 등이다.[2]

예수 그리스도에 대한 유교적 이해에 관하여 더 넓게 이야기한다면, 오늘의 세속화와 다원주의 시대에 예수에 대해 새롭게 이해해 보려고 하면서 이와 같은 이야기로 먼저 시작하는가 데는 이유가 있다. 왜냐하면 어쩌면 오늘날 우리가 고수하는 전통적 예수의 모습이 뒷날의 사람들에게는 마치 오늘 우리가 목욕탕에 가기 위해 집에서부터 옷을 벗고 거리를 질주해 가던 사람들을 이해하기 어려워하는 것과 마찬가지가 아닐까 생각했기 때문이다. 또한 장기간의 과정으로 보면 역사에서의 '변화'(paradigmshift)라는 것은 너무나 확실하여서 도저히 부정할 수 없다는 것을 보여 주기 위해서이다. 사실 예수 시대에 예수가 하느님을 '아버지'라고 불렀던 것도 그 당시 사람들에게는 도저히 상상할 수 없는 일이었다.

이 예수가 그리스도로 고백되면서 시작된 기독교 2천여 년의 역사 가운데서 오늘날 예수에 대한 전통적 이해는 도전받고 있다. 코페르니쿠스 시대 이후에 근대과학의 전개로 도전이 가중되었으며 오늘날 '기독교이후'(postchristian)시대에 세계 제종교에 대한 정보가 확산되면서 예수에 대한 이해는 다시 한번 근본적인 도전을 받게 되었다.[3] 특히 그의 신성, 즉 '성육'(incarnation)에 관한 질문이 그 가운데 가장 핵심적이다. 왜냐하면 이제까지 전통적인 예수 이해는 여전히 고대 그리스적 형이상학의 틀 안에서 존재론적이고 실체론적으로 그의 신성과 배타적인 유일회성이 주장되어 오고 있기 때문이다.

21세기인 오늘도 교회예배에서 여전히 2천여 년 전에 구성된 '사도신경'이 외워지는 상황이지만, 우리 시대에 예수에 대한 '솔직한' 질문 등은 점점 더 크게 들린다. '예수는 과연 누구였을까? 그 당시 대부분의 이스라엘 사람들처럼, 오랜 기다림과 피폐 속에 살다가 예언자 세례 요한의 외침을 듣고 깨어나게 된 한 젊은이가 아니었을까? 교회가 일찍이 정통교리로 수립한 그의 '선재'(pre-existence) 이야기는 과연 어디에 근거하는가? 그가 동정녀한테서 탄생하였기 때문일까, 또는 그의 기적행위 때문일까? 예수는 진정으로 자기 스스로를 메시아와 하느님의 아들이라 이야기했을까? 그의 부활의 비밀은 무엇일까? 특히 그의 몸의 부활은 실체론적으로 일어난 것이기 때문에 그의 절대적 유일회성의 마지막 보루가 되는 것인가 아니면 또 다른 의미를 지니는가?' 이러한 모든 질문들은 또 다른 기독론의 모습을 찾기 위한 시도들로서 요즘 서구 신학계에서 활발히 진행되고 있다. 그것들은 '아래로부터의' 기독론, '신중심적' 기독론, '실천'[구속론적] 기독론의 모습들로서 예수의 인성[역사적 예수]에 더 많은 관심을 두면서, 그의 실천[正行]의 의미와 그것의 구체적이고 현재적인 활동[聖靈]의 구속사적인 의미에 더욱 관심을 갖는다.[4]

이러한 기독론의 새로운 시도들과 같은 선상에 서서 필자는 여기서 그 예수 그리스도를 '유교적'으로 생각해 보고자 한다. 유교(儒敎), 또는 유학(儒學), 유가(儒家) 등으로 불리는 이 오래된 동아시아의 정신적 젖줄은 핵심사상으로서 '도덕적 인본주의'를 가르치고 있다. 곧 유교는 그 종교성 여부에 대한 끊임없는 논쟁에서도 드러나듯이, 인간과 윤리, 실천에 관심이 집중된다. 따라서 오늘날 기독론 논쟁에서 그리스도의 신성이 문제시되고, 대신에 그의 '인성'(人性)과 실천, 그리고 현재성에 대한 관심이 고조되었다면 바로 유교적 전통과 대화하는 것은 매우 생산적일 수 있다고 생각하기 때문이다. 유교와의 대화를 불교와의 대화보다 더욱 창조적이라고 본 줄리아 칭(Julia Ching)은 사실 유교의 서구적 번역인 'Confucianism'은 별로 적합한 표현이 아니라고 한다. 왜냐하면 유교 전통 속에서 '공자'(Confucius)의 위치는 기독교에서의 '예수'의 의미만큼 그렇게 결정적이지 않기 때문이다.[5] 이 지적은 타당하고 앞으로 우리의 대화에 많은 것을 시사한다.

그러나 유교와 대화하려는 노력과 필요는, 단지 이렇게 이론적인 것만이 아니다. 오히려 오늘날 한국 기독교회의 현실과 신학적 정황, 그리고 사회상황은 유교적 전통과 대화를 요청하고 필요로 한다. 한국에 기독교가 처음 전해졌을 때에 기독교는 당시 철저히 이데올로기화된 유교 전통에 견주면 하나의 새로운 가르침일 뿐이었다. 이 처음 단계에서 한국 기독교는 주로 '정통보수'교회의 그것이었고, 여기서 유교와의 대화가 이루어졌다면 그것은 단지 유교 쪽을 위해서, 즉 유교 전통에 속해 있는 사람들을 기독교로 개종시키기 위한 것이었다. 1960년대 후로 한국교회는 급속히 산업화되어 가는 한국사회에서 '민중교회'와 '민중신학'의 모습으로 역할을 해 나가기도 했다. 그런데 그것은 지극히 창조적인 작업으로 세계 교회에서 평가되었다. 그러나 오늘날의 상황은 또 변하였다. 즉, 오늘날의 이데올로기 종식의 시대, 지구화와 세계화, 그리고 '문명전쟁의 시대'에 한국의 교회와 신학은 이제 자신의 민족적 전통과 여러 종교와 더욱 대화하면서 자신의 정체성을 새롭게 세워 나갈 것을 요청받게 되었다. 그리하여 민중신학 쪽에서도 '민족은 곧 민중'이라는 입장을 가지고 민족과 종교, '종교신학'에 관심을 갖게 되었다.[6]

얼마 전 매스컴은 한국사람들이 가장 선호하는 가훈은 '가화만사성'(家和萬事成)과 '성실'(誠實)이라고 알려 주었다. 또한 오늘날 우리는 어렵지 않게 한국사회를 이끄는 내적 주도력으로 '교육'에 대한 열정을 꼽고 있다. 이러한 사실들은 국민 네 명 가운데 한 명이 기독교인이지만 여전히 우리의 주도적인 가치관이 유교 전통의 영향 아래 있다는 것을 밝혀주는데, 교회는 여기에 어떻게 관여해야 할지를 알지 못한다.

한편으로, 그동안 폭발적으로 증가한 보수교회나 신비교회처럼 자신의 관심 영역 밖의 것으로 여기면서 관여하지 않거나, 그렇게 증가했음에도 교회들은 한국사회와 문화에 주목할 만한 영향을 미치지 못하고 단지 한 고립된 존재로 민족의 전통과 역사에서 유리된 채, 또한 오늘날의 구체적 현실의 변화와는 무관한 채 존재한다.[7] 다시 말하면 오늘날 그렇게 많은 기독교인이 있지만 한국교회는 우리 사회에 뚜렷이 내세울 만한 나름의 문화를 형성하지 못하고 있다는 것이다.

그러나 다른 한편, 사회와 역사에 적극적으로 관여했던 민중신학도 한계를 보인다. 즉 그들이 할 수 있는 일이란 예전의 입장에서 오늘 우리 세태가 오직 자신의 성공만을 꿈꾸는 개인주의적인 태도를 보일 뿐이라고 정죄할 따름이다. 이러한 민중신학적 지적에 대해서 요즈음 젊은 세대들의 반응은 앞의 보수교회의 가르침에 대한 태도만큼이나 냉담하고 자신들과 동떨어진 것으로 생각한다.[8]

유교적 기독론의 탐색은 바로 이러한 한국교회의 딜레마적 상황에 직면하여 그 유교적 에토스의 현실을 인정하고, 그것을 가치 있는 것으로 여기면서, 어떻게 그 에토스가 통합될 수 있을까를 탐구하는 것이다. 이것은 오늘날 다원적이고 점점 과학화되어 가는 상황에서 이 현실과는 동떨어진 공허한 믿음만을 외친다거나 신비적 경험에만 매달리며 삶의 구체적 현실로부터 유리되어 게토화되어 가는 많은 한국교회를 극복하려는 것이다. 그리고 예전의 민중신학에서와는 달리 사회의 의미실현을 위한 개인의 수신과 단련의 의미를 다시 이야기하고 그것의 바람직한 방향을 제시해 보려는 것이다.

이 노력은 달리 말하면 이제 한국사회에서 건전한 기독교적 대안문화를 희망하는 것이다. 그리고 이제까지 한국교회와 신학이 소홀히 해왔던 교회의 교육적 실천과 노력을 강조하려는 것이다. 여기에 오랜 유교 전통의 배경에서 세계에서 유례가 없을 정도로 성장한 한국교회와 신학이 새롭게 담당해야 할 창조적 과제가 놓여 있다고 생각하기 때문이다.

2. 공자와 예수

20세기 서구 신학계는 1906년 알버트 슈바이처(A. Schweizer)의 《예수전 연구》, 1950년대 루돌프 볼트만(R. Bultmann)의 공관복음 연구, 그의 제자인 보른캄(Günther Bornkamm)의《나사렛 예수》연구 등을 통해서, 역사적 예수에 대한 관심을 지속시켜왔다. 그러는 가운데 한계가 지적되면서 신앙과 복음의 '주'(主)로의 전회가 요구되어 왔지만, 그럼에도 이 역사적 예수에 대한 관심은 더 고조되었다. 특히 다원화되고 과학화되어 가는 오늘날 이 역사적 예수에 대한 연구는 다시 활기를 띠면서, 이 물음과 연결하여서 교회가 당면한 딜레마적 상황을 풀어가기를 희망하게 되었다. '아래로부터의 기독론', '신 중심적 기독론'이 바로 그것이다.

이들은 역사적인 인간 예수로부터 시작하여 그의 신성에 대한 물음을 키워 나가고 있다. 그래서 우선 예수의 메시지와 그의 역사적 운명에 관심을 가진 다음에 비로소 성육신 신비의 개념에 도달하고자 한다.[9] 이들의 관점에서 보면 종래의 그리스 철학적 형이상학의 기독론, 즉 '위로부터의 기독론'은 그 실체론적 경향 때문에 예수의 형이상학적 본성을 충족시키는 데만 관심을 가져왔다. 따라서 여기서는 인간 예수의 구체적 삶이 진지하게 고려되지 못했으며, 결과적으로 한 특정한 역사적 인물로 신적 로고스가 완전히 독점, 해소되는 모습을 초래했다.

이러한 입장에서 밝히는 기독교 역사에서 기독론의 전개과정에 따르면, 원래 예수와 그의 추종자들—바울도 포함해서—의 신앙은 종말론적 '하느님 신앙'이었다. 그러나 그것이 초기교회가 형성된 뒤 뒤바뀌어서 현재-미래의 하느님 나라 이외에는 최종적인 것이 없다고 가르쳤던 바로 그 예수가 하느님의 최종적인 형식이라고 선포되었다. 예수는 단지 '하느님의 말씀'으로 그치지 않고 '하느님의 마지막 말씀'이 된 것이다.[10] 그것은 초대교회가 그리스-로마 문화권이 되면서 유대교의 '하느님의 아들' 이미지가 '성육신'과 '유일회적 신성화'의 개념으로 굳어진 것이다.

이러한 아래로부터의 기독론 탐색에서 이제 관계적 유일회성, 신 중심적 그리스도, 은유(metaphor)와 다수의 그리스도가 말하여진다면, 마침내 그것은 다른 여러 종교 전통들에서의 또 다른 신성들과 진정으로 대화할 수 있는 계기가 마련되는 셈이다. 특히 유교 전통의 공자에 대한 평가에서 그의 위대성과 독특성이 "역사에서 그토록 중대한 역할을 떠맡으면서도 단지 한 인간으로 남았다는 것"과 "그를 신성화하려는 후대의 모든 가당치 않은 시도들을 저지한 것"에서 보았다면,[11] 이 유교 전통과의 대화와 공자와 관계 맺음은 더 큰 의미를 지닌다고 하겠다. 왜냐하면 우리가 위에서 지적했듯이 오늘의 기독론의 핵심질문은 바로 그의 신성화에 관한 것이기 때문이다.

역사상의 공자 모습을 추구하는 것도 역사적인 예수의 탐색만큼이나 쉬운 것이 아니다. 공자의 구체적인 인간됨과 가르침을 가장 잘 전해 주는 《논어》가 씌어진 것도 사후 최소한 100년이 지나서였고, 그의 전기 가운데서 가장 오래된 사마천(司馬遷)의 《공자세가》(孔子世家)도 거의 400년이 지나서야 씌어졌기 때문이다.[12] 지금까지 2,500여 년의 중국의 역사에서 공자에 대한 평가는 많은 우여곡절을 겪어왔다. 한때는 수많은 스승 가운데 하나에 불과한 모습으로, 또 한때는 신격화되기도 했고, 신의 반열에 세우기 위한 조칙이 반포되기도 했다. 반대로 '비공'(批孔) 운동으로 존폐의 위기에 놓이기도 했다. 그럼에도 더욱 중요한 사실은 유교 전통에서 그는 결코 신화적이 아닌 역사적인 인물로 자리잡고 있으며, 이것을 여전히 근본적인 전통으로 담지하고 있다는 것이다.

기독교의 과격한 신적 변형과 달리 유교 전통에서 이러한 까닭은 먼저 공자 언명과 자기 인식에 근거한다고 하겠다. 물론 공자시대에도 그의 제자들에 의해서 '성인'이라고 고백되면서 기독교적인 의미로 볼 때 신성시되었다. 그러나 공자는 그것을 반박하며 자신은 배우기를 싫어하지 않고 가르치기를 게을리하지 않는 노력하는 사람이라고 말한다.[13]

한번은 그의 제자가 그가 어떻게 묘사되기를 바라느냐고 물었다. 그는 자신의 상을 다음과 같이 뚜렷이 밝혔다.

"그는 이런 종류의 사람이다. 참된 앎을 구하고자 하는 사람들을 일깨우기에 너무도 열중하여 밥 먹는 것도 잊으며, 그렇게 하는 것이 너무도 행복하여 근심을 잊으며, 노년이 그에게 닥쳐오는 것도 깨닫지 못한다."[14]

여기서 공자는 자신이 스스로도 道를 찾아가며 참된 삶을 위해 노력하는 겸허한 스승으로 그려지기를 원했다. 그는 다른 곳에서 "자신만큼 학문을 좋아하는 이가 없을 것이고", 자신은 "나면서부터 안 자가 아니라 단지 옛 것을 좋아하여 급급히 그것을 구한 자"라고 밝힌다. 이러한 공자의 허세 없는 인간적 자기평가는 일생의 배움에 대한 그의 유명한 구절, "열다섯에 배움에 뜻을 두고, 서른에 서고, 마흔에 사리에 의혹되지 아니하고, 쉰에 천명을 알고, 예순에 귀가 절로 천명을 따르며, 일흔에 마음을 좇아하되 도리에 어긋나지 않는다"[15]는 고백에서 다시 한번 뚜렷이 나타난다.

그러나 이것은 줄리아 칭이나 거기에 응답하는 한스 큉도 지적했듯이 단순한 세속적 인본주의나 현학주의가 아니다. 여기에 대해서는 모트도 공자의 윤리체계가 전적으로 비종교적이었다거나, 더 나아가서 유교문명이 종교와 관련없다고 말하는 것은 오늘날 현대적 사유에서 오는 불합리한 추론이라고 반박하였다.[16] 위의 큉은 그것은 오히려 셈계의 예언자적 종교와 인도계의 신비종교와 함께 제3의 또 다른 종교적 그룹을 형성하는 "중국의 성인적(聖人的) 전통", "중국 지혜의 종교"로 구분될 수 있다고 보았다.[17]

예언자적 종교의 전통은 초월의 인격적 표현을 선호하고, 그의 인격적 절대성과 배타성을 나타내는 신중심주의이다. 그리하여 예수도 그 전통에 충실하여 자신의 모든 소망과 가르침을 '하느님 나라'라고 표현했다. 결국 그 속에서 자신도 이제는 '하느님의 아들', '아들이신 하느님', '삼위일체의 제2위격'으로 고백되고 표현되었다.[18] 그리하여 이러한 신중심주의는 과도한 신화화를 낳았고—동정녀 탄생, 부활 등과 관련하여—마침내는 '그리스도 독재주의', '그리스도 우상주의'에 빠지는 결과를 초래했다.[19]

그러나 기독교와 다른 전통에 놓여 있는 공자의 종교성은 오히려 다른 곳에서 찾아야 한다. 즉 그것은 어떤 한 초월적이고 인격적인 신에 대한 고백이 아니라, 인간에 대한 신뢰, 배움의 길 위에 있는 인간의 완성과 學과 禮, 道를 통한 그의 가능성에 대한 믿음이다. 후에 어떤 은자는 공자를 "되지 않을 줄 알면서도 하는 사람"이라고 평가했다. 공자는 당시 붕괴되어 가던 예악문화를 예전의 주공시대처럼 회복한다는 것이 불가능함을 알고 있었다. 그러면서도 그는 그러한 이상을 위해 노력하지 않으면 안 된다고 생각했고, 스스로 그렇게 노력했으며, 또한 남도 그렇게 가르치는 데 모든 것을 쏟았다. 공자는 자신을 해하려는 한 시도에 대해 "하늘이 나에게 德을 주었는데, 환퇴가 나를 어찌하겠는가?"라고 응수하였다.[20] 또한 그는 자신의 이러한 가르침에 가장 부합한다고 여겨지는 제자 안회(顔回)가 죽자 "아! 하늘이 나를 망하게 하였구나!" 하며 통곡하였다. 공자는 안회를 "다른 사람들은 하루나 한 달에 한 번 仁에 이를 뿐인데, 그 마음은 삼 개월 동안 仁을 떠나지 않았고", "전진하는 것만을 보여 주었고 중지하는 것을 보이지 않았으며", "끼니를 굶으면서도 道에 대한 기쁨으로 가득 찬 사람"이었다고 소개한다.[21]

"하늘에 죄를 지으면 빌 곳이 없다"고 하며 "독실하게 믿고 배우기를 좋아하며, 죽기를 한하여 지키고 道를 잘 해야 한다"[22]고 가르친 공자에 대해 《논어》 향당(鄕黨) 제10편은 그가 어떻게 일상의 모든 삶에서, 조상을 섬기는 일과 공직의 일터에서, 먹는 것과 입는 것, 자는 것, 그리고 사람들을 대하는 일 등에서 '극기복례'(克己復禮)하려고 노력했는지를 생생하게 그려 주고 있다.

이렇게 공자 자신의 자기 이해와 더불어 그 가르침의 내용이 갖는 '도상적'(道上的) 성격과 인본주의적 성격은 기독교 전통과는 달리 그 창시자의 신격화를 필요로 하지 않았다. 이미 11세기 송나라의 성리학에서는 그 경향이 더욱 두드러졌다. 명나라 양명학의 이해에서는, 마치 오늘날 기독교 신학에서 신중심적 기독론을 시도하고 아래로부터의 기독론을 시도하여 그리스도 우상주의를 타파하려고 하는 것과 마찬가지로, 공자에 대한 비신화화와 그것과 더불어 '경전'[經]의 비신화화가 시도되었다. 사실 유교 전통에서 經[고전]의 의미는 오히려 공자 자신의 위상보다 기독교 그리스도의 절대성에 더 가까운 것이다.

그런데 16세기 명나라 시대에 심하게 경직된 주희 성리학과 그의 객관주의, 문자주의에 대항해서 주관의 心의 발견을 경험한 양명은 당시 《대학》의 판본과 관련된 논변에서 자신이 주희와는 달리 원본 (《大學古本》)을 선호하는 이유를 다음과 같이 밝힌다. 그것은 당시 신격화되다시피 한 주희의 논을 넘어서 원래의 공자에게로 돌아가는 것이고, 그러나 그 공자도 다시 넘어서서 가장 고유한 내면의 心의 권위로 돌아가는 것이다.

"배움에서 가장 중요한 것은 그것을 마음의 실행을 통해서 얻는 것이다. 가르침의 말씀들을 마음으로 점검해 보아 그것이 잘못되었다고 판명되면 나는 그것이 비록 공자의 입에서 나왔다 하더라도 옳은 것으로 받아들이지 않는다. 하물며 공자보다 훨씬 더 못한 사람들의 입에서 나온 것들이야. 또한 만약 그 가르침이 마음에 비추어 봐서 옳다고 여겨지면 나는 그것이 비록 평범한 범부의 입에서 나왔다 하더라도 그것을 그르다고 하지 못한다. 하물며 공자의 말인데, 더욱더 그렇지 않겠는가."[23]

양명은 고전의 육경이 모두 자신 마음의 "각주"이며, 공자가 육경을 편한 이유란 단지 사람들로 하여금 성인의 가르침을 좀더 쉽게 찾을 수 있게 하기 위해서였다고 한다. 그러므로 양명은 道란 결코 주희나 공자라도 그들에게만 소유된 것이 아니고 모두에게 열려 있고 누구에게나 그 마음을 구체적으로 닦음으로써 밝혀질 수 있는 것이라고 설득한다.[24] 이러한 16세기 명나라 양명의 가르침은 오늘날 변화된 상황에서 예수에 대한 새로운 이해를 추구하는 기독교 신학자들에게 좋은 시사가 된다.

3. 誠과 '성육신'

1) 예수의 성육신

'예수는 누구였는가?' 이것을 탐색하는 최근의 성서신학적 연구에서는 기독교 전개의 역사 속에서 볼 때 예수 삶의 구체적인 사실들과 그 말의 진위 여부를 묻는 물음들은 대답하기 어렵고 또한 적절한 것이 아니라고 다시 지적한다. 오히려 기독교의 전개를 위해서 예수에게 중요한 것은 그가 그의 추종자들에게 영향을 끼쳤다는 것이며, 그의 삶과 가르침의 전통 안에서, 그리고 탄생과 어린 시절에 관한 설화들 속에서 그의 영향력이 충격적으로 표현된 사실이라고 한다.

메시아를 기다리는 유대의 전통 안에서 세례 요한을 따랐던 한 추종자로서, 예수가 죽자 그 무리들이 흩어지지 않았고, 교회가 세워졌으며, 그 뒤 전세계로 퍼지는 한 종교적 그룹이 되었다는 것, 어떠한 인상을 그가 무리들에게 남겼으며, 무엇이 그 기독교 신앙의 탄생을 가져왔는가 하는 것에 더 큰 의미가 있다는 것이다.[25] 이것은, 결국 우리가 아무리 철저하게 역사적 예수를 말하고 그를 비신화해도 그가 '하느님의 아들'로서 고백되었다는 사실을 간과할 수 없다는 것을 말한다. 그리하여 그의 '성육'(incasnation)에 대해서 말해야 하고, 또한 여기에 기독교 신앙의 신비가 있음을 보는 것이다. 다르게 얘기하면 그의 '부활'에 관한 이야기를 하는 것이다.

사도행전 2장에서 베드로가 시편 16 장 8~11절의 다윗의 시를 인용하면서 행한 예수의 부활에 관한 설교는, 그들의 예수에 대한 신앙, 그의 주됨과 그리스도됨의 신앙이 어떻게 시작되었으며 전개되었는지를 밝혀준다. 그것은 그의 부활이었고, 그것을 통한 약속된 성령의 부음으로 고백되고 있다(행 2 : 24, 2 : 33). 이 사건을 통해서 예수가 하느님의 아들로 고백되었고, 제자들이 다시 모이게 되었으며, 공동체가 시작되었다.

그러므로 기독교 교회는 이후로 점점 더 이 그리스도에 대한 고백을 강화하였다. 부활과 더불은 이 고백은 그 뒤 기독교의 가장 기본적인 기준이 되었다.[26] 먼저는 유대교에 대하여 자신들을 구분하는 기준으로, 다음은 세계 여러 정신적 전통과 만남이 기준이 된 것이다.

이 부활사건과 관련된 기독교의 절대성 내지 우월성의 요구는 오늘의 신학자 판넨버그(W. Pannenberg)에게 나타난다. 그는 보편사로서의 역사의 전 영역을 하느님의 계시영역으로 보면서 전통신학의 기독론적 폐쇄성을 극복하려 했다. 하지만 그는 부활사건 자체를 철저하게 역사적 사실로서 고집하면서, 그것을 전체 역사 속의 하느님의 '선취'로 풀이하며 여전히 종래 신학의 기독론적 우월성의 요구를 표현하고 있다. 물론 판넨버그가 예수부활의 사실성이 기독교의 모태가 되는 유대 묵시문학적 부활사상과 연관성 속에서만 밝혀질 수 있으며, 빈 무덤의 예수부활에 대한 초대교회의 확신은 여전히 부활한 이에 대한 경험으로부터 생겨난 사실성이라고 이야기하기도 한다.[27] 그러나 예수부활의 역사성에 대한 배타적 집중은 그가 서구기독교 중심주의의 한계 속에 있음을 보여 준다.

똑같이 역사적 예수에 대한 관심에서부터 시작하지만, 부활에 대한 또 다른 이해 속에서 다원적인 대화의 가능성을 크게 열어 놓은 사람들이 바로 '다수의 그리스도', '은유의 그리스도'에 대해서 말하는 일련의 신 중심적 기독론자들이다. 이들에 따르면 자신들의 신 중심적 사고야말로 죽은 자의 하느님을 믿는 것이 아니라 산 자의 하느님, 부활하신 그리스도를 믿는 일이라고 한다. 이들 신 중심적 기독론자들은 부활사건 속에서 그것이 바로 주관들에 따라서, 예수 주변의 사람들에게서 경험되고 고백되었기 때문에 부활되었다는 것을 강조한다. 그리고 이와 마찬가지로 그 부활사건이 오늘 우리의 현재-미래에서 새로운 창조를 조성해 내는 일이 없을 때에는 그 역사적 사실의 입증도 아무런 의미가 없다고 지적한다.[28]

'다수의 그리스도'에 대해서 말하는 드라이버에 따르면, 부활보다도 더 명백하고 결정적으로 "주관성과 객관성의 일치"가 되는 일은 없다. 따라서 교회의 그리스도가 과거의 그리스도에 지나지 않는다면, 그리고 그 그리스도가 새롭게 첨가될 수도 없고 변할 수도 없으며 성서의 유산을 뛰어넘을 수도 없다면, 그런 그리스도는 죽은 그리스도가 된다. 그리스도는 하느님(객관)과 세상(주관)이 만나는 인간적인 형식이기 때문에 세상의 삶이 변하듯 이 만남도 변하므로 '다수의 그리스도', '복수의 그리스도'가 존재한다는 것이다.[29]

같은 맥락에서 전통의 형이상학적 성육신론을 '은유기독론'으로 대치할 것을 권유한다. 존 힉(John Hick)은 은유로서 예수의 성육신 이야기는 다음 세 가지 방식으로 언표될 수 있다고 한다. 그것은 첫째, 예수가 하느님의 뜻을 실행했던 한에서 하느님은 그를 통해서 세상에서 활동했고, 그는 예수 안에 성육신이 되셨다. 둘째, 예수가 하느님의 뜻을 행했던 한에서 그는 하느님에 대한 응답과 개방 속에서 살았던 인간적 삶의 이상을 성육신했다. 셋째, 예수가 자신을 내어 주는 사랑, 아가페의 삶을 살았던 한에서 그는 무한한 신적 사랑의 유한한 반영인 한 사랑을 성육화했다는 것이다.[30] 이것은 결국 "예수의 삶에서 하느님의 성육의 이념은 예수가 두 자연을 지녔다고 하는 데 대한 형이상학적 주장이 아니라, 하느님이 그것을 통해서 세상에 활동하신 그런 삶의 의미에 대한 은유적 언표이다. 예수 안에서 우리는 하느님의 현존에 대한 응답과 그에 대한 인식에서 놀랄 만한 정도로 살았던 한 인간을 보게 된다"고 한다.[31]

2) 유교의 誠

이상과 같이 서구 기독론자들이 인간 삶의 다양한 방식에서 나올 수 있는 다수의 그리스도에 대해 이야기하고, 또한 진정으로 한 인간이었던 역사적 예수 삶에 대한 은유로서 성육신에 대해 얘기했다. 그렇다면 우리는 이제 그러한 이해에서 좀더 풍부하고 창조적인 동아시아적 파악을 위해서 유교 전통에서 인간실현의 의미체계들을 살펴볼 필요가 있다. 왜냐하면 우리가 앞에서 공자의 이해에서도 보았듯이 유교 전통의 핵이란 바로 인간의 '성인화'[聖人之道]이고, 기독교 용어로 얘기하면 인간의 또 하나의 '그리스도화'[성육신]에 관한 가르침이기 때문이다. 유교 전통에서 그것에 대한 한 개념으로서의 정리가 바로 誠이라고 생각한다. 따라서 지금부터 우리의 과제는 그 誠 안에 나타난 유교적 초월의 성육신에 대한 이야기를 살펴보는 것이다.

유교 형이상학의 한 축을 이루는 《중용》에서 中에 이어 또 다른 핵심 사상을 구성하는 誠에 대한 이야기는 '귀신', 또는 神에 대한 이야기에 이어서 전개된다. "그 덕이 지극하고", "사물의 본체가 되며", "이름[致]을 예측할 수 없는" 은밀한 귀신, 또는 神이 드러나듯이 誠이 가리어질 수 없는 것이 바로 이와 같다는 것이다. 여기에 이어서 《중용》은 바로 그 誠을 '하늘의 道'로 이름하는 다음 유명한 구절을 이야기한다.[32]

> "성실한 것[誠者]은 하늘의 도요 성실히 하려는 것[誠之者]은 사람의 도이니, 성실한 사람은 힘쓰지 않아도 맞으며, 생각하지 않아도 터득하며, 종용히 도에 맞는 것이니 이것은 성인이다. 성실히 하려는 사람은 선을 택하여 굳게 잡는 자이다."

이미 해천(海天) 윤성범이 誠의 어원적인 뜻에 주목하여 誠이 言과 '이루어짐'[成]이 합성된 문자로서 요한복음 1장 14절의 '말씀이 육신이 되어'라는 것과 유비될 수 있다고 지적했듯이, 誠은 '말한 바[言]가 반드시 이루어지도록[成] 정성을 다하는 것'이다. 이와 아울러 '참', 또는 '진실', '꾸준함', '한결같음' 등의 뜻을 포함하여 행위를 통해서 이루어지는 자신의 진실성과 남들에게의 신뢰성을 의미하는 것이다.[33] 이렇게 인간 삶에서 가장 실제적이고 기초적인 덕목으로부터 유교 전통은 '하늘의 도'[天之道]를 끄집어냈고, 그것을 기독교 용어로 하면 초월적인 하느님이 인간 속에서 성육화된 모습을 그린 것이다. 그리하여 한국 기독교회 최초의 신자인 이벽(1754~1786)과 정약용(1762~1836)은 바로 이 誠의 의미 안에서 예수 그리스도를 이해하였다. 그리고 정약용은 더 나아가서 이미 초월의 성육신에 대한 유교적 가르침인 誠이 있기 때문에 더 이상 서구 기독론의 가르침이 필요하지 않게 되었다고 밝힌다.

《중용》에서 誠에 대한 이야기는 그 誠이 만물의 초월적인 존재원리가 됨과 동시에 구체적인 인간 삶의 실천윤리가 되고, 그 둘이 하나임을 여러 가지 측면에서 가르친다. 먼저 초월적이고 우주적으로 만물의 존재와 생성의 원리로서 파악된 면을 살펴보면 "誠은 만물의 마침과 시작이니 그것이 없이는 아무 것도 존재할 수 없다"[誠者 物之終始 不誠無物], "천하를 다스리는 데 아홉 가지 經이 있지만, 그것을 행하게 하는 것은 하나[誠]이다"[凡爲天下國家 有九經 所以行之者一也], "誠은 스스로 이루어지는 것이요, 道는 스스로 인도되는 것이다"[誠者 自成也 而道自道也], 이 道는 '지성'(至誠)으로서 "쉼이 없고", "땅의 도로서 넓고 두터우며", "하늘의 도로서 높고 밝으며", "오래하고 다함이 없다" 등이 있다. 즉, 만물을 이루는 '천지지도'(天地之道), '천하지도'(天下之道)가 되는 것이다. 이 誠을 따르는 것[誠之者]을 인간의 도리라고 했듯이 바로 이러한 하늘과 땅의 도는 곧바로 인간의 도리가 되고 군자가 나아갈 길이 되며, 성인 속에서 체현되는 '성인지도'(聖人之道)가 된다고 지적한다.

《중용》 21장의 가르침에 따르면 그 앞에서 '천명'(天命)으로 파악된 인간의 '性'[天命之謂性]은 바로 이러한 誠에 따라서 밝아지고, 밝아짐으로 말미암아 다시 성실해지는 것이 교육이 된다[自誠明 謂之性, 自明誠 謂之敎]. 그 배움의 모습은 "널리 배우며, 자세히 물으며, 신중히 생각하며, 밝게 분별하고, 독실히 행하여야 하는데", 그 성실함의 지경을 다음과 같이 나타내고 있다.

> "배우지 않음이 있을지언정 배운다면 능하지 않고서는 그만두지 않으며, 묻지 않음이 있을지언정 묻는다면 알지 못하거든 놓지 말며, 생각하지 않음이 있을지언정 생각한다면 얻지 않고서는 놓지 말며, 분별하지 않음이 있을지언정 분별한다면 분명해지지 않으면 그만두지 않고, 행하지 않을지언정 행한다면 독실하지 않고서는 그만두지 말아, 남이 한 번에 능하거든 나는 백 번을 하며, 남이 열 번에 능하거든 나는 천 번을 하여야 한다"[34]

이렇게 성실하고 진실되게 살아가는 것이야말로 《중용》에 따르면 자신의 천성(天性)을 다하는 것이다. 그렇게 하면 다른 사람의 性을 다하게 하고 세상 만물의 性을 다하게 하여 마침내는 천지의 원리로서 誠이 만물을 존재하게 하고 생성하게 하듯이 "천지(天地)의 화육을 돕게 되고"[則可以贊 天地之化育] "그 천지와 더불어 같이 참여하게 된다"[則可以與 天地參矣]고 한다. 마치 기독교 전통에서 창조주 하느님을 돕는 인간, 만물을 새롭게 하는 그리스도의 모습을 그려주는 듯하며, 그 그리스도의 다시 오심을 기다리듯이 《중용》의 마지막 장들은 바로 그러한 誠의 체현자로서 '군자', '성인'에 대한 기다림과 고대를 적고 있다.

그리고 그러한 성인의 모습이 어떠할지를 《시경》의 글들을 인용하여 다음과 같이 말하고 있다. "그의 움직임은 대대로 천하(天下)의 도가 되고, 그의 행함은 대대로 천하의 法이 되며, 말함은 대대로 천하의 준칙(準則)이 되는 사람이다"(《중용》 29), "저기에 있어도 미워하는 사람이 없으며, 여기에 있어도 싫어하는 사람이 없다", "사시(四時)가 교대하여 운행함과 같고 日과 月이 교대하여 밝음과 같고", "그의 덕이 넓은 것은 하늘과 같고, 깊고 근원적인 것은 연못과 같으니 나타남에 백성들이 공경하지 않는 이가 없고, 말함에 백성들이 믿지 않는 이가 없고, 기뻐하지 않는 이가 없다"(《중용》 31), "그는 '비단옷을 입고 홑옷을 덧입는 것'과

같이 너무 드러남을 싫어하고 은은하되 날로 드러나고", "상 주지 않아
도 백성들이 권면하며, 노하지 않아도 백성들이 작두나 도끼보다도 더
두려워하는" 그런 모습이다(《중용》 33). 또한 가장 지극한 표현으로서
"소리도 없고 냄새도 없는 상천(上天)의 일"과 같은 신비한 모습이다
(《중용》 33).

3) 그리스도와 '誠'

개신교의 윤성범도 그렇고 이벽의 유교적 그리스도 이해인 《성교요
지》(聖敎要旨)를 해석해낸 가톨릭의 이성배도 마찬가지로 이러한 '성인'
의 모습을 오직 역사의 예수 한 곳에게만 고정시킴으로써 그들의 기독론
은 여전히 전통의 배타적 테두리 안에 놓여 있는 것이 된다. 그러나 우리
가 앞에서 살펴보았듯이 예수의 성육과 부활의 의미를 다원적으로 해석
해낸 일련의 기독론자들이 '다수의 그리스도'에 대해서 말했다면 그것은
유교 전통의 '성인' 이해와 구체적인 인간덕목의 모습으로부터 파악된
誠의 의미와 훨씬 긍정적인 관계를 맺을 수 있다.

《중용》의 誠은 송대 성리학에서 우주 만물에 내재하는 근본 원리인
理와 결합되었고, 명대의 양명에게서는 다시 그 理의 지극히 인간적이고
실천적인 표현인 각자 마음속의 양지(良知)와 연결되었다. 그것으로써
그는 다시 한번 누구나가 평등하게 그 '양지의 실현'[致良知]을 통해서
성인의 경지에 도달할 수 있음을 분명히 했다. 그는 《대학》에서 성인의
경지에 이르는 길로 가르치는 '여덟 가지 조목'[格物, 致知, 誠意, 正心,
修身, 齊家, 治國, 平天下] 가운데서 특히 성의(誠意)와 정심(正心)의 뜻
에 주목한다. 성인의 모든 가르침이 여기에 집약될 수 있고 주희의 주지
주의에서 강조하는 사물에 대한 지적 탐구인 격물(格物)이라는 것도 바
로 다른 것이 아닌 그 사물에 임했을 때의 나의 마음의 뜻을 바르게 하는

것이라고 한다.[35] 우리 마음속에 삶의 나침반으로서 존재하는 양지의 가르침에 따라 그때 그때 상황의 변화 속에서 어떻게 살아가야 하는지를 묻는 일이 바로 그 양지를 키워가는 '치양지'(致良知)의 과정이라는 것이다. 그것은 우리 마음속의 誠을 밝혀가는 과정이라고 했을 때, 바로 우리가 그리스도의 부활 때문에 받게 된 '성령'의 인도하심을 생각나게 하고, 그런 뜻에서 공자나 양명뿐만 아니라 양지를 가지고 있는 우리 모두는 오늘날의 다수의 그리스도에 속하는 것이다. 거꾸로 예수의 성육이란 바로 그 마음속의 誠과 양지를 뚜렷이 자각한 것이고 그 양지를 지극히 키워낸 것이며, 誠의 지극한 실행을 통한 한 '성인'(聖人)의 모습이다.

유·불·선의 사상이 기독교를 만나면서 창조적으로 어우러져서 표현되는, 다석(多夕) 류영모의 예수 이해는 바로 이러한 이해에 가장 가까운 것이 아닌가 여겨지는데, 그의 誠 이해에 대한 풀이를 보자.

> "誠인 얼나[誠]는 그 자체가 길이요 참이요 빛이라 힘쓰지 않아도 맞고 생각하지 않아도 얻는다. 이는 있어서 있는 저절로의 생명[中道]이니 곧 성인(聖人)이다. 예수의 몸이 그리스도가 아니고 석가의 몸이 부처가 아니듯 공자의 몸이 성인이 아니다. 예수·석가·공자의 마음 속에 온 얼이 그리스도요, 부처요, 성인이다. 하느님과 얼로 영통하고 내통하는 이가 그리스도요, 부처요, 성인이다. 誠인 얼을 맞는 제나[自我, ego]는 誠인 얼나를 꼭 잡고 놓치지 말아야 한다. 이것을 중용에서는 '택선고집'(擇善固執)이라고 했다."[36]

이 誠의 뜻을 자기 사상의 핵심으로 삼아 창조적으로 전개시킨 율곡에 이어서 정다산도 이 誠의 의미 안에 天을 마주한 인격의 모든 비밀이 담겨 있음을 보았다. 그리하여 그 시대의 여러 소용돌이 속에서 수십 년을 귀양살이하면서도 항상 誠이란 글자를 반복하면서 그 誠에 대한 굳센 믿음의 자세로 온갖 어려움을 이루어내었음이 이야기된다.[37] 誠이란 유교적으로 이해된 참하느님·참인간, 곧 참된 그리스도의 모습이 되는 것

이다. 그런 의미에서 신학자 이신(李信)은 예수를 "신뢰[성실성, 誠]의
그루터기"로 표현하였다. 오늘날 언어 부패의 시기에 誠의 그루터기인
예수는 참으로 우리가 믿을 만한 삶의 기반이 된다는 것이다.[38]

4. 구원에 이르는 길—격물(格物)과 신앙, 仁과 孝 그리고 사랑

초대 기독교회의 형성에서 그 존재론적 근거는 예수가 그 주변 사람
들에게 행했던 삶과 행위, 그것을 따르는 제자됨의 실행에서부터 '그에
대한 믿음'(faith in him), '그리스도에 대한 신앙'(faith in Christ)으로 점
점 더 옮겨갔다. 이 전이에는 우리가 위에서 살펴보았듯이 한 "위험스러
운 요소"가 내포되어 있는데, 이미 신약성서 안에 그 위험 요소가 지적되
어 있다. 즉 마태복음 7장 21절의 "나더러 주여, 주여 하는 자마다 천국
에 다 들어갈 것이 아니요, 다만 하늘에 계신 내 아버지의 뜻대로 행하는
자라야 들어가리라"는 경고이다.[39]

오늘날 변화된 상황 속에서 이 위험성을 더욱더 감지하고 다시 본래
예수의 삶과 행위, 그의 사랑의 실천에 주목하는 기독론자들은, 자신들
의 기독론을 "윤리적 기독론", "실천 기독론"으로 명명하고, 여기 이곳에
서의 실천, 윤리, 그리고 인격의 구체적인 변화를 강조한다. 이들에 따르
면 윤리가 기독론의 시작이요 마지막이므로, 기독론의 과제는 그 그리스
도의 역할을 개인과 사회의 양심을 성취하는 면에서 규정지어야 하는 것
이다. 또 그 방법에서도 그리스도를 윤리의 배타적 규준이나 완성으로서
가 아니라 우리의 "윤리 발전의 동반자"로 본다.[40] 이들은 예수를 따르지
않고는 예수가 도무지 누군지 알 수 없다고 하면서 예수를 따르는 구체적
실천을 모든 기독론적 진술을 평가하는 시금석으로 삼았다. 그리하여 이
러한 입장에서 부활을 생각해 보면, 부활의 확신이란 그것에 관한 낱낱개

의 객관적인 증거들을 축적해 감으로써 얻어지는 것이 아니다. 또한 거기에 관한 많은 신조들을 되내이며 갖게 되는 것도 아니다. 다만 그 진리를 자신의 구체적인 삶에서 실천해 나감으로써 가능해지는 것이다. 더 넓게 생각해 보면, 여기서 이해되는 구원의 성취란 예수가 그것을 '모든 사람을 위하여 단번에' 이룬 것이라고 하면서 '온 세계의 죄를 사하기 위해 유일회적인 완전한 희생제물이 되었다'고 되뇌이는 데 있는 것도 아니다. 바로 부활의 영에게서 양심이 일깨워져서, 자신의 양심을 예수 뒤에 숨기지 않고 그 양심을 철저화시키는 데 있다는 것이다.[41]

성서신학자 보어스(H. Boers)는 마태복음 기자(記者)가 11장 5절에서 예수에 대한 신앙의 고백을 궁핍한 자들에 대한 배려의 의미로서 해석해낸 것은 기독교의 근원적인 입장으로 다시 돌아간 것을 의미하며, 그렇게 함으로써 인간적인 고통의 배려를 "기독교의 중심원리"로 인정한 것이라고 지적한다.[42] 다시 얘기하면 "그리스도인이 되었다는 것의 궁극적인 의미는 결코 예수에 대한 공적인 고백(public confession)이 아니고, 그 예수가 그랬던 것처럼 종교적으로나 사회적으로, 그리고 도덕적인 의미에서 멸시받는 사람들의 인간적인 존엄을 인정함으로써 그 예수에 대한 긍정과 확언(the affirmation of him)"을 표현하는 것이라고 한다.[43]

이렇게 오늘의 실천 기독론자들이 전통적인 의미의 예수에 대한 '신앙' 대신에 그의 삶을 따르는 '실천'을 강조하고, 또한 그것과 함께 이제 '구원'이라고 하는 것을 어떤 단일회적이고 개인적인 차원에서만의 성취가 아닌, 지속적인 "인간적인 변형"(human transformation)으로, 그리고 "범세계적인 과정"(salvation/liberation as a world-wide process)으로서 고백했다면,[44] 그것은 바로 지금 우리 대화의 파트너가 되는 유교 전통의 세계의미 실현방법과 매우 유사한 것이 되어 대화의 풍부한 열매가 기대된다. 유교 가르침의 핵심으로서 그 실천적이고 윤리적인 의미와 교육적 가치, 그리고 공동체적 의미를 들 수 있기 때문이다.

1) '仁'과 '사랑'

'애초에 예수는 사랑만 말씀하셨다'고 한다면 애초에 공자는 仁에 대해서만 말씀하셨다고 하겠다. 예수는 '산상수훈'(마 5~7, 눅 6 : 20~49)에서 그의 제자됨의 의미를 포괄적으로 제시하였다. 요한복음 15장의 가르침에서는 '사람이 친구를 위해서 자기 목숨을 버리면 이보다 더 큰 사랑이 없다'고 얘기하고 '서로 사랑하라'(요 15 : 17)는 것을 자신의 궁극적인 계명으로 가르쳤다. 이것으로써 예수의 제자가 된다고 하는 것은 희생이 요구되며, 자기 부정과 십자가를 지면서(마 10 : 38, 16 : 24) '다른 사람을 위한' 존재가 되어야 함을 밝힌 것이다. 반면 공자의 가르침은 그렇게 급진적이지 않다. 물론 그도 道에 이르려는 광적인 열정을 가진 사람을 인정해 주었지만, 그의 이상은 중용을 따르는 사람이었다. 공자는 당시 묵가(墨家)의 '겸애'(兼愛)와 구별하면서 부모나 가정과 같은 인간의 가장 기초적인 관계에 대한 사랑에서부터 출발되는 仁을 가르쳤다.

《논어》에는 공자 스스로, 또는 제자들의 입을 빌려서 거의 항상 군자행인(君子行仁)의 도리에 대해 설명되어 있다. 그래서 실제로《논어》521장 가운데서 그 仁에 대해서 직접 이야기한 곳이 58장이나 되고 '仁'자만도 108회나 쓰였다고 지적되었다.[45] 그런데 공자는 그 仁에 대해서 질문을 받거나 스스로 가르칠 때마다 약간씩 다른 대답을 한다. 그의 한 제자가 물었을 때는 공자는 분명하게 "사람을 사랑하는 것"[愛人]이라고도 했고(《논어》12 : 22), 그의 사랑하는 제자 안회에게는 "자기를 이기고 禮로 돌아가는 것"[克己復禮]이라는 유명한 대답을 하였다(《논어》12 : 1). 이어서 그는 한 제자에게 "문을 나갔을 때에는 큰 손님을 뵈온 듯이 하며, 백성에게 일을 시킬 때에는 큰 제사를 받들 듯이 하고, 자기에게 원치 않는 일을 남에게 하지 말아야 하니, 이렇게 하면 나라에서도 원망이 없고, 집안에서도 원망이 없을 것이다"라고 지적하였다.[46]

이렇게 仁은 공자의 해석에서도 그렇고, 어원학적인 의미에서도 항상 사람과 사람 사이의 관계성을 다루고 있다. 그런 의미에서 그것은 '忠'과 '恕'에도 관련이 있고 특히 禮와 관련된다. 유교 전통은 인간사회를 개인적 관계성이나 거기서 비롯된 윤리적 책임들로 파악하는데, 잘 알려진 대로 오륜(五倫)은 군주와 신하, 아비와 자식, 남편과 아내, 어른과 젊은이, 친구와 친구 사이를 다룬다. 이 가운데서도 세 가지는 가족 사이의 관계이고 나머지 두 가지도 가족적 모델로 파악되고 있으면서 가정을 仁의 출발지로 삼고 있다. 여기에 대해 유교의 仁은 '단계적 사랑'이라고 해석되기도 한다. 그러나 예전에 묵가가 유가에 대해 행했던 비판과 비슷하게 서구 기독교윤리는 仁을 타산적이고 이기적인 사랑이라고 비판하기도 한다. 그러나 그 가르침의 핵심은 오히려 인간의 가장 자연스러운 정서와 책임성을 강조하는 것이다. 그러므로 그것은 사물의 '뿌리'가 중시되는 "인간존재가 지닐 수 있는 가장 고상한 성품"으로 파악될 수 있는 것이다.[47]

"禮가 아니면 보지도 말며, 禮가 아니면 듣지도 말며, 禮가 아니면 말하지 말며, 禮가 아니면 동하지 말라"고 가르친 공자의 仁에 대한 이해는 그 뒤 유교 전통 속에서 계속 전개된다. 특히 송나라의 仁의 사상가 정호(程顥, 1032~1085)는 仁을 우주적 원리인 理와 氣와 더불어 등가화하고 우리 마음[心]의 우주적 원리로서 세상의 만물과 일체를 이루게 하는 가장 실천적인 덕목으로 이해한다.[48]

이렇게 유교적 공동체는 궁극적으로 세계적 우주적 공동체인데, 그 우주적 공동체를 이루는 가장 기초적인 출발점으로서 각 인격의 '수신'(修身)과 가족적인 공동체의 의미를 밝힌 것이다. 특히 송명대의 성리학자들은 태극(太極)과 理, 性, 그리고 그것과 더불어 氣, 心, 仁, 양지(良知) 등의 의미체계 안에서 그들 탐구의 최종실현인 천인합일(天人合一)과 만물일체(萬物一體)를 추구하였다. 그런데 그 방법론에 대한 탐색의 심화에서 송명대의 성리학자들은 특별히 불교나 도교적인 방법론과 구별되는 의미로서 '수기'(修己)와 '치인'(治人)의 하나됨을 강조했다. 그들이 자신들의 방법론에 대한 고전으로 특히 주목한 유교 경전인《대학》에 보면 자기완성과 가정의 질서, 국가와 세계의 유기적 통일에 관한 적나라한 묘사가 나온다. 그러한 만물일체의 지경에 도달한 '대인'(大人)의 모습으로서, 한편으로는 "자신 속의 밝은 덕을 지극히 갈고 닦아서 밝게 드러내며"[明明德], 다른 한편으로는 "백성들을 지극히 사랑하고"[親民], 마침내 모든 것을 하나로 감싸안는 대동세계(大同世界)의 이상이 실현된 "최고선의 경지에 머무는 것"[止於至善]을 제시하고 있다. 이 세 가지 강령이 실현될 수 있는 구체적인 방법론인 '8조목'[格物, 致知, 誠意, 正心, 修身, 齊家, 治國, 平天下]도 결국 '수신'으로 모든 것의 근본을 삼으면서 평천하에 이르는 길을 밝힌 것이다. 특히 양명은 나중에 이에 대한 순서의 강조가 이데올로기화되자 '8조목'의 하나됨과 내적 통일성을 강하게 주장하였다.[49]

그럼에도 유교 전통은 현실적인 의미에서 "물건에는 本과 末이 있고 일에는 終과 始가 있으며, 먼저 하고 뒤에 하는 것을 알면 도에 가까울 것이다"[物有本末 事有終始, 知所先後 則近道矣]는 가르침대로 윤리적 실천에서 인간적 질서를 중시하였다. 그리하여 이러한 유교적 실천은 이제까지 현실의 삶에서는 개인과 가족의 이기주의, 계층화된 인간관계, 남녀차별, 연장자나 부모의 경직된 권위 등으로 심하게 오도되기도 했다. 그러나 위에서 지적한 대로 그 본래적 의미는 유교윤리가 갖는 더 구체적이고 실천적인 성격의 반영 속에 있다고 하겠다. 그것은 항상 긴박하게 다가올 하느님 나라에 대한 종말론적 의식에서 생겨난 기독교 윤리와는 달리 '지속적인 문화의 예'로서, 현실 삶에서 다양한 개체들의 삶을 조화롭게 묶어 줄 수 있는 '중용의 덕으로서의 구별의 예'로 이해된다. 이런 의미에서 유교의 仁은 오늘 우리에게도 여전히 귀한 가르침이 된다고 하겠다. 더욱이 오늘날 다원화의 상황에서는 더욱더 요청되기까지 한다.

2) 孝와 하느님 신앙

이러한 구별의 예로서, 유교 전통은 仁의 실천덕목으로서 가장 기초적인 것을 孝라고 가르친다. 앞에서 우리가 유교적인 성육신의 모습으로 살펴본 誠이 가장 기본적으로 표현되는 곳이 바로 이 '어버이에 대한 사랑'[孝]이다. 그런 의미에서 孝는 하나의 덕일 뿐 아니라 모든 덕의 근본으로 여겨졌다. 공자의 《효경》은 그 첫머리에 "孝란 덕의 근본이요, 모든 가르침이 그것으로 말미암아 생기는 것"[夫孝 德之本也 敎之所以生也]이라고 적고 있다. 공자에 따르면 이러한 孝에는 그 시작과 완성의 단계가 있다. 그런데 그 마침이란 "자식된 자는 몸을 세워서 그 도를 행하여 제 이름을 드날릴 뿐 아니라 그 부모의 이름까지도 빛나게 하는 것"이라고 가르치고 있는바, 바로 이것은 孝가 단지 부모와 자식 사이의 가족윤리로만 한정되는 것이 아닌 더 넓은 지평의 "정치와 교화의 근원"[敎之所自生]으로 확대되는 것을 의미한다.

《효경》의 가르침에 따르면 이러한 자기훈련, 백성의 통치, 세계질서 근본 덕으로서 효도는 "하늘의 가르침"[天之經]이며, "땅의 옳은 것"[地之誼]이다(《효경》 三才章). 그에 따르면 "천지의 성품 가운데에서 사람이 제일 귀하고, 사람의 행실 가운데에는 효도보다 큰 것이 없고, 효도 가운데에는 아비를 공경하는 것이 제일 크고, 아비를 존중하는 것의 가장 큰 표현은 그를 하늘과 같이 여기는 것"[嚴父莫大於配天]이라고 한다.[50]

이러한 말들에서 공자가 孝의 궁극적인 근거를 하늘[天]에 두고 있음을 알 수 있다. 또한 이와 같은 공자의 사상을 더욱 내면화시킨 맹자는 그 孝의 존재론적 근거를 그의 유명한 '성선설'(性善說)로써 설명하고 있다. "사람이 배우지 않아도 능한 것은 본래 능한 것이요[良能], 생각하지 않고 아는 것은 본래 아는 것이다[良知]. 어린 아이라 할지라도 그 어버이를 사랑할 줄 모르는 경우가 없고, 자라서는 그 형을 공경할 줄을 모르는 이가 없다. 부모를 섬기는 것은 仁이요, 윗사람을 공경하는 것은 義이니, 이것은 모든 사람에게 공통이다."[51]

이렇게 공자가 孝의 근거를 하늘[天]에 두거나 또한 맹자가 더 내면적으로 본성[性]에 둔 것을 생각해 볼 때, 윤성범이 유교적인 예수 이해의 그림으로서 "예수는 모름지기 효자다"라고 한 것은 설득력 있게 들린다. 하늘의 도인 誠에 대하여 인간의 도리인 '성지자'(誠之者, 성을 행하는 것)로서, 또는 맹자의 표현대로 '사성자'(思誠者, 성을 생각하는 것)로서 孝를 생각해 보았을 때, 그 孝란 바로 기독교적으로 보면 하늘의 어버이에 대한 신앙[믿음]이 되는 것이고, 특히 그 하늘 어버이의 은혜에 대한 반응이라고 할 수 있다는 점에서 오로지 하늘의 아버지에 대한 사랑과 믿음 속에서 살았던 예수는 "모름지기 효자"라는 것이다.[52]

윤성범은 이제까지 서구 기독교신학은 예수를 하늘 아버지와의 관계 속에서 보지 못하고 오직 그 한 인물에 대한 숭배로 일관했고, 그랬기 때문에 그가 효자라는 생각을 못 했다고 지적했다. 이러한 지적은 그 자신도 당시는 뚜렷하게 인식하지 못한 오늘의 신 중심적 그리스도론으로 전개됨을 예시해 주는 것으로 보인다. 그러나 윤성범은 예수만이 오로지 효도의 진리를 가르쳐 준 사람일 뿐 아니라 자신이 몸소 실천한 '진리 자체'가 된다고 하면서 여전히 배타적인 기독론의 틀 안에 매여 있음을 보여 준다. 이것은 그가 '아버지와 아들'만의 관계를 孝로 규정한 것을 통하여 전통의 가부장적 틀 안에 갇혀 있음을 드러내는 것과 마찬가지이다. 하지만 그럼에도 유교 전통의 孝의 가르침은 오늘의 세속화의 사회에서도 여전히 구체적이고 실천적인 활동[孝道의 실행]으로서 신앙적 삶을 살도록 해준다. 그리하여 추상적인 '이웃사랑'이라는 구호 뒤에 자신의 양심을 속이는 일이 없게 하고, 또한 이것을 통하여 인간 삶의 지속적이고 기초적인 기반으로서의 가정의 의미를 일깨워 준다.

3) 격물(格物)과 신앙

오늘날 우리 상황에서 신앙적인 '구원'(salvation)이란 무엇인가? 2천여 년 전 초대 기독교회의 성립과 성장에는 고대 신화종교적인 의식이 여전히 영향을 미치고 있었다.[53] 그것은 거대하고 비의적이며, 위협적인 신의 요구 앞에서 끊임없이 희생 제물을 바치는 인간의 모습으로 규정된 것이었다. '인간의 죄를 위하여 십자가에서 돌아가신 예수 그리스도', 그의 부활에 대한 신앙, 속죄설과 대속설로 의미지어지는 그의 죽음과 부활에 대해서 예하는 것이 신앙이고, 그 때문에 '구원'이 주어진다는 교회의 언명은 오늘날 우리 시대에는 더이상 적절하게 기능하지 않는다.

이러한 교회적인 언표들은 오늘의 변화된 상황에서 커다란 오해를 불러일으킨다. 먼저는 악(마)이라고 하는, 하느님에 반대하는 합법적인 권리를 가지고 있는 실체를 상정하게 만들고, 또한 하느님을 대단히 권위적인 영주나 도덕가로 생각하게 하며, 그것보다 오늘의 상황에서 더 위협적인 것으로서 기독교적인 십자가의 단일회적인 신화를 모든 인류를 위한 유일한 길로 생각하게 한다는 것이다.[54]

이러한 전통교회의 실체론적 이원론의 경향은 20세기 카를 바르트 등의 변증법적 신학자들에게도 내재되어 있다. 여기서는 인간의 불신앙에서 신앙으로의 상승을 아무런 교량도 없는 단일회적인 신앙의 결단과 비약으로 보고 있는 것이다. 그러나 여기에 반해서 이들이 반박했던 19세기 슐라이어마허(F. Schleiermacher)는 "신앙으로의 교육"(die Bildung zur Religion)을 이야기했다. 그는 당시 형식화되고 건조해진 신앙의 침체와 그 멸시에 대하여 "우주로의 감각"(der Sinn für das Universum)을 깨우는 교육에서 다시 종교적인 감각이 회복되어야 함을 역설했다.[55]

슐라이어마허에 따르면 종교의 본질이란 어떤 형이상학적인 이론이나 도덕적인 행위 안에 놓여 있는 것이 아니다. 오히려 그것은 우주의 하나됨을 깨닫는 "우주에 대한 직관과 감각"이며, "모든 개별적인 것들을 전체의 일부분으로, 모든 한정된 것을 무한의 한 표현으로 보는 것"이다. 이러한 우주의 직관과 감각으로의 가능성은 인간 누구에게나 "종교적인 본성"으로서 놓여 있다는 것이다. 그리하여 그것이 심하게 짓밟혀지지 않는 한 그 종교적 감각은 특히 종교와 예술의 교육을 통하여 깨워질 수 있다고 한다.[56]

이러한 종교와 신앙의 이해와 더불어 교육이 이야기될 때 여기서 바로 유교 전통과의 대화가 더욱 활발해짐을 볼 수 있으며, 또한 그로부터 오늘날 기독교회가 당면해 있는 신앙의 위기에 대한 가르침을 얻을 수 있다. 왜냐하면 유교의 가르침이란 바로 끊임없는 배움과 학문을 통하여 도덕적 위대함을 획득할 수 있을 뿐만 아니라 그 '성인'의 경지에까지 이를 수 있다고 가르치기 때문이다.[57] 카를 바르트의 신학과 율곡의 '성학'(聖學)을 비교연구한 윤성범도 율곡은 인간이 하느님의 말씀을 받아들일 수 있는, 말하자면 前이해의 가능성을 "교육적인 가치의 재인식"에서 찾으려 했다고 지적했다.

그런데 윤성범은 특히 오늘날 '교육은 깨우침'이라고 파악한 독일 현대 교육학자 오토 볼노프(O. Bollnow)에게서 그 유사성을 본다.[58] 볼노프는 파시스트 정권 붕괴 뒤의 독일사회의 정신적 도덕적 위기를 극복하기 위하여 자연적이며 기본적인 성격으로 인해 "소박한 도덕"으로 명명되는 기본적인 덕목들, 예를 들어 '신뢰, 성실, 책임, 동정심, 인간의 존엄, 예절' 등의 교육을 강조했다.[59] 그런데 이것들은 바로 유교 전통의 여러 실천덕목들과 매우 유사하다. 그는 한 사회의 도덕적인 재건을 먼저 이러한 기본적인 질서들의 회복에서 보았다.

유교 전통이 만물일체의 도를 직관하는 성인의 경지에까지 이를 수 있도록 가르치는 교육 방법론이 바로 격물(格物)이다. 이것은 이미 지적한 대로 유교경전인 《대학》의 '8조목'의 가르침으로서 특히 송나라 성리학에 와서 주목을 받은 개념이다. 기독교 교회의 전개 속에서는 하느님의 나라를 선포하는 예수의 가르침과 그것을 따르는 실천의 삶 대신에 점점 더 그 예수에 대한 고백과 신앙이 구원의 길로서 강조되었던 것과 대비하여, 유교 전통에서는 송나라의 신유교에 와서 단순한 공자의 仁이나 孝, 禮의 실행보다도 훨씬 더 세밀하게 그 '성인지도'(聖人之道)의 방법론에 대한 탐색이 이루어졌다.

그때 특히 주목받은 개념이 바로 이 수신(修身)의 기초로서 격물이었다. 인간 구원의 가능성과 세계의미 실현의 문제를 理와 氣의 형이상학적 원리로 설명한 주희는 격물을 인간적인 氣의 통제를 위한 끊임없는 공부와 탐구 방법으로 제시하였다. 거기에는 모든 경전과 역사 공부, 자연적 사물에 대한 탐구, 또한 정좌 등의 신체적 훈련도 포함되어 있다. 이것은 또 다른 표현으로 '존천리 축인욕'(存天理 逐人欲, 마음속의 天理를 보존하고 인간적인 욕망을 제거하는 것)의 수행방법이다. 주희는 이를 위해서 세상 만물(특히, 經과 문자들)에 대한 지식을 쌓아서 知에 이르고[致知], 연구하는 노력을 오래하여 지극해지면 자신의 참된 본성[性]이 무엇인지를 자각하면서 가능해지는 것으로 그려 주고 있다.

주희의 이러한 방법론은 대단히 주지주의적이고 오랜 기간 정신의 각고를 필요로 한다. 그는 "개개 사물의 이치를 하나하나 연구하여" 그것을 쌓아서 마침내 '활연관통'하게 된다는 말을 한다. 그러나 여기에 대해서 300여 년 뒤의 양명은 그러한 주지주의적 경향과 이론적인 탐구의 치우침을 지양하고, 대신 지행합일(知行合一)과 치양지(致良知)의 방법론을 제시하였다. 그것은 인간 안에 이미 씨앗[良知]으로서 내재하는 신적 가능성[理 또는 性 : 무엇이 옳고 그른지를 능동적으로 알 수 있는 선한 지식]에 더욱 주목하면서, 그 인간구원의 가능성을 더욱 보편화시키고 확장시킨 것이다. 그것은 또한 밖으로부터의 지식의 축적이 아닌 내면의 변화[誠意, 正心]를 통해서, 또한 이론적인 지식의 추구가 아닌 구체적인 덕의 실천을 통해서 도에 이르는 길을 밝힌 것이다.

그런 의미에서 양명의 방법론은 오늘의 실천기독론자들의 구원이해와 매우 유사하다. 또한 더 근원적으로 예수가 산상수훈에서 하느님의 나라를 유업으로 받을 사람들을 그리면서 각 사람들의 현실상황을 그대로 인정하며 구원의 가능성을 보편화시킨 것과, 거기서 지적된 내적 성품의 중요성에 대해 강조한 것과도 일치한다. 우리가 위에서 지적한 슐라이어마허에게서도 드러났듯이, 이미 내적으로 존재하는 신적 가능성에 더욱 주목하게 되면 이제 남은 일은 그것을 구체적으로 키우는 일이고 실천하는 일이다. 그래서 예수도 이제 죄짓지 말고 살라고 하는 것만 요구했고, 양명도 치양지(致良知)만이 남은 일이라고 역설했다.[60]

그러나 양명의 이러한 가르침은 교육의 좁은 의미에서 보면 주희의 점진적인 교육과 공부 대신에 순간적인 覺과 도덕적인 수행만을 추구하게 하는 것이라고 반박받을 수 있다. 그러나 그의 유교적 교육에 대한 기본적인 신뢰는 변치 않는다. 이는 그가 말년에 자신의 치양지(致良知)의 가르침을 네 가지의 명제로 묶으면서 제시한 '사구교'(四句敎)에 대한 가르침에서 분명히 드러난다. 여기서 양명은 자신의 가르침이 '순간의 깨달음'과 '오랜 기간의 자기훈련' 양쪽을 다 포괄하는 것이라고 말하면서, 대부분의 사람들은 순간적 깨달음의 능력이 미흡하므로 자신은 꾸준한 실천의 가르침에 더 주력한다고 말한다.

유교 전통에서 공자를 스스로 겸허하게 도를 찾아 나가는 學의 인물로 그린 것이나, 또한 여기에서 '스승과 제자' 사이의 관계를 인간관계의 한 핵심적인 모습으로 파악한 것 등은 모두 유교 전통의 이러한 강한 교육적 성격을 드러내는 것이다. 이것은 기독교가 인간의 오류성을 더 많이 지적하면서 종교적인 구원의 필요성을 강조한 데 반해, 유교는 더욱 그 완전성과 가능성에 주목하면서 긴 기간의 교육과정을 통한 변화의 가능성을 더 신뢰한 것이다. 그러나 오늘 기독교회가 그 오류의 강조에 근거하여 제시한 구원의 방법론이 뚜렷한 한계를 보인다면 그 방법론을 다시 생각해볼 필요가 있다.

이를 위해서 동아시아 유교 전통과 대화를 시도했는데, 거기서 특히 그의 교육적 특성에 주목하게 되었다. 이것은 달리 말하면 기독교회가 단지 공허한 교리나 사이비 신비주의(정통보수교회나 신비보수주의), 또는 차가운 구제이론(민중교회)으로 메말라 버리는 것을 지양하고, 구성원 각자의 인격적 변형을 위해서 구체적이고 지속적인 수신(修身)의 노력에 관심을 가지면서 나아가야 한다는 것이다. 그러기 위해서는 교회와 신학이 더욱더 교육적 실천에 주력해야 한다. 또한 더 나아가서는 그 공동체가 '문화적 공동체'가 되도록 노력하여야 하는 것을 의미한다.

유교공동체는 본질적으로 문화공동체였다. 거기에는 따로 구별되는 승려계급이 없었다. 물론 이러한 모습은 그 나름대로 자신 안에 특별한 문제점을 내포하기도 하지만, 오늘의 세속화 사회에서 그 전통은 우리들에게 다시 종교와 문화의 관계 맺음, 종교와 교육의 연결, 수신과 평천하의 하나됨의 가능성을 가르치고 있다고 하겠다. 오래된 유교적인 개념으로 말하면 그것은 '내성'(內聖)과 '외왕'(外王)의 일치이고, '위기지학'(爲己之學)과 '위인지학'(爲人之學)의 하나됨을 말하는 것이다.

5. 마무리하는 말

쉰 살이 넘어서 그때까지 해왔던 많은 정치적 이론적 탐색을 접어두고 시골 국민학교 교사로서 구체적인 교육의 작업을 시작한 스위스의 페스탈로치(H. Pestalozzi, 1746~1827)는 인간의 형식적인 종교활동의 다양성에 대해서 다음과 같은 의미 깊은 글을 썼다. 그것은 인간 삶에서의

'예배의식적인'(gottesdinstlich) 외면적인 차이들을 인정하고 거기에 대한 관용과 배려를 호소하는 것이다. 이것은 또한 당시 유럽계몽주의의 지나친 이신론적(理神論的) 논쟁 앞에서 자신의 철저한 실천적 신앙을 밝힌 것인데, 내용은 다음과 같다.[61]

"인간은 바로 자기 자신을 위하여 하느님을 믿는다. 그가 하느님을 믿지 않는다고 하여 그것이 그분에게 어쨌단 말인가, 또한 그가 이 땅 위에서 마치 한 마리의 짐승처럼 산다고 한들 그 하느님에게 무슨 해란 말인가?
……
하느님에 대한 인간의 믿음은 그분에 대해서 많이 얘기할수록 사라져간다. 유한자가 하느님에 대해서 무엇을 더 말할 수 있는가? 단지 그는 선하시고 어버이시고 감사, 감사하다는 말밖에! 그가 하느님에 대해서 무엇을 더 아는가, 무엇을 더 얘기할 수 있는가!
그러나 땅의 인간은 눈에 보이는 것에 익숙하고 보이지 않는 것으로는 충족되지 않는다. 그리하여 그는 티끌 속에 묻혀 있는 영원자의 발자국소리와 그의 진노와 선함의 흔적들을 마치 하느님 자신이라도 되는 양 숭배한다. 인간은 자신의 구원자의 형상을 천사의 형상으로 만들고 자신의 악의에 찬 운명을 그가 미워하는 사람들의 형상으로 그려내며, 그가 멸시하는 동물들의 발톱들로 나타낸다.
……
땅에서 하느님에 대한 인간의 믿음은 그 종족들이 먹는 양식과 호흡들이 다르듯이 그렇게 서로 다르다. 그러므로 주님의 선함의 흔적과 티끌에서 그의 권능의 길은 모든 하늘 아래서 서로 다르고, 그러므로 그 모든 하늘 아래서 영원자의 형상은 서로 다른 것이다. 따라서 좋은 지역 속에 살고 있는 너희들이여, 너희들과는 달리 그들의 가리마가 태양에 불타고 그들의 두개골이 북녘의 추위로 짓눌러지는 환경 속의 너희 형제들이 그들 나름으로 경배하는 하느님의 형상, 그것을 조소하는 것은 너희들의 일이 아니다.
하늘의 주님은 그의 가엾은 애벌레들을 기꺼이 용납하신다. 그들이 먹고 보호막으로 사용하고 저장하는 키 큰 풀들을 경배하는 것을.
주님을 경배하는 데의 오류는 먼지 속에 사는 인간들의 운명이다.

누가 그에게 완벽한 예배를 드릴 수 있겠는가? 또한 어느 누구의 영혼이 완전히 형상으로부터 자유로울 수 있겠는가?

감사하라, 애벌레여! 네가 살고 있고 네가 떠다니고 네가 머무는 그 선함의 충족 속에서 그의 형상을 경배하라. 그러나 감사하는 애벌레여, 네가 장미를 갉아먹는 동안 네 형제는 배나무의 이파리를, 또는 버드나무의 새싹을, 들판의 작은 풀들을 먹는다고, 그리하여 그들이 자신들의 하느님을 그 버드나무의 이파리에서, 버들가지의 여린 싹에서, 땅의 풀들에서 찾고 경배한다고 하여서 화내지는 말아라. 장미를 먹는 애벌레들이여, 너희 형제는 너희가 옳은 만큼 그만큼 옳고, 그들의 예배는 너희의 그것만큼 타당하기 때문이다.

오, 인간들이여! 너희들이 그렇게 서로 다르게 주님께 예배한다고 해도, 너희들이 너희 아버지의 자녀들로 서로 사랑하고 서로 돕고, 너희들의 서로 다른 예배를 너희들 인간사랑의 일치 속에서 거룩하게 만든다면 너희들은 그만큼 그에게 옳게 예배하는 것이다.

이렇게 인간들이여, 너희 예배는 바로 너희들을 위한 봉사가 되고 그러므로 유한자들이여, 그것이 너희들에게 유용한 한도에서만 그렇게 너희를 위한 것이다. 너희 하느님의 형상과 너희 목자들의 낱말의 가르침들은 그러므로 항상 다만 이 마지막 목적을 위한 수단일 뿐이다."

필자는 오늘날 우리들의 대화도 바로 이러한 테두리 안에서 이루어지고 있는 것이라고 생각한다.

주

1) 노버트 엘리아스 저, 유희수 역,《매너의 역사》, 신서원, 1995.

2) 위의 책, p.257.

3) John Hick, *The Metaphor of God Incarnate Christology in a Pluralistic Age* (Westminster : John Knox Press, 1993), p.7.

4) 폴 F. 니터 저, 변선환 역,《오직 예수의 이름으로만?》, 한국신학연구소, 1987 ; 존 힉 저, 이찬수 역,《하느님은 많은 이름을 가졌다》, 도서출판 창, 1991 ; Hendrikus Boers, *Who was Jesus?* (Harper & Row, Wm. B. Eerdmans Publishing Co., 1989).

5) 줄리아 칭 저, 변선환 역,《유교와 기독교》, 분도출판사, 1994, p.32.

6) 〈세계화와 그리스도교신학의 과제〉(김용복),《신학사상》 1995년 봄, p.17ff.

7) 〈세계화와 그리스도교신학의 과제〉(정양모),《신학사상》 1995년 봄, p.16.

8) 정현경, 〈베버리 해리슨과의 대담 : 여성신학과 세계화와 자본주의〉,《기독교사상》 1995년 11월, 대한기독교서회, p.67.

9) W. Pannenberg, *Jesus God and Man* (Westminster : SCM Press, 1988), p.35.

10) T. F. 드라이버 저, 김쾌상 역,《변화하는 세계와 그리스도》, 대한기독교출판사, 1984, p.29.

11) 후레드릭 W. 모트 저, 권미숙 역,《중국문명의 철학적 기초》, 인간사랑, 1991, p.78.

12) 한스 큉/줄리아 칭 저, 이낙선 역,《중국종교와 그리스도교》, 분도출판사, 1994, p.129.

13)《論語》,〈述而〉第七, “子曰 若聖與仁, 則吾豈敢 抑爲之不厭, 誨人不倦, 則可謂云爾已矣.”

14)《論語》,〈述而〉第七, “子曰 女奚不曰, 其爲人也, 發憤忘食, 樂以忘憂, 不知老之將至云爾.”

15)《論語》,〈爲正〉第二, “子曰 吾十有五而志于學, 三十而立, 四十而不惑, 五十而知天命, 六十而耳順, 七十而從心所 欲不踰矩.”

16) 후레드릭 W. 모트, 앞의 책, p.70.

17) 한스 큉/줄리아 칭, 앞의 책, p.134.

18) 폴 F. 니터, 앞의 책, p.245.

19) Mary Daly, *Beyond God the Father* (Boston : Beacon Press, 1973), p.69ff.

20)《論語》,〈述而〉第七, “子曰 天生德於予, 桓魋 其如子何.”

21)《論語》,〈先進〉第十一,〈雍也〉第六,〈子罕〉第七.

22)《論語》,〈泰伯〉第八.

23)《陽明全書》朋一, “夫學貴得之心求之於心而非也, 雖其言之出於孔子不敢以爲是也, 而況其未及孔子者乎. 求之於心而是也雖其言之出於庸常不 敢以爲非也, 而況其出於孔子乎.”(臺灣中華書局印行), p.217 ; trans. Wing-tsit Chan *Instructions for Practical Living and other Neo-Confucian Writings by Wang Yang- ming* (New York : Columbia University Press), p.159.

24) Wing-tsit Chan, op. cit., p.163ff.

25) Hendrikus Boers, op. cit., p.94.

26) Ibid., p.110.

27) W. Pannenbrg, *Grundfagen systematischer Theologie*, Bd. II(Vandenhock, 1979).

28) T. F. 드라이버, 앞의 책, p.44, p.314.

29) 위의 책, p.207.

30) John Hick, op. cit., p.105 참조 ; 이정배,《기독론의 한국적 이해》, 미간행, 1996, p.11.

31) Ibid., p.106.

32)《中庸》20, "誠者 天之道也, 誠之者 人之道也. 誠者 不勉而中, 不思而得, 從容中道聖人也. 誠之者 擇善 而固執之者也."

33) 윤성범,《한국사상의 본질과 율곡학》, 한국사상논총 1, 제문당, 1978, p.65.

34)《中庸》20, "有弗學 學之 弗能 弗措也, 有弗問 問之 弗知 弗措也, 有弗思 思之 弗得 弗措也, 有弗辨 辨之弗明 弗措也, 有弗行 行之 弗篤 弗措也, 人一能之 己百之 人十能之 己千之."

35) Wing-tsit Chan, op. cit., p.271ff.

36) 류영모 역, 박영호 해석,《中庸 에세이》, 도서출판 성천문화재단, 1994, p.241.

37) 이성배,《유교와 그리스도교-이벽의 한국적 신학원리》, 분도출판사, 1979, p.270 ; 금장태, 〈다산 정약용의 인격이해〉,《인간관의 토착화》(사목연구총서 8), 한국천주교 중앙협의회, p.167ff.

38) 이은선 · 이경 편,《李信의 슐리어리즘과 靈의 신학》, 종로서적, 1992, p.229.

39) Hendrikus Boers, op. cit., p.11.

40) T. F. 드라이버, 앞의 책, p.36.

41) 위의 책, p.34.

42) Hendrikus Boers, op. cit., p.131.

43) Ibid., p.131.

44) John Hick, op. cit., p.127ff., 134ff.

45) 이을호,《다산경학사상연구》, 을유문화사, 1973, p.175, ; 이성배, 앞의 책, p.216.

46)《論語》,〈顔淵〉第十二, "子曰 出門如見大賓 使民如承大祭 己所不欲 勿施於人 在邦無怨 在家無怨."

47) 줄리아 칭 저, 변선환 역,《유교와 기독교》, 분도출판사, 1994, p.138.

48) Un-Sunn Lee, op. cit., p.136ff.

49) Ibid., p.167ff ; Wing-tsit Chan, op. cit., p.162.

50)《孝經》,〈聖治章〉, "子曰 天也之性 人爲貴 人之行 莫大於孝, 孝莫大於嚴夫, 嚴夫莫大於配天."

51)《孟子》, "盡心章句上, 人之所不學而能者 其良能也. 所不慮而知者 其良知也."

52) 윤성범,《孝》, 서울문화사, 1973, p.117.

53) H. G. Wells, *The Outline of Hisstory—The Whole Story of Man I* (Scholarly Press, 1997), p.166ff.

54) John Hich, op. cit., p.132.

55) F. Schleiermacher, *über die Religion* (Götingen : Vandenhoeck & Rupercht, 1967), p.100ff.

56) Ibid., p.105.

57) 한스 큉/줄리아 칭, 앞의 책, p.114.

58) 윤성범,《誠의 신학》, 서울문화사, 1971, p.20.

59) 추이상루, 〈기본도덕교육의 관점에서 본 공자학설의 현대적·보편적 의미〉,《유교문화의 보편성과 특수성》(제8회 한국학 국제학술회의 논문집), 한국정신문화연구원, 1994, p.461 참조.

60) Un-Sunn Lee, op. cit, p.193ff.

61) J. H. Pestalozzi, *Etwas über die Religion, Auswahl aus seinen Schriften 1* (UTB Haupt : Uni-TB. GmbH., stgt, 1992), pp.52~54.

<h1>3 ^장 유교의 孝윤리와 기독교의 책임 윤리</h1>

1. 시작하는 말—오늘날의 윤리적 정황

오늘날 인류는 역사상 어느 때보다도 자신과 주변에 대한 질 좋은 지식을 많이 얻게 되었다. 그럼에도 우리는 심각하게 여러 측면에서 도덕적 위기, 윤리의 공황, 도덕의 부재 등에 대해 자주 듣게 된다. 오늘날 말할 수 없는 지식의 팽배는 우리의 시간과 공간에 대한 가능성을 확장시켰지만, 우리는 이 무수한 가능성들 앞에서 오히려 방향감각을 잃고 있다. 현대 기술문명의 급속한 진전이 몰고온 새로운 삶의 환경은 지금까지 우리 전통의 가치관과 행동원리를 힘없는 것으로 만들어 버렸다.

그러나 오늘날 이렇게 급속도로 변화하는 사회 속에서, 일상의 소비생활에서도 그렇고, 직업의 선택, 또는 넓게는 타문화, 종교, 이데올로기의 만남에서도 맞닥뜨려지는 문제는, 다름아닌 자신과 타자, 一과 多의 관계문제, 즉 어떻게 하면 이 '다양성' 속에서 '통일'을 찾아낼 수 있겠는가 하는 오래된 문제라고 하겠다.[1] 우리에게 무수하게 제시되는 가능성 가운데 어느 것이 본질적인가, 또는 오늘날 만연되어 있는 주관주의나 냉소적인 상대주의에도 불구하고 여전히 우리를 관계 속에 머무르게 하는 것은 무엇인가 하는 문제다. 이것은 지금과 같은 다원주의와 상대주의 시대에 다시 우리 삶의 기초로서 객관과 원리를 찾고자 하는 것인데 우리의 문제는 바로 이 '기초(근거)의 상실'이라 하겠다.[2]

우리가 당면한 이 기초의 상실 가운데 오늘날 더욱 심각한 것은, 모든 지역이나 성별 또는 종교 이념적인 차이를 무색하게 만드는 매우 근원적인 문제, 즉 '자연의 훼손' 문제이다. 이것으로 이제 인간윤리의 문제는 전통적인 의미에서 인간 사이의 문제가 아니고, 그보다 더 근원적으로 내려가서, 이제까지 모든 인간윤리가 기본적으로 전제했던 것, 즉 우리 삶과 윤리가 가능할 수 있었던 '존재 자체'(Sein)가 문제되었다는 것이다.[3] 이런 의미에서 오늘날 서양의 책임 있는 윤리학자 한스 요나스(H. Jonas)는 자신의 책,《책임의 원리》(*Das Prinzip Verantwortung*)에서 다시 한번 서구사회에서 윤리의 문제를 그 중심토론 과제로 떠올렸다. 자신의 윤리 원리를 이제 전통적인 의미의 윤리학적으로가 아닌 '존재론적으로'(ontologisch), '존재의 원리'(Metaphysik) 위에서 근거짓기를 원했다.[4] 왜냐하면 오늘 우리가 직면하는 상황은 모든 것의 기초가 되는 존재 자체가 위협받는 상황이 되었으므로, 이 존재 자체가 윤리의 '첫 번째 당위 과제'(der erste Imperativ)로 밝혀져야 한다는 것이다.[5]

이 장은 위와 같은 상황인식에서 새로운 윤리체계를 모색하는 종교철학적인 시도이다. 먼저 요나스의 존재론적인 시도를 좀더 구체적으로 살펴보고, 그 철학적이고 서구적인 시도의 한계를 종교적으로 이해된 동양의 孝사상, 특히 감리교 신학자 해천 윤성범의 신학적인 孝 이해를 가지고 밝혀보고자 한다. 그리고 마지막으로 우리 시대의 윤리적인 과제를 교육실천의 작업으로 지적함으로써, 남성가치 위주적이며, 인간·자아 중심적이고, 인간·자연 이원적인 서양윤리를 동양의 전일적인 사고로 수정 보완하면서, 마침내는 이 둘 모두의 철학적이고 신학적인 시도가 불충분하고 불철저하다는 것을 교육실천적인 시각에서 비판하고자 한다.

2. 서양윤리의 근본원리로서 '책임'
—한스 요나스의 '책임의 원리'를 중심으로

앞에서 소개한 요나스(H. Jonas)는 오늘날 인간윤리의 상황은 이제까지와는 근본적으로 다르다고 하였다. 바로 현대의 기술과학적 성과 때문인데, 오늘날 고도로 발달된 기술과학은 인간에게 아주 새로운 주제와 영향력을 가진 어마어마한 차원의 행동을 가능하게 했다. 그래서 예전의 윤리로는 더 이상 그것을 조절하고 인도할 수 없게 되었다는 것이다.[6]

그러나 이와 같은 지식의 증대에 따른 인간윤리 상황의 낱낱의 변화보다도 더 근원적인 것은, 바로 이 기술과학로 지금까지 어떤 종류든 인간윤리가 가능했던 터전인 삶 자체, 존재 자체가 위협받게 되었다는 사실이다.[7] 지금까지는 우주질서로서 '자연의 본질적인 영구성'(die wesentliche Unwandelbarkeit der Natur)[8]이 인간의 모든 활용의—기술과학적 활동이건 윤리적인 활동이건—토대였다. 사람들은 이에 대해서 의심하지 않았다. 그리하여 지금까지 자연은 결코 인간윤리의 대상이 아니었으며, 인간은 단지 그것을 이용하고 조작하기만 하면 되었다.[9] 그러나 오늘날 인간의 기술적 간섭으로 '자연이 파괴될 수 있다'(die Verletzlichkeit der Natur)[10]는 사실이 밝혀졌다. 그리하여 요나스는 윤리를 이 '존재 자체'(Sein)를 '당위'(Sollen)로 규정짓는 일로 첫번째 과제가 되었다는 것이다.[11]

윤리라고 하는 것은 어떤 경우에도 객관적인 가치, 善으로 밝혀진 것을 찾아 그것을 당위로 세우는 것을 말한다. 그렇다면 결국 '존재'는 우리가 어떤 경우라도 추구되어야만 하는 善이고 가치로 밝혀져야 하는데, 그것이 과연 가능한가? 왜 無와 종말이면 안 되고 우리의 존재를 제한시키면서까지 다음 세대의 존재를 보장해야 하는가?

요나스는 이런 질문을 하면서 오늘날의 기술과학문명을 몰고온 서구 정신사는 중세를 지나면서부터 그 사고와 행동원리가 지극히 '인간 중심적'이었고 주관주의적이었음을 지적했다. 요나스에 따르면 데카르트로 부터 칸트, 헤겔을 거쳐 현대의 실존주의에 이르기까지 주관, 즉 객관과 세계를 파악하고 지배하는 인식주체에 그 존재의 우선성이 매겨졌다는 것이다.[12] 이런 맥락에서 미국의 윤리학자 맥켄타이어(A. MacIntye)도 너의 의지의 격률이 언제나 동시에 하나의 입법 원리로 타당하도록 행동하라고 한 칸트의 선험적 윤리까지도 결국 그 보편성의 근거가 주관의 의지와 이성에 놓여 있음을 다시 지적했다.[13]

그러나 오늘날은 다름 아닌 그 주관(인간)에 따라서 존재 자체가 심각하게 의문시되었으므로 이 상황의 극복을 위해서는 "진정으로 객관적으로", "객관으로부터"(von dessen Objektivität, allein ein objectives Seinsollen) 인간의 행동원리가 규정되어야 한다는 것이다. 그리고 요나스의 새로운 윤리 원리의 시도는 이 객관적인 근거를 찾고자 하는 것이다.[14]

그렇지만 요나스는 이 근거를 찾는 데에서 전통적인 윤리관처럼 최종적으로는 종교적으로 대답하는 것을 거부한다. 다시 하느님의 창조물이나 神의 목적론적 선한 의지 등에 대해서 얘기하는 것보다, 오늘날의 책임 있는 철학자로서 하나의 "이성적인 형이상학의 가능성"(die Mölichkeit einer rationalen Metaphysik)을 찾게 되기를 바란다는 것이다.[15]

그렇다면 과연 이 세상에 이처럼 나에게 무조건적으로 윤리적이게 하고 그것에 대해 책임을 지지 않을 수 없게 하는 대상이 있는가? 오늘날 우리의 윤리적 상황에서 '존재'가 첫번째 당위로 규정되어야 한다면, 이 세상에 그렇게 무조건적으로 자기 자신으로부터 나와서 우리에게 존재에 대한 요구를 할 수 있고, 우리가 그 요구를 듣지 않을 수 없으며 느끼지 않을 수 없게 하는 그런 존재가 있는가? 우리가 만약 그것을 발견한다면 그것이야말로 다름 아닌 우리 윤리의 첫 대상이고, 이제까지의 모든 종교적이거나 이론적인 당위성을 뛰어넘어 우리로 하여금 다시 윤리적이게, 책임 있게 하는 근거가 되는 것이다. 그것이 무엇인가?

　　요나스는 이 질문에 대해서 "우리 앞에 갓 태어나 놓여있는 신생아의 존재"(das elementare 'Soll' im 'Ist' des Neugeborenen)이고, 이 존재야말로 다름 아닌 우리 "책임의 원형적 대상"(Urgegenstand der Verantwortung)이라고 대답한다.[16] 우리 모두가 직접 그런 상태에 있었던 것처럼 갓 태어나 그저 들이마시고 내쉬는 아기의 숨소리는 우리가 거기에 대해 무엇이라 저항할 수 없는 가장 직접적인 요구, 즉 자기를 받아달라는 세상을 향한 한 당위를 포함하고 있다는 것이다.[17] 이 부름에 대한 우리의 부인할 수 없는 책임의 마음이 요나스에 따르면 바로 "모든 책임감들의 원형"(Archetyp aller Verantwortung)이다.[18]

　　요나스에게는 그 이유가 여기서의 책임은 발생적일뿐만 아니라 아니라 "인식론적으로", "참으로 직접적인 확실성"(wegen ihrer unmittelbaren Evidenz)에 따라서 생겨난 것이기 때문이다.[19] 여기서 우리의 책임을 불러일으키는 근거는 "진정으로 한 객관"(아기의 존재)이고,[20] 여기서 우리에게 부과되는 당위란 신적이건 인간적이건 간에 어떤 가정적인 전제에 따른 것도 아니고, 또한 단순히 주관에 의지된 것도 아닌, "부인하려야 부인할 수 없는"(unwidersprechlich) 지금의 "단순히 그리고 확실하게 현존하는 존재"(ein ontisches Paradigma, in dem das schlichte, faktische 'ist' evident mit einem 'soll' zusammenfält)에 따라서 발생된 것이기 때문이라고 한다.[21] 여기서는 대상객관의 내적 권리가 우선이다. 그 대상이란 확실하게 자신의 존재 안에 한 당위를 내포하는 것이다. 그러므로 요나스에 따르면 여기서의 주관의 윤리적 대답은 경험적으로 원초적이고, 직관적으로 확실할 뿐만 아니라 내용적으로도 완벽하다는 것이다. 여기서는 당위가 자연스럽게 존재로부터 나왔다. 따라서 그것은 "책임의 대상의 원형"(zum Prototyp eines Objektes der Verantwortung)이 된다는 것이다.[22]

　　이렇게 갓 태어나 아무런 힘없이 놓여 있는 아기에 대한 부모의 마음을 모든 책임감들의 원형으로 본 요나스는 아기에 대한 돌봄이 포괄적이고, 결코 한순간도 쉴 수 없는 현재적인 것이며, 또한 지속적이고 장기적이라는 점을 들어, '책임의 원리'의 세 가지 특성인 '전체성'(Totalität)과 '지속성'(Kontinuität), 그리고 '미래'(Zukunft)에 대한 역사적 관점을 든다. 그러면서 오늘날 우리의 행동원리로 이것을 제시한다.[23] 요나스는 오늘 우리 존재위기의 긴박한 상황은 더 이상 "희망의 원리"(das Prinzip Hoffnung)를 용납할 수 없고,[24] 대신에 "매순간의 일"(Sache jeden Augenblicks)로서의 '책임의 원리'를 요청한다.[25] 그것은 이제까지 자본주의건 공산주의건 인류의 기술문명을 이끌어 왔던 희망의 원리, 즉 미래의 어느 때인가의 유토피아를 위해서 현재와 자연에 대해서 극심히 폭력적이었던 것과는 달리 오늘 여기서 자신과 맞닥뜨려지는 모든 것에 대해 책임적으로(역사적으로) 살라는 요청인 것이다.[26]

요나스에 따르면 그것은 결코 "낙관적이지도 비관적이지도 않은 오직 현실적인 것일 뿐"(weder pessimistisch noch opitimistisch sondern realistisch)이라고 한다.[27] 그것은 다름 아닌 미래의 가능성에 대한 '두려움' (Furcht)과 또한 '경외'(Ehrfurcht)를 가지고 매순간 겸허하게 결단하는 '행동하는 책임'[28]이다. 따라서 요나스에 따르면 이것이야말로 오늘날 우리가 필요로 하는 성숙한 인간의 윤리가 되며, 그래서 그것은 우리의 새로운 '미래윤리'(Zukunftsethik)로 떠오르는 것이다.

3. 동양의 孝 윤리

1) 한스 요나스 윤리의 한계

요나스는 "매순간의 일"로서의 '책임의 원리'를 인류의 새로운 '미래윤리'로서 제시하였다. 그는 갓 태어난 아기에 대한 부모의 마음을 책임감의 원형으로 보면서, 이 책임의 윤리야말로 객관적으로 확실하게 근거되어 있음을 강조한다. 그것은 여기서 책임을 일으키는 대상(아기의 존재)이란 진정으로 한 객관이고, 그것도 어떤 초월적인 대상이나 수직적인 가치를 지닌 것 때문이 아니라, 여기 지금 "단순한 현존만으로 존재하는 한 대상"(das Sein eines einfach ontisch Daseienden)[29]에 따른 것이기 때문이다. 그러므로 요나스는 이 확실한 객관에 의한 '책임의 원리'야말로 오늘날의 우리로 하여금 다시 윤리적이게(책임적이게) 한다는 것이다.

그러나 과연 요나스의 확신대로 이 미미한 대상으로 생긴 '책임의 원리'가 그렇게 확실한가? 오늘날의 인간이 이렇게 미약한 존재에 대해 무조건적으로 책임감을 느낄 만큼 성숙했고 열려 있는가? 아니면 요나스의 '책임의 원리'야말로 그가 그렇게 비판했던 또 하나의 낙관론이고, 결국 우리가 기대할 수 있는 것은 주관의 반응(책임감)뿐이다. 그렇다면 이 원리야말로 또 하나의 철저한 주관주의나 세속화된 신앙이 아닌가?

그는 '책임의 원리'를 미래에 대한 낙관적인 기대 대신에 지금 여기서 만나고 제기되는 문제에 대해 책임있게 행동하라는 '매순간의 일'로 규정했다. 유아적인 희망 대신에 정확한 현실인식과 매순간의 결정에 대한 역사적 책임을 이야기한 것이다. 그러나 또다시 묻게 된다. 과연 인간이 이와 같은 정도의 긴장을 얼마나 지속적으로 견딜 수 있겠는가라고.

요나스가 얘기한 '책임의 원리'는 결국 모든 책임을 자신의 양어깨에 짊어졌다가 지쳐서 비틀거리며 쓰러지는 꼴이 되지나 않을까 생각한다. 그런 의미에서 요나스의 윤리는 서구 남성적 윤리의 전형으로 여겨진다. 그리고 '책임의 원리'에는 내가 신뢰하고 희망할 수 있는 초월자의 존재도, 나와 책임을 나누고 도와줄 수 있는 어떤 공동체의 존재도 들어설 여지가 없다. 오직 고독한 자아와 주관만이 있을 따름이다.

그래서 그는 성숙한 어른의 입장에서 어린아이에게 행하는, 힘을 가진 인간의 입장에서 무감각한 듯한 자연을 향한, 그리고 아무런 신앙과 희망도 필요 없는 세속화된 인간의 '책임의 원리'에 대해서만 얘기한다.

그는 이런 것과는 또 다른 방향성을 가진 인간윤리인 초월자에 대한 신앙이라든가, 부모에 대한 孝라든가, 오히려 자연을 우리 인간의 어머니와 근원으로 고백하는 신뢰, 또한 나의 책임과 어려움을 나누어 질 수 있는 이웃과 공동체의 사랑에 대해서는 언급하지 않는다. 이런 의미에서 그의 '책임의 원리'는 결국 서양의 지극한 인간·자아중심적, 남성가치위주적 강자윤리의 모습이라고 할 수 있다.[30]

한 덧없는 존재에 의해 근거된 요나스의 '책임의 원리'는 너무 낙관적이다. 여기서 우리의 윤리적 행동을 가능하게 하는 객관은 너무 미약하다는 말이다. 그러므로 요나스가 오늘날의 인간중심주의와 주관주의를 극복하기 위해서 자신의 윤리를 진정 객관적으로, 달리 말하면 존재론적으로 규정하려는 시도는 또 다시 주관적 기회주의에 빠질 수밖에 없다.

그래서 우리의 탐색은 요나스 윤리의 존재론적 근거의 미약성을[31] 극복해 보려는 것이다. 곧 윤리에서 다시 초월적이고 종교적인 기반을 찾자는 것이다. 이 일을 위해서 우리는 전통적인 동양의 孝윤리를 탐색하려한다. 즉 어떻게 여기에서 윤리의 초월성과 내재성(세계성)이 동시에 보존되어 오늘날 우리의 문제인 가치상대주의와 자연소외를 극복할 수 있게 되고, 또한 초월적 근거가 전통적인 서구 신학에서 말하는 배타적인 초월성과는 달리 오늘날의 세속화된 사회에서도 의미를 줄 수 있는지를 알아보고자 한다. 이어서 같은 맥락에서 한국의 孝윤리를 신학적으로 재해석한 해천 윤성범의 孝이해가 우리의 주된 탐구 대상이 된다.

2) 동양윤리의 근본원리로서 孝

동양의 유교문화권에서는 전통적으로 경로효친사상이 강조되어 왔다. 그것은 부모를 공경하는 것이 하나의 德일 뿐만 아니라 모든 덕의 근본으로 여겼기 때문이다. 공자가 孝를 德의 근본으로 역설한 책인《효경》

첫머리에는 "孝란 덕의 근본이요, 모든 가르침이 그것 때문에 생기는 것"[夫孝, 德之本也, 敎之所以生也]이라고 적혀 있다.[32] 여기에서 효도란 하늘과 땅의 모든 것에 이르는 도덕질서의 근본이 됨을 밝히는 것이다.

공자에 따르면, 모든 덕의 근본이 되는 孝에는 시작과 마침의 단계가 있다. 즉 "시작"은 "나의 몸"과 그리고 머리털 하나에 이르기까지 모든 것은 부모님에게 받은 것이니, 신체는 물론 머리털 하나라도 감히 다치거나 상하지 않도록 하는 것"이다. 이와 더불어 孝의 "마침"은 "자식된 자는 몸을 세워서 그 도를 행하여 제 이름을 드날릴 뿐 아니라 그 부모의 이름까지도 빛나게 하는 것"이다.[33]

이것은 먼저 인간이면 누구든지 막론하고 부모 때문에 세상에 태어나고 그 육신의 모든 것이 부모로부터 왔으며, 또한 그의 사랑과 가르침을 통해서 모든 것을 자각하고 감사하며 그러한 생명에 대한 긍정에서 孝가 시작됨을 밝혀주는 것이라 하겠다.[34] 그러나 여기서 그 "마침"이 잘 가르쳐주듯이 孝의 윤리는 단지 부모와 자식 사이의 가족윤리로만 한정되는 것이 아니다. 그것은 '참된 인간 실현의 근본'[爲仁之本]으로 심화되기도 하고, '정치와 교화의 근원'[敎之所由生]으로 확대되기도 한다는 것이다.[35] 즉 이것은 인간의 모든 개인적 사회적인 행위의 근원적인 원리로서 전통적 윤리체계의 초점이라고 하겠다.

이렇게 자기훈련, 백성의 통치, 세계질서확립의 근본 덕목으로 이해되는 효도는 공자는 '하늘의 가르침'[天之經]이며, '땅의 옳은 것'[地之誼]이다.[36] 그는 '하늘의 성품'[天性]으로서 "천지의 성품 가운데에서 사람이 제일 귀하고, 사람의 행실 가운데에는 효도보다 큰 것이 없고, 효도 가운데에는 아비를 공경하는 것이 제일 크고, 아비를 존중하는 것의 가장 큰 표현은 바로 그를 하늘과 같이 여기는 것이다"[莫大於配天].[37]

이 말들로써 우리는 공자가 孝의 근거를 하늘[天]에 두고 있음을 분명히 알 수 있다. 그것은 우리에게 육신을 주고 사랑과 가르침을 통해 삶의 모든 것을 주는 부모를 "하늘과 동일시"[配天]할 수 있는 근거를 마련해 주는 것이다. 공자는 누누이 하늘의 도를 따르고 땅의 위치를 살피는 것이 곧 孝의 길이며, 또 孝를 아는 자는 자기의 존재가 은혜를 입었다는 것을 알기 때문에 결코 교만해질 수 없고, 여기서부터 부부나 형제간, 더 나아가 인류와 생명일체에 대한 겸허로 나간다고 밝히고 있다.[38]《효경》의 〈감응장〉(感應章)에서는 옛날의 '명왕'(明王)들이 "아버지를 섬기는 것이 효성스러웠기 때문에 하늘을 섬기는 것이 분명했고, 어머니를 섬기는 것이 극진했기 때문에 땅을 섬기는 것도 살펴서 했다"[39]고 말하면서 부모에 대한 孝와 하늘에 대한 공경이 결코 별개가 아님을 밝혔다.

이와 같은 스승의 사상을 더욱 내면화시킨 맹자는 孝의 존재론적 근거를 그의 유명한 '성선론'(性善論)으로서 설명하고 있다. 그는 인간의 본성이 善하다는 확실한 근거로 孝의 존재론적 기초를 다음과 같이 밝힌다. 사람이 배우지 않아도 능한 것은 본래 능한 것이요[良能], 생각하지 않고 아는 것은 본래 아는 것이다[良知]. 어린아이라 할지라도 그 어버이를 사랑할 줄 모르는 경우가 없고, 자라서는 그 형을 공경할 줄 모르는 이가 없다. 부모를 섬기는 것은 仁이요, 윗사람을 공경하는 것은 義이다. 이것은 모든 사람에게 공통된 특징이다."[40] 이와 같이 仁의 실천으로서의 孝가 인간의 선한 본성에서 기인한 것이라고 밝힌 맹자는 또한 그의 유명한 '사단론'(四端論)을 통해서도 인간윤리성의 자연적 근거를 제시했다.

이와 같이 공자에 의해서 하늘[天]에 근거되거나, 또한 맹자에 의해서 더 내면적으로 인간의 본성에 기초된 孝의 道는, 동양의 유교문화권에서 우주의 의미실현을 위한 근본 덕으로 이해되어 근세 이후 중국이나 우리나라에서 서구 기독교 신앙과의 만남이 활발해지자 이것이 종종 기독교 신앙과 비교되었다. 이 신학적인 문화이입을 위한 시도들은 특히 가톨릭 신학자들이 많이 행했다. 그 한 예로 우리나라의 변규용은 1973년 파리의 소르본느대학에 〈아버지와 아들―동과 서의 만남의 시각에서의 '孝' 신학에 관한 연구〉(Père et Fils : Etude sur théologie del la piété filiale dans la perspective d' une rencontre de l' Oreint et de l' Occident)라는 방대한 학위 논문을 제출했다.

변규용은 여기서 아버지와 아들의 관계란 동양인에게나 서양인에게 공통으로 가장 기초적으로 경험되는 인간관계이고, 또한 그 관계의 덕인 孝(la piété filiale)라는 것이 기독교에서도 그렇고 유교에서도 모든 덕의 근본원리로 작용했다는 점에 주목한다. 그러면서 그는 기독교와 유교의 만남으로서의 孝의 신학(la thélogie del la piété filiale)을 수립하여 그것이 오늘날 인간상황에서 어떤 의미를 가지는지 밝혀낸다.[41]

먼저 그는 오늘날 서구사회에서 초월적 신앙이 크게 의문시된 무신론적 상황에 직면하여, 그 극복의 시도로서 '자연'(nature)과 '자연법'(Loi naturelle) 사상을 다시 적극적으로 평가하는 전통적 자연신학적 탐색을 시도한다. 같은 의미로 변규용은 유교, 그 가운데서도 특히 맹자의 사상을 자연법의 증거로 보면서, 오늘날 모든 객관적인 법칙성과 원리를 거부하는 서구 기독교인들에게 또 하나의 대안적인 가치체계로 소개한다. 특히 유교의 근본인 孝의 덕에 주목하고, 아버지와 아들의 관계에 대한 덕이 또한 기독교 신앙에서도 근본적인 관계원리가 됨을 밝힌다(구약에서의 Hèsèd 전통과 신약에서 예수 그리스도 때문에 하느님과 부자 관계가 된 인간 등). 변규용에 따르면 기독교와 유교의 조우에서 얻어진 孝의 신학이 오늘날의 신학적 정황에서 줄 수 있는 의미는 다음과 같다.[42]

첫째, 그에 따르면 인간의 하느님에 대한 관계규정에서 아버지와 아들의 관계(孝의 도)로 규정하는 것은 전통적인 종교적 방법(창조주와 피조물의 관계)보다 훨씬 더 적합하고 친밀하다. 둘째, 그는 오늘날 현대 사회의 도덕적 무질서가 특히 부모에 대한 공경보다 자식에 대한 관심만이 강조되는 서구적 윤리의식 때문이라고 본다. 따라서 이 인간적 본능에 거슬러서 위로 향하게 하는 孝의 道가 더욱 요구된다고 본다. 셋째,

그는 孝의 道야말로 자연의 질서에 맞는 윤리원리라고 한다. 곧 가장 가까운 부모부터 시작하여 순차적 과정을 통해 우주에까지 미치는 孝의 道를 통해서만이 오늘날의 무질서를 다시 바로잡을 수 있다는 것이다.

이렇게 변규용이 孝의 道를 적극적으로 평가하고 그것을 근간으로 孝의 신학을 꾀하였지만, 여기서 우리는 이 대화의 한계를 본다. 그것은 다름 아니라 이미 폴 니터(P. Knitter)도 그의 책《오직 예수이름으로만?》에서 지적한 "가톨릭적 모델의 한계"이다. 즉 변규용에게도 예수는 여전히 다른 종교들과의 관계에서 "모든 다른 종교들을 판단해야 하는 규범, 신의 궁극적이고도 유일한 계시"로 남게 된다는 것이다.[43] 따라서 그는 공자나 맹자의 天 신앙이란 단지 인간의 자연이성에 의한 "신정론"(thédicée)일 뿐이지 "신학"(théologie)이 아니라고 한다(C'est plutôt une théodicée qu'une thé oligie).[44] 또한 그는 예수계시 이외의 모든 문화적 종교적 전통들을 "초자연"(Surnaturall)에 대한 "자연"(nature), "새로운 법"(Loi nouvelle)과 "영원한 법"(Loi éternell)에 대한 "자연법"(Loinaturelle) 등으로 대치시키면서 이 자연법은 결국 새로운 법인 기독교의 계시, 예수에게서 완성되어야 하는 "하층구조"(le substrat)라고 규정한다.[45]

그러나 이렇게 되면 우리는 공자가 하늘에 근거지어진 것으로 보고, 맹자가 인간본성[nature]에 새겨진 것이라고 이해하면서 "하늘을 섬기듯이 부모를 섬기고, 부모를 섬기듯이 하늘을 섬기라"는 유교의 道가 결국 기독교 신앙과 다시 반목할 수밖에 없음을 본다. 여기서의 대화는 여전히 일방통행적이고 정복적일 수밖에 없다.[46] 이러한 맥락에서 특히 유교전통의 조상숭배, 제사문제는 많은 논란을 일으켜왔다.

공자는 孝의 道로서 부모 생존시의 道와 돌아가셨을 때의 장례의 道, 그리고 돌아가신 뒤의 제사의 道를 가르쳤다. 특히 유교의 제사문제는 기독교의 유일신 신앙과 화해할 수 없는 것으로 보였다. 오늘날의 추세는, 앞의 변규용도 그렇듯이, 조상숭배가 결코 神에 대한 제사가 아니라

부모에 대한 사모의 정에서 나오는 추모와 기념이라고 이해되어서 다시
받아들이는 입장이다. 또한 주재용 같은 이는 천주교의 배타적 신앙체계
를 가지고 '선유'(先儒)사상을 '천주'(天主)사상으로 환원시키면서 유교
의 조상숭배를 비종교적 의미로 수용하려고 노력했다.[47] 그러나 유교의
종교적 특성을 강조하는 순수 유학자들의 눈에는, 위와 같은 시도들은
제사를 단지 미신적이고 우상숭배적이라고 거부했던 초기의 태도만큼이
나 "제사의 본질적 종교성"을 외면한 것이고, 그곳의 종교적 진리성을
무시하는 "배타적 독선"으로 보일 따름이다.[48]

다음의 주제는 기독교와 유교 대화의 또 다른 시도자, 해천 윤성범의
孝 이해를 살펴보는 것이다. 이것은 그에게서 어느 정도 동양의 孝가 적
극적으로 초월적이고 종교적으로 이해되어서 앞에서 요나스 윤리 소개로
밝힌 서양윤리의 한계가 수정되고 보완되는가를 알아보기 위함이다.

4. 해천 윤성범의 초월적(신학적) 孝 이해

1) 성학(聖學)과 신학(神學)

지금부터 200여 년 전에 한 성실한 유학자의 지적이고 종교적인 관심
에 따라 한국의 기독교는 세계 교회사에서 유례를 찾을 수 없이 자생적으
로 발단되었다.[49] 이 시작이 알리듯이 한국의 기독교는 처음부터 동서 세
계관 사이의 만남과 대화를 필연적인 과제로 가지게 되었다. 한국 기독교
특히 감리교회가 이 복음의 토착화 문제를 주된 신학적 관심사로 전개시
켰다. 이 전통 속에서 해천 윤성범은 자신의 한국적 신학 정립 노력의 결
정으로서 1971년《誠의 신학(神學)》, 1973년《孝》를 내놓았다.

동양인, 특히 한국인에게 어떻게 하면 기독교 진리를 빠르고 바르게
전달할 수 있을까에 집중하는 "한국적 신학"의 체계를 위해서 윤성범은

한국 재래종교 전통 가운데서 특히 유교의 誠의 개념을 주된 원리로 도입한다. 왜냐하면 誠이란 동양사상의 핵심이며 한국사상의 노른자위와 같다고 보았기 때문이다. 해천이 이와 같이 한국적 신학을 誠의 해석학으로 제시하여 큰 반향을 일으켰을 때, 그 나름대로 誠의 개념을 의미변천사적으로 소개한 유학자 유승국에 따르면, 중국의 고전에서 誠자가 실체로서 명사로 쓰인 것은 《중용》에 와서였고, 그것은 은대(殷代)의 초월적 실제인 상제(上帝), 주대(周代, 기원전 10세기)의 천명(天命), 천덕(天德)이 공자(기원전 6세기)에 와서 天과 자아를 연결하는 덕의 본질로서의 충신(忠信, 군주에 대한 충성의 뜻이 아니라 인간의 본래성을 지칭) 개념에서 발전된 것이라고 한다.[50] 이러한 誠의 개념이 자사의 《중용》에는 "誠은 하늘의 道요, 誠을 행하는 것은 인간의 道"[誠者 天之道也, 誠之者 人之道也]라 하고, 또 "誠은 스스로 생겨나고, …… 세계의 시작과 끝이고, 誠이 없이는 아무 것도 이루지 못한다"[誠者自成也, …… 誠者 物之終始 不誠無物]고 하면서 "천리(天理)의 본연"이고 "존재 자체"이며,[51] 또한 인간윤리의 근본원리로서 그 근본개념으로 확립되었다는 것이다. 誠은 송대의 성리학에서 크게 중시되었고, 또한 우리나라에서는 율곡에 의해서 그의 중심사상으로 받아들여졌다.

해천은 바로 이 誠이 그 중심개념으로 되어 있는 율곡의 '성학'(聖學)과 20세기 변증법적 신학자 카를 바르트(K. Barth)의 '말씀의 신학'을 비교한다. 그는 이 비교연구가 동서의 두 전통을 본질 직관할 수 있는 현상학적인 해석방법을 택하고, 먼저 誠이란 글자에 주목하여 그것은 '가장 높은 것'(머리)을 지적하는 '말'[言]과 '이루어짐'[成]이 합성된 것이라고 한다. 곧 '말씀이 이루어짐'[誠]의 의미가 되어, 이것은 다름 아닌 신약성서 요한복음 1장 14절의 '말씀이 육신이 되어'라는 것과 대비되는 표현이라고 밝힌다. 이것은 곧 誠이 기독교의 '하느님의 말씀'(das Wort Gottes)이나 '계시'의 의미가 되어 이 '하느님의 말씀'이 중심개념으로 된 바르트의 신학과 비교되는 근거를 얻게 된다는 것이다. 즉 바르트의 '신학'은 '하느님의 말씀'이 화제가 된 것이고, 율곡의 '성학'(聖學)은 하늘의 道인 誠이 주제가 되는 것을 밝힌다는 의미이다.[52]

여기서부터 시작하여 해천은 이 비교작업을 심화시켜 먼저 바르트가 하느님의 말씀을 전통적인 기독교 삼위일체론에 적용시켜 삼중적인 구조, 즉 '씌어진 하느님의 말씀'(geschriebenes Wort Gottes : 아버지), '계시된 하느님의 말씀'(offenbartes Wort Gottes : 아들), '전파된 하느님의 말씀'(verk? digtes Wort Gottes : 성령)으로 구분한 것에 주목하고, 이것과 율곡이 그의 '성학'에서 《중용》의 '불성무물'(不誠無物)의 관념을 인간의 '성리'(性理)에 삼분법적으로 적용시키고 있는 것과 대응시킨다[女志無誠則不立 理無誠則不格 氣質無誠不能變化].[53]

해천은 여기서 더 나아가 바르트의 말씀의 신학은 '말'(Sprache, Logos)을 이와 같이 삼중적으로 이해하여 신학적으로 가장 완벽하게 삼위일체신론을 형성했지만,[54] 율곡에서는 誠의 형이상학적인 삼분법이 형성되지 못했고, 단지 인간학적인 차원[인간의 '성리'(性理) 이해]에서만 이해됐다고 평가한다. 이것은 당시 '성리학'의 한계이기도 하지만—종교라기보다는 합리주의적 형이상학 내지는 윤리로서의 유교—다르게 보면 유교는 초월신이 아니고 내재신을 지향하고 있으며, 誠은 인간 안에서의 내재화된 초월의 모습을 뚜렷이 나타내는 것이라고 한다.[55]

그러나 해천의 판단으로는, 이렇게 '말씀'이나 誠의 삼중성이 '신학'(神學)이나 '성학'(聖學)의 형이상학적인 터닦음이 되지만, 기독교 신관이 학문적으로 철저를 기한 것이라고 한다. 그리하여 여기서는 그 신관이 초월적이며 동시에 내재적인 성격을 띠고 있고, 다시금 이 둘을 결합시키는 제3자를 제시하여 신관(神觀)으로서의 완벽을 기했다는 것이다. 이에 반해 유교에서는 誠이 '천지도'(天之道)인 것을 알고는 있었지만 제대로 해석되지 못하고 오늘날까지 내려왔다는 것이다.[56]

따라서 해천은 이제까지 이 誠을 진지하게 다루지 않은 세 동양종교, 즉 유, 불, 선 '삼교'를 종교보다는 윤리로 보려고 한다고 하면서,[57] 이 여러 종교들을 誠의 전이해로 보고 이제 한국의 기독교는 바로 이 誠의 본래적인 초월성을 분명히 밝혀주는 역할을 해야 한다고 강조한다. 그는 志를 대표하는 유교, 理를 대표하는 불교, 氣를 대표하는 도교가 다 誠에 따라서 새롭게 규정되어야 한다는 율곡의 말을 받으며, 그러나 이 誠이 기독교의 계시론에 따라서 원래적인 신학적인 개념으로 먼저 회복되어야 한다고 주장한다.[58] 그러나 해천에 따르면 이 誠 또는 '계시' 자체만으로 는 아무런 결실을 얻을 수 없고, 거기에 상응하는 인간의 대답, 즉 윤리 가 있어야 한다. 그에 따르면 이러한 윤리적 측면을 강조하는 것이 또한 한국적 신학의 과제이다.[59] 이것은 다시 말하면 해천이 誠의 신학을 가지 고 한국의 유교를 '종교화' 시키려고 했다면 그의 孝 이해를 가지고 기독 교를 '윤리화' 시키려는 것이라고 하겠다.[60]

2) 해천 윤성범의 孝 이해

해천에 따르면 기독교에서 계시에 대한 인간의 대답이 신앙, 행위라 면, 율곡의 '성학'(聖學)에서의 誠에 대한 응답은 孝, 仁이다. 왜냐하면 誠을 그 중심이념으로 담고 있는 《중용》은 '하늘의 道'[天之道]인 誠에 대 해서 '인간의 도리'[仁之道]로서 '성지자'(誠之者, 誠을 행하는 것)를 이 야기했기 때문이다. 또 맹자의 표현은 '사성자'(思誠者, 誠을 생각하는 것)인데, 孝가 바로 이 인간의 일 가운데서 가장 기초적인 덕목이 되기 때문이다. 이것은 孝를 종교적인 지평에서 보면 신앙[믿음]에 해당하는 부분으로서 특히 초월[誠]의 은혜에 대한 반응이라고 할 수 있다.[61]

해천은 孝와 仁의 관계를 기독교에서 믿음과 행위의 관계로 본다. 그 는 존재론과 윤리학이 동전의 양면과 같다는 것을 생각할 때 믿음과 행위, 孝와 仁은 다같이 인간의 사고와 행위로서 하느님의 말씀과 하늘의 도[天之道]를 근거로만 가능하다. 그러므로 바르트의 말과 율곡의 誠은 양자의 형이상학과 신학의 초월개념으로 인간의 생각과 행위를 규제하는 원리며, 孝란 바로 이러한 誠으로부터의 필연적인 추론이 아닐 수 없다는 것이다.[62] 이런 의미에서 해천은 "誠은 孝의 존재근거(ration essendi)"가 되고, "孝는 誠의 인식근거(ration cogniscendi)"가 되며,[63] "하늘 아버지에 대한 孝는 육신의 아버지에 대한 존재근거가 되고, 육신의 아버지에 대한 孝는 하늘의 아버지에 대한 孝의 인식근거"가 된다고 말한다.[64]

해천에 따르면 이것을 통해서 이제까지 유교 형이상학에 포함되어 있었지만 뚜렷이 발굴되지 못했던 孝의 종교적인 근거가 명확히 드러난다.[65] 따라서 해천에게 孝란 바로 "誠의 구현에 다름없으며 孝는 천지(天地)를 연결하는 人의 참모습"[66]이다. 이 참모습을 해천은 기독교에서는 예수 그리스도에게, 유교에서는 요순에게서 본다. 그는 특히 예수 그리스도의 경우, 하늘 아버지와 독생자 예수의 관계가 단순한 육신의 부자 관계로부터 '천지'를 꿰뚫은 종교적인 관계로 승화되어 있다고 본다. 그리고 이것이 《효경》의 "'배천'(配天)의 원리"(하늘과 동일시하는 것)와 일맥상통하는 것으로서 孝가 단순히 윤리적이고 실천적인 의미가 아닌 형이상학적이고 신학적인 의미로 발전된다는 것을 지적한다.[67]

이렇게 孝의 초월적 차원을 확실히 하는 해천은 그의 윤리이해에서 그리스도 윤리를 서양윤리와 확연히 구별하여 서양윤리, 기독교윤리, 동양윤리의 세 카테고리로 나눈다.[68] 이와 동시에 그는 말하기를 그리스도교가 원래는 동양종교이므로 그 윤리에서도 유교와 마찬가지로 가정윤리, 즉 孝에서 출발하고 있다고 한다.[69]

칸트윤리로 대변되는 서양윤리가 그 윤리적 가치의 보편성을 이성에서 찾는 개인윤리라면, 동양윤리는 인간과 인간의 관계에서 질서를 세우기 위한 공동윤리로 그 기초가 바로 '부자'(父子)의 관계가 誠으로 이루어지는 孝[父子有親]이다. 해천은 동양윤리에서 孝를 기본으로 해서 모든 문제를 풀어나가는 것을 "창조의 질서"(Schöfungsordnung)라고 부르고 싶다고 한다.[70] 해천은 자신이 동양종교의 범주에 넣은 유대교 구약성서의 창조설화에도 아담과 이브의 결혼 전에 이미 하느님 아버지와 하느님의 아들 아담의 관계가 있었다고 한다. 또한 신약성서의 신앙구조는 바로 성부 하느님과 성자 예수 그리스도의 관계이고, 더군다나 유교에서는 '부자' 관계가 모든 인류의 패턴이 되고 그것이 '천성'(天性)으로 규정됨을 지적한다. 그는 '부자' 관계는 필연적인 것이지만 부부관계는 우연적인 것이기 때문에 그것은 궁극적인 근거가 될 수 없고, 서구윤리가 이 '부자' 관계, 孝의 관념을 잃어버리고 단순한 애정관계로 형성되는 결혼만을 문제삼기 때문에 오늘날의 윤리의 혼란이 있다는 것이다.[71]

율곡의 '성학'을 "孝의 인격적 해석"이라고 이해하는 해천은 "예수는 모름지기 효자"다.[72] 그는 이제까지 서구사회와 전통이 예수를 하늘 아버지와의 관계에서 보지 못하고 오직 그 한 인물에 대한 숭배로 일관했기 때문에 예수가 효자라는 생각을 못했다고 보는 것이다.[73] 또한 해천은 서양의 기독교가 바로 이 '부자유친'(父子有親)의 道를 망각했기 때문에 개인주의나 상황윤리로 전락해 버렸고, 그 신학이 하나의 번쇄한 관념론으로 빠지게 되었다고 한다.[74] 이렇게 해서 해천은 그의 孝 이해를 가지고 전통적인 서구식 기독교 사상을 여러 가지 측면에서 비판해 나간다.

해천은 예수전의 엄밀한 역사적 이해에는 어려움이 따르지만, 그렇더라도 예수 자신이 하느님을 아버지라고 부르고 자신을 하느님의 아들이라고 한 말까지는 의심되지 않는다고 한다. 그리하여 예수의 말 "내가 아버지를 사랑하는 것과 아버지의 뜻을 순종하는 것을 세상으로 하여금 알게 하러 왔노라"라든가, "내가 아버지 안에 있고 아버지는 나의 안에 계시다"는 것은 곧 그의 일생이 효자로서의 생애 이외에 아무 것도 아니라는 것으로 그 효자로서의 일생의 소명을 가르쳐주는 것이라고 한다.[75]

해천의 誠 이해에 따르면 誠은 하느님이자 동시에 하느님의 말씀이다. 예수는 하느님의 말씀이요, 하느님의 아들이다. 그러므로 예수는 誠이며, 동시에 효자라는 말로 바꾸어놓을 수 있다. 이러한 예수의 모습이 성서에 나타난 참다운 예수상이라는 것이다.[76] 해천에 따르면 하늘 아버지와 독생자 예수 그리스도 사이의 부자유친의 진리를 믿는 것이 바로 성경의 진리이다. 따라서 만약 서구신학이 이 孝를 문제삼지 않는다면 이것은 일찌감치 기독교의 진리를 포기해 버리는 것이다.[77] 이러한 맥락에서 해천은 바르트의 다음과 같은 논리, 즉 하느님의 아버지되심이 육신의 아버지되심의 존재 근거는 되지만 그 반대는 잘못된 것이라는 논리에 대해, 이러한 사고방식은 하늘 아버지와 육신의 아버지를 따로 떼어서 생각하는 서구사회의 양식이고, 동양사회는 이것들을 늘 일치시킨다고 지적한다. 해천은 어떻게 육신의 부모를 사랑하지 못하는 사람이 보이지 않는 하느님 아버지를 사랑할 수 있을지 의심스럽다고 반문하면서 오늘의 한국 기독교에도 이런 폐단이 늘어간다고 염려한다.[78]

그러나 우리는 해천이 결국 바르트의 위와 같은 사고방식을 자신의 논리로 삼는 것을 그의 또 다른 글에서 분명히 읽는다. 그리하여 그에게는 예수 그리스도만이 유일하게 종교적이고 윤리적인 효자이고, 예수는 "육신의 아버지 관계에서 하늘 아버지와의 관계로 고양시킨 유일한 사람"이 된다.[79] 따라서 예수는 공자나 소크라테스와는 달리 효도의 단순한 진리를 가르쳐준 군자(君子)나 성인(聖人)이 아니라 그 자신이 孝의 道를 몸소 실천한 '진리 자체'가 되는 것이다.[80] 그에 따르면 예수 그리스도의 하늘 아버지에 대한 신앙은 孝의 극치요, 완성이다.[81] 또한 예수 그리스도의 오심이 "부자유친의 가장 전형적인 근거"[82]가 된다는 것이다.

이상과 같은 이유로 해천은, '삼위일체론'의 본론은 바로 이 아버지와 아들의 관계인 孝다.[83] 그의 삼위일체론적 교리의 관심은 원래가 윤리적인 데 집중돼 있었고, 그것의 확립은 바로 하느님이 이론적인 이념이 아니라 인간에 대한 은혜와 구원을 위한 분이란 것을 이해시키기 위한 것이었다고 지적한다. 이것이 곧 우리 개념으로는 '부자유친'(父子有親)에서 찾아볼 수 있다고 한다.[84] 이것과 더불어 해천은 기독교 삼위일체론의 세 품이 다 '남성적'으로 해석되는 특이성을 가졌다고 밝히면서, 다시 한 번 그의 전형적인 가부장주의적 가치체계의 孝 이해를 나타낸다.[85]

해천은 위에서 소개된 孝의 인격주의를 가지고 이번에는 전통적인 한국신관과 윤리관을 분석한다. 그는 우리 민족은 유교문화권의 나라들 가운데서도 특히 孝를 중시 여기는 민족이다. 그리하여 그는 중국에서는 孝를 중심으로 忠을 더 생각하게 되고 일본에서는 信[봉건적 사회]을 더 생각하게 되지만, 한민족은 모든 것을 孝에 조명하려 든다고 보았다.

이러한 관련 아래에서 해천은 우리나라의 단군신화에 나타난 신관(神觀)을 해석한다. 그에 따르면, 우리의 환인, 환웅, 환검 삼자의 신관은 중국에도 없고 일본에도 없는 특이한 것으로서, 그것은 바로 유대 기독교적 신관에서 볼 수 있는 삼위일체 신관과 똑같은 유형의 것이라고 한다.[86] 즉 해천에 따르면 그것은 모름지기 부자유친의 인격적인 따스함을 통해서 비로소 인간이 될 수 있다는 진리를 중핵으로 삼고 있는 "부계 가족공동체의 원형으로서의 신관"이라는 것이다.[87] 이와 맥을 같이해서 해천은 한국인이 특히 많이 가지고 있다고 여겨지는 '수치지심'(羞恥之心)이란 단순한 현상적인 문제가 아니라 더 깊은 종교적인 차원에서 이해되어야 하는 "죄의식"이라고 말한다. 즉 이 '수치' 개념이란 바로 인격적인 관계에서 우러나오는 현상이고, 서구 기독교 사상에서 하늘 아버지와의 결렬에서 오는 죄의식이라고 하는 것은 한국에서의 '불효의식'(수치심)과 대응되고, 불효를 가장 큰 죄로 여기는 한국인은 그러므로 "가장 구체적인 죄의식을 가진 민족"이라고 할 수 있다는 것이다.[88]

이렇게 해서 해천은 한국의 기독교가 세계 신학계에 이바지할 수 있는 길이 다음에 있음을 밝혀낸다. 그것은 다름 아니라 위에서 지적한 대로 한국 민족이 가지고 있는 고유한 孝사상으로 기독교 진리를 재해석하고, 그것을 윤리화시키는 것이다. 그에 따르면 서구 기독교는 2천년 동안 단지 번쇄철학적인 체계를 짓는 데만 급급해왔다. 그리고 삼위일체 신론이 처음보다 한 걸음도 진전하지 못했는데, 그것은 바로 종교적이고 교리적인 것의 현실적이며 구체적인 적용에 대해서 소홀히 해왔기 때문이라고 한다.[89] 다시 말하면 성부와 성자와 같은 깊은 관계를 육신의 부자관계에서 좀더 구체적으로 언급하지 못했고, 이것으로서 기독교는 교리화에는 철저했지만 윤리화는 등한시했다고 지적될 수 있다는 것이다.[90] "유교적인 '효'정신을 불러일으키는 것, 이것이 오늘날의 한국의, 아니 전 인류를 향한 크리스천 메시지이다."[91]

"한국 윤리의 종교화", "기독교 신관의 윤리화", 이것이 해천의 '한국적 신학'의 모토이다. 이것을 위해서 그는 동양사상의 중심개념인 誠의 초월적 근거를 밝혔고, 거기에 근거해 있는 孝의 의미를 드러내었다. 그는 기독교가 윤리적인 적용을 소홀히 하였을 때 그것이 단지 차가운 교리로만 남게 되는 것처럼 한국의 윤리가 그 종교적 근원으로부터 새롭게 규정되지 못하는 경우에는 단지 "정적인 神 혹은 '의식'(儀式)"으로 떨어짐을 지적했다.[92] 해천에 따르면 한국에는 그러나 아직도 孝가 잔재한다. 그 이유는 비록 한국의 孝가 종교적인 뒷받침을 받지 못하고 내려왔을망정 그 근거는 종교적인 차원에서 나왔기 때문이라고 한다.[93]

해천이 밝힌 한국의 孝윤리는 인류의 마지막 존재근거는 하늘에 계신 아버지라는 것과, 육신으로는 君과 母를 겸한, 정의와 사랑[愛]을 겸한 아버지라는 것을 가르쳐준다고 할 수 있다.[94] 오늘날 우리가 당면한 윤리 부재의 상황, 생태계 파손의 문제, 극심한 이기주의 등을 극복하기 위해서는 개인주의로부터 탈피를 통해 자신의 존재근거[天과 父母]를 인식함으로써 생명외경의 정신으로, 또한 가정에 기초한 공동체 윤리를 지향하는 마음으로 나가야 한다는 것이 해천이 우리에게 주는 孝메시지이다.[95]

5. 孝와 책임―교육적 실천을 위한 종합

이상과 같이 해천이 자신의 誠의 신학에 근거하여 정의와 사랑을 겸비한 "제3의 원리"[96]로서 내어놓은 孝윤리는 오늘날 우리에게 커다란 의미가 되는 것을 보았다. 그는 그것을 "가정 안에서의 신앙생활"[97]로 이해하면서 오늘날의 서구적 상황윤리에 대한 대안으로 내어놓았다. 그러나 그가 자신의 책《효》에서 이 상황윤리에 대한 해석에 우왕좌왕하는 것을 보여주듯이, 우리는 그의 孝 윤리도 여러 가지 내적 또는 외적인 요인으로 문제점들을 내포하고 있음을 본다.

먼저 쉽게 눈에 띄는 것은 해천의 孝 이해가 너무 남성가치 위주라는 것이다. 그는 언젠가 孝윤리의 한 특징으로 "힘차고 남성적인 것"을 꼽았다.[98] 또 기독교의 삼위일체론이나 우리나라의 단군신화에 나타나는 세 위격이 모두 '남성'으로 이해되는 특징을 지녔다고 지적했다.[99] 그러면서 말하기를, 이것으로써 여기서의 관계가 孝윤리로 맺어진 것을 알 수 있다고 한다. 또한 한영숙의 비판, 왜 하필이면 아버지냐에 대해 그는 대답하기를, 아버지의 사랑만이 義와 사랑을 겸비했기 때문이라고 한다.[100]

우리가 이 말에 수긍할 때 그것은 한마디로 남성만이 인격이고 사람이라는 소리다. 물론 우리는 孝윤리, '부자유친'의 道가 원래 가부장적 가치체계의 상황에서 생겨난 줄 안다. 그러나 이것을 오늘날도 여전히 발생 당시와 마찬가지로 눈에 드러나는 생물학적 性을 구분에 적용해서 해석할 때 그것은 인구의 절반을 차지하는 오늘날의 여성들에게는 외면당할 수밖에 없다. 이것은 해천의 개인적인 한계에서 오는 것이라고 하겠지만 오늘날의 여성신학·철학적 관점에서 볼 때 너무 초보적인 성 인식의 단계에 머물러 있는 것이라고 하겠다.

이러한 해천의 사상에 나타나는 한계 외에 핵심적이라고 할 수 있는 것으로서, 우리는 그의 孝사상에 일관되는 '인격 중심주의' 내지는 '그리스도 중심주의'의 문제점을 들 수 있다. 해천은 孝윤리의 근거로서 誠의 초월적 차원을 밝히기 위해서 그것을 기독교 삼위일체 신관의 구조 안에 넣어서 위격적으로 해석했다. 그러나 필자의 견해로는, 이것을 통해 유교의 誠이 너무 기독교적인 초월신의 모습을 띠게 되어, 오히려 이 때문에 해천 자신도 지적한 '내재신'을 지각하는 유교의 특성이 흐려졌다고 본다.[101] 예를 들어 해천은 이러한 인격적 신관의 바벨론 포로에 사로잡혀서 그의 孝 이해에서 맹자의 말 '인지실 사친시야'(仁之實 事親 是也)를 유교에서 통용되는 의미대로 "仁의 구체적 표현은 孝이다"라고 하지 않고, "仁의 실재, 존재근거는 孝이다"라고 뒤집어서 번역하였다. 이것은 필자의 견해로는 인격적 모습의 초월자 내지는 권위를 강조하기 위해 너무 억측을 부린 것이 아닌가 여겨진다. 해천은 "仁은 孝의 인식근거가 된다면 孝는 仁의 존재근거가 된다"고 했다.[102]

해천의 이와 같은 성향은 곳곳에서 드러난다. 그 예로 우리나라의 단군신화의 해석에서 경교(景敎)로부터의 영향 등을 주장하면서 너무 위격화해서 이해한다거나, 또는 孝의 인식과정에서 육신의 아버지로부터 하늘의 아버지에게로의 추론을 결정적으로 부인하는 것 등은 이런 성향의 결과라 할 수 있겠다. 이것은 매우 폐쇄적이고 위계적인 해석이다. 필자의 견해로는, 해천의 비판 즉 유교, 좁게는 율곡의 '성학'은 誠의 형이상학을 충분히 발전시키지 못했고, 단지 인간학적인 차원에만 머물렀다고 한 것은 오히려 위에서 말한 유교의 특성, 곧 '내재신'을 지향하는 특성이 내포하고 있는 의미를 너무 간과하면서 나온 것이 아닌가 싶다.[103] 그 의미란 다름 아니라 해천 자신에게도 그의 배타적인 그리스도 중심주의와는 내적 모순을 일으키는 조화, 즉 초월과 현실, 자연과 인간, 이론과 실천, 종교와 윤리, 윤리와 교육 등의 종합 가능성을 말함이다.[104]

　오늘날 초월의 유한과 인간으로의 내면화는 세속화된 사회에 사는 우리들에게 의미가 있다. 그것은 다름아니라 우리로 하여금 한 새로운 방식으로 다시 초월을 경험하게 하는 것이다. 곧 더욱 인간화되었으며 경험적이고 실천적인 방식으로 새롭게 초월을 만나게 하며, 이러한 초월의 내면화는 그 당연한 귀결로서 우리의 시선을 좀더 구체적인 일로, 실천적인 과제로 돌리게 한다.[105]

　이것을 지금 동·서양의 두 윤리원리를 비교하면서 새로운 윤리원리를 찾는 상황에 적용시켜보면, 이제 우리 문제의 본질은 어떤 세계관적인 것이고 윤리적인 것이 아니라는 것이다. 다시 말하면 우리의 주된 관심은 이제 어떻게 하면 우리가 이 원리들을 실행할 수 있을지, 어떻게 하면 孝를 진정으로 실천할 수 있으며, 또한 어떤 길을 통해서 우리가 좀더 책임적일 수 있을지가 된다는 것이다. 이것은 곧 '정행'(orthopraxis)의 문제이지 '정론'(orthodoxie)을 따지는 것이 문제의 핵심이 아니라는 것이다.[106] 결론적으로 그것은 우리의 실행력을 키우는 '교육의 문제'로 귀결된다.

　바꾸어 말하면 우리의 진정한 문제는 어떻게 참으로 실행함으로 교육되어서 孝를 실천할 수 있을까 하는 것이다. 또한 거꾸로 어떻게 우리가 이러한 교육의 책임을 다할 수 있겠는가라는 것이다. 그래서 우리는 여기서의 두 가치관(기독교와 유교, 서양윤리와 동양윤리) 사이의 만남이 더 이상 어느 편의 진리에 따른 어느 편의 굴복이라는 방식이 아니라 서로 엄청난 차이가 있지만 '자극적이고 보완적이 되면서' 더 높은 차원의 통일성, 즉 진정한 인간화를 위한 협력의 길로 나아가게 됨을 알게 된다.[107] 이것은 곧 '교육'에서 동·서의 두 원리, '孝'와 '책임'이 만나게 된다는 것이다. 해천 자신도 교육의 중요성에 대해 말하면서, 자신의 '誠의 신학'에서는 "인간교육의 중요성을 재강조하는 과제"가 대두된다고 하였다.[108] 또한 지적하기를, "바르트는 인간의 불신앙에서 신앙으로의 상승은 아무런 교량도 없는 신앙의 결단과 비약으로 보지만, 여기에 반해 율곡은 인간이 하나님의 말씀을 받아들일 수 있는, 말하자면 전이해의 가능성을 교육적인 가치의 재인식에서 찾으려고 했다"[109]고 뚜렷하게 밝힌다.

사실 우리가 여기에서 서구 현대윤리의 전형으로 소개한 요나스의 '책임의 원리'를 넘어서 다시 초월과 객관이 회복된 孝 윤리를 제시하는 것 자체가 이미 교육의 중요성을 강조하는 의미이다.[110] 왜냐하면 교육은 그것을 가능하게 하는 교육자의 존재가 먼저 전제되어야 하는데, 여기서는 계시 내지 신앙을 가능하게 하는 초월자의 은혜와 '효'의 실천을 가능하게 하는 부모가 먼저 존재함을 인식하고 인정하는 것이기 때문이다.[111] 더 나아가 동양적인 내재적 초월성의 의미를 더욱 밝혀낸다고 하는 것은 바로 인간의 내면에 '신적 씨앗'[性]으로 실재하는 인간성의 가능성을 교육하는 것이 우리의 더 근원적인 관심이 된다는 뜻이다. 이것은 《중용》의 얘기대로라면 "하늘이 명하신 것은 性이라고 하고[天命之謂性], 性을 따르는 것이 道[修道之謂敎]"라는 의미가 되는 것이다.

이러한 맥락에서 16세기 중국에서 자신의 급진적인 '초월경험'[心卽理]에 근거해서 당시의 건조한 합리주의적 성리학에 반기를 든 양명(陽明)이나, 19세기 유럽 계몽주의의 때에 인간의 자연 속에 "신적 불꽃"(der göttliche Funke)이 계시됨을 보고 그것을 키우는 교육으로 세계의 의미를 실현하려 했던 페스탈로치는 우리에게 좋은 시사가 된다.[112] 이들은 모두 선한 인간 자연에 근거해서 그 안에 孝[믿음]와 '책임'[사랑의 덕]을 키워나가는 일에 그들의 모든 것을 바쳤다. 孝 윤리와 책임 윤리의 교육적 종합인 것이다.

6. 마무리하는 말

이상과 같이 우리는 긴 윤리철학적 탐색을 마쳤다. 그것은 오늘날의 가치부재적인 상황인식 아래 우리의 새로운 윤리원리를 찾고자 하는 것이었다. 이 일을 위해서 우리는 맨 처음 서구윤리의 전형으로서 요나스의 '책임의 윤리'를 살펴보았다. 그러나 우리는 거기서 요나스의 원리가 가지는 존재론적 근거가 너무 미약함을 보았다. 그것에 대한 수정과 보완으로서 우리는 동양의 '孝원리'를 탐색하면서, 특히 감리교 신학자 해천 윤성범의 초월적 신학적 孝 이해를 살펴보았다. 왜냐하면 요나스의 미미한 아기에 의한 존재론적 근거보다 더욱더 확실하게 우리 행동의 근거와 객관적 기반을 가지기를 원했기 때문이다. 그리하여 여기서 다시 거부하려야 거부할 수 없는 우리 존재의 기반인 부모와, 더 나아가 하늘의 존재를 깨닫게 되었다. 그러나 우리는 또한 이 孝윤리도 그 안에 심각한 세계관적 모순을 품고 있는 것을 보았다. 그리하여 우리는 더욱 실천적인 의미실현방법론인 인간교육론을 제시하였다.

오늘날 우리는 역사경험 속에서, 孝윤리가 오히려 "사람을 잡아먹는 이치"[113]로 전락하기도 했고, 오늘의 가치다원주의의 사회에서는 절대주의와 권위주의로 보일 수 있다는 것을 안다. 그럼에도 고전적인 것은 결코 낡은 것이 아니라는 가르침[溫故而知新, 圓融會通]에 따라 거기서 오늘날 우리가 삶을 살아가는 데 길잡이를 찾기를 원한다. 왜냐하면 이는 바로 우리 존재의 기반이고 거기서부터 우리가 나왔기 때문이다. 자신의 존재의 근거와 한계를 알아 거기에 깊이 감사하며[孝], 또한 오늘 여기서 우리의 '책임'을 다하도록 노력할 때 거기에 다시 삶과 생명과 존재가 피어오르는 것을 본다.

주 ________

1) 폴 F. 니터 저, 변선환 역,《오직 예수이름으로만?》, 한국신학연구소, 1987, p.13ff.

2) A. MacIntyre, *Der Verlust der Tugend*, Trans. by W. Rhiel(Frankfurt : Campus Verlag, 1987), p.13ff.

3) H. Jonas, *Das Prinzip Verantwortung* (Frankfurt am Main : Insel Verlag, 1983).

4) Ibid., p.94.

5) Ibid., p.94ff. 요나스는 "첫번째 정언명령 : 인간이 존재하는 것"(Der erste Imperativ : dass eine Menschheit sei)에 대해 말한다.

6) Ibid., p.15ff.

7) Ibid., p.326ff.

8) Ibid., p.20ff.

9) Ibid., p.22.

10) Ibid., p.26.

11) Ibid., p.26. 요나스는 이 과제를 "자신의 고유하게 존재해야 하는 세계 속에서의 인간이 존재해야 하는 것에 대한 우리들의 윤리적-형이상학적 질문"(unsere ethish-metaphysische Frage nach einem Seinsollen des Menschen in eigner seinsollenden Welt)으로 규정한다.(Ibid., p.102)

12) Ibid., p.165ff.

13) A. MacIntyre, op. cit., 1983, p.102.

14) H. Jonas, op. cit., p.102.

15) Ibid., p.94.

16) Ibid., p.234.

17) Ibid., p.235.

18) Ibid., p.240. "책임의 본질을 위한 신생아의 원형적 확실성"(Archetypische Evidenz des Slings für das Wesen der Verantwortung).

19) Ibid., p.234.

20) Ibid., p.234 "진정으로 객관으로부터 근거되어야 하는 객관성"(Die Objektivität muss wirklich vom Objekt kommen).

21) Ibid., p.235.

22) Ibid., p.235.

23) Ibid., p.184ff.

24) Ibid., p.251ff, 요나스는 이상과 같이 책임의 원리의 존재론적 근거를 밝혀 놓은 뒤 자신의 책의 마지막 두 장에서 서구 베이컨에서부터 시작된 '진보주의' 와 '유토피아니즘' 이 어떻게 오늘날의 문명위기의 상황을 초래했는가를 밝힌다. 그는 여기서 특히 마르크스주의적 사상가 에른스트 블로흐(E. Bloch)의 《희망의 원리》를 신랄하게 비판한다.

25) Ibid., p.393.

26) Ibid., p.376ff.

27) Ibid., p.386.

28) Ibid., p.391.

29) Ibid., p.235.

30) 카를 야스퍼스 저, 신옥희 역,《철학적 신앙》, 이화여대출판부, 1979, p.154ff.

31) H. Jonas, op. cit., p.36, 요나스 자신도 그가 종교와의 무관함을 주장하면서도 이러한 윤리의 기반을 세우는 일은 종교가 없이는 거의 불가능할지도 모른다고 얘기한다. (M. Heidegger, *Ürer den Humanismüs*, 1947 참조)

32)《孝經》의 원저자에 대해서는 논란이 많다. 여기에 대한 說로는 ①공자의 저작이라는 설 ②증자의 저작이라는 설 ③공자와 증자가 주고받은 문답내용을 제3자, 즉 증자의 제자가 기록했다는 설 ④전혀 다른 사람의 위작이라는 설이다. 그렇다 하더라도 여기서의 내용이 孝를 덕의 근간으로 얘기하는《논어》나《맹자》와 다름없으므로 孝에 대한 유교의 근본 經으로 삼았다. (한국노인문제연구소 편,《한국효행신록》, 대한공보사, 1987, p.156)

33)《孝經》,〈開宗明誼章〉, "身體髮膚 受之父母 不敢毁傷 孝之始也 立身行道 揚名於後世 以顯父母 孝之終也."

34) 금장태,《한국 유교의 재조명》, 전망사, 1982, p.28.

35) 위의 책, p.28.

36)《孝經》,〈三才章〉, "子曰 夫孝天地經也 地之誼 也民之行也."

37)《孝經》,〈聖治章〉, "子曰 天地之性 人爲貴 人之行 莫大於孝 孝莫大於嚴夫 嚴夫莫大於配天."

38)《孝經》,〈天子章〉, "子曰 愛親者 不敢惡於人 敬親者 不敢慢於人."

39)《孝經》,〈感應章〉, "子曰 者明王事父孝 故事天明 事母孝 故事地察."

40)《孟子》,〈盡心章句上〉, "人之所不學而能者 其良能也 所不而知者 其良知也."

41) Kyu-yong Byun, *Père et Fils* (Paris : Ph. D. Diss, Institut Catholique, 1973).

42) Ibid., p.407ff.

43) 폴 F. 니터, 앞의 책, p.226ff.

44) Kyu-yong Byun, op. cit., p.144.

45) Ibid., p.241.

46) 폴 F. 니터, 앞의 책, p.237.

47) 주재용,《선유의 천주사상과 제사문제》, 가톨릭출판사, 1988.

48) 금장태,《유교사상의 문제들》, 여강출판사, 1990, p.236.

49) 이성배,《유교와 그리스도교 ― 이벽의 한국적 신학원리》, 분도출판사, 1979.

50) 유승국,〈동양사상과 誠〉,《기독교사상》 1973년 6월, p.101ff.

51) 위의 글, p.104.

52) 윤성범,《誠의 神學》, 서울문화사, p.16ff.

53) 위의 책, p.19 ; 율곡,《聖學輯要》, "誠이 없으면 뜻을 세울 수가 없고, 誠이 없으면 이치가

달하지 못하고, 誠이 없으면 기질이 변하지 못한다."

54) 윤성범, 위의 책, p.17

55) 위의 책, p.19

56) 윤성범, 〈聖學과 神學의 비교연구〉,《한국학보》 제3집(1976년 여름), p.102.

57) 윤성범, 앞의 책, p.34.

58) 위의 책, p.35.

59) 위의 책, p.34ff.

60) 윤성범, 〈기독교와 한국윤리〉,《신학과 세계》, 감리교 신학대, 1977, p.1ff.

61) 윤성범,《孝》, 서울문화사, 1973, p.117.

62) 윤성범, 〈聖學과 神學의 비교연구〉,《한국학보》 제3집(1976년 여름), p.105.

63) 위의 글, p.105.

64) 윤성범,《孝》, p.32.

65) 윤성범, 〈聖學과 神學의 비교연구〉, p.104.

66) 위의 글, p.106.

67) 위와 같음.

68) 윤성범,《孝》, p.11.

69) 위와 같음.

70) 위의 책, p.16.

71) 위와 같음.

72) 윤성범, 〈예수는 모름지기 효자다〉,《기독교사상》 1976년 7월.

73) 위의 글, p.20, 해천은 여기에서 더 나아가 이제까지 세계 신학계에서 효자로서의 예수 이해가 전혀 없는 것으로 보는 것 같다. 그러나 이러한 지적은 그의 정보 부족에서 오는 듯싶다. 왜냐하면 "중국신학의 기초론"으로서의《천인합일적 신학》(*Dann sind Himmel und Erde in Eineit*)을 저술한 장춘신(張春伸)의 소개에 따르면 중국에서는 1950년대 말, 1960~1970년대에 이 孝의 범주를 가지고 중국적 신학을 세워 보려는 야심만만한 작업들이 많았다. 그러나 장춘신에 의해 소개된 내용에 따르면 대부분의 이들 중국토착화 신학자들도 제사문제 등을 해석하는 과정에서 앞에서 우리가 지적한 "가톨릭적 모델의 한계"를 넘지 못하고 있다. 우리나라에서는 또한 가톨릭 신학자 이성배 씨도 그의《유교와 그리스도교》에서 우리나라 최초의 기독자 이벽과 정약용의 복음이해가 바로 誠이었다는 것을 밝힌다.

74) 윤성범, 〈유교 인간관과 그리스도교〉,《기독교사상》 1976년 10월 참고.

75) 윤성범, 〈예수는 모름지기 효자다〉, p.21.

76) 위의 글, p.23.

77) 위와 같음.

78) 위의 글, p.24.

79) 윤성범, 〈한영숙씨에게 답함〉,《기독교사상》 1976년 9월, p.147.

80) 위의 글, p.149.

81) 윤성범, 〈효와 현대윤리의 방향정리〉,《기독교사상》 1973년 12월, p.147.

82) 윤성범, 〈기독교와 한국윤리〉, p.9.

83) 윤성범, 〈孝와 현대윤리의 방향윤리〉, p.97.

84) 위의 글, p.149.

85) 윤성범, 〈기독교와 한국윤리〉, p.7.

86) 위의 글, p.9.

87) 위와 같음. 해천이 이와 같이 단군신화가 기독교 삼위일체의 영향을 받아 형성된 것이라고 주장한 것 등에 관해서는 여기서 상세히 다룰 수 없다. 그 주장의 진위에 관한 판단은 필자의 능력 밖이지만, 필자의 인상으로는 여기서도 여전히 해천의 신학적 바벨론 포로의 모습이 드러난 것이 아닌가 여겨진다.

88) 위의 글, p.13ff.

89) 위의 글, p.21.

90) 위의 글, p.22.

91) 윤성범, 〈기독교 윤리가 유교윤리를 어떻게 규정할 수 있을까?〉,《신학사상》 제7집, 한국신학연구소, p.715.

92) 윤성범, 〈기독교와 한국윤리〉, p.23.

93) 위의 글, p.24.

94) 윤성범, 〈聖學과 神學의 비교연구〉, p.108.

95) 위의 글, p.111.

96) 윤성범, 〈기독교윤리가 유교윤리를 어떻게 규정할 수 있는가?〉, p.718.

97) 윤성범,《孝》, p.12ff.

98) 윤성범, 〈기독교윤리가 유교윤리를 어떻게 규정할 수 있는가?〉, p.721.

99) 윤성범, 〈기독교와 한국윤리〉, p.7.

100) 윤성범, 〈한영숙씨에게 답함〉, p.147.

101) 윤성범,《誠의 신학》, p.19.

102) 윤성범,《孝》, p.77ff.

103) 윤성범,《誠의 신학》, p.19.

104) 위의 책, p.13.

105) 이은선, 〈왕양명과 페스탈로치(H. Pestalozzi)의 인식론적 존재물음 비교연구〉,《종교연구》 제5집, 한국종교학회, 1989, p.90ff.

106) 폴 F. 니터, 앞의 책, p.342ff.

107) Un-Sunn Lee, *Die religiöse Grundlage der Menschenbildung bei H. Pestalozzi und Wang Yang-Ming* (Ph. D. Diss. Basel Universität, 1987), p.239ff.

108) 윤성범,《誠의 신학》, p.14.

109) 위의 책, p.20.

110) 아이에 대한 부모의 마음을 책임감의 원형으로 보는 요나스도 그 책임감의 '전체성', '지속성', '미래'에 대한 관심을 들면서 교육의 중요성에 대해 얘기했다. 그에 따르면 책임의 원리는 미래에 대한 더욱 첨예화된 역사의식이다. 그러나 우리는 여기서 동양의 孝 윤리야말로 자신의 과거인 조상에 대한 예에서부터 시작하여 미래의 자손에 대해 지극히 관심을 갖는 더욱더 역사적인 태도임을 알 수 있다.

111) 윤성범,《誠의 신학》, p.181 비교.

112) Un-Sunn Lee, op. cit.를 보라.

113) Wei-ming Tu, "The creative Tension between Jen and Li", *Philosophy East and West* XII(Hawaii, 1968), p.37.

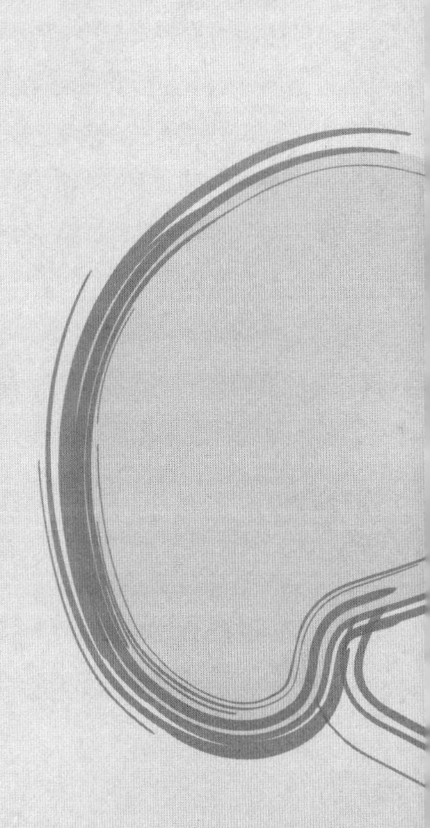

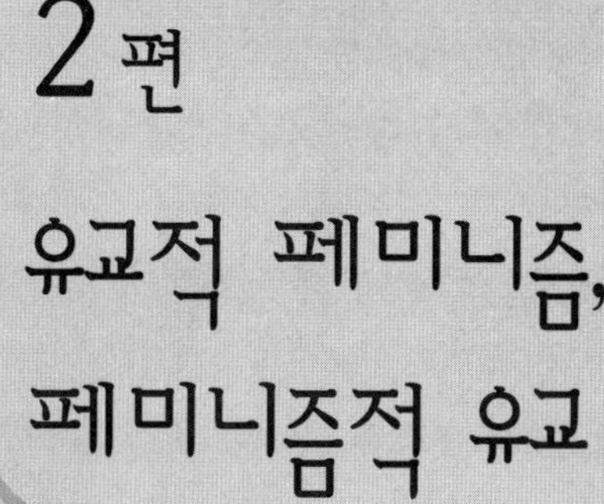

2편

유교적 페미니즘, 페미니즘적 유교

 유교와 페미니즘의 만남을 통한 한국적 페미니즘 전망

1. 시작하는 말―변화된 상황에서의 페미니즘

‘유교와 페미니즘’, 이 둘의 관계는 지금까지 일반적으로 물과 기름의 관계처럼 또는 개와 고양이의 사이처럼 서로 화합할 수 없고, 관계 맺을 수 없는 거리로 여겨져 왔다. 우리가 한국 여성들의 고통스러운 상황에 대해서 흔히 듣는 말로서 ‘유교의 남존여비사상이……’라는 질책이 있는데, 이것은 이 ‘유교와 페미니즘’의 사이가 얼마나 소원한지를 잘 드러내 주고 있다. 이러한 맥락에서 한국의 한 여성 신학자는 자신의 집안 내력을 말하면서 일찍이 유교 가부장주의의 고통 속에서 서양 선교사들에 의해 전해진 기독교 복음을 여성해방의 유일한 메시지로 받아들였다는 외할머니를 먼저 소개하였다. 그녀는 유럽에서 한국을 비롯한 아시아 여성들의 억압된 상황을 밝히려는 자신의 책 제목을 《공자에 대항하는 여성들》(*Frauen gegen Konfuzius*)이라고 짓기도 했다. 그녀는 거기에서 유교를 ‘국가이데올로기’로서, ‘성차별주의’, 그리고 ‘인종차별주의’라고까지 혹독하게 비판했다.[1]

그 대상과 강도에서 차이는 있지만, 이러한 일반적인 페미니즘의 反

전통 경향은 여러 가지 의미에서 다시 활발히 논의되고 있는 민족주의와
의 대화에서도 잘 드러난다. 김은실은 그녀의 논문 〈민족담론과 여성―
문화, 권력, 주체에 관한 비판적 읽기를 위하여〉라는 글에서 민족 담론
과 페미니즘 담론을 서로 대립적인 관계로 보면서 후자에 대한 전자의 해
체를 주장했다. 그녀에 따르면, 우리 사회에서 큰 반향을 일으켰던 영화
〈서편제〉나 일제시대 군위안부 문제에 대한 일반적인 반응은 바로 민족
담론에 따라서 여성주의 담론이 은폐되고 억압된 경우이다. 즉 영화 〈서
편제〉가 송화가 아닌 유봉의 경험으로만 보이면서 민족적 정서가 빼어난
표현 등으로만 찬양되는 것이라든가, 군위안부 문제에서 그 일을 겪은
여성 개개인의 性으로서의 경험의 특수성이 간과되고, 단지 민족문제로
만 환원되는 것 등이 그 예라고 지적한다.[2]

　따라서 그녀에 따르면, 여성주의자들은 이와 같이 다시 새롭게 일고
있는 민족주의의 담론 안에 감추어진 가부장주의적 권력의지에 주목해야
하며, 같은 맥락에서 '한국적 페미니즘', 즉 서구를 탈중심화시키고 이
제까지의 페미니즘 논의에서 서구 여성들의 헤게모니를 비판한다는 의미
논의에 대해서도 의심을 해보아야 한다고 말한다. 그것이 한편으로는 여
성주의에 관한 질문 자체를 특정방식으로 구속하는 강력한 문화 이데올
로기를 생산할 수도 있기 때문이라는 것이다.[3]

　이와 유사한 논지에서 윤택림도 민족주의 담론의 가부장성을 고발한
다. 민족해방이 결코 여성해방을 가져오지 못했다고 주장하는 그녀에 따
르면, 여성해방의 문제를 민족담론의 시각에서 다루게 되면, 여성들을
또다시 그 민족주의가 만들어낸 새로운 가부장제에 종속시키는 결과를
초래한다고 말한다. 그 예로 인도의 민족 독립운동 과정에서 만들어진
신여성상과 우리나라 근대 여성운동의 하나인 '근우회'의 모습을 든다.
즉 그녀의 주장에 따르면, 우리나라 근대 여성운동 연구에서 '근우회'가
특히 주목받는 것은, 그것이 남성들의 민족운동단체였던 '신간회'와 밀

접한 연계 아래 있었기 때문이다. 또한 그렇게 근대 여성해방운동이 민족주의 담론의 틀 속에 종속되어 진행되었기 때문에 결국 '근우회'가 해산되고 실패하고 말았다는 것이다.[4] 구국운동의 남녀평등은 여성을 민족해방운동에 끌어들이는 민족주의 담론의 전략이지 결코 성차별을 없애는 여성해방 전략은 될 수 없다는 것이다. 따라서 그녀는 여성주의 역사학을 주장하는 자신의 일은 아직도 근대 여성사 연구에서 헤게모니를 갖고 있는 민족주의 담론의 한계를 폭로하고, 역사에서 계속 변신하는 가부장제의 정치에 도전하여 그것을 해체시키는 것이라고 한다[5].

이상에서와 같이 이제까지 우리나라 페미니즘이 '전통', 또는 민족 담론에 대해서 일반적으로 보이는 래디컬한 단절과 거부는, 이제까지 의미와 기여가 있었음에도 여러 가지 차원에서 모순과 한계를 지니는 것으로 보인다. 먼저 오늘날 더욱더 다원화된 상황에서 우리들 삶의 가장 적나라한 현실들을 살펴보더라도, 한 사람의 정체감을 이루는 데에 性의 요인만이 아닌 다른 여러 가지 요소들이 복합적으로 작용하는 것을 알 수 있다. 그런데 이러한 기초적인 사실이 부정되는 허구를 보인다는 것이다. 물론 민족 담론의 기원과 형태 등에 관해서는 여러 가지 많은 논의들이 있다. 하지만 우리 삶의 기초적 경험에서 얻어지는 종족이나 언어, 민속, 피부색 등의 차이에서 오는 다름이라는 사실은 여전히 부인될 수 없다. 그리하여 그 기초적 사실에 대한 이야기를 민족 담론이라고 했을 때, 그 이야기의 유효성과 의미는 여전하다는 것이다.[6]

특히 오늘날과 같은 세계화와 몇몇 자본주의 국가가 만든 신제국주의적 위협이 거세지고 있는 상황에서는 그 거대한 이론 안에 감추어지고 억눌려 있는 다양성과 차이성에 대한 이야기가 더욱더 들추어내져야 한다. 여성들은 性의 존재이기도 하지만 각 민족의 주체이기도 하다. 다양한 국가와 민족과 같이 생활해야 하는 요즈음의 페미니스트들이, 이 단순한 사실을 인정하려 하지 않을 때는 여러 가지 자가당착적 모습을 보이게 된다. 예를 들어 앞에서 우리가 얘기한 재독 신학자 이성희는 가족을 중시 여기는 유교 전통을 그렇게 혹독하게 비판하면서도, 다시 서양 여성들의 신학과는 다른 자신의 '아시아 여성신학'을 구축하기 위해서는 이 가족 의 전통을 중시해야 한다고 얘기하는 점 등이다.[7]

앞의 김은실과 윤택림의 논지에서도 유사한 모순점이 보인다. 김은 실은 여성주의 담론을 민족주의 담론과 대응시키면서 문화 읽기의 다성 성을 강조하고 있다. 하지만 자신은 다시 그 여성주의 담론의 획일화된 모습을 보인다. 김은실에 따르면 한국영화사상 최대의 관객을 모았고, 또한 그것이 수많은 사람들에 의해서 한 민족 담론의 표현으로 읽혀지고 감동을 주었다면, 그 엄연한 사실성도 인정해야 한다. 그런데 오히려 "상식적 현실 속에서 살고 있는 대부분의 한국 여성들은…… 현실을 다 르게 읽는 것이 쉽지 않다"는 등의 이야기를 하면서 둘 사이의 대립만을 촉구할 뿐이다.[8] 민족해방운동에 따라서 여성해방이 온전히 이루어지는 것은 아니라 하더라도 거꾸로 민족적 고통 속에서 여성들은 더욱더 비참 해질 뿐이다. 따라서 일제시대 정신대 문제나 식민지시대의 여성운동들 이 민족 담론을 통해서 이해되고 평가되는 것도 한편으론 인정해야 한다. 그렇지 않을 경우 윤택림의 예에서 더욱 급진적이게 드러나는 것처럼 자 신들이 그토록 비판하는 이분화, 단일화, 거대담론화에 빠지게 됨을 볼 수 있다.

그녀가 주창하는 여성주의 역사학의 본질론화, 전체론화 경향이 바 로 그런 모습인데, 그러한 경향의 여성주의자들일수록 자신들의 이론을 '정치화', '정치 담론화'하기를 원한다.[9] 이것과 더불어 그들이 쓰는 언 어의 난해성은 바로 그들 스스로가 비판한 일반 여성들과의 유사성보다 는 오히려 남성들과의 유사성이 더 두드러짐을 보여준다고 하겠다.[10]

물론, 이들의 이러한 과격성은 바로 오늘날 삶읽기에서의 다양화에 대한 요구가 더욱더 드세지는 상황 앞에서 페미니즘 논의 자체의 기본적

논리성이 위협받을 수 있다는 우려에서 나온 것이라고 이해할 수 있다. 그러나 한편 이 다양화의 요구가 현실이라면, "여성학 논의 자체의 지배성을 깨달으면서 어떻게 변화해야 하는지에 대한 대안의 모색이라는 과제"도 진지하게 고려되어야 한다.[11]

이런 의미에서 일제 30년대 중국 동북부 간도지역에서 조선인 농민여성이 정치화된 사건을 어느 한 가지 인식틀로만 고정시켜 보는 것이 아니라 性과 '민족'과 '계급'이라고 하는 세 가지의 복합적 관계 구조 안에서 해석해 내려는 박현옥의 논의는 고무적이다. 박현옥은 "개념들의 긴장"이라는 제목 아래 오늘날 포스트모던적 상황이 야기시키는 다원성의 도전 앞에 "페미니즘이 처한 긴장과 딜레마"를 먼저 지적해 주고 있다. 그녀는 위의 간도조선인 농민여성들의 집단적 활동이 어떻게 '성'(性)과 계급과 민족이라는 다양한 이해가 얽혀져서 행해졌는지를 설명해 준다. 예를 들어, 부녀회를 통한 지주들에 대한 저항운동이라는 계급운동은 여성들의 활동환경을 넓혀주었고, 이로써 그들의 범주를 변화시켰다. 그것은 또한 반민족주의 운동으로 발전되기도 했다고 한다.[12]

박현옥에 따르면 간도에서 특히 의미 있는 점은 만주공산당의 가족보호정책과 조선인 농민여성들의 가족에 기반을 둔 계급·민족의식이 서로 일치한 점이라고 한다. 즉, 가난과 식민민족의 고통 속에서 가족들이 뿔뿔이 흩어지는 아픔을 겪은 여성들은, 그 가정을 마지막까지 지키는 기반으로서 가족의 재결합이라는 모성의식을 기초로 계급·민족이해와 더불어 행동하는 주체로서 활동하게 되었다는 것이다.[13] 따라서 저자에 따르면 여기에서는 기존의 페미니즘 이론에서처럼 가족이나 모성이 여성 억압의 근원지가 아니라 오히려 혁명에서 "계급의식과 민족주의의 핵"으로 유지되었다고 한다.[14] 이 이야기는 곧 가족의 의미가 민족과 계급의 위치에 따라 여성들 사이에 차이가 있음을 드러내는 것이다. 그리고 서구 백인 중심의 세계관에서 억압의 조건으로 여겨진 가족의 의미를 다시 검토하게 만든다는 것이다. 조선 농민여성에게는 가족이 그녀들의 정치활동과 밀접했을 뿐 아니라 계급·민족의식의 바탕을 이루었던 것이다.

이와 같은 저자의 분석은 오늘날의 상황에 견주어 볼 때도 여전히 유효하다. 《우리 시대의 결혼 이야기》의 저자 김효선은 서울 마포구 ○동의 빈민여성들의 의식을 살펴보면서, 결혼생활 내내 남편들의 직접적인 부양을 거의 경험하지 못한 그녀들에게는 오히려 그러한 처지가 되고 자신들은 바깥일을 쉬면서 집안의 살림을 꾸려갈 수 있는 상황이 되는 것이야말로 해방이라고 생각한다는 것을 지적해 주었다. 뚜렷한 직업을 유지하지 못하고 무위도식하는 남편들을 대신해서 가족의 생계와 교육을 꾸려나가는 그녀들에게는, 오히려 일반 중산층 여성들이 성억압 상태라고 말하는 전업주부의 처지가 되는 것을 희망하고 있다는 것이다.[15]

이상과 같이 이제까지 우리가 경험적으로 살펴본 여성됨의 다양한 상황의 출현은 우리로 하여금 페미니즘 이론에 대해 더욱더 진지하게 묻게 만든다.[16] 그동안 페미니즘 담론이 性의 해방을 추구해 온 것이라면, 그 해방은 과연 무엇을 더 추구할 수 있고, 또 해야 하는가? 기존의 담론에서 대치시켜 온 여성과 남성의 대립이 그렇게 본질적인가? 가정과 가족이라는 의미도 그렇게 성억압적인 것으로만 이해될 것이 아니라 오히려 여성도 오늘날 더욱더 심각하게 직면해 있는 개인주의와 이기주의의 황량함에 대한 기제로서 받아들일 수 있지 않을까라는 것들이다. 이러한 질문들은 결국 지금까지 여성주의 담론이 그 저항의 과정에서 자신도 모르게 빠져들었던 실체론화, 본질론화, 거대담론화에 대한 비판이 되는 것이며, 이것은 또한 이제 그 담론의 궁극적인 윤리성과 목적성을 묻는 것이다.

페미니즘 담론을 통해 性에 대한 언설이 개방되었다. 그러나 그 자체가 목적이 될 수는 없다. 그런데도 페미니즘은 많은 경우 여전히 개방의 수준에 머물러 있다. 페미니즘은 개방의 인간적인 내용이나 목표를 묻는 사람들에게는 많은 한계를 보여 준다. 기존의 분리주의적이고 반전통적인 여성학의 이론으로 그동안 해체시키고 들추어내고 나누는 일에 주력해 왔다. 하지만 이제 그것만을 계속할 수는 없다는 것이다. 이러한 여러 가지 상황은 여성학 연구에서 이제까지 성억압의 정치경제적 원인과 기제에만 집착해 온 종전의 입장과는 달리 삶을 더욱더 포괄적으로 볼 수 있는 문화연구와 전통연구의 필요성을 인식하고 강조하게 만든다.[17] 이러한 변화들에 대해 지금까지의 페미니즘은 그것이 "상식적 문화관념"의 영향이라고 비판하지만, 오히려 후자가 "지적 엄숙주의"에 빠진 것이 아닌가 여겨진다.

오늘날 우리 사회에서 페미니즘 이론에 대한 지식이 난무한다. 하지만 그것이 실천적으로 우리 삶의 구체적 규범윤리로서 기능하는 데 점점 한계를 드러내는 이유는, 그 규범이 궁극적으로 우리 삶에서 무엇을 지향하며, 현실적으로는 어떻게 구체적인 삶에 적용될 수 있을까를 따지지 않기 때문이다. 근대정신(modernity)의 한 자식으로서 페미니즘은 그동안 철저히 반전통적이었다. 그리하여 인간 삶의 현실이라는 것이 하루아침에 이루어진 것이 아니라 오랜 시간의 축적 가운데서 역사적으로 구성된 것이라는 기초적 사실을 무시해 왔다. 따라서 페미니즘은 삶의 통체적이고, 역사적인 전망에서 얻어지는 '목적성'과 '의미성'을 제시해 주는 데는 미약하였고, 그 윤리의 실천에서는 허약했다. 그 한 예로 性의 해방이라는 차원에서 지지되던 낙태는, 오늘날 많은 사람들에게서 피임의 한 수단으로 오용되어 비인간적이고 반생명적 상황을 야기시키고 있다. 그렇지만 페미니즘은 거기에 대해 일관성 있고 설득력 있는 답을 주지 못하고 있다. 올바른 방향제시에서 무력한 것이다.

같은 예로 미국의 공동체주의 윤리학자 맥켄타이어(A. MacIntyre)는 오늘날 윤리상황의 딜레마를 지적하면서 근대 자유주의 윤리의 무규범성과 무목적성을 비판했다. 그가 그 극복을 위해서 근대 자유주의적 자아가 다시 공동체와 역사, 전통과 관계 맺어야 함을 주창하였다면, 우리가 이제까지 살펴본 대로 오늘의 페미니즘을 위해서도 의미 있다고 하겠다.[18] 왜냐하면 페미니즘이야말로 근대 자유주의적 자아의 가장 확실한 표현이기 때문이다. 여성의 삶을 포함하여 우리의 삶은 아무런 기반 없이 처음부터 시작되는 것이 아니다. 이는 우리 공동체의 역사와 전통에 뿌리박혀 진행되는 것이므로 그 삶을 위해 가능한 목표를 제시하려면 삶의 기반 탐색과 연구가 필수불가결하다.

이 글은 이상과 같은 문제의식에 근거하여 한국을 비롯한 동아시아 나라들에서 핵심적인 전통이 되는 유교 전통과 대화하기를 시도한 것이다. 이 대화를 시도하는 입장은, 이미 시사한 대로 유교 전통이 과거 성억압적 요소가 있었지만 오늘의 새로운 출발을 위한 하나의 혜택이 될 수 있고 방향제시를 위한 하나의 근거가 될 수 있다는 것이다. 전통의 폐기는 완전히 새로운 출발이라는 고된 값을 치루어야 한다. 그 결과 우리의 삶이 종종 더 빈약한 신념이나 찰나적인 선호에 휘둘리게 되어 혼란과 무규범을 초래하기 때문이다.

이러한 입장은 지금까지 현대 페미니즘의 노력을 통해 얻어진 여성의 성적 주체성을 포기하려는 것이 아니다. 오히려 그 정체성에 근거하여 지금까지 우리 자신도 그 것을 얻기 위한 투쟁 과정에서 불가피하게 빠져들었던 폐쇄성에서 벗어나 다시 관계를 맺고 개방하려는 것이다.[19] 달리 말하면, 이제 유교 전통과 관련하여 어떻게 하면 서로가 보완이 되고 자극하면서 좀더 통합적이고 의미 있게 삶을 조망할 수 있겠는가 살펴보려는 것이다.

2. 유교 전통 해석의 새로운 방법론 모색

유교는 우리가 다 알다시피 중국과 한국, 일본 등의 동아시아 지역에서 그 어떤 가치체계보다도 더 핵심적인 가치원리로서 작용해 왔다. 우리나라에서도 이미 삼국시대부터 받아들여져 왔고, 특히 조선왕조가 치국이념으로 삼으면서 우리 삶의 중심 가치체계가 되었다.

유교의 가치관은 禮로 드러난다. 중국에서 멀리 원시사회의 무속, 특히 제천의식에 있는 신성(神聖)과 부정(不淨)의 관념을 기초로 하여 행위를 일정하게 규제하던 '금기'관습에까지 기원을 두고 있다는 禮는 주대(周代)에 들어와서 구체화되었다. 공자는 다시 당시까지의 禮를 집대성하여 그 인간적 근거를 仁 등으로 마련한 상례자(相禮者, 예를 도와주는 사람)였으며, 예를 집단적 사회적으로 실현하게 하는 지도자 내지 교육자[師]였다.[20] 한편 '유약(柔弱)하다'라는 의미도 가지고 있는 儒라는 글자가 특별히 공문(孔門)을 지칭하기 시작한 것은 유가의 기록이 아닌 《묵자》(墨子)에서부터였다고 한다. 방어술에 능했던 무사 출신인 묵자의 처지에서 볼 때 유가들의 가르침이 유약하게 보였을 것이라고 한다.[21] 송대(宋代)부터 시작된 신유교로서의 성리학은 바로 유가를 특징짓는 禮를 더욱 중시하였고, 그것을 형이상학적으로 강화한 것으로 볼 수 있다.

그러나 우리가 이미 경험했듯이 출세간(出世間)을 행하는 도교나 불교와는 달리 세계 안에서 인간과 사회의 올바른 관계 형성[禮]을 통해 道를 이루려는 유교의 이 禮 사상은 그 이데올로기적 경직으로 인해 '사람을 죽이는 禮'로까지 전락하기도 했다. 孝와 忠과 烈이라는 근본 덕목을 가르치는 '삼강오륜'(三綱五倫) 등의 이 禮 사상은 그리하여 유교 전통이 권위주의와 비민주적 전제주의, 가부장주의 등의 대명사처럼 여겨지게 하였다. 특히 여성들의 禮를 규정해 가는 과정에서는 그것이 '칠거지악'(七去之惡)이나 '삼종지도'(三從之道), 또는 '내외법'(內外法)이나

'재가녀자손금고법'(再嫁女子孫禁錮法) 등으로 경색되어 그러한 유교 전통과 여성은 도저히 관계맺을 수 없는 관계들로 비판받게 되었다.

그런데 이렇게 유교 전통과 오늘날 性해방을 주창하는 현대 페미니즘의 관계처럼 도저히 서로 연결될 수 없다고 생각되던 관계가 있다. 그것은 바로 오늘날은 그 대화를 활발히 전개하고 있는 유교 전통과 서구민주주의, 과학 전통과의 관계이다. 역사의 진행과 더불어 점점 더 정치이데올로기화한 유교 전통이 20세기 근대 서구민주주의 전통과 만났을 때, 그 둘은 도저히 서로 화합할 수 없는 사이처럼 보였다. 동아시아에서 일본이 조선을 식민지로 만드는 등 세력을 떨쳐나가게 되자, 그때까지 삶의 지주였던 유교이념들이 그 근본부터 의심받게 되었다. 중국에서 1840년 아편전쟁 이래로, 특히 5·4운동 기간에 급진적인 서구화 의식을 지닌 지식인들의 '신중국', '신청년'이념은 공자 타도를 찬성하며 중국민족의 새로운 태어남을 위해서는 반드시 유교 전통과 철저하게 결별해야 한다고 강조하였다.[22]

서구문명의 두 핵을 '민주주의'와 '과학'이라고 보면서, 이 두 주도적인 개념에 기초하여 유교의 전통사상을 비판하는 이들은 유교 삼강오륜의 덕은 결국 '노예도덕'이라고 평가한다. 그리고 중국의 정치는 끝내 민주라는 길로 나가지 못하고 군주독재라는 길로 나아갔고, 서구적 합리주의의 과학 전통과는 다른 미신을 양산했다고 주장한다.[23] 그러나 한편 처음의 이러한 급진적인 단절과는 달리 1920년대 5·4 이후 다시 유교 전통의 입장에 서서 서구사상을 비판·해석해내고 그 둘 사이의 관계를 만들어내려는 움직임이 일어났다.

오늘날 '현대신유가'[當代新儒家], 또는 '현대유가'[當代儒家]로 불리는 이들은 서구의 강력한 문화적 도전 앞에서 자신들의 유교 전통을 재해석하여 새롭게 의미지어내는 일을 하고자 했다. 예를 들어 현대신유가 제1세대로 여겨지는 웅십력(熊十力)은 동서 문화가 서로 다른 방향으로 나아가고 있다고 보는 관점에 반대하면서 중국문화에 대해서 서양의 민주와 과학은 결코 이질적이 아니라고 강조한다. 그에 따르면, '육경'(六經) 안에 이미 과학사상과 민주사상의 단서가 있다는 것이다.[24] 한편, 그의 제자 모종삼(牟宗三)은 중국 문화발전의 경로를 '도통'(道統), '학통'(學統), '정통'(正統)의 '삼통설'[三統之說]로 객관화하면서 중국에는 도통은 있었지만 학통과 정통이 없었기 때문에, 도통의 입장에서 서양의 과학과 민주사상인 학통과 정통을 적극 흡수해야 한다고 주장하였다.[25]

그는 1950년대 〈유가학술의 발전과 그 사명〉이라는 글에서 유가 전통 발전의 세 단계를 밝혔다. 그 첫번째 시기는 공자·맹자·순자가 당시의 '예악'(禮樂)의 붕괴라는 현실에 직면하여 주(周)문화의 교화적인 측면을 계승하고, 아울러 자신들의 창조적인 측면을 보태어 예악법규를 인간의 자각적인 도덕실천으로 전환시킨 선진유가(원시유가)이다. 두 번째는 불교와 노장이 널리 유행하고 그것의 타락이 극심한 때에 유가의 도통을 새롭게 건립함으로써 전통유가를 새로운 발전단계로 진입시킨 송명의 신유가이고, 세 번째 발전이 바로 20세기의 현대신유가라고 한다. 이 현대 신유가는 서구의 정치경제적·문화적 도전 앞에서 전통적인 가치체계가 해체되어가는 국면을 맞아 위로는 송명유학을 계승하고 그 도덕정신을 견지하면서 서양문화(과학발전과 민주국가건립)의 소화·흡수를 통해 유교 전통의 새로운 발전을 실현하려는 단계였다고 한다.[26]

이상에서처럼 유교 전통과 서구 근대민주주의와 과학 전통의 만남과정을 살펴본 이유는 그 만남에서 두 입장 가운데 어느 쪽을 지지하고 반대하려는 등 내용상의 이유에서라기보다는, 오히려 그 만남 자체가 이루어졌다는 사실의 의미를 드러내기 위해서이다. 왜냐하면, 그 만남이란 지금 우리가 시도하고 있는 유교 전통과 페미니즘과의 만남만큼이나 시작에서는 불가능한 것으로 여겨졌으나, 그 심화 과정에서는 창조적인 대화가 이루어졌고, 그것을 통해 서로에게 새로운 변혁의 장이 열렸기 때문이다. 즉, 여기서 우리의 만남을 위해서 의미 있는 요소는 다음과 같다.

첫째, 앞의 모종삼의 유가 발전역사에 대한 연구에서도 지적되었듯이 유교 전통이 장기간에 걸친 시간의 흐름 속에서 그때 그때 시대적 상황의 도전 앞에서 자신을 응전해왔다는 사실이다. 이것은 오늘의 페미니즘과의 대화도 그 역사적인 유교 전통이 다시 페미니즘이라고 하는 또 하나의 도전 앞에 서 있는 모습으로 이해하게 한다. 또한 이제까지의 다른 대화들에서 그랬듯이 그 결과가 결코 의미가 없지 않을 것이라는 기대를 가지게 한다.

1994년 '제8회 한국학 국제학술회의'에서 중국의 루신은 중국유교 전개에 대한 역사적 개관을 다음 세 가지로 했다. 첫째로 유교는 시대의 변화하는 요구에 적응할 수 있었다. 기존의 질서를 안정시킬 수 있었기에 주요한, 그리고 지속적인 역할을 행사할 수 있었다. 둘째로는 유교는 다른 학파의 사상을 끌어들이고 흡수할 수 있었기에 자신을 풍요롭게 하여 전통적 중국문화의 주류가 될 수 있었다. 셋째로 유교는 자기갱생의 능력이 있었기에 새로운 역사환경 아래서 전통적 사유를 새로이 주조하고 해석할 수 있었다고 한다.[27]

이처럼 먼저는 유교 전통을 '역사적'으로 이해하게 되었다는 의미와 함께 페미니즘과의 대화를 위한 두 번째의 의미는, 그렇게 유교 전통이 장기간 응전해 온 역사적 과정이라는 사실을 받아들인다면, 그 안에 그러한 수많은 시간 속에서 전수되고 축적된 어떤 본질적인 것, 어떤 보편적인 의의를 생각해 볼 수 있도록 한다는 것이다. 그래서 그것을 우리 페미니즘과의 대화에서도 의미 지을 수 있도록 한다는 것이다.

미국의 역사학자 에드워드 쉴즈(Edward Shils)는 '실재적 전통'(substantive tradition)이라는 것을 얘기했다. 그것은 변화하는 전통들 가운데서도 변화하지 않는 어떤 본질적인 것, 시대의 큰 변동에 따라 동요하지만, 결코 소멸되지 않는 기초적인 진실이 되는 것이라고 한다. 쉴즈에 따르면, 어떠한 신념이나 구조, 그리고 실천이 존재했다는 사실은 거기에 따라서 살아온 사람들에게 도움이 되었다는 것을 뜻한다. 그리고 이와 같은 구조를 심각하게 받아들이기 위해서는 거기에 의미가 있어야 한다고 한다.[28] 이러한 '전통성의 전통', '실재적 전통'은 인간 사상의 근원적 유형으로서 인간 문화의 기초가 되고, 생활의 지침이 되는 것이라고 한다. 우리나라에서 《매너의 역사—문명화의 과정》으로 소개된 독일의 노버트 엘리아스(Nobert Elias, 1897~1990)가 얘기한 "문명화 과정"(der Prozess der Zivilisation)과도 비슷한 의미로 이해될 수 있겠다.[29]

엘리아스는 한편으로 모든 역사적 추세를 변화가 없고 진화가 없는 것으로 설명하려는 역사의 '정태주의'와, 다른 한편으로는 역사에서 오직 끊임없이 변화하는 것만 보고 그러한 변화의 근저에 있는 질서와 역학구조, 그리고 방향을 무시하는 역사의 '상대주의'를 동시에 배격한다. 그리하여 엘리아스는 장기간의 역사적 경험을 실증적으로 살펴보면 거기에는 분명히 뚜렷한 포괄적인 사회발전의 방향과 구조가 드러난다고 한다.

그는 여기에서 자신의 이러한 탐색이 결코 어떤 형이상학적 관념을 다시 끌어들이는 것이 아니고, "역사적 경험(사실)에 대한 지속적 관찰 과정"을 통해서 얻어진 것이라고 강조한다.[30] 그것은 기존의 일반적인 사회학적 연구가 비교적 단기적인 과정과, 보통 일정한 사회상태에 관련된 문제에만 관심을 집중하는 것과는 달리 "장기적인 변화"와 "장기적인 과정"에 관심을 두는 것이다. 또한 '개인'과 '사회'와 같은 개념들을 별개로 존재하는 두 대상에 관계된 것으로 보는 것이 아니라 '결합체'라는 개념 속에서, 서로 다르지만 분리 불가능한 동일한 인간의 두 측면으로 이해하는 것이라고 한다.[31] 즉, 개인의 심리적 구조와 상호의존적인 다수의 개인들로 구성된 결합체(사회구조) 사이에 관련된 문제를 통합적으로 이해하려는 것이다.

이러한 역사 이해의 방식은 오늘날 일반적으로 하나의 사회과학으로 여겨지는 여성학의 학문 방법과 많은 차이가 있다. 엘리아스의 방법은 지극히 역사(과정)적이고, 통합적인 시각으로, 그에 따르면 특히 중세 이래 근대 부르주아 사회까지의 유럽인들의 삶의 경험들—종교나 경제, 예술, 국가형태뿐만 아니라, 특히 일상적 본능과 관련된 삶으로 식사예절, 오줌누기 등의 생리적 기능, 코풀기, 침뱉기, 성생활 태도 등—을 관찰해 보면 그것은 뚜렷이 '문명화'의 과정이었고, '매너의 세련화' 과정이었다고 한다. 그것은 달리 말하면 인간의 본능적 충동이 억제되고, 다른 사람들과의 관계에서 자율적 자기통제가 증가되는 '이성적 사고'와 '분리의식'의 발전과정이었다. 봉건적 궁정예절을 거쳐 17세기 절대왕정시대는 예절의 세련화가 이루어진 절정기였으므로 억압의 절정기이기도 했지만, 후에 부르주아 산업시대에서의 고도의 자기절제를 전제한 국민예절로 전개되었다고 한다.

엘리아스는 밝히기를 자신의 문명화 이론은 각 문명화 단계들에 대한 우열과 선악의 판단을 내리기 위한 것은 아니라고 한다. 그보다는 오히려 역사에는 그 자체로 한 특정한 방향으로의 변화가 있으며, 그것이 발전이나 문명화라는 말에 부합되는 매너의 역사가 되고, 자기 절제의 방향으로 나갔다는 것을 보여 주기 위한 것이라고 한다.[32] 이같은 엘리아스의 역사 이해, 문명화 개념을 토대로 하여 서구의 한 유학자는, 특히 조선시대 한국에서의 유교화 과정을 하나의 '문명화 과정'으로 이해하였다. 그것은 지금 우리들이 하려 하는 페미니즘과의 대화를 위한 유교 전통의 이해를 위해서도 좋은 시사가 된다. 왜냐하면, 바로 그 문명화의 내용인 매너나 자율적인 자기통제, 자기절제가 유교 전통이 핵심적인 방법론으로 삼는 禮의 행위를 통해 얻으려는 것이고, 따라서 이제까지 여성들에 대한 유교적 禮의 부과를 부정적으로만 바라보던 시각에서 벗어나서 그 역사성과 의미성을 찾아볼 수 있게 하기 때문이다.[33]

《이조여성사》를 비롯하여 한국여성사에 대한 심도 깊은 이해를 추구하는 박용옥은 그동안 우리가 많이 들어온 한국여성사에 대한 부정적인 평가, 즉 "고대에서부터 고려조를 거쳐 유교적 조선조에 이르는 역사의 흐름 속에서 한국여성상은 보다 소극적인 개념으로 정립되어 갔으며, 여권도 실질적으로 미약해졌다"는 평가에 이의를 제기한다. 그러면서 "한국에서의 여권의 역사, 또는 여성지위사라고 할 만한 것이 일반적인 역사발전의 법칙과 정반대로 역류하고 있다는 서술이 과연 온당한 주장이냐"고 되묻는다.[34] 그녀는 거기에 반대해서, 예를 들어 고려왕실의 모계성 계승이 여권의 문제에서 시행된 것이 아니라 지방 호족세력을 무마하기 위한 정치적 제스처였고, 조선조에서 분명했던 처첩제가 고려시대에 이루어지지 않았던 것은 오히려 그만큼 부부 사이의 권리나 처의 권리 등에 대해 확실한 태도를 가지지 못했음을 보여 주는 것이라고 지적한다.

이능화도 그의 《조선여속고》에 초기 고려왕가에서 혈족혼인이 빈번했고, 심지어는 자신들의 누이, 딸까지 妃로 맞이했던 풍속이 있었으며, 그것이 후에 유교적 윤리에 의해서 금지되었으나, 쉽게 바뀌지 않았음을 지적하였다.[35] 그 동성혼인, 근친상혼은 사실 신라의 구습을 모방한 것이라고 한다.

이상과 같은 여러 지적들을 염두에 두면서 다음 절에서의 과제는 페미니즘과 대화하기 위한 유교 전통의 역사적 의미와 그 실재적 가치들을 찾아보는 것이다. 엘리아스가 매너의 역사를 밝히면서 그것은 장기적 변화에 대한 관심과 심리학, 언어학, 민속학, 인류학 등의 다양한 학문분야의 협동작업이 요구되는 것이라고 지적했듯이, 이 일도 바로 그러한 총체적 작업인 줄 안다. 필자의 연구와 역량이 한없이 모자라지만, 앞으로 더 깊은 연구와 다른 연구자들의 계속적인 개진을 기대하며 나름대로 시도해 보고자 한다. 박용옥도 지적한 '일반적인 역사발전의 법칙'에 대한 믿음에 근거해서이다.

3. 유교 전통의 실재적 의미들

우리가 앞절에서 살펴보았듯이 유교 전통은 동아시아에서 오랜 기간에 걸쳐 시대의 도전에 응하여 자신을 변화시키면서 핵심적인 문화전통으로 자리잡아 왔고, 오늘날 근대 서구문명의 도전 앞에서도 대화를 하려는 노력은 쉬지 않고 있다. 유교 전통은 민주주의와 과학, 페미니즘 등을 내용으로 하는 근대 서구문명의 도전 앞에서 초기에는 그 뿌리까지 흔들리는 위기를 겪었으나, 요즈음에는 서구문명의 창조적인 유교적 변형을 적극적으로 시도하고 있다. 특히 경제분야에서 성과가 주목을 받게 되자, 이제 21세기 유교 전통의 발전문제는 단지 동양 유교문화권의 지역성 문제가 아니라 '전지구적 문제'가 되었다고 지적받았다.[36]

페미니즘과의 관계에서도 우리가 1절에서 살펴본 대로 오늘의 페미니즘이 처한 무방향성의 딜레마적 상황과 더불어, 반대로 오늘날 우리나라에서도 여러 분야에서 실천적으로 두드러지는 전통적이고 여성적인 힘의 활약상을 볼 때, 그 전통 안에 담겨 있는 근원적인 힘과 의미들을 들추어내는 일이 결코 허구적이거나 무의미하게 보이지 않는다는 것이다. 왜냐하면, 그것은 다시 쉴즈의 의미대로 하면 '실재적 전통'이 드러났다는 것이며, 엘리아스의 이야기대로 하면 결코 어떤 형이상학적 실체 개념을 끌어들이는 것이 아니라 오랜 기간에 걸친 역사적 경험들이 실증적으로 말해 주는 것이라는 의미이기 때문이다.

1) '관계의 도'에 대한 가르침

이상과 같이 생각해 보았을 때, 유교 전통의 첫번째 의미로서 그것의 '관계의 도'[相關之道]에 대한 가르침을 들고 싶다. 우리가 주지하다시피 중국문명의 정신적 기초가 되는 易은 '천지'(天地), '건곤'(乾坤), '남녀'(男女), '강유'(剛柔) 등 서로 대립되지만, 그 대립되는 두 요소 사이의 교감으로 만물의 생성을 얘기했다. 음양론을 더욱더 적극적으로 수용하면서는 易은, 곧 陰과 陽이라는 성질이 서로 반대이면서도 서로 보완하는 관계에 있는 두 개의 추상 개념으로서 모든 만물의 생멸과 인간의 도리를 밝히는 것이 되었다. '굳은 것과 부드러운 것이 서로 일어나 변화가 생긴다', '해와 달이 서로 밀어서 밝음이 생긴다', '굽힘과 펌이 서로 감응하여 이로움이 생긴다', '사랑과 미움이 서로 갈등하여 길흉이 생기며…… 참과 거짓이 서로 교감하여 이로움과 해로움이 생긴다' 등 易은 일체의 생성이 언제나 대립자들 사이의 교감에서 비롯한다고 강조한다.

易의 일차적 관심은 원래 자연을 해명하는 것이었다. 그러나 주나라 시대와 공자의 춘추전국시대, 음양가의 사상을 더욱더 적극적으로 수용한 한대 이후로 내려오면서 이 易의 음양사상은 한편으로는 점점 더 인간화되고 가치론[도덕론]화 되었고, 또 한편으로는 추상화되고 형이상학화 되어서 현실의 모든 것과 일들을 형이상학적 두 가지 원리에 근거한 것으로 파악하였다. 최고 절대존재로서의 天을 인륜의 개념인 仁으로 인본화시키고 윤리화시킨 공자는 〈계사전〉 상·하편을 지어서 《주역》의 사상내용과 그 가치를 밝혀내었다. 바로 거기에 나타나는 乾과 坤의 자리매김과 남녀의 상관 등은 바로 그러한 표현들이다. 그러나 이 상관관계 해석의 단순화와 교조화는 지금 우리에게 문제가 되는 유교 남존여비사상의 형이상학적 토대가 되기도 했다.[37]

"하늘은 높고 땅은 낮은데, 그것을 본떠 건괘와 곤괘가 자리를 잡는다. 낮은 자리에서 높은 자리까지 6효가 배열되는데, 그 속에 귀하고 천한 위치가 정해진다. 움직이고 고요함에는 항상된 법칙이 있는데, 거기에서 굳셈과 부드러움이 판가름된다. 그러므로 굳셈과 부드러움이 서로 부딪치고 팔괘가 서로 밀고 당긴다. 천둥과 벼락으로 고동하고, 바람과 비로 적신다. 해와 달이 운행하여 한번 추워지면 한번 더워진다. 건도는 남성을 이루고 곤도는 여성을 이룬다. 건은 위대한 시작을 맡고 곤은 만물을 완성시킨다. 건은 쉬움으로써 시작을 맡고, 곤은 간단함으로써 완성한다."(天尊地卑, 乾坤定矣. 卑高以陳, 貴賤位矣. 動靜有常, 剛柔斷矣. …… 是故剛柔相摩, 八卦相蕩, 鼓之以雷霆, 潤之以風雨. 日月運行, 一寒一署. 乾道成男, 坤道成女. 乾之大始, 坤作成物;《주역》〈계사전〉上 제1장)

한 연구에 따르면 이《주역》의 기본 사상과 기본 원리를 드러내는 첫머리에 나오는 "건괘와 곤괘가 자리잡는다"[乾坤定矣]에서 건곤 두 괘의 배열은 殷나라 때의 易인《귀장》(歸藏)에서와는 다르다고 한다. 즉, 은나라 때의 易인《귀장》에서는 곤괘를 64괘의 첫머리에 두고 건괘를 그 다음에 두었기 때문에 당시에는 易을 '곤건'으로 불렀다고 한다. 이 연구자에 따르면, 그러한 배열방법은 은나라 사람들이 모계를 중시하였던 사상을 반영한 것이라고 한다. 반면,《주역》에서 그것이 뒤집어진 것은 은나라와 주나라 교체기의 커다란 의식의 변혁을 반영하는 것이라고 하는데, 여기서 유교 전통의 계급관념, 남녀, 부부, 군신, 부자 등의 계열이 기초된 것으로 파악된다.[38]

이렇게 유교 전통의 정신적 토대가 되는《주역》이 주나라 시대(기원전 10세기경) 가부장제의 형성기에 그 존비의 차별적 가치관을 담은 것으로 이해되고, 그 음양의 원리가 그 뒤 더욱 실체화되고 형이상학화하여 남녀의 존비를 고착화한 것으로 파악된다. 하지만 음과 양의 본래적 의미는 일이나 사물의 고정된 본체에 관심을 가지는 것이 아니라 오히려 각각의 변화하는 관계에 대한 것이라는 사실을 〈계사전〉의 다음과 같은 글에서도 읽을 수 있다. "한번 음이 되고, 한번은 양이 되는 것을 道라고 한다. 그것을 이어가는 것이 善이고, 그 속에서 완성되는 것이 性이다" (一陰一陽之謂道 繼之者善也 成之者性也).

유사한 관찰에 근거하여 프랑스의 중국학자 마르셀 그라네(M. Granet, 1884~1940)는 이러한 '일음일양'(一陰一陽)의 사상을 설명하면서, "중국적 사고는 질서와 전일성(Totalté)과 리듬이 결합된 관념에 따라서 지배되고 있다"고 하였다. 음양은 두 대칭적 측면을 표시하는 것이지만, 동시에 그것을 상보적이게 하는 전일성이 존재한다는 것이다. 道란 음양이라고 하는 그 자체가 전일적인 두 측면에서 이루어지는 전일성이라고 이해된다.[39]

유교 전통의 역사 가운데 이러한 전일성과 상보성을 다시 회복하려는 시도가 지극히 근원적으로 일어난 예들 가운데 하나가 바로 후기 명나라 시대 왕양명(王陽明)의 사상이라고 하겠다. 그는 송나라 신유가들, 특히 그 집대성자로 여겨지는 주희(朱熹)에 의해 파악된 세계이해와 인간이해가 너무 이성중심적이고[性卽理], 실체론적으로 이원화[主理論]되어 있는 것을 발견하였다. 그리하여 지극히 실천적인 의도에서, 즉 유교 전통이 그 의미실현의 방법론으로 제시하는 성인(聖人)이 되는 길을 찾기 위하여 다시 인간과 세계를 전일적이고 통전적으로 이해하길 원했다.

즉, 그에 따르면 인간이란 이성만의 존재가 아닌, 감성과 육체의 존재이기도 하다[心卽理]. 따라서 성인이 되기 위해서는 이성적인 이론의 탐색만이 아니라 구체적 실천이 요구되는 것이다[知行合一]. 또한, 양명에 따르면 이 세계의 두 존재법칙인 정신적인 힘인 理와 신체적인 힘인 氣는 실체론적으로 서로 구별되고 거기에 질적 차등이 있는 것이 아니라 오직 한 가지 道의 두 측면이고, 두 기능일 뿐이라고 한다. 그의 말을 들어보면,

"'생기위성'(生氣謂性)이라고 하는 말의 生자는 바로 신체적인 의미인 것으로 氣는 곧 性[理]이다' 라고 한 말과 같은 것이다. …… 맹자가 '인간의 본성은 선하다' 고 말하였는데, 이것은 근원상에서 말한 것이다. 그러나 본성이 선하다고 하는 단서는 반드시 氣에서 비로소 볼 수 있는 것이므로 만약 氣가 없다면 볼 수도 없는 것이다. 맹자가 말한 '측은'(惻隱)과 '수오'(羞惡)와 '사양'(辭讓)과 '시비'(是非)의 '사단'(四端)이란 것도 바로 氣인 것이다. …… 만약 학자가 자기의 性을 확실히 인식할 때 같으면 氣가 性[理]이고, 性이 바로 氣인 것이다 원래 性과 氣는 구분할 수도 없는 것이다."(生之謂性 生字卽是氣字 猶言氣卽是性也. 氣卽是性. …… 孟子性善是從本原上說. 然性善之端 須在氣相始見得 若無氣 亦無可見矣. 惻隱羞惡辭讓是非卽是氣. …… 若見得自性明白時. 氣卽是性. 性卽是氣. 原無性氣之可分也 ; 王陽明, 《傳習錄》 中)

이렇게 양명이 理와 性에 반하여 氣와 心과 行을 다시 강조하고 들추어낸 것은 유교 전통과 페미니즘과 대화하기의 시각에서 보면 그것은 바로 '여성적인 요소', '신체적인 측면', '실천의 구체성'을 회복하고 강조한 것이라고 하겠다. 양명의 이와 같은 전일적 실천적인 사고는 전통유교의 경직과 구습을 타파하고 여러 가지 사회적인 개혁을 이루려는 사상가들에게 영향을 주었다. 또한 우리나라에서도 박은식이나 정인보 같은 구한말의 개혁가들에게 큰 영향을 끼친 것을 생각해 볼 때 다시 관계의 도가 추구되고, 여성적인 요소가 온전히 인정되는 것을 통하여 조화와 전일성이 추구되었다는 의미에서 페미니즘 연구에 시사가 크다고 생각한다.

한국여성 교육이념을 이기(理氣) 철학적으로 연구한 정세화도 우리나라 근대 동학이나 증산교, 원불교 등에서 여성관을 氣철학적 이념의 표현으로 보면서 "氣철학의 여성평등관은 그것을 주창한 철학이론 자체 속에서는 원리론 이상의 분명한 구체적 모습으로 드러나지 않지만, 한국 근대화사에 여성평등사상이 태동하는 이론적 모태의 역할을 하는 것은 확실하다"고 지적하였다.[40] 이런 의미에서 보면 유교와 페미니즘의 관계 맺음은 전혀 옳지 않은 것이 아니다.

인류는 이제까지 동양과 서양 모든 곳에서 가부장주의 문화 안에서 살아왔다. 그 가부장주의 문화란 네덜란드 문화철학자 반 퍼슨(C. A. Van Peursen)의 개념을 빌려보면 인류 초기 신화적 사고 다음의 존재론적 이고 실체론적인 사고가 지배하던 시기라고 하겠다. 그 실체론적 사고란 나와 너를 가르고, 여자와 남자, 정신과 육체 등을 닫혀진 실체로서 파악 하여 거기에 질적인 차등을 매기고 철저히 차별하는 것이다.[41] 그런 의미 에서 유교 전통의 가부장주의도 예외가 아니었다. 그러나 오늘날은 그 실체론적 사고가 많은 한계를 드러내면서 '기능적 사고'가 요구되고 있 다. 그것은 존재들을 서로 서로의 열린 관계들 안에서 역동적으로 파악 하는 것이고, 객관적인 '본질'에 집착하는 것이 아니라 관계하는 '방식' 에 관심을 두는 것이다.[42]

이렇게 보았을 때, 조셉 니담(Joseph Needham)도 그의 저서 《중국의 과학과 문명》에서 중국적 세계관을 '유기체의 철학'이라고 설명했듯이, 우리도 위에서 보아온 대로 유교 전통의 음양과 易의 사고에는 그 실체론 적 경직을 벗겨보면 기능적 사고의 많은 가능성들이 보인다. 따라서 그 것은 오늘날 서구 페미니즘도 나름대로 다시 당면해 있는 이원주의와 실 체화의 위기 앞에서 좋은 시사가 될 수 있다. 다시 말하면, 이제 유교 전 통이 이야기하는 음과 양, 여와 남, 부부 사이의 유별을 실체론적으로 이 해하여 성차별적으로 볼 것이 아니라, 그 안에 기능적으로 내포되어 있 는 인류문화의 또 하나의 근원적 메시지인 '구별'과 '나눔', '조화'의 가 르침으로 파악하자는 것이다.[43] 더군다나 오늘날은 인간과 性에 대한 더 욱더 광범해진 사실적 지식에 근거해서—그 한 예로 양성구유적 인간이 해—그 양성의 구별이 이제 더 이상 예전처럼 그렇게 절대적일 필요가 없 고, 대신 한 인격 속에 모두 통합될 수 있는 가능성이 더욱더 열려졌기 때문이다.

김용옥은 그의 《여자란 무엇인가》에서 서구 유목문화에 비해 동양 농경문화권 안에 더욱더 풍부하게 내포되어 있는 여성성의 인정, 양성의 조화에 대한 이상을 여러 가지 측면에서 밝혀주었다. 그는 《예기》의 〈예운〉편에 나오는 인간 이해, "사람이라는 것은 하늘과 땅의 힘이 합쳐진 것이며, 음과 양의 기운이 교합한 것이며, 형체와 신령의 만남에서 이루어진 것이며, 하늘과 땅을 이루는 다섯 운행의 가장 빼어난 기를 타고난 것이다"를 예로 들면서 그것은 인간이라는 존재는 여자든 남자든 불문하고 어떠한 경우든지 하늘성과 땅성, 양성(masculinity)과 음성(feminity), 신성(神性)과 귀성(鬼性)의 '교회'(交會)라고 가르치는 유교문헌의 대표적 원리라고 설명한다.[44]

또한 〈유교적 여성관의 재조명〉이라는 글에서 박용옥은 《주역》이 천도에 연결시켜 여성의 유순과 복종을 강조했지만, 전통사회에서는 바로 그 천도인 음양조화의 원리에 근거해서만 여성의 실천적 권한이 주어졌기 때문에 그 음양조화 원리는 여성사적 의미에서 주목된다고 하였다.[45] 박용옥은 유사한 의미에서 종래 남존여비라고 했던 조선사회의 여성문제를 전면 재검토해야 한다고 주장한다.

그녀는 《한국근대 여성사》는 먼저 조선사회체제 안에서 여성이 가졌던 여러 긍정적 지위(母로서의 존장권, 입양권, 여성상속권 등)를 들면서, 그 가족제도 안에서 여성이 차지했던 높은 위치가 바로 개화기 애국계몽운동기의 여성개화운동을 활발히 진행시킬 수 있었던 원동력이 되었다고 얘기한다.[46] 그녀에 따르면, 그러한 긍정적 위치는 또한 우리나라 여성들이 결혼과 동시에 자신의 姓까지 바꿔야 하는 서양여성들의 근대화 투쟁에서와는 달리 그렇게 극단적인 투쟁과정 없이 자신들의 근대화를 수용할 수 있게 하였다고 한다.[47]

2) '禮의 실행'을 통한 자기 단련과 성숙의 의미

이상과 같이 유교 전통의 페미니즘과의 대화를 위한 첫번째 가르침으로서 그 '관계의 道'를 들었다. 두 번째 의미로서 우리는 그의 禮의 실행을 통한 단련과 성숙의 의미'를 들고 싶다. 禮란 바로 위의 관계의 도가 구체적으로 실현되는 장치들이다. 우리가 앞서 지적했듯이 멀리 제천의식에서 지켜지던 금기의식에까지 소급된다는 禮는 중국에서 주대(周代)에 들어와 구체화되었다. 정치적이고 일상적인 세속의 禮가 집대성된 《주례》, 관혼상제 등의 특수한 종교의례가 모인 《의례》, 그리고 예에 대한 일반적 원리를 설명하고 있는 《예기》가 그것들이다.

'유자'(儒者)란 원래 주나라 말기 이후 이러한 禮를 집단적 사회적으로 실현하게 하는 지도자 내지 교육자에 해당되고, 유가는 불가나 도가와는 달리 사회윤리의 실현을 통한 치국의 길을 통해서 삶의 의미를 실현하려는 것이기 때문에 유가에서 禮란 바로 중핵을 이루는 것이었다. 따라서 그러한 禮는 유교 전통 가운데서 점점 더 중시되었고, 단순히 중시된 것만이 아니라 형이상학적 토대 위에 더욱더 치밀하게 연구되고 실행되었다. 송나라 신유교의 집대성자로 여겨지는 주희의 禮에 대한 학설을 모집한 《주자가례》(朱子家禮)는 바로 그러한 본보기이며, 우리나라에는 고려 말기에 유입되어서 조선조 유교 예 확립의 중요한 기초가 되었다.[48]

조선조는 특별히 고려 말의 타락한 불교를 버리고 '삼강오륜' 등의 예 사상으로 충만한 유교를 신봉하고 활용하는 것이 이로운 길이라고 생각했다. 그래서 우리나라에서 예의식과 시행은 조선조 성립 이후에 본격적으로 발달했다. 태조 때부터 《경제육전》을 통한 '오복제'(五服制)의 준용과 가례의 삼년상(三年喪) 및 가묘제(家廟制) 등이 시행되었다. 그리고 세종 때에는 《삼강행실도》와 《국조오례의》, 《오례의주》 등이 나와 백성들의 훈민적 교화에 치중했다. 15세기 후반에서 16세기 초반에는 무엇보다도 《소학》의 이해와 그 실천이 강조되었다.[49] 한편, 조선조는 유교의 부부유별 내지 남녀분별의 내외법(內外法)을 따라 여성들에게 여러 '여훈서'(女訓書)를 마련하여 교화하였다. 대표적인 것으로 소혜왕후의 《내훈》(內訓)이 있고, 퇴계 이황의 저서로 전해오는 《규중요람》, 우암 송시열의 《우암션싱계녀서》, 그리고 이덕무의 《사소절 부의편》(士小節 婦儀篇) 등이 있다.

원래 禮란 '의리', '마땅히 해야 할 원리' 등을 의미하므로 그 의미의 특징은 무엇보다도 당연시되는 명분(名分)을 근간으로 한다. 따라서 그 것이 형식주의의 경향을 갖는 것을 부인할 수 없는데, 이 형식주의 성향 때문에 조선조에서도 '예학시대'라고 불리는 17세기 이후, 禮의 실행이 철저해지면서 여러 공리공론적 병폐들이 나타났다.

또한 내외의 구별에 따른 여성들에게 해당되는 禮의 실행에서도 점점 강박적인 성격을 드러내어 여성의 인간성이 심하게 억압되는 경우들을 초래하였다. 당시 이러한 禮의 경직화와 형식화의 병폐는 마침내 18세기 후반 실학을 발흥시켰고, 특히 현대 페미니즘과의 만남에서는 그 둘이 서로 화해할 수 없는 사이로 인식되게 만들었다.

그러나 우리가 앞의 유교 전통 해석의 새로운 방법론 모색에서 살펴 본 대로 유교화(Cofucinization)의 과정을 인류문명의 한 보편적 진행방 향인 '문명화'의 과정으로 이해할 때는 유교 전통의 그러한 禮의 강조는 다른 의미를 지니게 된다. 왜냐하면, 그 禮란 바로 문명화의 구체적 내용 인 '자기 통제력', 식자력(識字力, literacy), '시간 관념' 등을 길러주는 훈련들이기 때문이다.[50]

① '자기 통제력'의 함양

먼저 문명화 과정의 핵이라고 할 수 있는 '자기 통제력' 함양의 측면 에서 보면 조선 여훈서들의 핵심내용들이 바로 이 덕을 길러주는 것임을 알 수 있다. 소혜왕후는 그의 《내훈》의 서문에 "무릇 사람의 태어남에는 천지의 영기를 타고 다섯 가지의 덕을 품고 있기에 이는 꽃과 돌과는 다름이 없다는 이치를 일컬음인데, 난초와 쑥은 다름이 있다는 것은 어쩐 일인가? 이는 수신지도를 다하고, 다하지 못함에 있음이라"라고 하면서 여성들이 살림살이에 바빠 남성들과는 달리 덕행의 귀함을 알지 못하니 이것을 한스럽게 여겨 글을 쓴다고 하였다.[51)]

문명화와 예란 자기 통제력에 근거하여 '별'(別)과 '서'(序)에 대한 인식을 가지고 삶의 질서를 세워 나가는 것이라 했을 때, 조선조 여훈서들은 삶의 세미한 부분과 관련해서까지 그런 구별과 질서의 도를 가르쳤고, 언행의 문제, 효친(孝親)의 문제, 정숙과 정절, 봉제사(奉祭祀), 자녀교육의 예 등 삶의 전 영역과 전 생애를 질서짓는 것이었다.

《제2의 성(性)》의 저자 시몬느 드 보봐르(S. de Beauvoir)가 인용한 레비스트로스(Levi-Strauss)의 다음과 같은 지적을 보면, 인간 문명화의 과정이란 바로 나눔과 구별이 실행되고 질서가 세워지는 일임이 더욱 드러난다. 즉 그녀에 따르면 "자연의 상태에서 문화의 상태로 이행하는 단계는 생물학적 관계를 일련의 대비(이원성, 교체성, 상극성, 대칭성)로 파악하는 인간의 능력에 특징지어진다"고 하였다.[52)]

그런 의미에서 남녀의 혼욕이 쉽게 이루어지고 불교사찰에서 풍속의 문란, 근친결혼 등이 행해지던 고려조부터 그것과 구별되는 남녀의 유별이 뚜렷이 요구되고, 자기 절제력이 최고로 요구되는 일 가운데 하나인 烈의 禮가 보편화되기까지의 과정은 그러므로 어떠한 경우보다도 더 철저했던 인류문명화의 과정이었다고 하겠다.

중세 이후 서구의 문명화 과정을 탐색한 엘리아스는 그 문명화 과정인 매너의 세련화 과정이 18세기 후반 어떻게 형식화되고 명분화되었는지를 또한 지적했다. 그리하여 괴테의 다음과 같은 탄식 "격식에 온 정신이 매달려 있고, 식사 도중 의자를 어떻게 끌어당기는 것이 좋을까에 일년 내내 생각과 소망을 바치는 족속들은 어떤 족속들일까"도 나왔다고 한다.[53)]

이 지적처럼 우리나라에서도 조선조 후반 禮 실행의 심한 경직성을 볼 수 있다. 특히 여성정절의 예를 규정하는 과정에서는, 심지어 왜적에게 쫓기던 가운데 급히 손을 내밀어 잡아준 사공의 손길이 닿았으므로 이미 실절(失節)하였다고 하여 투신자살하기도 했다고 한다.

이러한 현상에 대해 국문학자 강진옥은 그것은 여성이 이제 "신체로 대표되는, 물질적 존재로까지 환원"된 경우를 보여 주는 것이라고 한다. 그러나 그녀는 또한 이 烈의 실행이 당시 여성들에게 맹목적인 것만이 아닌 "자기 내면의 요구에 따른 자발적인 선택"이 되기도 했고, 또 烈이라고 하는 남성의 언어로 표현되기는 하였지만, 궁극적으로는 "인간의 존엄을 제기"하고 "고유한 인간적 가치를 실현"하는 방법이기도 했다고 의미짓는다.[54] 즉, 인간의 법인 자기 통제력의 지극한 표현으로 보는 것이다.

② '식자력' (識字力, literacy)의 함양

문명화의 두 번째 표현인 '글을 읽을 수 있는 능력의 함양'과 관련하여 유교 전통은 남성들에게뿐 아니라 여성들에게도 큰 역할을 하였다. 삶의 각 부분에서 禮가 더욱더 세밀하게 규정되면서 그것들이 기록되어야 했고, 그 기록된 문자와 글들을 읽으면서 자신들을 키워나가야 했다. 따라서 글 읽는 것이 이 시기에 크게 강조되고 중시되었다는 것은 충분히 납득할 수 있는 사실이다. 그리하여 조선조 시대 여성들의 식자력은 크게 향상되었다. 특히 우리가 위에서 언급한 여러 조선조 여훈서들은 한글로 풀이된 것이었으므로 그것들을 읽고 탐색했던 조선조 여성들로 하여금 "한글문화의 수호자"라는 지적을 받게도 하였다.[55]

이화여대 출판부에서 나온 《한국여성사》에는 조선왕조 이전에는 결코 각계 각층의 여성들이 문화의 각 부분에서 폭넓게 활동하였던 때가 없었다고 하면서, 우리가 일반적으로 조선왕조 여성들이 우리 역사상 가장 비참한 생활을 하였던 것으로 생각하는 것은 반성해야 한다고 지적한다.[56] 굳이 조선 유교사회가 배출한 뛰어난 인격의 신사임당을 예로 들지 않더라도 유교사회의 더 많은 여성들이 그들의 식자력을 바탕으로 문화활동에 참여할 수 있었다. 유교문화권 나라들의 높은 교육열, 그것과 더불은 역동적이고 진취적인 기획력 등은 오늘날 많이 지적되고 있는데, 이러한 것들이 바로 유교 전통의 禮의 훈련을 통해 얻어진 유산으로 보인다.

박용옥의 지적에 따르면, 남녀동권을 주장하는 오늘날의 안목으로 여훈서들을 보면 분명 여성억압적 예도의 책일 수밖에 없지만, "역사적 진전상황에서 보면 그것은 여성의 역사적 동참을 의도한 책"이라고 한다. 유교적 인문이 발달하여 남자는 8세 이후 학문을 체계적으로 배워나가 禮를 갖춘 인간으로 성장하나, 여성들에게는 그런 길이 막혀 있는 상황에서 부녀에게 인륜의 도리를 가르치겠다고 하는 것은 "부녀를 떳떳한 유교사회의 구성원으로 한층 승격"시키려는 것이었다고 한다. 그러한 의미에서 여훈서는 긍정적으로 평가받을 수 있다고 보았다.[57]

③ '시간관념' 등의 함양

유교 여성 여훈서들은 가사를 이끌고 있는 여성의 예로서 근검절약의 덕을 강조했다. 침선, 방적, 양잠 등을 생활화하고 있는 그들에게 "몸을 부지런히 하고 ……늦게 자고 일찍 일어날지니", "집안의 어머니가 부지런하면 그 집을 보존하고, 게으르면 굶주림과 추위에 떨게 되고, 자손이 결혼하지 못하면 남도 천히 여기고 내 몸이 궁하여 마음 부끄러울지라, 부대 부대 부지런하기를 위주하라"고 당부한다. 또한 이덕무의 《사소절》은 "잠자기를 탐하여 일찍이 일어나지 아니함이 부인의 가장 큰 악덕이라, 규분의 법이 무너지고 집안일을 패함이 게으른 부인의 죄라" 하였다.

이러한 것들은 바로 문명화의 한 내용인 시간에 대한 관념이 더욱더 뚜렷해지고, 나중의 목적을 위한 현재의 절제, 인내와 준비정신 등과 같은 인간적 힘의 함양을 가능하게 하였다. 특히, 유교 제사의 실행과 각종 절기의 예의 실행은 여성들에게 깊은 구별의 의미, 시간과 공간에서 聖과 俗의 구별의 의미를 심어주었을 것이다. 그런 의미에서 위에서 지적한 유교여성들의 烈의 관념과 더불은 孝의 의식은 단순히 도덕적 윤리적인 차원에서 인본적 의식으로만 여겨질 것이 아니라, 훈련을 통해서 얻어진 기독교의 구별의식과 같은 깊은 종교적 차원을 갖는 것으로 이해해야 한다는 지적은 시사적이다.[58] 그만큼 유교 禮의 실행을 통한 여성들의 훈련과 성숙이 심도 깊었음을 지적하는 의미에서이다.

이남덕의 "소위 좁은 의미의 여권운동을 겨냥하는 입장"에서가 아니라 "한 민족의 역사를 전개시켜 나가는 데 있어서 남녀라는 인적 자원 가운데 여성이 어떤 구실을 해왔느냐에 주안점"을 두고 썼다는 글인 〈전통사회의 여성의 힘〉은 봉건사회, 가부장제도권의 신분 아래에서 여성이 힘없는 존재로 알려졌지만, 그 '무력한 자의 힘', '여성의 힘'이 이제까지 우리 민족을 존속시키는 데 어떠한 공헌을 했는지를 탐색한다. 이남덕에 따르면, 여성들의 역량을 평가하는 데 단순히 그 지위나 신분이 낮다고 하는 것만 강조하면 피상적 고찰도 그치게 되고 전통의 여성들은 오히려 그 악조건 속에서도 자신들을 희생하는 자로, 노동하고 인내하는 자로서 인간적인 역량을 나타내 왔다고 강조한다.[59]

이러한 전통여성상들 가운데 조선조의 유교적 여성상이 오늘날의 여성상을 정립하는 데 가장 직접적으로 영향을 미쳤다. 따라서 그것이 가장 두드러진 우리 여성상의 원류가 된다면, 이 여성들이 오랜 기간 예의 훈련과 단련을 통하여 얻은 인간적인 역량들, 자기절제와 희생, 근면, 인내, 구별 등의 덕은 오늘날도 여전히 우리의 자산으로 탐색되어야 한다. 시간이 흐르고 상황은 변했지만 그것들은 오늘날도 여전히 모두에게 긴요한 기초적인 인간적 덕목이 됨을 본다.

그런 의미에서 이덕무의 《사소절》과 16세기 에라스무스의 《소년들의 예절론》을 비교연구한 왈라벤도 조선조 유교문화의 시기를 성공적인 한국 근대화를 위한 '전조건'(precondition)으로 보았다. 자기훈련, 사회의 이익을 위한 관심, 공부하고 정보를 얻고 정리할 수 있는 능력, 미래의 목표를 위해서 현재의 이익을 희생하고 일할 수 있는 능력들을 그 유교화의 훈련과정에서 얻어진 덕목들로 꼽고 있다.[60]

3) 유교 전통의 '공동체주의'적 의미

마지막으로 유교 전통이 현대 페미니즘과 대화하기에서 시사하는 세 번째 의미로서 우리는 '공동체주의'에 대한 가르침을 들고 싶다. 우리가 다 알다시피 유교 전통의 인간이해는 관계를 떠나서는 논할 수가 없다. 유교 전통에서는 결코 '절대 개인'을 상정하지 않고 인간을 인간이라고 부르는 것은 인간(人間)에 사이 간(間)자가 있듯이 사람[人]을 둘러싸고 있는 '사이'[間]들, 그 수없는 사이들, 즉 '인간관계'의 집합체인 사회를 구성하고 있기 때문이다. 또한 그 사회관계의 최소의 단위를 '가정'이라고 보고 거기서부터 시작하여서 '평천하'(平天下)를 구상하고 있기 때문에 유교 전통에서의 여성의 자기이해도 결코 개체적이지 않고, 자신의 역할을 가정의 일로서, 부모와 남편과 자식의 관계 안에서, 또한 그 가정의 일이라는 것도 평천하를 이루는 국가의 작업으로 보았다는 것이다.

그러나 이상과 같은 유교 전통의 인간이해와 거기에 따른 공동체 윤리는, 이제까지 근대 서구 개인주의 윤리의 측면에서 여러 가지로 비판 받아 왔다. 주체적 자아의식을 키워주지 못했고, 개인은 가족이나 사회의 이익에 함몰되며, 유교적 덕치주의라는 것도 상황 중심의 적당주의나 혈연 중심의 족벌주의, 신분 중심의 차별주의 등으로 전락했다는 것들이 지적되었다.[61] 특히, 현대 페미니즘은 유교 전통의 이러한 가족중심주의와 관계를 중시여기고 명분을 이야기하는 공동체주의적 삶의 방식이야말로 여성억압의 주요인이 되는 것이라고 끊임없이 강조하여 왔다.

그러나 최근 윤리학계에서 활발히 진행되고 있는 근대 자유주의 윤리와 그에 대하는 공동체주의 윤리 사이의 논의에서도 드러나듯이, 오늘날 삶의 궁극적 목적에 대한 의미들을 잃어버리고, 파편화되고, 분절화되어 살아가며 당면하게 되는 무의미와 혼돈을 생각해볼 때 지금까지의 근대 개인주의 윤리에 대한 점검은 긴요하다. 페미니즘의 논의에서 살펴볼 때도 지금까지 주로 여성적 해방에 대한 방해물로만 여겨져 왔던 가정과 가족의 의미가 재검토되고, 보살핌과 배려, 주변에 대한 책임감 등을 특성으로 갖는 '여성주의 윤리학'이 활발히 제기되는 것 등이 그 변화에 대한 요구라고 하겠다. [62]

공동체주의 윤리가들은 우선 근대 계몽주의의 자유주의 윤리가 상정하는 '독자적인 개인'(solitary individual), '무구속적 자아'(unencumberd self)라는 개념을 의심의 눈으로 바라본다. 칸트나 현대의 롤즈(J. Rawls) 등에서 발견되는 이 개념들은 공동체주의 윤리가들의 비판에 따르면, 자아란 공동체에 뿌리를 두고 있고, 사회적으로 구성되며, 사회의 목적에 의해 규정되고, 따라서 그로부터 분리될 수 없는 특성을 갖는다는 사실을 부인하는 것이라고 한다. 근대 자유주의자들은 모든 경험에 우선하고 삶의 경험에서 스스로 독립해 있는 어떤 선험적 주체와 자율적 주체를 가정하는데, 이 주체에 대한 과도한 강조와 신뢰로 그것이 "근원적으로 상황화된 자아"라는 사실을 보지 못했다는 것이다. [63]

그리하여 공동체주의자의 한 사람인 샌들(M. Sandel)은 독립적이고, 뿌리도 없고, 얽매이지 않은 자유주의적 자아의 성격을 탈맥락적이라고 비판하고, 이와 상반된 맥락을 갖는 자아를 "상호주관적 자아"(inter-subjective self)라고 부른다. [64] 그 상호주관적 자아란 사회적 목적과 애착에

밀착된 '우리 자신들'로 존재하고, 공동체 안에서의 사회적 관계 속에서 '뿌리내리고', 도덕적 토대로서 자아의 성격을 갖는다고 한다. 유사한 의미로 맥킨타이어(A. MacIntyre)는 역사와 사회적 맥락의 중요성을 강조하며 역사와 전통 속의 존재로서의 "서사적 자아"(narrative self)를 얘기한다.[65] 테일러(C. Taylor)는 근대적 인간을 "절연된 자아"(disengaged self), 즉 자신의 욕구 속에서 세계를 객관화하고 목적을 발견하고 경청할 수 있는 "자기규정적 원자론자"(self-defining atomist)라고 규정한다.[66]

공동체주의자들의 비판에 따르면, 이들 근대 자기규정적 개인들의 자아는 무구속적이고, 의지론적이기 때문에 그 행위의 선택은 임의성을 가지고, 감정의 선호에 좌우되며, 따라서 매우 주관주의적 성격을 갖는다. 이들에게는 근거 없는 선호감밖에 선택을 정당화할 토대가 없고, 선택된 목적의 질을 평가할 기준이 없기 때문에 결국 도덕적 상대주의에 빠지게 된다는 것이다. 이러한 무규범성과 혼돈이라는 윤리적 위기의 원인은 모든 도덕적 사상의 객관성과 인간정체성의 지속성을 확보하는 데 없어서는 안 될 '공동체'의 중요성을 간과했기 때문이다. 다시 말하면, 오늘날 윤리가 개인의 선호 내지는 자기결정 등에 의존하는 '주관주의'와 '주정주의'(emotivism)에 빠지게 되었고, 자신의 욕구 외에는 어떠한 다른 목적을 가질 수 없는 무목적성과 무방향성에 빠지게 되었다. 그것은 공동체에서 합의된 공유적 윤리기반이 없기 때문이다. 또한 이러한 윤리적 다의성과 불일치 상황에 직면하여 사회적이고 역사적인 맥락 안에서 합의를 찾아낼 목적론적 중심을 상실하였기 때문이라고 한다.[67]

이러한 상황분석에 근거하여 공동체주의자들은 다시 윤리에서 '토대' 세우기를 원하고, 그 대안적 윤리의 모습을 찾기 원한다. 그래서 예를 들어 전우주의 목적론적 체계를 말하며 사회적 동물로서의 인간의 특성을 강조하는 아리스토텔레스의 '덕의 윤리학'을 탐색하거나 칸트 선험윤리학의 추상성과 허구성을 비판하면서 개인의 정체성의 유지가 공동체에 참여함으로써만 가능하다는 것을 강조하는 헤겔의 '도덕성'(Sittlichkeit)의 윤리를 받아들인다.

헤겔은 이미 칸트의 절대의무율의 윤리학이란 살아있는 전인적인 인간을 고려하지 않고 오히려 인간의 참된 삶을 윤리학으로부터 배제해 버린 채, 삶을 소외된 계율에 예속시킨 것이라고 비판했다. 따라서 거기서의 인간은 자기 자신에게 예속된 것이며, 개별차로 고립되게 되어 자기와 화해하는 것을 영원히 이룩해낼 수 없다고 했다.[68]

삶의 풍부함과 다양함 때문에 필연적으로 의무의 충돌이 생길 수밖에 없다는 사실을 더욱더 현실적으로 인지한 헤겔은, 그리하여 공동체 안에서 이미 존재하고 있는 '습속'(習俗, Sitten)이나 관행, 기성의 규범들을 중요하게 다루는 "인륜적인 덕의 도덕"(Sittlichkeit)을 제시했다. 왜냐하면, 헤겔에 따르면, 인간에게 가장 중요한 것은 공적 생활과 관계맺음으로써 확보될 수 있으며, 구성원들은 그러한 제도와 실천에 참여함으로써 자신들의 정체성을 유지할 수 있고, 또한 그러한 이념들은 단순히 인간의 발명품이 아니라 궁극적인 목표의식을 지속적으로 가지게 해주는 가장 중심적이고, 중요한 규범들을 표현한 것이기 때문이라고 한다.

이상과 같이 '공동체를 자유로운 개인행동의 근거'로 보는 헤겔적인 세계관과 윤리관은 '평천하'(平天下)라는 우주적으로 뚜렷이 자각된 목적 아래 '가정'이라고 하는 가장 기초적인 인간의 공동체에서부터 시작해서 덕을 쌓아 나감으로써 道를 이루려는 유교적 인륜관과 많은 유사점을 가지고 있다. '출세간'(出世間)을 주장하는 불교나 도교의 道와는 달리 '내성'(內聖)과 '외왕'(外王)을 종합하여 도덕성의 완성을 공동체에서 실현하려는 것이 그것이다. 역사상 이러한 공동체주의가 전체주의의 유혹에 빠져들기도 했고, 특히 유교 전통의 국가주의나 가족이기주의 등이 많이 지적되어 왔지만, 오늘날의 원자화되고 파편화된 사회 속에서 다시 서로에게 관심을 갖게 하고, 그 남에 대한 관심이 반대로 다시 자신의 삶을 지탱해 주고 지속시켜주는 의미성을 부여하기도 한다. 그래서 인간의 삶을 지속하기 위해서 공동체주의적 관심은 여전히 긴요하며 오늘날 공동체주의는 더욱더 요구된다고 하겠다.

그런 의미에서 헤겔의 국가주의뿐만 아니라 유교의 국가주의적 忠도 권위주의적 전체주의나 편협한 민족주의로 전락하는 위험이 견제된다면, 여전히 개인들에게 공동체에 참여함으로써 자신들의 정체성을 유지하게 하고 삶의 더 좋은 것을 경험하게 하는 좋은 덕이 될 수 있다.[69] 특히, 송나라 신유학자 장재(張載, 1020~1077)의《서명》(西銘)은 그 공동체의식이 전 우주에까지 확장될 수 있는 가능성을 잘 보여 주었다.

그런데 여기에서는 하늘과 땅을 자신의 부모로 알고, 세상의 모든 사람들을 형제 자매로 알며, 심지어는 길거리에 깨어져 굴러다니는 기왓장 한 조각에서까지 자신과 하나됨을 느낄 수 있는 마음, 그것이 바로 인류의 목표라는 것을 잘 드러내고 있다. 이러한 유교의 '만물일체'(萬物一體)의 공동체 이상은, 특히 오늘날 과학문명의 시대에 인류가 직면해 있는 환경문제와 관련하여 자연까지도 그 공동체에 포괄시킬 수 있는 대안적 가능성으로 지적되기도 한다.

요즈음 페미니즘 윤리학에서 여성주의적 윤리의 특성으로 다시 부각시키고자 하는 '관계의 중시'와 '보살핌과 배려의 미덕', 인간적 삶에서 '가정적인 요소의 중시' 등은 모두 위에서 살펴본 공동체주의가 중요시하는 미덕들이다. 페미니즘은 이러한 미덕들을 지금까지 굴종의 도덕으로 치부하면서 거부해 왔지만, 다시 삶의 근원적인 가치됨이 인정되면서 이제는 사회적인 영역으로까지 확대 적용하는 것을 탐색하고 있다.[70] 그 한 예로 고대 그리스의 비극작가 소포클레스의《안티고네》에서, 안티고네가 왕의 법을 어기면서 자신의 가족인 오빠의 시신을 찾아 묻어 주는 행위를 보고, 그 안에서 여성적인 배려의 미덕, 공공법에 우선하는 가족적인 유대 중시의 원형을 보았다 그리고 그 '안티고네의 딸들'로서 오늘날의 여성들이 가족과 공동체의 가치를 공공생활의 영역까지 확대시킬 수 있다고 보았다.[71]

그러나 이러한 여성주의 윤리와 공동체주의 윤리의 유사성을 보는 허라금은 그 공동체주의적 논리가 여성에게 항상 유리하지만은 않다는 점을 잊지 말아야 한다고 말한다. 왜냐하면 공동체 안에서 이제까지 여성들은 항상 힘없는 그룹이었기에 다시 희생될 수 있기 때문인데, 대표적인 예가 바로 유교 전통에서의 여성이라고 하였다.[72]

이러한 논지는 일면 수긍이 가지만, 우리가 이제까지 시도해 온 대로 유교 전통에서 남녀의 구별을 더 이상 실체론적으로 이해하지 않을 경우, 그 유교 전통에서 당시 여성들이 강도 있게 실천해온 공동체주의적 윤리 덕목들이 오늘날에도 여전히 유효하고, 더 나아가서 오늘날과 같은 분자화와 이기주의 사회 속에서는 더욱더 요구된다고 하겠다.

조선시대의 여성들은 사회적 법적 지위가 낮았음에도, 그 사회가 家라는 것을 기본 단위로 삼았기 때문에 거기서 여성들은 실질적으로 이 家의 중심이 되었다. 그리고 이 家 속에서 며느리, 어머니, 그리고 부인으로서 그 공동체의 한 중심역할을 하며 살았다.

관계의 道가 크게 위협받고 있는 오늘날, 또한 인간(人間)이라는 말 속에서도 잘 드러나듯이 인간이 되는 길은 오로지 관계와 밀접한 공동체 속에서이며, 특히 그 인간 존재의 계속됨을 위해서 제일의 전제가 되는 '후대의 생존과 성장'을 위해서는 여전히 가까운 가정적인 관계와 밀접한 공동체적 관계가 요구된다는 사실을 생각해 볼 때, 이러한 관계들을 중시여기는 유교 전통의 덕목들은 오늘날의 페미니스트들을 위해서도 여전히 유효하고 시사하는 바가 크다고 하였다. 이 점에서는 서구의 페미니스트들보다도 그러한 삶을 누구보다도 치열하게 살았던 조선조 유교 여성들을 조상으로 들고 있고, 또한 자신들도 여전히 그러한 전통 속에 살고 있는 한국의 페미니스트들이 더 줄 것이 많다고 하겠다.

4. 마무리하는 말— '한국적 페미니즘' 을 위한 전망

이제까지 '유교 전통과 페미니즘'이라는 도저히 서로 관계될 것 같지 않은 두 대상을 서로 관계지으려고 노력했다. 오늘날 다원화된 상황 속에서 여성으로서, 특히 한국여성으로 살아가는 데에서 性의 정체성뿐만 아니라 민족적 정체성의 문제도 야기되었다는 인식 아래서 어떻게 두 관계가 서로 배타적이 되지 않고 오히려 서로 보완되고 자극적인 관계가 되어서 더욱더 통합된 인격의 모습을 그려낼 수 있을까를 탐색한 것이다.

도저히 서로 접근될 것 같지 않은 두 사이를 서로 접근시켜 보기 위해서 예전에 그랬던 두 사이, 즉 유교 전통과 서구 민주주의와 과학 전통의 관계가 어떻게 서로 상관되었나를 살펴보았고, 거기서 우리는 두 가지 사실을 알게 되었다. 하나는 유교 전통은 이제까지 2천년 이상의 긴 시간 동안에 각 시대의 새로운 변화에 항상 응전해 오며 핵심 문화전통으로 자라왔다는 것이고, 두 번째는 그렇다면 그 안에는 유교 전통의 실재적 전통이 되는 어떤 영속적인 가르침이 있어서 그것이 대화에서 항상 자극적인 힘이 되어 왔다고 지적할 수 있다는 것이다.

'장기적인 역사과정'에 대한 관심과 인간 삶의 여러 부분들을 '통합적으로' 보는 것의 중요성을 강조한 엘리아스의 도움 속에서 유교 전통의 세 가지 실재적 의미들을 가려내었다. 그것은 첫째가 '관계의 道'에 대한 가르침이었고, 두 번째는 禮의 실행을 통한 자기 단련과 성숙의 의미였으며, 세 번째는 '공동체'의 의미에 대한 가르침이었다. 이것은 한 마디로 유교 전통은 '윤리'[道統]에 대한 가르침을 핵심으로 삼아왔다는 것이며, 페미니즘 연구와 관련하여 볼 때 오늘날의 시각에 비추어 아무리 성차별적이었다고 해도 인간의 '문명화' 과정에서 역할을 했고, 또한 여전히 역할할 수 있다는 것을 인정하는 것이라고 하겠다.

그러나 아무리 이렇게 이야기한다 해도 오늘날 그 유교 전통에 대한 의심의 눈초리와 회의의 소리는 그렇게 수그러들지 않는 것 같다. 즉 유교의 남녀 유별을 더 이상 존재론적으로 파악하는 것이 아니라 기능적으로 파악하여 관계의 도를 가르쳐 주는 것으로 이해하고, 또한 유교의 禮가 신분적 상하관계를 고착하고 자연스런 인간적 표현들을 억압하는 것이 아니라 인간 삶의 또 하나의 근원적 가치인 질서와 구별을 목적하는 것으로 보며, 더 나아가 그의 공동체에 대한 가르침을, 개인과 특히 여성들을 속박하려는 것이 아니라, 인간 존재의 원래적 모습인 관계적 삶의 가치를 드러내 주는 것으로 이해하고자 하여도 쉽게 받아들여지지 않는다.

유교 전통과 서구의 민주주의, 과학 전통과 대화하기에서도 유교 전통에 대해 끊임없이 긍정적으로 평가하고 탐색했지만 "중국의 정치는 끝내 민주라는 길로 나아가지 못하고 군주전제라는 길로 향하여 나갔다"라고 하거나, "역사상 유가사상이 주도하는 중국사회가 과학과 민주를 발생시킬 수 없다고 하는 너무나 확실한 사실", 또한 "경제적인 부와 정치에서의 민주, 법제를 동시에 추구하기에는 현대화된 유가이론일지라도 아직은 벅차다"라고 평가한 것들은 모두 그런 표현들이라 하겠다.[73]

이렇게 의심과 비판이 쉽게 수그러들지 않는 것은 오늘날 우리의 현실사회는 아직 여전히 심하게 유교적 가부장주의의 억압 아래 놓여 있고, 특히 많은 여성들이 이에 고통받고 있기 때문이다.

그러나 한편, 우리 사회도 서구 근대 계몽사상의 지나친 개인주의와 이기주의에 위협받고 있고, 특히 性의 개방이 점점 더 이루어지면서 이제는 각자가 자신의 性에 대해 책임을 질 수 있어야 하지만 현실은 그렇지 못한 것을 볼 때, 그리고 그 성생활에서 '윤리성'과 '목적성'이 다시 물어져야 하는 상황에 이른 것을 보면서, 유교 전통의 가르침은 다시 그 역할을 할 때가 온 것으로 보인다.

지금까지의 이야기를 유교 전통의 의미로 말해보면 그것은 바로 그 전통이 인간 실재의 궁극적 모습으로 삼는 '성인'(聖人)과 '대인'(大人)의 경지를 추구하는 것이라 하겠다. 유교 전통은 인간 누구나가 자신 안에 이미 가지고 있는 '인간성의 씨앗'(性 또는 仁)을 잘 키워 나가면 이와 같은 경지에 이를 수 있다고 가르친다. 이러한 의미에서 여성 유교학자 줄리아 칭의 다음과 같은 지적은 시사하는 바가 크다. 즉 유교가 "퇴영적 이념, 공허한 공부, 호혜주의를 무시한 계층관계의 사회, 부모가 자녀들을 지배하고 남자가 여자를 지배하는 영원한 지배, 그리고 미래에는 관심이 없고 오로지 과거에만 집착하는 사회질서" 등을 의미한다면 그런 유교는 오늘날의 실정에 부적합하고, 따라서 마땅히 무시되거나 배격되어야 한다. 하지만 그러나 유교가 "인간의 존엄성, 도덕적으로 위대해질 수 있고, 심지어 성인의 경지에까지도 이를 수 있다는 가능성, 도덕적 가치에 입각한 사회에서 타인과 맺어야 할 근본적인 관계, 실재에 대한 해석 및 초월적인 것에 개방적인 자아의 형이상학 등의 역동적 발견"을 뜻한다면, 이런 유교는 오늘날도 적합한 것이고, 이를 무시하거나 회의할 수 없을 것이라는 사실이다.[74]

프랑스의 여성 철학자 바텡테(E. Badinter)는 유전학적 성분화에서 수컷 태아 'XY'가 암컷 태아 'XX'보다 더 복잡한 진화과정을 거치고, 태어난 후에도 남성의 성을 가지고 태어난 아이가 여아보다 더 드라마틱한 '남성으로의 분화' 과정을 겪는다는 사실에 주목한다. 남아는 여아와는 달리 자신의 모든 것이었던 여자인 어머니로부터 분리됨을 통해서만 남자가 될 수 있기 때문이다.[75]

이렇게 우리의 성 정체성 확립에서 여성뿐만 아니라 남성도 '되어져야' 한다는 사실에 주목하는 그녀에 따르면 남성들은 자신의 성 정체성 획득을 위하여 자신의 또 다른 성적 측면인 여성성을 가능한 심하게 억압해야 했다는 것이다. 이것을 인류사 진화적인 측면에서 보면 가부장주의 시기와 맞먹는다고 하겠다. 즉 처음 거칠었던 이 지구상에 살아남기 위하여, 그리고 이 땅 위에 어떻게든 자연의 오랜 기간의 진화의 꽃인 인간의 정신을 퍼뜨리기 위해 투쟁하기 위해서는, 그런 극단적인 가부장주의적이고 남성주의적인 집중과 분리가 불가피했을 것이라는 의미이다.

그러나 이제 더 이상 그러한 남성적인 힘의 원리가 지배적이지 않게 된 이상, 남성들로 하여금 그 과거의 시대에 자신들의 남성성 획득을 위해 필연적으로 거부해야 했던 여성성을 다시 자신의 일부로 회복하도록 도와주어야 하고, 또한 그 남성적 덕목이라고 하는 것도 이제 더 이상 자신들에게만 해당되는 것이 아니고 또한 쉽게 수동적으로 얻어지는 것이 아니라, 남녀 누구나가 노력과 필요성에 따라서 얻어지는 덕으로 찬양되어야 한다는 것을 가르쳐 주어야 한다고 강조한다.[76]

바텡테의 말을 들어보면 "수천 년 동안의 전통이 그것들(남성적 덕목과 여성적 덕목)에게 특정한 하나의 성을 부여함으로써 그들을 서로 대립시켰다 할지라도, 하나가 없는 다른 하나는 악몽이 될 수밖에 없고, 모험의 취향은 자살로 이르게 되며, 저항은 공격으로 변할 수밖에 없다"는 것이다.[77] 이 이야기들은 바로 우리가 이제까지 살펴본 유교 전통의 '구별'과 '조화'의 가르침과 다르지 않음을 알게 한다.

우리가 오늘날도 매일 매일의 구체적인 삶에서 깨닫게 되는 진리, 희생과 인내와 고통이 없이는 아무런 생명도 피어나질 않고, 누군가의 겉으로 드러난 삶의 개화 뒤에는 반드시 보이지 않는 희생의 손길이 숨어 있다는 사실을 생각할 때, 이 진리를 어느 누구보다도 더 절실하게 여기며 살아온 유교 전통 속의 한국 여성들의 삶을 탐색하는 일은 우리 모두를 위해서 여전히 큰 의미를 지닌다.

마지막으로 '한국적 여성학'의 모습과 그 할 일을 전망해 본다면, 그것은 바로 그러한 전통의 여성들이 고통 속에서 가꾸어 온 삶의 의미와 가치들을 탐색하고 그것들을 더욱 분명하게 드러내는 일이라고 생각한다. 물론 그 의미들은 이제 더 이상 예전의 규정대로의 '여성들만을' 위한 것이 아니다. 위에서 남성들의 덕목들에서도 같은 말을 했듯이, 이 여성적인 덕목들은 이제 남녀 모두에게 속하는 것이고 가치 있는 것이다. 그런 시각에서 '제도로서의 모성이 아니라 체험으로서의 모성, 물화된 성이 아니라 관계로서의 성'을 이야기하고, 모성의 체험을 문화적인 것으로 보아서 이제 남성도 같이 나누어질 수 있다고 깨우쳐 주어야 한다는 지적은 타당하다.[78] 가족이라고 하는 것도 경제, 사회적 변화에 종속된 집단으로서 도구적 기능 이상의 의미가 있을 때 가치가 있는 것이다. 미래의 가족은 사회와 밀접하게 연계를 맺으나, 사회의 구속을 벗어나서 오히려 사회를 변화시켜 나가는 작용을 할 때 의미가 있다.[79]

이상과 같이 '모성'과 '가족'과 '가정'의 내용과 의미는 변할 수 있지만, 관계를 맺고 관계 안에서 살아가며 그 관계 속에서만 인간일 수 있다는 인간적 의미는 결코 변하지 않는다. 그런 의미에서 유교 전통은 우리에게 여전히 귀중한 가르침이 된다.

주 ________

1) Lee-Linke, *Fraunen gegen Konfuzius* (Güterloher Verlagshaus), 1991.

2) 김은실, 〈민족담론과 여성 — 문화권력, 주체에 관한 비판적 읽기〉, 《한국여성학》 제10집, 한국여성학회, 1994, pp.26~36.

3) 위의 글, pp.18~19.

4) 윤택림, 〈민족주의 담론과 여성 — 여성주의 역사에 대한 시론〉, 《한국여성학》 제10집, 한국여성학회, 1994, p.105.

5) 위의 글, pp.109~113.

6) 톰 네언, 〈민족주의의 양면성〉, 백낙청 편, 《민족주의란 무엇인가》, 창작과비평사, 1981, pp.146~254.

7) Lee-Linke, op. cit., p.212.

8) 김은실, 앞의 글, p.93.

9) 위의 글, p.44 ; 윤택림, 앞의 글, p.106.

10) 윤택림, 위의 글, p.93.

11) 박현옥, 〈여성, 민족, 계급 — 다름과 집합적 행위〉, 《한국여성학》 제10집, 한국여성학회, 1994, p.59.

12) 위의 글, pp.72~78.

13) 위의 글, pp.73~74.

14) 위의 글, p.78.

15) 김효선, 《우리시대의 결혼이야기》, 여성신문사, 1994.

16) L. Nicholson(ed.), *Feminism / Postmodernism* (New York : Routledge, 1990).

17) 박현옥, 앞의 글, p.54.

18) A. MacIntyre, *Der Verlust der Tugend : Zur moralischehen Krise der Gegenwart* (Frankfurt · New York : Campus Verlag, 1987).

19) M. F. Belenky et. al., *Das andere Denken* (Frankfurt · New York : Campus Verlag, 1989).

20) 윤사순, 《한국유학사상론》(열음사 총서 3), 열음사, 1986, pp.58~59.

21) 김승혜, 《원시유학 — 논어, 맹자, 순자에 대한 해석학적 접근》(대우학술총서 인문사회과학 51), 민음사, 1990, p.10.

22) 송영배, 《유교적 전통과 중국혁명 — 유교사상, 유교적 사회와 마르크스주의의 중국화》, 철학과현실사, 1992, p.284ff.

23) 鄭家棟, 한국철학사상연구회 논전사분과 역, 《현대 신유학》, 예문서원, 1993, p.17.

24) 위의 책, p.253.

25) 위의 책, p.367ff.

26) 위의 책, pp.20~21.

27) 루신, 〈중국의 유교철학과 그 현대적 역할〉, 《유교문화의 보편성과 특수성》(제8회 한국학

국제학술회의 논문집), 한국정신문화연구원, 1994, p.70ff.

28) 에드워드 쉴즈 저, 김병서 · 신현순 역,《전통》(대우학술총서 번역 51), 민음사, 1992, p.426.

29) 노버트 엘리아스 저, 유희수 역,《매너의 역사─문명화 과정》, 신서원, 1995.

30) 위의 책, p.23.

31) 위의 책, p.344, 352, 389.

32) 위의 책, p.347, 353.

33) Boudewijn Walraven, "The Confucianigation of Korea as a Civilizing Process",《유교문
   화의 보편성과 특수성》.

34) 박용옥, 하현강 외 공저,《한국여성의 전통상》, 민음사, 1985, p.150.

35) 이능화 저, 김상억 역,《조선여속고》, 동문선, 1990, pp.81~89.

36) 錢遜, 앞의 글, p.244.

37) 박용옥,〈유교적 여성관의 재조명〉,《한국여성연구》, 청하, 1988, p.25.

38) 金景芳 외 공저,《易의 이해─주역계사전》, 예문지, 1993, p.30.

39) 다까다 아쓰시 저, 이기동 역,《주역이란 무엇인가》, 여강출판사, 1991, p.27.

40) 정세화,〈한국여성교육이념의 理氣철학적 연구〉, 연세대 대학원 박사논문(교육학), 1989,
   p.103.

41) 반 퍼슨,《급변하는 흐름 속의 문화》, 서광사, 1994, p.76.

42) 위의 책, p.117ff.

43) 김충열,《유가 윤리강의》, 예문서원, 1994, p.64.

44) 김용옥,《여자란 무엇인가》, 통나무, 1989, p.113.

45) 박용옥, 앞의 글, p.30.

46) 박용옥,《한국근대여성사》, 정음사, 1975, p.4.

47) 위의 책, p.11.

48) 이범직,《한국중세 예사상연구─오례를 중심으로》, 일조각, 1991, p.198ff.

49) 윤사순,《한국유학사상론》(열음사 총서 3), 열음사, 1986, p.61ff.

50) B. Walraven, op. cit., p.543ff.

51) 손직수,〈조선시대 여성교훈서에 관한 연구〉, 성균관대 대학원 박사논문(교육학), 1980,
   p.20.

52) 시몬느 드 보봐르,《제2의 性》, 을유문화사, p.12.

53) 노버트 엘리아스, 앞의 책, p.53.

54) 강진옥

55) 장덕순,〈한글수호자로서의 여인상〉, 하현강 외 공저,《한국여성의 전통상》, 민음사, 1985,
   p.29ff.

56) 한국여성사편집위원회,《한국여성사 I》, 이화여대출판부, 1985, pp.311~312.

57) 박용옥, 앞의 글, p.49.

58) 김용옥,《삼국통일과 한국통일》, 통나무, 1994, p.172.

59) 이남덕, 〈전통여성과 여성의 힘〉, (김활란박사 5주기기념), 한국여성연구협의회.

60) B. Walraven. op. cit., p.554.

61) 신옥희, 《실존 · 윤리 · 신앙—동서양 사상을 중심으로》, 한국아카데미, 1995, p.69ff.

62) C. H. Sommers, "Philosophers against the Family", G. Graham and H. Lafollette(ed.), *Person to Person* (Philadelphia : Temple Univ. Press, 1989).

63) 심성보, 〈공동체주의의 교육윤리학적 연구〉, 고려대 대학원 박사논문(교육학), 1995, p.16ff.

64) M. Sandel, *Liberslim and the Limits of Justice* (Cambridge : Cambridge Univ. Press, 1982), pp.152~154.

65) A. MacIntyre, op. cit..

66) A. Taylor, *Source of the Self : The Making of the modern Identity* (Cambridge : Harvard Univ. Press, 1992), p.113.

67) A. MacIntyre, op. cit., p.19ff.

68) G. 루카치 저, 서유석 외 역, 《청년 헤겔 2》, 동녘, 1986, p.223ff.

69) 안병주, 〈한국사회와 유교사회〉, 한국철학회, 《문화철학》, 철학과현실사, 1995, p.110.

70) C. C. Gould, "Feminism and Democratic Community Revisited", J. Chapman and I. Shapire(ed.), *Nomos xxxv : Democratic Community* (New York : New York University Press, 1993).

71) J. B. Elshtiain, "Antigone' s Daughter", *Communitarianism* (San Francisco State University, 1982).

72) 허라금, 〈윤리이론적 전통에서 본 여성주의 윤리학〉, 《여성신학논집》 제1집, 이화여대 여성신학연구소, 1995, p.51ff.

73) 鄭家棟, 앞의 책, p.180.

74) 줄리아 칭 저, 변선환 역, 《유교와 기독교》, 분도출판사, 1994, pp.293~294.

75) 엘리자베스 바텡테 저, 최석 역, 《XY 남성의 본질에 대하여》, 민맥, 1993, p.65ff.

76) 위의 책, p.253ff.

77) 위의 책, p.288.

78) 조혜정, 《한국의 여성과 남성》, 문학과지성사, 1988, p.352, 355.

79) 조혜정, 〈가부장제 변경과 극복〉, 《한국여성연구 Ⅰ》, p.299.

1. 유교와 페미니즘, 왜 만나야 하는가?

오늘날 우리 주변에 유교에 대한 담론들이 여전히 무성하다. 몇 년 전 IMF 구제금융의 위기상황을 맞이한 아시아에서 '동아시아 가치'를 묻는 자리에서도 유교에 대한 담론이 핵심을 차지했고, 특히 '공자 죽이기'나 '공자 살리기'의 직설적 언어 속에서 유교적 가치에 대한 이야기가 뜨거웠다.

'공자 살리기'의 맥락에서 '공자 죽이기'를 비판한 어느 글에서는 '공자 죽이기'의 세계관을 "현재지상주의, 문화상업주의, 파시즘, 페미니즘, 실용주의, 결과주의"로 규정하였는데,[1] 필자는 이 맥락에서 '페미니즘'도 다시 거론되었다는 사실에 주목한다. 이 주장대로라면 '공자 죽이기'의 김경일은 페미니스트여야 하고, 그 페미니즘을 우리 삶의 긴요하고도 기초적인 가치관으로 받아들이는 필자가 김경일의 여성 이야기에 찬성할 수 있었어야 하는데 그럴 수 없었다. 그는 신사임당이나 춘향이를 "침묵과 좌절의 분노"에 떨었거나 "웃기는" 여자였다고 평가하면서 황진이는 오히려 "사랑스럽다"고 한다. 그러면서 그의 결론은 여성과 남성을 "인간으로서 서로를 보아야 한다"고 하면서, "그리고 여성을 원시 속의 순수로 돌려보내야 한다. 거기에 남성의 위안이 있다"라고 맺는다. 페미니스트로 평가받는 그의 결론이 여성을 남성의 '위안부'로 보는 것이다.[2]

그렇다면 이러한 여성비하적인 결론을 보고서 페미니스트들은 '공자 살리기'의 입장을 따라가야 하는 것일까? 그러나 공자 살리기의 입장은 분명히 페미니즘을 부정적으로 거론하였다. 그래서 필자는 왜 그가 공자를 살리려는 논쟁에서 다시 페미니즘을 들먹였으며, 그렇지 않아도 '견원지간'(犬猿之間)과 같은 관계를 더 악화시키는 표현을 했을까 물으면서 안타까움을 금치 못한다. 오늘날 우리 사회도 많이 변하였고, 현재의 학문세계에서 페미니즘의 시각은 이제 하나의 보편적 인식 담론이 되었는 데도 말이다.

이상과 같은 상황 설명이 현재 한국에서 '유교'와 '페미니즘'의 관계 모습을 드러내주는 단적인 표현이다. 그동안 한국에서도 페미니즘 담론이 거의 20년 이상 거론되어 왔고 대학에서 여성학 강좌가 10년 이상 인기를 차지하며 대중적인 강좌로 자리잡아 왔다. 그러나 오늘날은 그 페미니즘을 받아들이고 지지한다고 하는 입장이 자칫 여성들을 '쾌락'과 '색'(色)의 차원으로만 보게 하여, 김경일의 예에서 보듯이, "원시 속의 순수한 여성"을 찾아서 "남성의 위안"을 찾자는 주장이 나오게도 한다.

오늘날 우리 사회에는 아주 심하게 각종 성의 담론이 만연되어 있다. 그래서 나이와 대상과 시공을 초월하여 삶의 많은 측면들이 지나치게 '성적으로'(sexually) 해석되고 있다. 그래서 어느 경우는 대학에서 여성학 강좌가 더 앞서 나가는 학생들에게 이제 인기 없는 '도덕' 수업처럼 느껴지기도 하고, 또 한편으로는 성적 소비문화의 만연 속에서 그 자체가 한 소비재로 전락한 모습을 보이기도 한다고 지적되었다. 따라서 여성학은 이제 '버전 업'되어야 한다는 소리가 나오는데,[3] 필자는 이 '버전

업'의 방향이 지금까지처럼 서구의 이론들을 끌어들이고 성 담론을 단순히 개방하고 파헤치는 일로만 행해져서는 안 된다고 생각한다.

이제는 한국의 여성학이 자신의 민족적 전통하고도 대면할 수 있어야 한다. 또한 우리의 삶과 존재를 이루는 성적 차원 이외의 다른 다양한 측면들도 같이 고려하면서 진정으로 삶을 위한 여성학으로 거듭나야 한다. 그런 의미에서 요즈음의 유교 전통에 대한 무수한 담론들에서 표현되듯이 우리의 핵심 문화전통이고, 또한 우리가 현대의 페미니즘 담론을 통해서 답을 얻으려고 하는 性과 몸의 요구와 욕구의 물음이 바로 그 유교 전통이 핵심적으로 관계하여 답을 얻으려고 했던 주제이기 때문에 둘의 만남은 의미 있는 것으로 보인다. 더군다나 오늘의 페미니즘이 그 무목적성과 거대담론화로 새로운 길을 모색하고 있는 상황이기 때문이다.

유교의 입장에서 보면 이 대화의 요구와 필요성은 더욱 분명해진다. 이제 인류는 거의 3천년 이상이나 지속되었던 가부장주의 시대와 화석연료의 시대를 마감하고 새로운 문명의 시대로 진입하고 있다. 여기서 여성해방의 이론은 가장 강력한 문화조류의 하나가 되었다. 한국도 벌써 20년 이상 대학에서 여성학이 강의되어 왔다. 그 성의 담론을 토론하는 학회인 '한국여성학회'는 1984년에 설립되어 가장 큰 학회 가운데 하나가 되었다.

그리고 1987년 남녀고용평등법 제정, 1989년 가족법 개정, 모자보건법 제정을 거쳐, 1992 성폭력 특별법, 1995년 여성발전기본법, 1997년 가정폭력방지법 등 여성을 위한 법제도적 정비도 활발하게 진행되고 있다. 1999년에는 직장에서 성희롱 금지를 포함하는 '남녀차별금지 및 구제법'이 제정되었고, 1988년 8월 12일에는 '호주제' 폐지를 위한 시민연대가 만들어졌다. 이와 더불어 각종 여성단체들의 성립과 활동도 괄목할 만하게 신장하여 1987년 21개 여성단체가 모여 전국적인 '한국여성단체연합(여연)'을 결성하였다. 여성의 전화(1983), 여성신문(1985), 정신대 문제 대책협의회 등과 더불어 한국여성유권자연맹은 국회에 여성의원 10퍼센트를 확보하기 위한 차세대 여성지도자 발굴을 주요 목표로 삼고 있다.

이상과 같이 시대사적으로 국내외의 상황은 기존의 사랑과 성, 연애, 결혼, 가족 등에 대한 담론들이 크게 변하고 있다. 그런데 유교의 전통은 여전히 그것들과 담을 쌓고 대화하려고 하지 않는다. 그래서 예를 들어 한국에서 남성노인들의 상황을 다음과 같이 그려볼 수 있다.

유교 전통에서는 '나이듦'과 '노인'에 대한 공경이 중시된다. 그것은 어른을 가리키는 '성인'(成人) 개념에서도 나타나듯이 '사람이 되어 가는 것'과 '인간성의 충실한 실현을 위해서 길을 달려온 사람'에 대한 존경이 표현된 것이다.[4] 그렇다면 유교 전통이 살아있는 우리나라에서는 그 발달 과정을 온전히 달려온 '성숙한 남성노인'들을 많이 볼 수 있어야 하는데, 실상은 별로 그렇지 않은 것 같다. 오히려 오늘날 '나이든 여성노인(할머니)'들과는 달리 그들은 여전한 경직성과 권위성, 일상적인 삶에서의 종속성 때문에 별로 환영받지 못하는 것 같다. 그래서 '젖은 낙엽', '종이 호랑이', '이혼이나 버려질 것을 두려워하는 70대 남성노인' 등에 대한 희화가 무성하다. 이러한 상황이 야기되는 까닭은 그들의 인격적인 경직에 있다고 하겠는데, 많은 경우 그것은 유교 전통과 관련이 있다. 오늘날의 페미니즘은 거기에 대한 가장 강력한 도전이다.

서구의 경우를 살펴보면 이미 1960년대부터 기독교와 페미니즘의 만남은 활발하게 이루어져 왔고, 오늘날 서구 현대신학의 꽃이라고 하는 '여성신학'(Feminist Theology)은 가장 근본적으로, 그리고 가장 혁신적으로 전통의 기독교 신학과 교회를 바꾸어 가고 있다. 21세기 인류 최대의 과제로 꼽히는 인간과 자연의 화해, 종교간의 대화, 그리고 지식과 삶의 하나됨은 바로 여성주의적 시각과 대화가 없고서는 풀 수 없는 문제들이다. 그리하여 인류가 이제 다시 물질적 과학주의와 계몽주의의 한계를 깨닫고 종교와 신화에 관심을 가지며 윤리와 도덕을 중요하게 여기기 시작했다면 유교도 거기서 도태되지 않고 그 역할을 수행해 나가기 위해서 여성주의적 시각과의 대화를 빨리 그리고 활발히 전개시켜 나가야 한다.

유교 전통이 과거 불교와 만났을 때, 그리고 20세기 초 서구 민주주의 과학 전통과 만났을 때 나누었던 창조적인 대화는 그 대화가 결코 유교 전통에 해가 되지 않았음을 보여 주었다. 오히려 그 만남들은 당시 경직되어 있었고 고사상태에 빠져 있던 유교를 새롭게 하였으며, 창조적 변형을 꾀할 수 있도록 도와주었다. 이와 같이 오늘날 새로운 문명시대의 도래에서 페미니즘과 대화하기는 그 어떤 대화보다도 풍성한 열매를 얻게 될 것이다. 그만큼 도전 또한 클 것임이 틀림없다.

이 글은 이상과 같은 문제의식과 상황의식을 가지고 유교 전통과 페미니즘과 대화 가능성을 탐색하는 것이다. 거기에서 구체적인 각론에 들어가는 것보다는 서구 기독교에서의 전통신학과 여성의식이 어떻게 만나서 새로운 여성신학을 이루는가를 살펴봄으로써 유교와 페미니즘이 관계 맺을 수 있는 방법을 찾아보려는 것이다.

이 일에서 필자는 유교와 기독교의 대화에 힘을 기울여 왔고, 여기에 다시 여성의식을 첨가시켜 기독교 여성신학자로서 역할하며 유교 전통과 대화하기 속에서 '한국적 페미니즘'의 구축에 관심을 가져온 필자의 학문적 여정이 바로 그 가능성 탐색의 과정이라고 생각하여 다음 2절에서도 '한국적 페미니즘' 모색의 길로 그것을 먼저 소개하고자 한다. 거기에 이어서 3절에서는 가장 심도 있게 전통신학과 해석학적 작업을 펼치는 두 여성신학자, 엘리자베드 피오렌자(E. Fiorenza)와 샐리 맥페이그(S. McFague)를 소개하고, 4절 유교와 페미니즘의 관계 맺음을 위한 해석학적 제안들에서는 그것과 연결하여 필자 나름의 유교와 페미니즘의 대화 방식들을 몇 가지로 제안하고자 한다.

2. '한국적 페미니즘' 모색의 길

서양철학과 신학을 전공한 필자가 아시아의 유교 전통에 관심을 갖게
된 것은 1980년대 스위스에 유학하면서 당시 필자의 지도교수였던 프리
츠 부리(Fritz Buri) 교수의 영향 때문이다. 그는 일찍이 유럽문화와 다른
아시아나 미국문화에 관심을 가지면서 여러 차례 교환교수로 그곳을 방
문하였다. 그는 일본 교토학파 선불교와의 기념비적인 비교연구서인《참
된 자아의 주(主)로서의 부처와 예수(*Der Buddha – Chritus als Herr des
wahren Selbst*, 1982)》라는 책을 지었다. 부리 교수는 당시 프랑스의 고
생물학자이며 신부였던 테이아르 드 샤르뎅(Teilhard de Chardin)에 대한
석사과정 논문을 마치고 박사학위논문 주제를 탐색하고 있던 필자에게,
중국의 왕양명과 스위스의 페스탈로치를 비교연구해보라고 제안하셨다.

필자는 그때까지 한국을 비롯한 아시아의 사상 전통에 대해 거의 문
외한이나 다름없었지만 곧 왕양명의 삶과 사상에 깊이 빠져들었고, 그를
매개로 한 동아시아 사상 전개의 역사, 특히 유교역사의 전개에 많은 관
심을 갖게 되었다. 비록 동서의 서로 다른 장소에서, 그리고 거의 300년
의 시대 차이 속에서 살았던 두 사상가이지만 필자는 페스탈로치와 왕양
명의 사상 속에서 깊은 유사점을 보고서 그 연구의 결과물을 〈뜨거운
'心'의 사상가들 ― 페스탈로치와 왕양명의 인간교육에 있어서의 종교적
철학적 근거(Zwei Denker des brennenden Herzens : Die religioese Grundlage
der Menschenbildung bei H.Pestalozzi und Wang Yang-ming, 1988'〉라는
논문으로 썼다.

여기서 필자가 이 두 사상가의 사상발전에서 네 가지 공통된 핵으로
찾아낸 것은 ① 이 둘 모두가 다 '초월'[神的 씨앗 또는 理]을 인간 心의
깊은 내면으로 내면화시켰다는 점이며, ② 이렇게 내재된 초월을 담지하
고 있는 인간은 그러므로 선과 악 또는 理나 氣의 이원론적 형이상학적

실체로 나누어지는 존재가 아니라 그 삶의 전일적이며 통전적인 움직임 속에서 내면의 초월을 실현해 나가는 존재로 본 것이며, ③ 그리하여 그들에게서 그 초월의 실현을 현실화시키는 실천과 행함, 배움이 특히 중시되고, ④ 그래서 궁극적으로 세상의 만물을 어우르는 '만물일체'(萬物一體)의 신비를 그리고 있다는 점이다.

　필자는 초월을 내면화해서 양지(良知)로 표현하고, 우리 마음의 태극(太極)이나 易 또는 道로 파악한 양명의 사상을 후일 '그리스도교이후'(postchristian) 윤리신학자들의 '성령' 이해와 결부시켰다. 그리스도교이후 신학자들은 이제까지 기독교 신학이 예수의 그리스도성에 대한 형이상학적 실체화를 통해서 배타적으로 예수를 '유일회적' 그리스도로 이해하는 것을 비판하고 '다수의 그리스도', '신 중심적 그리스도', '윤리적 그리스도'를 주장하는 그룹들이다. 즉 성령으로서의 하느님을 말하며, 그 성령의 임재(臨在)와 담지를 통해 그리스도가 됨을 주창하는 이들의 성령 중심적 열린 사고는 바로 그 배타성을 철회함으로써 다른 종교들과 만날 수 있는 가능성을 활짝 열어 놓은 것이다. 유일회적으로 2천년 전의 한 유대인 남성 예수만을 그리스도로 보는 시각에서 벗어나서, 다수의 그리스도를 말하려는 이들의 탐색을 양지(良知)의 담지와 성숙을 통해 누구나 성인(聖人)이 될 수 있다고 말해 주는 양명의 확신 속에서 더욱더 뚜렷한 유교적 대응을 볼 수 있었다. 그리고 이러한 해석은 후일 여성과 남성 예수, 그리스도가 만나는 데서도 좋은 근거가 되었다.

　필자는 한국에 돌아와서 두 아이와 함께 가정을 꾸리고 일하면서 여성의식을 깨우쳤다. 그때까지 관심은 주로 유교와 기독교를 접목시키는 것이었고, 그것을 특히 교육적인 관심 아래서 행하는 것이었다. 그러나 삶의 한가운데서 여성의식이 일깨워지면서 그때까지 필자의 기독교와 유교에 대한 생각들은 다시 한번 '性'의식의 관점에서 깨어졌다. 그러나 이미 타종교(유교)와 대화하기 위하여 기독교의 전통을 급진적으로 해체시켜본 경험이 있는 필자로서는 그 일이 그렇게 힘들지 않았다.

위에서도 지적했듯이 전통적 기독교의 '그리스도 우상주의'를 비판하고 있던 필자로서는 여성의식에 따른 남성 그리스도의 배타성과 '아버지 하느님'의 가부장주의를 해체시키는 일은 어렵지 않았다. 그러나 페미니스트 종교인의 입장에서 한국의 일반 페미니즘 운동과 만나는 일은 어려웠다. 왜냐하면 지금도 크게 달라지지 않았지만 지금까지 우리나라 페미니즘 운동과 그 학문적 탐구인 여성학은 주로 사회과학적인 시각에서 행해져 왔고 이것을 주도하는 여성학자들에게서 '종교'나 '전통' 또는 '민족'이라는 주제는 주로 성억압적인 기제들로 파악되어 왔기 때문이다.

그래서 이들은 서구 계몽주의의 딸들로서 자아의 독립과 해방, 보편과 현재를 가장 우선으로 여겼고, 그 외의 다른 것을 이야기하는 것은 반페미니즘적이라 외면했다. 이와 같은 한국 페미니즘 운동의 서구이론 지향적 급진성과 편향성에 대해 간간이 비판하는 소리도 들렸고, 그러한 서구적 급진성 때문에 결국 그 이론을 펼치는 사람들은 자신들의 레즈비언성은 공개하지 않으면서 학생들만 그 쪽으로 몰아간다고 세차게 비판받기도 했지만,[5] 지금까지 여성학계 안에서 '다른 목소리'들은 들을 수가 없었다. 한국 여성들의 성억압적 상황이 그만큼 열악했기 때문이다.

그러는 동안에 작가 이문열은 조선 중기의 여성 정부인 안동장씨(貞夫人 安東張氏, 1598~1680)의 생애를 통해서 한국 페미니즘 운동을 원색적이고 가부장적으로 비난하는 작품 《선택》을 출간했다. 그런데 이 작품은 그렇지 않아도 한국여성들의 삶이 이렇게 성차별적으로 고통받게 된 것은 모두 유교문화 전통 때문이라는 비난을 받아오던 터에 결국 유교하고는 도저히 관계해 볼 수 없는 일이라고 더욱 외면받게 만드는 꼴이 되었다.[6]

이러한 상황이지만 필자는 계속해서 유교 전통과 페미니즘을 연결시키려고 노력하였다. 앞에서 서술한 대로 서구로부터 전해 받은 기독교를 받아들여 기독교 사상가가 되었지만, 그것의 배타적 한계점을 보고 그 극복의 가능성을 유교 전통에서 보았던 필자로서는 쉽게 포기할 수가 없었다.

유교의 가르침이란 앞의 양명의 예에서 잘 드러난 것처럼 인간 누구에게나 내재적 가능성을 보고서 그것을 계발하고 가꿈으로써 존재의미를 실현하려는 것이다. 오늘날 서구 기독교 신학이 전통의 배타적 그리스도론의 한계를 극복하고 더욱 포괄적으로 타자를 아우르고 이제는 자연까지도 그 의미실현의 작업에 포함시키기 위해서 아시아의 유교 전통과 대화하고자 한다면, 왜 여성에게만 유독 그것이 반가치가 되는 것일까라고 생각했다. 더군다나 오늘날 여성학이 버전 업 되어야 한다는 이야기도 나오고, 앞에서 지적한 대로 오늘 우리 사회에서 각종 성 담론이 범람하는 가운데 다시 그 성 문화의 방향성과 목적성을 묻고 있는 상황에서 말이다.

오늘날의 여성들이 유교의 반여성적 속성들을 들추어내기 위해서 항상 이야기하는 '열'(烈)의 개념이나, '칠거지악'(七去之惡), '삼종지도'(三從之道) 또는 '내외법'(內外法) 등을 보면서, 유교의 禮가 단지 그렇게 여성억압적인 의미만을 지녔던 것일까 하는 의문이 생겼다. 이러한 유교의 禮 규정들 때문에 오늘날 페미니스트 여성들은 우리나라 여성사란 고려시대보다 조선시대로 넘어와서 오히려 퇴보했고, 여성들은 더 질곡에 얽매이게 되었다고 비판한다.

그러나 과연 꼭 그렇게만 볼 수 있을까라는 의문이 들었는데, 여성사학자 박용옥도 "한국에서 여권의 역사 또는 여성지위사라고 할 만한 것이 일반적인 역사 발전의 법칙과 정반대로 역류하고 있다는 서술이 과연 온당한 주장이냐"라고 물었다.[7]

이렇게 유교의 禮에 대한 해석이나 한국여성사에 대한 물음들로 고민하고 있을 때 필자는 그것들을 새롭게 해석할 수 있는 한 귀중한 틀을 만났다. 그것은 독일의 역사사회학자인 노버트 엘리아스(Nobert Elias,

1897~1990)의 '문명화 과정'(der Prozess der Zivilisation)에 대한 이해였다. 엘리아스는 서구 유럽사회에서 중세 후반기 봉건적 궁정예절의 시대를 거쳐 17세기 절대왕정의 시대, 그리고 산업시대에 이르기까지 사람들의 일상 삶의 태도들을 여러 가지로 조사해본 결과 거기에는 분명히 '문명화' 과정의 역사를 볼 수 있었다고 한다. 그것은 '매너의 세련화' 과정이었으며, 그 변화란 곧 사람들의 본능적 충동이 억제되고 다른 사람과의 관계에서 자율적 통제가 증가되는 방향으로 발전되었다고 한다.[8]

필자는 이러한 문명화 과정에 대한 이해가 우리나라 유교화 과정에 대한 이해나 여성들의 삶의 과정에 대한 이해에도 적용될 수 있다고 생각했다. 고려시대에서 조선시대로 넘어와서 비록 그 절정기를 넘어서는 과도한 적용과 심한 왜곡으로 심각한 타락이 나타나지만─이것은 유럽에서도 마찬가지이다─그것은 분명히 문명화 과정이었으며, 인간 삶에서 구분과 절제가 키워지는 과정이었다고 생각한다.

일본의 미야지마 히로시는 한국의 양반문화를 연구하면서 이러한 시기의 시간들을 '양반지향화'로 파악하기도 한다. 그러면서 그는 18세기 이후에 시작되는 사회 전체의 양반지향화, 양반적 가치관, 생활이념의 하층 침투를 관찰하면서 유교 禮문화의 근대적 가치를 드러내고 싶어한다.[9]

필자는 본래 테이아르 드 샤르뎅의 진화론적인 세계관과 앞에서 그 진화를 이끄는 지향점으로서의 초월에 대한 이야기를 의미 있게 생각해왔다. 그래서 엘리아스가 여기서 사회학적 연구에서 강조한, 더 장기간에 걸친 관찰과 장기간의 변화와 과정에 관심을 두는 것의 중요성을 좋게 받아들였다. 그리하여 이러한 시각으로 살펴보니 우리나라 조선시대 禮문화와 거기에 나름대로 참여했던 조선 여성사가 단순한 역류가 아니라 하나의 뚜렷한 '문명화' 과정이었고, 거기서 여성들이 '도덕적 주체'로서의 자각을 이루어 나가는 과정으로 이해할 수 있다고 생각했다. 이것은 오늘날 우리가 그 예의 구체적 내용들을 받아들이느냐 마느냐의 문제

와는 별도로, 오늘날 변화된 상황에서도 그 예의 구체적 내용들을 형이
상학적 실체로서 고정시키려는 남성들의 받아들일 수 없는 반여성적 태
도가 있다 하더라도 그 자체로서 인정해 주어야 한다고 생각한다. 그래
서 그 장기간의 변화 속에서도 유교 전통이 그 안에 담지하고 있는 '실재
적 전통'의 형식으로서 ① '관계의 도'에 대한 가르침, ② 禮의 실행을
통한 자기 단련과 성숙의 의미, ③ 유교 전통의 '공동체주의'적 의미를
들어서 조선시대 여성사를 의미 지었다.[10]

　　하지만 이러한 시각과 평가는 당시 한국여성학회 회원들로부터 심하
게 비판받았고 거절당했다. 여성학회에 와서 어떻게 이러한 글로 여성비
하적인 유교 전통들을 의미 짓느냐는 것이었다. 유교 전통과는 도저히
관계 맺을 수 없기 때문에 거기서부터 나오는 수밖에 없고 오직 관계 맺
음의 내용이 있다면 그 전통을 오늘날의 여성주의적 시각으로 비판하고
해체시키는 것 외에 다른 것이 없다는 견해이다. 이렇게 해서 여성이지
만 그 정체성의 구성에서 오늘의 다원주의 사회에서 '민족'이라는 또 하
나의 요소도 고려해야 하고, 또한 역사적이고 사회진화론적인 시각에서
유교 전통을 재해석해서 페미니즘과 관계 맺으려는 필자의 '한국적 페미
니즘'의 모색은 벽에 부딪혔다.

　　이러한 한국 여성학자들의 일반적인 유교 전통은 서구 기독교 신학에
서 여성의식이 본격적으로 싹트기 시작한 지난 1960년대에 그들의 가부
장적인 기독교 전통에 대해서 급진적이게 부정과 분리의 길을 주장했던
서구 '혁명주의적' 여성신학자들을 생각나게 한다. 《아버지 하나님을 넘
어서》(*Beyond the God Father*, 1973)라는 기념비적인 작품을 발표하고, 그
뒤에 예수의 재림 대신에 '여성의 재림'(the Second Coming of Woman)
을 말하고, 남성신 대신에 '여성신'(the Great Goddess)을 찾아나서는 분
리주의적이고 혁명주의적인 입장을 말한다.[11] 이 그룹의 선두주자 메리
데일리(Mary Daly)는 세계를 구원할 힘으로서의 '여성적 에너지의 공동

체'(gynenergetic communication)를 말하였다. 또한 기독교 성서 이전의 先역사 속에서 여러 여신상의 의미를 들추어내며 '남신학'(the/o/logy) 대신에 '여신학'(the/a/logy)을 구축해 내려는 캐롤 크라이스트(Carol Christ) 등이 여기에 속한다.[12]

이들의 과격한 급진주의적 전통 거부의 입장과는 달리, 자신들이 태어났고 자라온 기독교 전통의 의미를 생각하며 그것을 완전히 거부하고 버리는 것이 아니라, 여성해방적인 차원에서 '재구성'하고 '재건설'하려는 일련의 그룹이 '개혁주의적' 입장이다.

이들에 따르면 오늘날의 여성들이 자신들의 자아인식에서 아무리 현재의 성억압적 경험과 해방의 가치를 중시한다 해도, 그 경험과 가치란 다른 모든 인간경험에서와 마찬가지로 과거와 전통의 관계 속에서 형성된 것인바, 거기서부터의 완전한 단절이란 있을 수 없고, 그것은 또 하나의 자기기만이라고 한다. 그래서 그 과거와 전통을 재해석하고 재건설하는 것이 중요하다. 그런데 이러한 해석학적인 관계 속에서 원래 기독교 신앙이 가졌던 '인간해방적 전통'("예언자적 해방 전통")을 찾아내서 그것을 오늘의 여성해방적 작업을 위해서도 의미 짓자는 것이다.

지금 유교 전통과 대화하며 서구이론 중심적 페미니즘의 한계를 보면서 '한국적 페미니즘'을 모색하고자 한다면 바로 필자의 입장과 유사한 것이 된다. 그리하여 서구 개혁주의적 여성신학자들 가운데서 그 해석학적 작업을 누구보다도 철저하게 행하고 있는 두 여성신학자들의 생각을 살펴보려고 한다. 요즈음 한국 여성 유교학자들 가운데서도 이러한 해석학적 작업을 시도하여 다시 유교 전통과 대화해 보려는 시도가 일어나는 것을 보며[13] 그 작업을 철저하게 하는 데 도움이 되고자 한다.

3. 서구 기독교 여성신학에서 전통과 페미니즘의 관계 맺음 방식들

1) 엘리자베드 피오렌자의 비판적 성서 해석

모든 인간의 경험은 전통과 현재, 주관과 객관 등의 해석학적 순환 속에서 가능하다는 인간경험의 보편적 조건을 받아들이며, 기독교 전통과 대화하는 서구 기독교 여성신학적 작업은 여러 차원의 전개과정을 거친다. 앞에서 서술한 개혁주의자 로즈마리 류터(Rosemary R. Ruether)의 전통해석은 성서와 기독교 전통 가운데서 여성억압적 요소를 버리고 여성해방적 요소를 지닌 것만을 취사선택하자는 입장이다.

여기서 소개하려고 하는 여성성서학자 엘리자베드 피오렌자(Elizabeth Fiorenza)도 기본적으로 같은 개혁주의적 입장이다. 이렇게 류터처럼 기독교 전통에서 '쓸만한 전통'을 이야기하고 '예언자적 전통'을 구분하는 것은 성서와 전통에 대해 여성주의적 비판을 철저하게 가하지 못한 모습이라고 비판한다. 즉 그들이 성서에서 취사선택한 '예언자적 전통'이라는 것도 역시 역사문화적인 상황 속에서 나온 역사적 현상이고, 그래서 그것이 여성억압적일 수 있다는 사실을 직시하지 못한 것이라고 한다. 따라서 그런 태도는 성서와 전통을 무시간적이고 절대적인 권위를 가진 '신화적인 원형'(mythical prototype)으로 보는 태도라고 반박한다.

이와 달리 자신의 성서와 전통 해석방식을 '여성해방의 비판적 해석학'이라고 명명하는 피오렌자는 성서와 전통을 신화적 원형 대신 '역사적 모델'(historical prototype)로서, 그리고 '돌 대신 빵'(bread not stone)으로 이해할 것을 제안한다.[14] 그녀에 따르면 이러한 비판적 평가와 이해 과정에서 성서는 더 이상 권위의 '원천'(source)이 아니라 해방을 위한 투쟁에서 다방면의 '자원'(resource)으로서 역할을 한다. 이것은 성서 해석의 권위를 여기서, 과거 및 현재 성서적 문화권의 영향 아래에 살면서 여성해방을 위해 투쟁하는 여성공동체, 여성교회에 두는 것이다.[15]

　　피오렌자가 여성해방을 위한 성서 해석의 모델로 제안하는 방안은 다음 네 가지이다. 첫번째는 '의심의 해석학'(hermeneuties of suspicion)이다. 이것은 성서의 텍스트와 지금까지 그 텍스트에 대한 해석들이 모두 남성 중심이며 가부장적 기능으로서 역할한다고 하는 가정에서 출발한다. 여기서 출발하여 잃어버린 동전 한 닢을 찾기 위해 온 집안을 청소하는 여인의 비유와 마찬가지로, 물려받은 남성 위주의 성서 텍스트들과 그 해석들 가운데서 여성해방에 관한 잃어버린 전승들과 비전들을 찾아내는 것이다. 예를 들어 구약성서에서 어머니로서의 하느님에 관한 언어를 찾는다든지, 초대 기독교운동에서 여성의 지도력과 사도력에 관한 기록들을 찾아내는 것들이다. 그녀에 따르면 성서 기자들이 성서를 기록할 때는 모두 남성 위주의 세계관에서 행한 것이므로 남성을 표본적 인간으로 이해하였다. 따라서 특별히 여성과 여성적인 측면들을 명시적으로 배제하고 있지 않는 한 모든 남성 중심적 텍스트들은 남성과 여성 모두에 대해서 말하는 것이라고 간주해야 한다. 그래서 거기서 숨겨진 여성들의 활동을 찾아내는 것도 의심의 해석학이다.

　　두 번째는 '선포의 해석학'(hermeneuties of proclamation)이다. 이것은 성서를 역사적으로 적절하게 해석하는 작업은 성서 텍스트들이 가지고 있는 성차별적 성격뿐 아니라 여성해방적인 포괄적 성격을 전면에 부각시켜 오늘의 신앙공동체를 위해서 선포해 주어야 한다는 것이다. 여성 억압적이고 가부장적인 텍스트와 전승들은 더 이상 신적인 계시의 권위를 주장할 수 없다는 것을 밝혀주고, 그리하여 그것들을 성서에서 제외시키고 수정할 것을 요청한다. 또한 중립적인 성서적 동기들은 가부장적 예속상태를 강화하는 데 사용될 수 있다. 그러므로 예를 들어 성서에 있는 사랑의 계명과 봉사의 요구는 여성에 대한 가부장적 착취를 문화적으로 지탱하기 위해 오용될 수 있음을 선포해 주어야 한다. 그리고 예수와 같이 십자가를 지고 고난을 감수하라는 말은 남편에게 구타당하는 여성에게는 마찬가지로 억압적으로 영향을 끼칠 수 있다는 것을 신중하게 신학적으로 평가해 주어야 한다는 것이다. 우리 유교 전통에서 '관계의 도'와 '예'에 대한 강조가 유사한 역할을 할 수 있으므로 시사가 된다.

세 번째는 '비판적 회상의 해석학'(a critical hermeneutics of remembrance)이다. 이 회상의 해석학은 여성해방의 관점으로부터 성서 역사를 역사적-비판적으로 재구성하여 성서의 모든 전승들을 재발견하는 것이다. 그것은 과거 가부장적 문화와 성서의 역사 속에서 함께 손잡고 투쟁하던 참여자로서 여성들이 겪은 경험들을 들추어내고 회상하는 것이다. 과거 우리의 선배 여성들이 겪었던 고통과 희생의 기억을 포기하지 않고 찾아내는 것인데, 비록 성서에 이러한 여성들의 활동에 대해 단지 '흔적들'(remnants)만 보존되어 있다고 해도 이 흔적들을 통해서 가부장화의 과정이 어떻게 진행되었는지를 확인할 수 있다는 것이다. 이 여성억압의 역사와 신학이 그들도 성령의 힘 안에서 말했고 행동했던 여성들의 투쟁과 삶, 지도의 기억들을 無로 돌리지 못하도록 경계해야 한다고 말한다.

마지막으로 네 번째는 '창조적 실현의 해석학'(hermeneutics of creative actualigation)이다. 이것은 여성해방론적 성서해석이 비판적인 작업이어야 할 뿐만 아니라 건설적이어야 한다. 과거로 거슬러 올라갈 뿐 아니라 오늘의 '여성교회'(women church)의 미래를 지향해야 한다는 말이다. 즉 이 창조적 실현의 해석학이 추구하는 바는 여성해방의 관점으로부터 성서의 이야기들을 새롭게 말하는 것이다. 그리고 성 평등한 관점에서 성서의 비전들과 희망들을 재표현하는 것이다. 이러한 창조적 재형성의 과정에서 예술적 상상력, 문학적 창의력, 음악, 율동 등 온갖 수단을 동원한다. 여성에 관한 성서의 이야기를 새롭게 다시 쓸 뿐만 아니라 가부장적 기도문들을 달리 표현하고, 여성의 선조들을 찬양하는 여성해방적 의식들을 창조하는 일도 한다. 오직 종교적 상상력과 이름(naming) 붙일 수 있는 힘을 되찾음으로써만 여성교회는 새 꿈을 꿀 수 있고 새 비전을 볼 수 있다고 보기 때문이다. 이것은 유교 전통에서 유교의 제사나 종묘사직의 의식에서 여성들을 적극적으로 끌어들이고 예배의 대상들로 서 그들을 찾아내고 회복해 주는 작업들을 생각하게 한다.

2) 살리 맥페이그의 비유신학

이상과 같이 서구 여성성서학자 피오렌자는 어떻게 자신의 오래된 가부장주의적 교회전통과 성서와 마주하여서 그것들을 새로운 여성주의적 시각을 가지고 볼 수 있는가를 나타내주었다. 이것은 오늘날 서구의 어떤 여성주의 해석작업보다도 급진적으로 뚜렷한 사회정치적인 비판의식을 가지고 행한 것이다. 오늘 여기서의 여성공동체가 가지는 힘과 권위, 종교적인 주체성에 바탕을 두고서 전통에 대한 이데올로기 비판을 힘차게 펼친 것이다.

이렇게 해석의 출발을 철저히 현재와 오늘의 상황성에 두는 것은 유사하지만 피오렌자의 사회정치적인 이데올로기 비판의식과는 다른 차원에서 오늘날의 여성주의 해석학을 펼치는 사람이 맥페이그(Sallie Mcfague)이다. 그녀는 전통에 대한 해석을 주도하는 여성주체들의 상황이 더욱더 다양해지고 있다는 사실에 특히 주목하고, 자신의 입장을 '백인, 중산층, 지식인 여성'의 그것이라고 뚜렷하게 밝힌다.[16] 신학적 작업이란 해석학적 작업이며, 오늘날의 다원주의와 상대성의 시대에서는 모든 언어들은 하나의 '비유'가 될 수밖에 없고, 그래서 '그렇지만 또한 그렇지 않다'(it is and it is not)의 사고방식을 표현하는 것이라고 보는 것이다. 그래서 그녀는 '비유적 신학'(metaphorical theology)을 말하고 '신의 모델들'에 대해 이야기한다. 오늘날의 새로운 신의 비유와 모델로서 그녀는 '어머니', '친구', '애인' 등을 말하고 이 세계를 하느님의 "몸"으로 이해할 것을 권한다.[17]

오늘날의 변화된 상황, 즉 '포스트모던 상황'(the postmordern context)의 조건 가운데서도 그녀가 최근에 가장 주목하면서 자신의 여성신학적 작업을 펼치고 있는 사항이 전지구적 '생태계의 위기' 상황이다. 인류 모두에게 닥친 절대 위기의 상황 앞에서 지금까지 주로 사회정치적인 입장에서 가부장주의 이데올로기를 비판해 온 페미니즘은 또 다른 큰 전기를 맞이했다고 한다. 그래서 그녀 자신은 자신의 여성신학이 '지구신학체계'(a earthly theological agenda)를 갖추게 되었다고 말한다.[18] 그녀는 이른바 '빅뱅 이론'(the big bang theory)을 통해서 현대과학이 다방면에서 밝혀낸 우주와 지구탄생, 생명탄생의 이야기들을 이제 인류가 그 인종이나 성, 계급 등의 차이를 넘어서 처음으로 '보편적으로 가지게 된 창조 이야기'(the common creation story)로 본다. 그러면서 그녀는 오늘날 신학이 사람들로 하여금 통전적으로 사고하고 행동하도록 하기 위해서는 이 '보편적인 창조 이야기'에 대해서 경청해야 한다고 강조한다. 그래서 그녀는 그것의 신학적 수용의미를 다음과 같이 정리한다.

첫째, 빅뱅이 일어난 150억 년 전과 비교하여 단 몇 초 전의 사건으로밖에 이야기할 수 없는 인류역사의 시간을 생각할 때 신학에서의 모든 인간중심주의는 포기될 수밖에 없다고 한다. 둘째, 이 보편적 창조이야기는 존재하는 모든 것들의 근원적인 관계성과 상호의존성을 다시 철저히 가르쳐 준다고 한다. '친척'으로서의 다른 별들, '사촌'간이 되는 지구상의 모든 것들, 형제 자매가 되는 다른 사람들에 대한 통찰인 것이다. 셋째, 이 이야기는 누구에게나 열려 있는 보편성과 공공성 때문에 이제 모든 종교전통들이 자신들의 창조 이야기의 재구성을 위한 기본 자료로 쓸 수 있다고 한다. 그런 점에서 '종교간의 만남의 장소'(a place of meeting for the religions)가 될 수 있다고 본다. 넷째, 이렇게 '이야기'(story)로 파악된 창조론과 우주관은 우주와 초월의 모습이 고정되고 실체화된 것이 아니라 끊임없이 계속되는 과정 속에 있다는 것을 지적해 준다고 한다.

이렇게 서구 여성신학자 맥페이그의 지적은 한 서구 여성신학자의 사고 속에서 어떻게 좁은 인간적인 구별의 범주가 극복되고, 지구적이고 우주적 차원이 열리며, 거기서 지금까지의 온갖 인간적인 차별과 구별들이 극복되는가를 보여준다. 그녀에게서 하느님의 모습은 더 이상 남성의 모습만이 아닌 것이 확실하듯이, 그 신은 또한 기독교의 진리 안에 갇혀 있지 않고, 여남을 포함한 인간만의 신도 아닌 것이 확실하다.[19] 이러한 서구 기독교 여성신학자의 해석학적 전개는 지금 우리가 시도하는 유교 전통과 페미니즘과 대화하기를 위해서도 좋은 시사를 준다.

그러나 필자의 생각에는 오늘날의 전지구적 생태학적 위기 상황에서 서구 기독교 여성신학자들의 그것보다도 유교 전통과 대화하는 한국적 페미니즘이 더 줄 것이 많다고 생각한다.[20] 왜냐하면 유교 전통의 세계관들이 위에서 맥페이그가 지적한 새로운 생태학적 세계관의 모습과 대단히 유사하고, 그보다 더 풍부한 상징들을 많이 가지고 있기 때문이다.

4. 유교와 페미니즘의 관계 맺음을 위한 해석학적 제안들

1960~1970년대 페미니즘 논쟁이 본격적으로 시작되어 주로 사회학적이고 정치적인 담론으로써 역할해 왔던 초기와 오늘의 상황은 많이 변하였다. 다원화의 양상이 더욱 심화되었고, 특히 세계화가 가속되어 여러 가지 예상하지 못했던 상황들이 속출하고 있다. 종교와 민족 사이의 갈등, 세계 자본주의의 확산으로 인한 저질의 물질문명과 성 문화의 확산, 전지구적인 생태학적 위기 등이 그런 변화된 모습들이다. 이러한 상황과 마주하여 이제 페미니스트들도 "순전히 성적인 차이(남성과의 차이)에 따라 여성을 정의하던 초기의 견해로부터 좀더 난해하면서도 복잡한 개념으로 전이가 일어나고 있음을 주지"하게 되었다. 그것은 오늘날 여성

의 경험이라고 하는 것도 더 이상 性의 요인에 따라서만 결정되는 것이 아니라는 사실을 인지하게 된 것이다.[21]

이러한 상황의 변화에 대한 인식에서 유교 전통과 페미니즘을 관계지으려는 노력이 있었다. 서구 기독교 여성신학자들 가운데서도 더 심도 있게 해석학적 작업들을 펼치는 예들을 보면서 많은 도움을 얻었다. 여기서 그 구체적인 제안을 해보고자 하는데, 먼저 최근까지 한국 여성학계에서 있었던 유교 담론에 대한 언급들을 살펴보고자 한다.

1) 유교와 페미니즘의 만남의 실례들

앞에서 잠깐 언급한 대로 지금까지 페미니즘과 유교의 만남은 드물었다. 있었다면 일반 페미니즘의 입장으로부터 우리나라 여성들의 열악한 지위상황이 유교 전통 때문이라는 비난이 주를 이루어왔다.

여성학자 심영희는 그녀의 글 〈한국 성담론의 지속과 변동 : 유교적 담론과 페미니즘 담화를 중심으로〉(1996)에서 한국 페미니즘이 어떠한 형태로든 유교적 담론과 연결되는 것을 경고한다. 그녀에 따르면 한국 페미니즘은 유교 담론과의 관계에서 이중적인 모순된 태도를 보인다. 즉 한편으로는 유교의 이중적 성 억압적 이데올로기를 비판하면서도, 다른 한편에서는 예를 들어 '간통죄'를 고수하려는 입장에서나 강간사건에서 피해여성을 보호하려는 과정에서 다시 정절의 개념을 이용하는 등 모순을 보인다고 한다.[22] 그녀에 따르면 이러한 복합적인 태도는 장기적인 관점에서 볼 때는 도움이 되지 못하고 오히려 페미니즘운동을 무너뜨릴 수 있으므로 그렇게 해서는 안 된다고 강조한다. 필자는 이 주장에 대한 찬반의 논의를 떠나서 여기서 한국 페미니즘의 일반적 경향이 얼마나 유교 전통을 경원시하는가를 단적으로 알 수 있다고 생각한다.

한편 신옥희는 이러한 여성사회학자의 입장보다는 훨씬 더 전통에 개방적인 여성철학자의 입장에서 유교 담론과 대화를 시도한다. 그녀는 오늘날 서구에서 일련의 페미니스트 윤리학자들에 의해서 '배려'라든지, '관계', '보살핌' 등을 중시하는 '보살핌의 윤리학'이 제안되는 것을 보고 그것이 한국 여성의 삶의 맥락에서는 어떻게 자리매겨질 수 있는가를 탐색한다. 그러나 여기서 그녀는 이 보살핌의 윤리를 유교의 仁 윤리와 연결시키려는 청양리(Chungyang Li)의 시도를 비판하며, 유교의 仁의 윤리가 아무리 보살핌의 윤리라고 할지라도 거기서의 여성의 보살핌이란 지금 현대 여성주의 윤리학의 보살핌과 결코 같을 수 없다고 지적한다. 왜냐하면 유교의 仁은 삶으로부터 발원하는 것이 아니라 '수신제가치국평천하'(修身齊家治國平天下)라는 유교적 남성의 공적인 삶에서 발원한 것이며, 그래서 유교의 보살핌의 윤리는 남성의 보살핌과 여성의 보살핌을 성별분업의 이중구조와 위계적 질서 안에 자리매김한 것이기 때문이라고 한다.[23] 그래서 그녀는 유교 윤리와 대화하기를 접어두고 불교 윤리로 눈을 돌리며 거기서 '한국적 여성적 윤리학의 방향정위'를 찾는다.

여성유교학자들의 입장에서는 조금 다른 양상을 보인다. 김세서리아는 그녀의 박사학위논문 〈유가윤리의 실체화가 여성관에 미치는 영향과 그 비판에 관한 연구〉(1996)에서 여성유교학자답게 지금까지 보편적으로 유가 담론에 대해 내려졌던 여성주의적 평가를 비판하는 것으로부터 시작한다. 그녀에 따르면 지금까지 유교여성관과 그 가치관에 대한 일반적인 평가는 그것이 성차별적인 음양의 우주관에 입각하여 여성의 열등성과 예속성을 불변의 자연법칙으로 고정시켜 놓은 것이라는 비판이었는데, 이러한 주장은 오류라고 한다. 왜냐하면 그러한 연구들은 유교경전과 가치관에 대해서 철학적 기반이 투철하지 못했고, 음양이 가치론화되고 유가윤리가 형이상학화되는 과정들을 적절히 설명하지 못하고 단순하고 평면적인 사실만을 도출해 내서 내린 결론들이기 때문이라고 한다.[24] 그래서 그녀는 유교사회에서 역사가 진행되어오면서 어떻게 음양사상이 단지 자연계 속에서 햇빛의 유무를 나타내던 설명에서 시작하여 철학적 개념이 되었으며, 또 그것이 '양존음비'(陽尊陰卑)를 통해서 남존여비의 체계를 만들어 가는가를 탐색해야 한다고 말한다. 더불어 그녀는 철저히 마르크스주의적 계급이론의 입장에서 송대 성리학의 성립과 발전을 당시 경제적 물적 조건에 대한 탐구와 정치적 이데올로기의 이론으로 풀어가는데, 거기서 유가윤리의 형이상학적 실체화와 여성에 대한 불평등의 심화를 추정해 내려고 한다.

이 글을 읽고 난 필자의 소감은 그녀가 결코 글의 목적하는 바를 이루지 못했다는 것이다. 그녀는 유교의 여성담론에 대한 일반적인 오류란, 거기에 대한 깊이 있는 탐색과 사회역사상의 변천과정에 대한 이해 없이 단순히 표면적인 차원에서 남녀불평등적이고 여성예속적인 것이라고 비판하는 일이라고 했다. 그러나 여기서 그러한 작업을 시도했다고 하는 그녀의 결론도 역시 유사해 보인다. 그녀는 명대 후기 양명학의 좌파에서 나온 이탁오(李卓吾, 1527~1692)의 사상을 들어서 유교 전통에서도 개체성의 주체의식이 발생할 수 있고 평등한 여성관이 주창된 적이 있다고 첨언한다. 그러나 그녀의 결론적인 지적은 그 이탁오의 사상도 계몽주의적인 과학적인 이론을 결여한 이유로 해방의 이론으로까지 발전하지 못했다는 것이다. 다시 이야기하면, 필자의 시각으로 보면, 여기서 저자가 여성유교학자로서 유교의 성차별적 오명을 어느 정도 벗기고자 노력하였으나 그 성과는 미비하였다는 것이고, 필자는 그 이유를 저자의 지나친 물질주의적 경제사적 사관 때문이라고 생각한다.

어떻게 그렇게 오랜 동안 수많은 사람들의 삶에서 의미체계가 되어 왔고 역사와 문화를 이끌어온 가치체계를 그와 같이 단차원적으로 물적 경제정치사적 사회과학의 시각으로만 파악할 수 있을까? 대부분의 한국 여성학적 탐구들과 그런 면에서는 별로 다르지 않다.

이런 일반적인 경향과는 다르게 여성종교학자로서 김승혜는 좀더 적

극적으로 유교윤리의 새로운 여남평등적 가능성을 찾아내고자 노력하는
데, 앞의 서구 기독교 여성신학자들의 해석학과 비교하여 보면 류터의
그것과 유사하다고 하겠다. 즉 유교 전통 가운데서 원래는 여남차별적이
지 않은 것이 있고, '공자의 본래통찰'(original insight)은 그렇지 않은 것
이었기 때문에 그러한 전통을 새롭게 살려내야 한다는 주장이다. 또 다
른 여성윤리학자 이숙인도 최근 그녀의 글 〈여성몸의 유교적 구성—몸의
주체화를 위하여〉에서 원래 육체적 순결과는 무관했던 '정'(貞)의 관념
에 대해 이야기하고, 원래《주역》에서의 음양평등했던 '생성'의 관점을
말하면서 유사한 해석방법을 취한다.

　　이러한 종교적 또는 철학적 해석은 지금 우리의 대화와 더 일반적으
로는 여성학의 학문적 전개를 위해서 긴요하고 그래서 경청되어야 한다.
하지만 이러한 시도들은 이숙인 자신도 김승혜에 대한 비판에서 지적했
듯이 항상 '자의적' 해석에 빠질 염려가 있고, 류터에게 가한 피오렌자의
비판대로 전통의 가부장주의에 대한 정치적인 비판이 철저하지 못하게
하는 우를 범할 수 있다. 이상과 같은 모든 정황 등을 고려하고 필자 나
름대로의 해석학적 제안들을 다음의 몇 가지로 들고자 한다.

2) 유교와 페미니즘의 만남을 위한 해석학적 제안들

　　첫째, 여성과 남성 모두가 오늘날 좀더 포괄적이고 의미 있게 자신의
세계관을 구축하기 위해서는 더 긴 시간과 공간의 스펙트럼을 포함하는
'생명역사 진화론적'(biohistorical evolutional) 사고를 받아들여야 한다.
오늘날 인류는 여러 과학들의 도움을 받아서 더 이상 자아중심적이고,
현재 중심적이며, 인간 위주의 사고를 할 수 없게 되었다. 이것은 유교
전통이나 오늘날의 페미니즘의 도전을 평가하는 문제에서도 더욱 다차원
적이고 긴 시간과 공간의 의미를 같이 고려하지 않고서는 그 평가의 이야

기들이 그렇게 믿을 만한 것이 못 된다는 말이다. 앞에서 언급한 엘리아스도 나름대로 지적한 새로운 학문방법론을 필자는 '생명역사적(biohistorical) 진화론의 방법론'으로 명명하였다. 그리고 그것을 단순히 물리학적이고 생물학적인 의미에서만이 아닌 모든 방향을 제시해 주는 포괄적인 세계관의 의미로 말하고자 한다.[25] 필자는 이 세계관이 유교의 핵심사상을 이루는 易의 사고와도 크게 다르지 않다고 본다.

앞에서 소개한 서구 여성신학자 맥페이그에게서 보이듯이 그녀의 사고 속에서 우주론적이고 진화론적인 차원이 포괄되었을 때 오래된 性의 갈등과 계급과 종교간의 갈등들이 예기치 않은 차원에서 치유되는 것을 보았다. 그것과 같이 우리가 오늘날 생명역사 진화론적인 사고와 易의 사상을 가지고 우리의 갈등을 보면 다른 시각에서 볼 수 있다는 것이다. 즉 여기서 우리가 그동안 그렇게 받아들이기 힘들어했던 유교 전통의 가부장기 시간들을 그 생명역사적인 진화의 과정 속에서 피할 수 없었던 필연의 과정으로 볼 수 있게 한다는 것이다. 가부장주의 문화는 지금부터 약 3만 년 전부터 진행되었고 1만 년 전 정도의 농경목축시대가 시작되면서 본격화된 것으로 추정된다. 가부장주의 문화는 당시 자연의 혹독한 도전 앞에서 인간의 삶을 펼치고 확장시키기 위해 인류가 선택한 삶의 방식이었고, 그 생존과 진화의 길을 달려가기 위해 선택해야만 했던 남성 위주의 삶의 시간들로 이해할 수 있다는 것이다.

이러한 생명진화론적인 입장에서 보면 유교 전통과 기독교 전통에서 현재 우리에게 전해진 모든 시간과 기록들은 다 가부장주의적인 것으로 보아야지, 원래는 그렇지 않았다고 한다거나 예수나 공자는 그렇지 않았다고 주장하는 것은 별로 설득력 있게 들리지 않는다. 물론 경중의 차이와 시간에 따른 가중화는 말할 수 있지만 피오렌자가 비판한 대로 그러한 시각은 여전히 실체론적인 사고에 사로잡혀 있는 것이라고 하겠다.

그러나 이러한 생명진화론적인 성 이해의 이야기는 결코 남성유교론자들만을 위한 것이 아니다. 이제 생명역사의 진화는 더욱 진행되어서 한 인간 개체의 차원에서 성을 구별하는 것은 의미가 없어졌고, 이런 의미에서 일찍이 급진적 여성주의자 파이어스톤(S. Firestone)이 여성해방의 궁극적인 기반으로 "여성들은 어떻게든 '생식의 폭정'(Tyrannie der Fortpflanzung)에서 벗어나야 한다"고 한 주장은 이제 과학의 발전으로 점점 보편적으로 현실 가능한 이야기가 되었는바, 이러한 상황에 대한 남성들의 인지가 요구된다는 것이다.

특히 우리나라의 폐쇄적인 유가 남성그룹들은 시대가 변했다는 것을 받아들여야 하는데도 현실상황은 그렇지 못하다. 그래서 여전히 유가의 이름으로 이문열의 《선택》과 같은 이야기를 한다거나 '호주제'에 대한 경직된 태도로 여성들을 과거의 역할과 세계관 속에 가두어 두려고 하는데, 이러한 모습은 더 이상 용납되기 힘들다. 이제 우주의 생명진화론적인 방향은 지구 전체가 인간의 종으로 덮이게 되면서 더 이상 생식을 통한 인류의 수적 확장이 아닌 화합과 조화의 집중의 시기로 접어들었는데, 이것은 가부장주의의 시기는 끝났다는 것을 알려준다.[26] 그러므로 페미니즘과 유교 전통과의 오랜 갈등은 불식되어야 한다.

둘째, 그렇지만 오늘날 이 가부장주의 시기를 지나간 것으로 보았다고 해서 그 시간들을 여성에게도 그렇고 남성에게도 아무런 의미가 없었던 시간들로 보자는 것은 아니다. 오히려 그 시간 속에도 담겨진 가르침이 있어서 그것이 오늘날 우리에게도 한편으로 여전히 유의미하다는 것을 말하려는 것이다. 그래서 두 번째 관계 맺음의 방법론이란, 오늘의 상황이 근본적으로 변하였지만 그 가부장주의 시기에 표현된 삶의 원리적 메시지를 찾아내는 것이며, 그것은 삶의 진화는 분명 일정한 궤도를 보이며 방향을 가지고 있다는 믿음을 근거로 하는 것이다. 이것은 종교적이고 철학적인 시각이다. 그래서 그것이 때때로 여성 현실의 현재성과 상황성을 중시하는 과학적인 시각들과 충동을 일으킨다. 하지만 전체적인 전망을 잃어버린 낱개의 과학적 지식들이라는 것이 얼마나 빈약할 수 있다는 것을 알고 있기 때문에 이런 종합적이고 통합적인 사고가 여성학 연구에서도 긴요하다고 생각한다.

필자가 생각하기에 이 시기에 담겨진 삶의 원리적 메시지는 '구별'과 '나눔', '질서'와 '조화'를 통한 선한 공동체의 형성이라고 생각한다. 《주역》의 음양(陰陽)이나 공자의 '군신, 부자, 형제, 붕우'(君臣, 父子, 兄弟, 朋友)의 네 가지 관계윤리나 맹자에게서 부부의 역할이 추가된 오륜(五倫) 등은 모두 바람직한 공동체의 형성을 위한 '구별'과 '조화'와 '위계'를 의미 짓는 것들이었다. 꼭 전문가의 말을 빌리지 않더라도 한 개체 인간의 삶과 성장에서도 그렇고, 모여 사는 공동체, 그리고 오늘날은 자연과 생태학적 관계 맺음에서도 구분과 질서, 위계는 삶의 필수불가결한 한 원리가 되는 것을 알 수 있다.

특히 이 '위계'(hierachy)와 관련하여 오늘날의 발전된 생명역사적인 진화의 연구는 오늘날 아무리 '평등'과 '(수평적) 관계 맺음'(linking)이 중시되고 그것이 요구된다고 해도 '위계'(ranking)를 무시하거나 제거할 수 없다고 한다. 예를 들어 페미니스트들이 모든 위계는 억압적이고 파시스트적이라고 비난하면서 그것을 제거해야 한다고 주장한다. 그러나 한번 더 생각해 보면 그러한 평등한 상태가 '더 좋기 때문'이라고 하는 그녀의 생각들도 그 자체가 이미 '위계적' 사고의 표현이라는 것이다. 따라서 싸워야 할 대상은 병적인 위계이지 '위계' 그 원리 자체가 아니며, 앞에서 본 대로 이제 더 이상 운명적으로 유의미하지 않은 겉으로 드러난 신체적 차이를 근거로 해서 그 위계를 실체화시키려는 가부장주의의 왜곡된 위계질서를 말하는 것이라고 하겠다.[27]

이상과 같은 의미에서 보면 우리는 유교 전통의 핵심 메시지인 禮의 실행을 통한 구별과 질서의 가르침을 그 자체로 거부할 필요가 없다. 더 나아가서 그 구별과 질서를 통한 공동체의 구성 노력을 우리 삶의 한 축으로 삼아야 한다는 것이다. 그 축을 유교는 또한 '천리'(天理)와 '인욕'(人慾)의 대비라고 하는 또 다른 상관관계로도 표현해 주었다. 특히 여성에게는 貞 또는 烈이라고 하는 남성에 대한 관계로 나타내서 문제가 되었다. 그리고 우리가 다 아는 대로 그 貞과 烈이 사람 잡는 貞이나 烈이 될 만큼 타락하기도 했다. 그러나 그 핵심 메시지는 바로 오늘 우리에게도 여전히 요구되는 '도덕적 주체'의 형성을 위한 기제였다는 것이다. 이숙인은 그 貞에 대해서 말하면서 "인간의 기본적인 욕망을 윤리적 주체 형성의 자원으로 파악한 유교의 몸 담론"에 대해 지적한다.[28]

이러한 관점에서 보면, 지금까지 오늘의 페미니즘이 왜곡되고 실체화된 禮에 대한 반발로써 유교 전통의 시기를 송두리째 부정하고 간과하는 태도는 현명해 보이지 않는다. 왜냐하면 그러한 태도는 오늘의 시각으로 보면 이해가 가기도 하지만, 당시 거기서 여성들에게 주어진 禮를 통해서 한 도덕적인 주체로 살았던 전통여성들의 역사까지도 무시해 버리는 것이 되기 때문이다. 이 시기에도 여성들은 나름대로 행동하는 주체로 살았다. 그래서 그 역사는 남성들만의 역사와 시간이 아니라 우리의 역사이기도 하고, 그 감추어진 의미들을 들추어내는 것이 또한 오늘 우리의 과제이기도 하기 때문이다.

우리나라 여성사 연구자 장병인은 한국여성사 내지는 혼인제에 대한 연구의 문제점이란, 그저 단순히 전통시대의 남존여비 현상에 대한 개탄 수준에 머문 채 성차별의 단편적인 실례들만 나열하는 것이라고 한다. 장병인에 따르면 특히 조선사회는 비난의 표적이 되는데, 여성해방론적 관점에서 조선시대의 성차별적 가혹성만 지적되면서 고려시대는 여성들에게 비교적 자유로운 사회로, 조선시대를 여성에 대한 차별이 구체화된 사회로 이해하는 그러한 일반적인 태도는 문제가 있다는 것이다.[29] 그는 또 고려시대 지배층에서의 이혼이나 재가가 조선시대처럼 많은 제약을 받지 않았다는 추정이 사실에 맞다 할지라도, 이것이 여성을 인격이나 자율성을 존중한 데서 연유한 것이라는 증거가 없는 한 이러한 사실을 들어 고려시대 여성의 지위가 조선시대 여성의 지위보다 높았다는 증거로 간주하기는 어렵다고 한다.[30] 오히려 당시 여성 혼자서 독립적인 생활을 누리기 어려웠던 사회적 여건 아래에서 볼 때 손쉬운 이혼이란 도리어 여성에게 불리하게 작용했을 가능성도 없지 않다. 조선시대 여성에 대한 도덕적 주체로서의 자격부여가 남편의 부인에 대한 예우나 자녀에 대한 권위가 높아지는 결과로 나타날 수 있다는 것이다.[31] 이상과 같은 연구들은 우리들로 하여금 한국여성사, 특히 유교여성사를 새롭게 볼 수 있는 가능성을 활짝 열어준다.

셋째, 이러한 유교 전통의 원리적 메시지를 긍정적으로 평가하고 있지만 그것이 현재 여성들의 삶을 위하고 그녀들을 위해서 도움이 되어야 한다는 의미이다. 유교 전통의 예가 질서와 구분의 도를 가르쳐 주었고, 그것을 통한 바람직한 공동체 실현 노력이 우리 삶의 한 기초적인 원리가 되는 것을 깨우쳐 주었다. 하지만 그러한 이야기들을 오늘날 여성들의 삶에 적용해 볼 때 여전히 많은 위험을 내포하고 있다는 것도 또한 사실이다. 왜냐하면 지금까지 여성들은 타자였고, 약자였으며, 위계질서에서도 하위에 속한 존재였기 때문이다. 그런 의미에서 앞서 지적하였듯이 오늘날 페미니스트 윤리학에서 '보살핌의 윤리'에 대한 신중한 평가와 동서양 상황에서 비교에 대한 요구는 일면 타당하다고 하겠다.[32]

서구에서도 그러한 보살핌 윤리의 기원이라고 할 수 있는 캐롤 길리건(Carol Gilgan)에 대해서 다시 평가해 보고 있다. 길리건 이후의 후속 연구에 따르면 도덕적 딜레마에 대한 남성과 여성의 사고방식을 직접 관찰해 보았을 때, 길리건의 생각은 거의 입증되지 않았다고 한다. 연구를 거듭하면서 남성과 여성은 모두 돌봄에 근거한 추론과 정의에 기반한 추

론을 둘 다 사용하는 것이 드러났다고 한다.[33]

　같은 맥락에서 또한 오늘날 성의 역할에 대해 생각해 보면, 그것은 이제 단순히 재생산을 위한 생식적 성만이 아니라 쾌락으로서의 성이 인정되고 있고, '에로티시즘'은 그리하여 "신체의 감각을 통해 표현되는 감정을 의사소통이라는 맥락에서 가꾸어 가는 것"[34]이라고 정의되는 것을 보면, 그 쾌락을 주로 통제하고 관리하는 차원에서만 접근하기 쉬웠던 유교의 禮나 貞의 의미는 항상 여성 억압적일 수 있다. 그러므로 오늘날은 특히 신중해야 한다는 것이다.

　여성 국어학자 차옥덕은 그의 글 〈여도 거부를 통한 남성우월주의 극복 : 19세기 전후 소설을 중심으로〉(1997)에서 19세기 전후 한국에서 발표된 일련의 여성영웅소설들을 연구하였는데, 그와 더불어 그 속에서 어떻게 당시의 남성우월주의가 비판되고 인간본성과 여성의 잠재적 능력에 대한 각성이 두드러지게 나타났는지를 보여주었다. 차옥덕은 조선 후기에 풍미한 영웅소설 가운데서 여성영웅소설이 30퍼센트나 차지하고 있는데, 그것들은 유교적 제한과 억압 속에서 살아온 여성들이 앞으로 다가올 20세기에 '실제 구현할 삶의 전단계의 역할 모델'들을 탐색한 것으로 볼 수 있다고 한다. 《홍계월전》과 《이학사전(이형경전)》 등은 남성이 단지 생물학적으로 남성인 것만을 이유로 만용을 부리다 그 남성우월주의를 깨려는 깨어 있는 여성과 갈등을 일으키는 모습을 보여주었다고 한다. 또한 여도 거부의 첫 번째 행동으로 나타나는 '남장'(男裝)이란 현실사회에 대한 거부인 동시에 여성으로 살게 한 천명을 거부하는 주인공 여성의 강인한 자율적 삶에 대한 동기를 보여주는 것이라고 한다.[35] 또 다른 여성영웅소설 《홍백화전》과 《이봉빈전》에는 이미 동성결혼에 대한 이상도 표현되어 가부장적 이성애적 결혼제도에 대한 강한 의구와 대응을 표현했다고 한다. 그런데 저자는 이러한 것으로써 "단지 남성 위주의 이성애만을 절대시하여 단일성에 익숙해 있는 우리 모두에게 사고의 유연

성과 우리의 이성애적 결혼 내부에 담긴 여성억압의 문제를 돌아볼 것"
을 촉구한다고 결론짓는다.[36]

이렇게 하여 이상의 모든 해석학적 단계들을 거친 뒤 하고 싶은 이야
기는 '성은 더 이상 누구에게도 운명이 아니다'라는 것이다. 오늘 관계 맺
음의 작업은 남성에 의한 여성의 억압을 더 이상 용납할 수 없다는 전제
에서 시작했지만, 그렇다고 다시 여성에 의한 남성의 지배를 목적하는
것이 아니다. 그래서 얻은 마지막 해석은 '조화로운 여남 양성주의를 지
향하는 방법론'이다. 지금까지의 모든 탐구과정을 거친 결과 이제 해부
학이 더 이상 운명이 아니고, 성 정체성도 점점 하나의 '라이프 스타일의
문제'가 되어감을 인지한다.[37] 비록 최소한 가까운 미래에서는 여전히 신
체적 성적 차이가 재생산 매커니즘과 연결되어 있겠고, 그리하여 그 성
차가 성 억압적 실체론으로 오용되기도 하겠지만, 그렇다고 행동이나 태
도에서 여남이 명백히 단절되어야 할 이유는 없다고 본다. 그 차이의 대
부분은 이제 '보이다가도 보이지 않는 것'의 문제이기 때문이다. 그래서
우리는 '여성과 남성이 다르지도 똑같지도 않은 이유들'에 대해서 생각
하고,[38] 지금까지 역사에서 여남이 서로 나누어져서 각기 전개시켜온 삶
의 덕목들을 서로 나누기 바란다.

오늘날 시대가 아무리 변했고, 관계 맺는 내용과 방식이 변했다 해도
모두에게 여전히 한 가지 확실한 사실은 관계 맺는 일에는 '기술'(art)이
필요하다는 것이다. 즉 유교 전통의 의미로 하면 禮인 것이다. 이것은
성적 쾌락을 나누는 데도 마찬가지이다. 그래서 어떤 다른 나라의 여성
들보다 혹독하게 이 禮의 훈련을 받아온 한국 여성들이 이 일에서 줄 것
이 많고, 할 일이 많다고 생각한다. 오늘 우리 시대에는 두 성의 아름다
운 관계 맺음이 어느 때보다도 요청되는 때이다.

주 ________

1) 조관회 교수 홈페이지 ; 신광철, 〈공자 죽이기와 공자 살리기―담론의 표면과 이면〉(1999년 한국 종교학회 추계 학술대회 발표논문, 무속/한국종교분과, 1999년 11월 6일), p.26.

2) 김경일, 《공자가 죽어야 나라가 산다》, 바다출판사, 1999, p.170.

3) 조혜정, 〈남녀공학에서의 여성학〉, 《서강대 여성학 연계전공개설 기념 국제 연찬회 보고서》(*Teaching on Asian Women in Universities*, 서강대학교 김대건관 111호, 1996년 6월 15일 10~16시, 서강대 여성학 연계전공과정위원회), pp.39~42.

4) 이은선, 〈공자의 자아실현 6단계와 현대 성인기 발달과정의 비교연구〉, 《교육철학》 제20집, 한국교육철학회, 1998, p.122.

5) 강숙자, 《한국여성학연구서설》, 지식산업사, 1998, p.285.

6) 이문열, 《선택》, 민음사, 1997, p.7ff.

7) 박용옥·하현강 외 공저, 《한국여성의 전통사》, 민음사, 1985, p.150.

8) 노버트 엘리아스 저, 유희수 역, 《매너의 역사―문명화과정》, 신서원, 1995 ; 박미애 역, 《문명화과정 I, II》, 한길사, 1999.

9) 미야지마 히로시 저, 노영구 역, 《양반―역사적 실체를 찾아서》, 강, 1996, p.274.

10) 이은선, 〈유교와 페미니즘―그 관계의 탐색을 통한 한국적 페미니즘 전망〉, 《동양철학연구》 제15집, 동양철학연구회, 1995, pp.403~448.

11) Mary Daly, *Beyond God The Father* (Boston : Beacon Press, 1973).

12) Judith Plascow & Carol Christ(eds.), *Weaving the Visions : New Patterns in Feminist Spirituality* (Haper San Fransisco, 1989).

13) 김세서리아, 〈유가윤리의 실체화가 여성관에 미친 영향과 그 비판에 관한 연구〉, 성균관대 대학원 박사논문(동양철학과), 1996 ; 이숙인, 〈동양적 여성철학의 모색〉, 《철학과 현실》 1997 여름호, 철학과현실사 ; 〈유교의 관계윤리에 대한 여성주의적 해석〉, 《한국여성학》 제15권, 1호, 1999.

14) Elizabeth Schussler Fiorenza, *In Memory of Her : A Feminist Theological Reconstruction of Christian Origins* (New York : Crossroad, 1984).

15) Ibid..

16) Sallie Mcfague, *Metaphorical Theology* (Philadelphia Fortress Press, 1982).

17) Sallie Mcfague, *Models of God* (Philadelphia Fortress Press, 1987), p.97ff.

18) Sallie McFague, "An Earthy Theological Agenda", C. Adams(ed.), *Ecofeminism and The Sacred* (New York Continuum, 1993), p.84ff.

19) 이은선, 〈과학시대에서의 종교와 여성―한 한국에코페미니스트의 시각에서〉, 《포스트모던 시대의 한국여성신학》, 분도출판사, 1997, p.11.

20) 이은선, 〈한국적 생태여성신학이 말하려고 하는 것〉, 《기독교사상》 1995년 1월, p.216 ; 〈21세기와 한국여성신학〉, 같은 책, p.238.

21) 오카노 야요, 〈경계의 문제와 페미니스트 정치학〉, 《동아시아의 근대성과 여성》(한·중·일 국제학술대회, 1996년 6월 11~12일), 이화여대 여성연구원, p.33 ; 이은선, 〈포스트모더니즘과 페미니즘 그리고 교육〉, 《교육철학연구》 제11호, 한국교육철학회, 1993.

22) 심영희, 〈한국 성담론의 지속과 변동－유교적 담론과 페미니즘 담론을 중심으로〉, 《여성연구》 1996년 겨울, 한국여성개발원, p.210.

23) 신옥희, 〈한국여성의 삶의 맥락에서 본 여성주의 윤리학〉, 《한국여성학》 제15권 1호, 1999, p.17.

24) 김세서리아, 앞의 글. p.3.

25) Gordon D. Kaufmann, "The Epic of Evolution as A Framework for Human Orientation in Life", Vol. 32, No. 2(Zygon, 1997) ; 이은선, 〈생태여성주의 영성의 세 차원과 생명교육〉, 한국여성신학회 편, 《영성과 여성신학》, 한국기독교서회, 1999, p.309.

26) Teilhard de Chardin, *Les Directions de l'Avenir* (Paris : Editions du Seuil, 1973), p.196ff.

27) Ken Wilber, *A Brief History of Everything* (Boston/London : Shambhala), 1996, p.29.

28) 이숙인, 〈여성몸의 유교적 구성－몸의 주체화를 위하여〉, p.61.

29) 장병인, 《조선전기 혼인제와 성차별》, 일지사, 1997, p.15ff.

30) 위의 책, p.417ff.

31) 위의 책, p.418.

32) 캐롤 타브리스 저, 히스테리아 역, 《여성과 남성이 다르지도 똑같지도 않은 이유》, 또하나의 문화, 1999, p.84ff.

33) 위의 책, p.91.

34) A. 기든스 저, 배은경·황정미 역, 《현대사회의 성, 사랑, 에로티시즘》, 새물결, 1996, p.313.

35) 차옥덕, 〈여도 거부를 통한 남성우월주의 극복－19세기 전후 소설을 중심으로〉(한국여성학회 제14차 추계 학술대회 발표논문, 동국대학교, 1997년 11월 15일), p.167ff.

36) 위의 글, p.181.

37) A. 기든스, 앞의 책, p.309.

38) 캐롤 타브리스, 앞의 책.

3장 유교적 몸의 수행과 페미니즘

1. 시작하는 말—몸의 수행 이야기와 페미니즘 담론의 만남의 의미

1999년 유교학회에서 '유교와 페미니즘의 만남'이라는 주제 아래 심포지엄을 가졌다. 물론 오늘까지도 여전히 많은 사람들이 그 만남을 못마땅하게 생각하고 어불성설이라 여기기도 한다. 하지만 그러한 부정적 표현까지도 포함하여 학술대회 이후 많은 토론과 논의들이 있었다. 개인적으로 필자는 당시 발표한 논문 〈유교와 페미니즘—그 관계 맺음의 해석학〉 때문에 토론자로 나섰던 여성학자 허라금의 표현대로 '페미니즘 포비아'를 가지고 있는 것이 아닌가 의심받기도 했다. 또한 당시 학회의 내용을 '이제 유교도 변해야 산다'라는 제목 아래 비교적 상세히 보도했던 《여성신문》에서 여성신학자 강남순과 난상토론을 벌이기도 했다.[1] 둘의 만남을 '불행한 만남'으로 표현한 강남순은 개체성과 주체성의 원리라는 시각에서 이 만남을 회의하고 부정했다. 오늘날 한국사회에서 여전히 많은 여성들이 유교 전통의 굴레 아래 신음하고 있는데, 도대체 이 만남이 어떤 의미를 가지며, 누구를 위해서 시도되는 것인가라는 강한 의문을 제기한 것이다.

그때까지 익히 들어왔던 이러한 회의와 비판에 대해서 필자는 세 가지 관점에서 반박했다.

첫째는, 오늘날 우리나라의 현실뿐만 아니라 세계의 모든 정황은 페미니즘을 포함하여 서구 계몽주의 자식들이 내세우는 '개체성의 원리'라고 하는 것도 이제 수정과 보완을 필요로 한다는 것이다. 즉, 오늘날 우리 모두가 처해 있는 하나의 섬이 되어 버린 고립만이 아니라 모든 수준에서 '만인 대 만인의 투쟁'을 보여주고 있는 상황은, 그 '개체성(주체성)의 원리'라고 하는 것도 결코 메타담론이 되어서는 안 되고, 다시 보완되어야 함을 드러내고 있다는 것이다.

둘째는, 이제 페미니즘 논의 안에서도 다양한 목소리가 수용되어야 한다는 것이다. 오늘날과 같이 세계화의 물결이 더욱 거세지는 상황에서는 이제 페미니스트들도 자신의 논의 속에 고유한 민족적 전통이나 문화적 경험들을 표현할 수 있어야 한다는 것이다. 그런 의미에서 지금까지 우리 민족에게 그렇게 오랜 기간 근원적으로 영향을 끼쳐온 유교 전통과의 대화는 긴요하고, 이것에 대한 전체주의적인 거부는 바람직한 태도가 아니라고 본 것이다.

셋째는, 서양여성들도 그들 역사 속에서 그렇게 성 억압적이었던 기독교 전통과 다시 대화하며 새로운 가능성들을 찾아내고 있듯이, 우리도 그렇게 할 수 있다는 것이다. 그래서 유교 전통이 지금까지 생각해 왔듯이 그렇게 모두 청산해 버려야 할 대상만이 아니고, 오히려 변화된 상황에서 새로운 인식의 틀로 보니 거기에는 삶의 유효한 모형적 진실들이 여전히 보인다는 것이다. 오늘 우리의 연구는 그 가운데서도 특히 우리 몸과 관계 맺음을 위한 것이다. 왜냐하면 유교 전통의 한 핵이란 어떻게 지적인 앎과 몸으로의 수행을 하나로 만들 수 있겠는가라는 것이었고, 오늘 모두에게 삶의 핵심적인 관건이 된 몸의 문제는 바로 이 질문에 대한 답에서 풀릴 수 있는 것이라고 생각하기 때문이다.

먼저 1999년의 학술대회 이후 행해진 다른 유사한 논의들을 살펴보면, 허라금은 《철학과 현실》에서 유교와 페미니즘의 대화 노력에 대한 여성 철학자의 입장을 다시 밝혔다.[2] 또한 《전통과 현대》 2000년 여름호는 '여성과 유교'를 화두로 삼아 여러 측면의 탐색을 보여주었다. 거기서 마련한 대담의 내용이 "조선 여성은 억압받았는가?"라는 것이었다. 그런데 이 대담의 형식과 내용에 대한 평가는 놔두고라도 제목에서도 풍기듯이 지금까지 일반적으로 알아왔던 조선여성상—유교 전통의 질곡으로 인한—의 부정적인 이미지들을 개선해 보려는 의도가 엿보인다. 작년 심포지엄에서도 〈'차이' 해석의 유교적 특성〉이라는 논문을 발표한 이숙인은 계속해서 유교적 여성 이미지의 다양한 측면들을 찾아내려고 노력하고 있다.[3] 또한 여러 여성 사학자들에 의한 조선시대 여성 연구도 더욱 다양한 모습으로 펼쳐지고 있다.

한국에서 유교 전통과 페미니즘의 대화는 여전히 쉽지 않다. 페미니스트 비판자들이 지적하는 대로 우리나라 여성들의 현실은 여전히 억압적이고 전통의 질곡에 무겁게 눌려 있기 때문이다. 그러나 한편 다시 생각해 보면 여성과 남성은 그렇게 대결적으로만은 살 수 없으며, 지금까지 분리주의적 페미니스트들이 그렇게 싫어했던 '여성적 덕목'이라는 것도 오늘의 변화된 상황에서 보면 여성들의 진정한 힘으로 발휘될 소지를 많이 가지고 있다는 것이다.[4]

또한 기존의 페미니즘에서 그려놓은 분리주의적 해방의 여성상이라는 것도 많은 경우 서구 백인 중산층 여성의 우월주의와 관계가 깊다고 한다. 이러한 상황에서 오늘날, 특히 젊은 세대의 여성들은 자신들의 정체성 구축에서 더욱 섬세하게 자신들이 처한 '차이'에 대해서 관심을 가지며, 그 차이를 의식하기를 원한다. 이것은 때로 기존의 페미니스트들에게는 지금까지 페미니즘이 이루어놓은 여성해방적 성과들을 무시하는 '반페미니즘'(nonfeminsm)으로 보이기도 하지만, 필자의 판단에는 결코 그렇지 않다. 더군다나 페미니즘이란 원래가 가부장주의 사회에서 미처 깨닫지 못했던 성적(性的) '차이'에 주목한 것이고 보면, 이러한 새로운 페미니즘, '포스트페미니즘'(postfeminism)이란 차이들을 다루는 데서 더욱 섬세해진 것이다. 그래서 더 풍부해진 힘과 전략을 가지고 여성들을 힘있게 하고 도와줄 수 있다고 보기 때문이다.[5]

필자가 생각하기에 유교 전통과 페미니즘이 만난다고 하는 것은 여러 차원의 만남을 의미한다. 그것은 오늘날 단순히 성 차원에서만의 만남이 아니고, 더 깊고 복잡한 세계관과 종교관의 만남의 의미도 갖는다. 유교 쪽에서 보면 그것은 20세기에 들어와서 서구 과학과 민주주의와 만났을 때보다도 훨씬 더 과격하고 근본적인 도전을 맞이한 것을 뜻한다. 페미니즘 쪽에서 보면 미국의 종교학자 윌프레드 스미스가 지적한 대로 서구 기독교가 이미 두 번의 만남—첫번째는 그리스문명 특히 철학과 만남이었고, 두 번째는 근대문명 특히 과학과 만남이었는데—을 경험한 후 세 번째의 만남, 즉 세계의 다른 종교들과 만남 앞에 놓여 있다고 한 의미와 유사한 것이라고 하겠다. 오늘날 우리가 일반적으로 차지하는 페미니즘 연구에서는 이 세계관적이고 종교적인 차원에서의 물음이 거의 배제되어 있다. 여성학 연구와 性의 연구는 그런 의미에서 거의 사회학이나 정치학 등의 사회과학 수준이다. 그렇지 않으면 단지 생물학의 차원에 머물러 인간의 삶과 의미에 대한 물음들을 모두 '여기/지금'에서의 물음들로 환원한다. 이러한 여성학 연구의 경향은 국내외에서 모두 동일하다. 심지어는 국내에서 여성 종교학자의 페미니즘 탐구에서도 그대로 드러나 유교와 페미니즘 사이의 대화를 단지 지식사회학의 수준에서 평가하는 모습이다.[6]

페미니즘 연구에서 이러한 반종교적이고, 반가치론적인 태도는 페미니스트들이 자신들의 경험(women's experience)을 이야기하고 정체성 탐색을 시도할 때 '종교성'(religiousness)이나 '영성'(spirituality) 등에 대해서는 자유롭게 말할 수 없게 한다. 그래서 '좋은' 페미니스트가 되려면 종교와는 무관해야 하는 것으로 생각하게 하거나, 또는 그러한 종교적 담론 부재 때문에 발생하는 '뿌리 없음'이나 '깊이 없음'의 공허한 감각에 대해서 침묵하거나 외면하게 만든다.[7]

필자가 오늘 대화 탐구의 주제로 삼은 '유교적 몸의 수행과 페미니즘'은 바로 이상과 같은 문제의식에서 나온 것이다. 그것은 '유교와 페미니즘 만남'의 주제들 가운데서도 무척 미묘하고 어려운 것이라고 생각된다. 왜냐하면 일반적으로 몸의 문제를 '섹슈얼리티'의 문제로 해석할 때는 유교와는 상극이라고 여겨지고, 반대로 몸에 대해서 '수행'을 이야기할 때는 페미니즘과는 도저히 같이 해 볼 수 없는 것으로 여겨지기 때문이다. 그러나 이 둘의 만남이 이루어져야 한다는 것이 필자의 생각이다. 왜냐하면 오늘날 여성과 남성 모두를 포함해서 자아 정체성의 기반으로 더 이상 유보 없이 '정신'이나 '이성' 등을 들지 않고, 대신에 '몸'이나 '섹슈얼리티'를 이야기하고 있다. 그러나 한편 그 몸이나 섹슈얼리티가 잘못 파악되어 철저히 물질로 환원되거나 상업적인 수단으로 남용되어서 오히려 주체를 더 근원에서 파괴시키는 계기가 될 수 있음을 보여주기 때문이다. 우리의 관건은 인간 존재의 두 차원—정신적인 차원과 신체적인 차원—을 모두 놓치지 않는 것이다. 그러기 위해서는 몸의 수행의 차원을 살펴보고, 오늘 우리 시대에 누구에게나 중요하게 된 '몸 프로젝트'(body project)를 위해서 한 새로운 가능성을 찾아야 한다.

지금까지 페미니즘 연구에서 "왜 위대한 여성 예술가들은 탄생하지 않았는가?"라는 질문은 제기되었다.[8] 그러나 "왜 지금까지 '여성 성인'(聖人, Women Sages), '여성 구원자'(Women Saviors), '여성 그리스도'(Women Christs)는 없었는가?"라는 질문은 부각되지 않았다. 그러나 필자의 생각에는 지금까지 철저히 남성의 영역으로 여겨지던 이 聖의 영역에서 가능한 답이야말로 여성들을 위해서 긴요하다. 종교란 존재의 기초적인 뿌리와 관계하는바, 여기서의 답이 찾아질 때 진정으로 性은 더 이상 운명이 아니다'라는 말로 증거될 수 있기 때문이다. 다음 절에서부터 우리의 탐색은 이러한 물음들과 관계되어 있고, 그것은 '여성 성인(聖人)'과 '여성 그리스도'의 도래가 가능해질 수 있을까? 가능해진다면 그 모습은 어떤 모습일까? 등의 물음과 무관하지 않다.

2. 서구 포스트모더니티 속의 몸
—기독교 '역사적 예수' 탐구와 페미니스트 몸 담론을 중심으로

1) '역사적 예수' 탐구와 '여성 구원자'

오늘 우리 시대에 진정으로 '몸'이 문제가 되었다. 우리나라에서도 1970년대 이후부터 본격적으로 소개 전개되어 온 페미니즘의 영향으로 몸의 문제, 몸과 섹슈얼리티에 대한 담론이 크게 확산되었다. 그리고 점점 더 고령화되는 사회의 과학과 산업의 발달은 우리 삶에 대해서 기획과 통제를 가능하게 해주면서 물질과 자본, 그리고 몸을 우리 자아감의 신뢰할 만한 토대로 보게 하였다.

이러한 상황의 변화는 종교의 인식에서도 크게 나타나, 서구에서 전통적으로 예수의 몸을 그리스도로 그리는 '기독론'(Christology) 이해에서도 큰 변화를 불러일으키고 있다. 김용옥의 텔레비전 강연 〈논어 이야기〉 속에서 '예수의 탄생'에 관한 이야기가 불거져 나와 공방이 일어났다. 이것은 바로 기독교의 예수에 대한 이해에서도 전통적인 신적 그리스도에 대한 집중보다도 '역사적 예수', 그의 '몸'에 대한 이해가 중심담론이 되어가고 있다는 증거이다.

일찍이 서구의 여성 신학자 메리 데일리(Mary Daly)는 지금까지 기독교 역사에서 대부분의 기독론은 일종의 '가현주의'(假現主義, doceticism)에 빠진 것이었다고 비판하였다. 그것은 지금까지 기독교 역사에서 예수의 인간됨과 몸됨을 그렇게 강조하였지만 한번도 그 몸이 진지하게 받아들여지지 않았고, 그래서 예수라는 한 젊은 유대인 남자를 모든 신격화와 형이상학화를 동원하여 '유일회적이고', '배타적이며', '최종적으로' 神과 동일화시켜왔다는 것이다. 이러한 동일화는 어느 한 종교나 한 性이 거룩한 것, 신성한 것, 또는 신적인 것을 독점해 왔음을 의미하며, 오늘의 역사적 예수 탐구는 이러한 배타주의나 '그리스도 우상주의'를 해체하려는 것이다. 이미 우리나라에도 몇몇 저서들이 번역 소개되어 주목받고 있는 '예수 세미나'(Jesus Seminar) 연구가 대표적 예이다.[9]

그런데 이들의 핵심적인 관심은 지금까지 2천 년 동안이나 각종 신화와 배타적인 형이상학에서 왜곡된 '역사적 예수'의 모습을 바르게 찾아내서 그로 하여금 다시 인간이게 하면서 오늘의 우리에게 의미가 되는 길을 모색하는 것이다. 예수의 동정녀 탄생, 몸의 부활, 예수가 스스로를 유일한 중보자라고 했고, 하느님의 아들이라고 했다는 등의 성서 구절들은 이 예수 세미나에서 다각도로 연구, 조명되어 더 이상 받아들일 수 없는 것으로 선언되었다. 성서에 나와 있는 구절들의 역사적 신빙성을 가리기 위해서 투표에 의한 등급화 작업도 불사하는 이들에 따르면, 예수는 결코 후대 그의 추종자들이 그린 대로 스스로를 신의 아들이라고 주장하며 자신에 대한 믿음을 요구한 인물이 아니었다.

오히려 그는 당시 1세기 팔레스타인의 척박한 종교문화적 정치사회적 환경 속에서 그 자신이 하느님의 나라를 간구한 청년이었고, 하느님의 영에 사로잡혀 모든 사람들에게 '중보자가 끼지 않는 하느님과의 관계'를 옹호했던 '우상타파주의자'였다고 한다.[10] 이 그룹의 창시자 로버트 펑크(Robert Funk)가 그의 도전적인 책 《예수에게 솔직히》(*Honest to Jesus*)에서 예수 사후 제도화된 그리스도 교회가 그려놓은 '신조적(creedal) 그리스도교'에 대해 행한 비판을 들어보자.

"대중적 신조주의(creedalism)는 기적을 믿으면서 초자연적인 탄생, 피의 희생으로 이해되는 십자가 상의 죽음, 몸의 부활, 우주적 재판을 주재하기 위한 예수의 최종 재림을 주장한다. 우리는 단지 다음과 같이 물을 필요가 있다. 이러한 교리들 가운데 어떤 것이 우리가 알고 있는 역사적 예수에게서 유래한 것일까? 어떤 교리가 예수의 권위에 의존하는 것일까? 혹은 그것들은 예수의 초기숭배자들에 의해 고안된 신화적인 덮개의 일부가 아닐까?"[11]

그리하여 이제 예수에 대한 연구를 그의 역사성에 초점을 맞추고, 오늘날의 여러 학제간 연구와 교차문화적 관점을 가지고 그의 사회적 세계에 대한 종합적인 상(像)과 함께 초기전승과 기초문서에 집중해 보면, 그의 모습은 오히려 '교사'나 '인습타파적 현자', 또는 '사회적 예언자'로서의 역사적 인물로 나타난다는 것이다.[12] 지금까지 교회의 배타적인 케리그마상으로부터 예수의 모습을 해방시킨 모습이다.

이상과 같이 역사적 예수 연구에 의해 새롭게 파악된 예수상은 오늘날 어느 다른 그룹을 위해서보다도 여성들을 위한 복음의 소리로 들린다. 왜냐하면 지금까지의 기독론이란 그의 지나친 신적 집중 때문에 남성예수를 그대로 神 또는 '그리스도'로 규정해 놓은 것이므로, 남성이 아닌 여성들에게서는 영원히 남성이 구원자가 될 수밖에 없도록 만들어 놓았기 때문이다. 또한 그를 구원자가 되게 한 '신성'(神性)과는 다른 인간성과 몸성, 섹슈얼리티는 한없이 소외되고 비하되어서 예수의 동정녀 탄생, 몸의 부활 등의 신화가 사실언어로서 폭력을 휘둘러 왔기 때문이다.[13]

이제 예수에 '관한' 전승이 아닌 예수에 '의한' 전승이 기독교의 새로운 기초가 되고, '위로부터'의 기독론이 아닌 '아래로부터'의 기독론이 의미를 주는 것이라면, 우리는 지금까지처럼 '그리스도 우상주의'에 빠져 살지 말고, 예수 자신의 삶이 그랬던 것처럼 '신 중심적'으로 사고하며 실천적으로 살아야 한다는 것이다. 또한 이제 우리가 그 예수는 "부처나 노자, 공자, 간디, 그리고 그 밖의 다른 인물들과 겨루도록 해야만 하는"

'기독교이후'(postchristian) 시대에 살게 되었다면, 더 이상 '중보자 없이', 한 배타적인 중보자에 연연하지 말고 살아가는 법을 배워야 한다는 것이다. 이것을 달리 말하면 이제 '여성 중보자들'(Women Saviors)의 도래도 기대할 수 있게 되었다는 것인데, 그래서 예수의 재림 대신에 '여성의 재림'(the Second Coming of Women)이 이야기되기도 한다.[14]

2) 포스트모더니티 속의 여성의 몸

① 사회구성주의적 입장

이상과 같이 오늘날 서구에서 전통적 그리스도의 의미를 그의 역사와 몸으로부터 다시 정립하려는 시도가 일어나는 것처럼, 오늘 우리 시대에 몸을 고려하지 않고서는 어떠한 인간 행위에 관한 적절한 이론도 나올 수 없게 되었다. 이것은 특히 여성들과 관계해서 더욱 진실한데, 왜냐하면 여성들의 삶이란 많은 부분 몸에 기초해서 이루어졌고, 그래서 그 몸을 통한 세계 경험이 여성 경험의 중요한 핵을 구성하기 때문이다. 페미니즘의 등장은 그런 의미에서 몸 이론의 등장이기도 하다.

여성들이 먼저 발견한 몸은 '젠더'(사회적 性, gender)로서의 몸이었다. 지금까지 자신들의 몸이 단지 본능의 힘이었고, 자연의 거친 산물이며, 생식기관인 줄만 알았던 여성들은 그 몸이라는 것이 한편 사회와 문화의 구성이고, 단순히 사적인 것이 아니라 공적인 것이며, 개별적인 것이 아니라 역사적으로 오랜 동안 정치사회적 담론의 산물이 된다는 것을 깨달았다. 그래서 몸이 사회학적 연구의 한 토대가 됨을 본 것이다. 1960~1970년대 서구에서 이른바 페미니즘의 제2물결이 일어나고 거세지면서 여성들은 자신들의 성이 '젠더'임을 들고 나온 것이다. 자신들의 성이 그동안 긴 기간의 가부장주의 정치와 경제, 사회, 문화에서 왜곡되어 왔음을 깨달은 여성들은, 이 이데올로기적 왜곡만 제거한다면 자신들과 남성들이 다른 것이 없다고 주장하였다. '여성과 남성은 같다'라는 것을 증거하기 위해서 性과 몸의 젠더적 차원을 강조한 것이다.

여성 사회학자 크리스 쉴링(Chris Shilling)에 따르면, 지금까지 뒤르켐이나 막스 베버, 짐멜과 만하임 같은 이른바 고전 사회학자들의 사회학 연구 속에 몸이 관심을 받지 못한 이유는 그들 자신이 여성이 아니었다는 점과 무관하지 않다. 그들이 만약 여성이었다면 몸을 더 많이 고려하면서, 예를 들어 여성들의 임신에 따르는 위험, 분만시의 높은 사망률, 산업혁명의 특징인 유아사망률 같은 현상들을 그들의 산업사회 연구에 포괄시켜 반영했을 것이라는 말이다.[15) 20세기 후반에 들어와서 몸은 가부장제를 학문적으로 개념화하려는 페미니스트들의 분석에 적극적으로 도입되었다. 이들은 지금까지 가부장사회에서의 지배-종속체제와 몸의 연관성을 직접적으로 다루면서, 앞에서 지적했듯이 사회적 성인 젠더로서의 성을 부각시켰다.

여성들의 이러한 사회구성주의적인 입장에서 몸과 성 이야기는 특히 요즈음 미셸 푸코 등의 이야기와 합류되어 더욱 진전된다. 지금까지 일반적인 서구 남성 철학자들과는 달리 푸코는 인간의 성과 몸에 특히 관심을 가지며 그 성과 몸이 사회적 담론이 됨을 밝혔다. 이러한 작업을 통해 전통적인 이성적 주체의 해체를 급진적으로 불러일으키는 푸코의 해체주의는 바로 페미니즘의 출발선언이었던 시몬느 드 보봐르의 '여성은 만들어지는 것이지 태어나는 것이 아니다'(Woman is made, not born)의 명제를 더욱 강화시켜 준 것으로 평가된다.[16) 여기서 몸의 의미는 궁극적으로 개인의 영역을 넘어서 존재하는 사회구조와 권력에 따라서 결정된다는 것이며, 그 몸이 바로 주체의 삶에 중심이 된다는 견해이다. 자신의 연구를 '性의 역사'(The history of sexuality)라고 할 만큼 몸을 중요시한 푸코에게 몸은 단순히 담론의 초점이 아니라 일상의 관습들과 대규모 권력조직의 연결고리 그 자체이다.[17) 이것은 몸의 생물적 구조가 인간 주체 능력을 영구히 결정하고 제한하지 않는다는 생각인데, 여기에 페미니스트들은 큰 호응을 보냈다.

이들은 푸코의 연구에 힘입어서 자연적인 몸이 개인의 정체성과 사회적 불평들을 결정짓는다는 전통의 견해를 반박한다. 그러면서 성 정체성은 고정되고 확정된 것이 아니라 분열될 수 있고 불안정한 것이라고 주장한다. 생물학적 특징 그 자체도 사회적으로 구성된 것이며, 몸에 권력이 투입되고 행사됨을 통하여 성별화의 체현도 이루어지는 것이다. 그러므로 이들의 주장은 생물적인 면은 단지 사회적인 면의 재현에 지나지 않기 때문에 독자적 영역으로서의 이론화가 필요치 않다고 말한다.[18] 유사한 맥락에서 또 다른 여성학자 맥콜럼(E. L. McCallum)은 섹스(자연적인 성)가 우리의 젠더(사회적인 성)를 구성하는 핵심(the essence)이 아니라, 젠더가 우리 섹슈얼리티의 '핵심'을 구성하는 것이라고 주장한다.[19]

그러나 이러한 젠더 중심적 사회구성주의적 페미니스트 몸 담론은 그 안에 중대한 내적 모순을 지닌다. 그것은 이들이 사회적 구성산물의 몸을 말하기 위해서 권력과 담론과 훈육체계로서의 몸을 말하다 보니 몸이 담론에 영향을 받았다는 점만 이야기할 뿐, 그 담론에 반응하고 그것에 영향을 미치는 몸 자체에 대해서는 결국 침묵하는 격이 되었다는 것이다. 이것은 자연적 생물적 현상의 몸이 사라진 것을 의미한다. 그렇게 됨으로써 결국 우리들의 몸 자체와 섹스, 섹슈얼리티에 대한 탐구의 부재를 불러일으켰다. 그래서 몸은 지금까지 페미니즘 연구에서 주류를 이루던 사회정치학적인 페미니즘 연구에서 사라지는 경향을 보였다는 것이다.

쉴링은 유사한 관점에서 '푸코의 분석에서 사라진 몸'에 대해서 말한다. 푸코의 몸 담론은 몸이 결국 담론화해서 다시 정신이 된 것이고, 그것은 전통의 정신-몸의 이원론이 극복된 것이 아니라 다시 몸은 단순히 담론에 따라서 통제되는 비활성 덩어리로 과소평가된 것이라고 한다. 그런 의미에서 전통적이고 자연주의적인 본질주의가 '담론적 본질주의'로 대체된 것일 뿐이라고 한다.[20] 우리가 앞서 푸코주의자 페미니스트 맥콜럼에게서 '젠더 본질주의'가 나타나는 것을 보았고, 푸코에 대해 긍정적으로 접근했지만 그 푸코가 과연 얼마나 진정으로 여성들의 삶의 경험, 여성들의 특별한 몸의 구성에 대해 말해줄 수 있을까를 회의하는 데에서도 보듯이, 만약 여성의 생물적 신체적 몸이 빠진다면 '여성'(Woman) 자신이 빠지는 것이고, 그녀의 '성'과 '섹슈얼리티'가 그녀의 주체성 속에서 빠지는 것이 된다. 그래서 다시 '근육으로 다져진 몸의 여성'(the muscled women)이나[21] 여성권위 경험의 한 중심으로서 '모성'(mother-hood)에 대한 연구가 시도되는지도 모르겠다.[22]

② 자연주의적인 입장

여기서는 페미니즘 등장 초기에 제거되었던 자연적인 여성의 몸과 신체의 기반이 다시 주목되고 인정받는 모습이다. 그동안 여성들의 삶을 '운명적으로' 억압했고, '본질적으로' 그 열등성을 기초 지어온 것이라고 생각되었기 때문에 제거하고 극복하기를 원했던 그 자연적 기반이 사실 우리 정체성의 더 자연스러운 근거이고, 우리 힘의 원천과 토대가 됨을 밝히는 입장이다. 그러므로 여기서부터 이제 본격적으로 여성들의 성과 섹슈얼리티, 성을 단순히 생식의 역할로만 보는 것이 아니라 우리 쾌락의 토대로 보는 입장들이 드러난다.

여성과 남성 사이의 복잡한 사회적 관계와 불평등을 생물학적인 또는 前사회적인 몸으로 환원시키는 방식은 지금까지 사회학적 페미니스트들에게 결코 생산적이거나 효과적인 것으로 간주되지 않았다. 그러나 우리가 위에서 보았듯이 페미니즘이 몸과 성이 사회체계 안에서 갖는 중요성을 진정으로 받아들이고 온전히 이해하려면, 이 자연적 몸이 사회적 관계에 기여하는 바를 고려해야 한다. 그리고 우리의 신체가 사회적 관계의 기초를 형성하는 것을 진지하게 수긍해야 한다는 것이다. 몸의 신체성은 몸이 사회 속에 위치한다고 해도 사라지는 것이 아니다. 몸은 또한 다만 수동적으로 사회에서 구성되는 것만이 아니라 스스로를 구성해 가고 형성해 나가고, 진정으로 자기 자신과 타인을 구분하는 신체적인 경계선이 되는 것이다. 그러므로 몸을 한편 물질적 현상으로 보고, 인간 행위의 필수적인 구성요소로 이해하는 이 입장은 오늘날 점점 더 설득력을 얻어간다.

오늘 이른바 '제3의 물결'의 페미니즘에서 주로 드러나는 이 견해는 결코 예전의 남성들이 행했던 것과 같은 일차원적인 자연주의적 환원이 아니다. 그러므로 여기서 페미니스트들은 이러한 자연주의적인 견해가 다시 여성과 남성을 간단한 신경체계나 유전자 또는 생식적 성기로 환원시켜 상호배타적인 두 개의 범주로 영구화시키는 오류에 빠지지 않도록 여러 방향의 노력을 시도한다. 사실 우리 물리적 몸의 한 핵심을 이루는 뇌의 기능으로만 보면 성차는 거의 나타나지 않는다고 한다. 뇌는 직접적이고 일방적으로 호르몬의 영향을 받지 않기 때문에 거기서 성차의 제한된 범주로 개인을 명확하게 구분하는 것은 불가능하다고 한다. 또한 'XY'의 유전물질이나 페니스의 존재 여부로 성을 분류하는 방법에서도 그 구분이 그렇게 명확할 수 없는 경우가 많다. 예를 들어 정소성증후군(精巢性症候群)을 나타내는 유전자 형태인 'XXY'나 'XYY'에서는 몸의 형태는 여성적 외모는 띠지만, 유전학적으로는 남성이기 때문에 출산을 할 수 없다고 한다.[23]

지금까지 페미니즘 담론에서 '젠더' 중심의 성 정치학을 '섹슈얼리티' 중심으로 변동시키는 계기가 된 이 자연주의적 견해는 섹슈얼리티를 여성 주체의 핵심으로 강조한다. 프랑스의 여성 철학자 이리가라이(Luce Irigaray)는 특히 '클리토리스' 담론을 주장한다. 그런데 이것은 여성의 성을 단순히 출산을 위한 자궁 중심적 성으로 생각하거나, 남성에 의해 주도되고 통제되며, 단지 '반응'의 차원에 불과한 것으로 보던 이해에서 벗어난 것이다. 그것은 여성을 더욱더 적극적인 성적 쾌락과 욕망의 주체로 보며, 더 나아가서 여성 신성화를 위한 기초를 놓는 것이다. 이리가라이는 여성 육체를 혐오하는 남성 중심의 재현체계가 그려내지 못한 여성 육체를 써내기 위해서는 '여성적인 것'을 반복할 수밖에 없다고 주장한다.[24] 그것은 이리가라이가 남성 중심 재현체계에서 추방된 육체성이나 여성 육체를 형상화하기 위해 전략적으로 '본질주의'를 택한 것이라고 할 수 있다. 그런데 태혜숙에 따르면, 이러한 견해는 "생물학적 본질주의를 순진하게 답습하거나 정신/육체의 이분법적 구도에서 육체로 돌아가자는 것이 아니다." 오히려 "이 구도를 깨뜨리고 육체에서 출발해 정신을 전면적으로 새로 구상해 내는 작업"을 위한 것이라고 한다.[25]

파이어스톤(S. Firestone)은 일찍이 자연주의적 접근방식을 페미니스트 시각에서 재구성하였다. 비록 그녀의 분석이 생물학적으로 본질적인 한계를 가지고 있는 것으로 여성의 몸을 보았기 때문에 과거의 본질주의적 주장과 유사한 점이 있다. 하지만 그녀는 여성의 몸을 여성 자아의 확실한 토대로 보았다. 그녀의 주장은 성별에 따른 노동분업이 생물학적인 근거를 가지고 있다는 것이다. 그래서 사회제도 내에서 여성들의 종속이 남성들에게 의존하게 만드는 재생산 능력에 달려 있다고 보았기 때문에, 여성들의 몸을 최소한으로 사용하게 할 수 있는 확실한 피임기술과 분만기술로 '재생산의 폭행'에서 벗어날 수 있다고 주장하였다.

이러한 주장이 오늘날 점점 더 현실로 다가오는 때에 미국의 해러웨이(D. Haraway)는 더 나아가서, 기계와 인간의 복합체인 사이보그(cyborg : cybernetic + organism)야말로 해방적인 여성의 존재양식이 되어야 한다고 강조한다. 여성의 육체성에 연연하는 것을 넘어서 오늘날 하이테크놀러지의 시대에 맞도록 "여성이 더 사이보그화할수록 여성은 자기 몸의 외부에서 가해지는 '몸의 정치'에 덜 종속적이 된다"는 것이다. 해러웨이가 주장하는 사이보그는 전통적인 정신/육체, 인간/기계, 자연/문화 등의 이분법에 강력하게 대항하는 것이다. 그런 의미에서 그녀는

여성들이 현대 기술을 적극적으로 이용하지 않고는 해방도 있을 수 없다고 강조한다.[26]

이상에서 간략하게 살펴본 페미니즘의 몸 이론에 대한 자연주의적 견해는 더욱더 적극적으로 우리의 몸과 섹슈얼리티를 우리의 기초로 보는 것이다. 이들은 여성의 몸을 훨씬 더 긍정적으로 보면서 '여성의 몸에 내재하는 힘', '여성의 몸과 관련된 창조적인 힘', '여성들의 선천적 재능과 우월성'에 대한 설명들로 자신들의 이야기를 가득 채운다. 최근 우리나라에도 번역 소개된《제1의 성》의 저자 헬렌 피셔(H. Fisher)가 대표적인 모습이다. 이미 여성의 섹슈얼리티를 인간 진화의 핵심원리로 선언한 피셔에 따르면, 이제 남성의 성이 제1의 성이 아니다. 오히려 사이버 세계의 등장 등 새롭게 변화된 환경에서는 '거미집 사고'나 '친밀성'의 배테랑인 여성들의 성이 제1의 성이 된다는 것이다.[27] 무척 선동적으로 보이지만 이러한 분석은 우리의 주체인식과 육체적 경험 사이의 연관성에 대한 의식을 한층 고양시킨 것이고, 여성이라는 젠더의 동일성만을 강조해온 기존의 사회구성적 페미니즘의 한계를 벗어난 것으로 보인다. 그리하여 섹슈얼리티의 강조, 육체의 다양한 존재방식 등을 제시함으로써 여성들에게 더욱 다양한 방식으로 해방적 에너지와 힘을 부여할 수 있는 가능성을 제시하였다.

그러나 여기서 다시 물을 수밖에 없다. 오늘 현실에서 여성의 몸과 섹슈얼리티가 얼마나 오도되고, 어떻게 철저히 물질 덩어리로 환원될 수 있는가를 보기 때문에 이러한 낙관에 머물러 있을 수만은 없다. 즉 여성의 몸과 섹슈얼리티는 왜곡될 수 있다. 그리고 우리의 몸과 관련된 전통적인 미덕은 쉽게 다시 굴종의 요인이 되므로 그러한 몸과 관련한 여성의 힘이 더욱 항상적(恒常的)인 것이 되도록 또 다른 모색이 있어야 한다는 것이다. 영화〈처녀들의 저녁식사〉를 자연주의 몸 이론적 시각에서 분석한 주유신은 세 명의 여성 가운데 호정(강수연분)―"성에 대한 그녀의

사고는 육체적인 감각과 직접적인 쾌락에 원천을 두고 있고"—에 대해서
다음과 같은 비판적인 질문을 던진다.

> "그렇다면 이처럼 '섹스'에 국한된, 그리고 '성기중심적 쾌락'에 초점이 맞추
> 어진 해방적 실천이라는 것이 과연 자동적으로 여성을 새로운 성적 주체성으
> 로 구성해낼 수 있는가? 젠더의 권력관계를 섹스를 매개로 단순히 전도시킨
> 여남의 관계라는 것이 질기디 질긴 젠더 이데올로기와 그 권력 사용에 도전
> 하고 여남 사이의 성적 관계와 성애가 갖는 정치학을 위협하는 것이라고 볼
> 수 있는가?"[28]

그러면서 주유신은 캠벨(B. Campbell)을 예로 들어서 "성해방은 여
성도 성적일 수 있음을 깨닫는 계기가 되기는 했지만 본질적으로는 남성
의 섹슈얼리티에 대한 경배이나 난교에 대한 허용이었다"고 회의한다.[29]
이러한 모든 회의적 비판들은 여성들이 자신의 몸과 섹슈얼리티와 관계
하면서 진정으로 해방된 자아와 성찰적 주체로 거듭나기가 얼마나 어려
운 일인가를 잘 드러내 준다. 자본주의가 팽배해진 후기산업사회에서 살
면서 매일 대면하고 있는 현실들, 날로 번창하는 포르노산업의 왜곡과,
한계를 모르고 실행되는 다이어트를 위한 식욕 매커니즘의 인위적인 조
작, 유전공학과 생명공학 등의 테크놀러지로 인간의 몸과 여성의 몸, 동
물과 식물의 몸에 가해지는 폭력 등은 오히려 우리로 하여금 몸을 더 혐
오하게 만들 수 있고, 단순히 물질적인 도구로 전락하게 할 수 있다.

결국 어떻게 하면 여성의 몸을 단순한 기계나 쾌락의 도구가 아닌 한
성찰적 주체로 키워 나가는가 하는 문제인데, 그것은 여성이 삶에서 궁
극적인 토대와 가치를 무엇으로 볼 것인가, 정신과 몸의 관계를 궁극적
으로 어떻게 볼 것인가라는 등의 물음과 관계된다. 즉 이 둘을 통합하는
건강한 인격체를 이루어 내는 문제와 관련되는데, 다음 절의 유교 공부
가 그 목적을 위한 것이다.

3. 유교적 몸의 '수행' (修行) — 양명사상을 중심으로

1) '몸의 쾌락'과 '행복'의 관계

페미니즘은 몸이 우리 존재의 단순한 물질 기반이 아니고, 우리가 몸이며 몸이 또한 우리임을 일깨워 주었다. 그러면서도 몸은 사회의 담론이 되는데 그러나 단순히 수동적인 담론만이 아니라 담론을 형성해 가는 적극적인 주체가 됨을 밝혀 주었다. 그럼에도 우리의 몸이 물질적인 속성을 가지고 있다는 것은 냉혹한 사실이다. 경험에서 보면 이 물질적인 기반은 자칫하면 카오스가 되기 쉽다. 그래서 우리 시대에 몸은 '전쟁터'가 되었고, '스캔들'이 되었다고 선언되었다.

오늘날 몸의 언어가 우리의 '마지막' 언어는 아닐지언정 '최초'의 언어가 된다는 것은 거의 암묵적으로 받아들여졌다. 이렇게 우리들처럼 '행복'을 '최고선'으로 보며, 그것은 모든 정치와 윤리의 목표로 보았던 아리스토텔레스에 따르면 행복이 '최고선'이 될 수 있기 위해서는 모두가 추구하는 '쾌락'을 그 안에 담지하고 있어야 한다. 그에 따르면 최고선은 어떤 쾌락이 아닐 수 없고, 짐승이나 사람들 모두가 쾌락을 추구한다는 점에서 쾌락은 최고선이 될 수 있다.[30] 아리스토텔레스는 또한 쾌락 가운데서 육체적 쾌락을 그 자체로 나쁜 것이 아니라고 본다.

그는 그러나 현실에서 "육체적 쾌락이 가장 바람직하게 보이고", "육체적인 쾌락들이 쾌락이란 명칭을 전적으로 독점하다시피" 하는 이유는, 그 쾌락이 고통을 몰아내고, 또 누구나 그것을 경험하며, '격렬'하기 때문이라고 한다.[31] 그러므로 육체적 쾌락은 다른 쾌락에서 기쁨을 맛보지 못하는 사람들이 추구한다. 그러나 이 "몸 전체를 쓰는 것이 아니라 어떤 부분만을 건드리는 것"[32]으로 얻어지는 육체적 쾌락(감촉)은 지나칠 수 있고 방종과 결부될 수 있다. 따라서 쾌락이 가져다주는 온갖 것, 또는 가장 즐거운 일들을 갈구하다가 방종에 빠져서 반대로 고통을 당하는 대신에 최고선인 행복을 가져다 주는 덕을 탐구해 보면, 그것은 우리의 '행위'와 관련된 것이고, 짧은 순간의 능력이 아니라 우리의 처신과 관계되어서 형성되는 성격의 상태인 '성품'이고, 도덕적인 탁월성이라고 한다. 진정한 행복은 몸의 어떤 부분을 건드려서 얻어지는 것이 아니라 바로 우리의 처신과 관련한 '덕'에서 온다는 것이다.[33]

이 말은 요즘의 표현대로 하면 우리가 참으로 행복해질 수 있기 위해서는 우리의 몸을 성찰해야 한다는 것이다. 우리의 몸이 지속적인 선택의 과정 속에서 '성찰적 주체'로 자라나야 한다는 것이며, 그래서 그 성찰이 습관과 성품으로 자리잡아야 한다는 것이다. 오늘날 자아란 모든 사람에게 하나의 '성찰적 기획'(reflexsive project)이 되었다. 자기 정체성이란 그리하여 성적 정체성을 포함하여 성찰적으로 성취된다는 것이다.[34]

우리가 앞에서 〈처녀들의 저녁식사〉 비평에서도 보았듯이, 성해방이 여성들에게 참다운 해방적 주체의 형성을 가능하게 하려면 이 몸의 성찰적 기획이야말로 여성들에게 더욱 절실하고 긴요한 작업이 된다는 의미이다. 이 견해는 우리 몸의 철저한 물질적 기반성도 받아들이면서, 동시에 그 몸의 주체화, 정신화, 합리화를 꾀하는 것이다. 그것은 우리의 몸이 성찰적 기획을 통해서만 완성될 수 있는 존재로 파악되기 때문이다. 오늘날 인간과 기계, 정신과 물질 등의 구분이 모호해진 때에, 그래도 인간이 인간인 이유는 그의 눈이 진화의 극을 나타낸다거나, 그의 의식이나 기억력, 언어의 능력이 뛰어나다거나 하는 것보다도 그가 진정으로 '사랑'할 수 있고, '신성'(神性)을 껴안을 수 있으며, 진정한 도덕적 주체로 서서 '타인'을 껴안을 수 있는 수준이기 때문이라는 사실을 받아들이는 것과 같다.[35] 여성의 몸과 성도 이러한 수준으로 거듭나기를 원한다.

2) 왕양명의 몸 수행

그런데 사실 위에서 든 아리스토텔레스나 서구 포스트모던적 몸 이론 들보다도 더욱더 적극적이고 통합적인 안목에서 몸의 근원적 기반됨과 그에 대한 '기획'을 이야기한 것이 동아시아의 유교 전통이다. 다 알다시 피 유교는 한마디로 '수신'(修身)을 기초로 하고 출발점으로 해서 세계 의 의미 실현을 이루려고 한 것인바, 오늘 우리가 대화의 파트너로 삼는 이유는 바로 여기에 있다.

대표적인 표의문자인 중국 한자는 본질적으로 신체적이고 또한 윤리 적이어서, 표의문자로 표현된 유교사상의 몇몇 글자를 검토해 보기만 해 도 그 사상이 얼마나 신체적이고 수신 지향적인가를 알 수 있다. 공자가 발전시킨 '정명'(正名) 사상은 몸의 '직립자세'에 윤리적으로 유추될 만 하다고 한다. 또한 《중용》의 가장 대표적인 개념인 誠은 바로 '정신'과 '사고'와 '언어'[言]를 우리의 '행위'와 '형태'와 구체적인 物과 事로 실 현[成]해 내는 작업이다. 이것은 유교의 내재적 초월관과 '지행합일'(知 行合一)의 실천성, 윤리의 신체성을 아주 잘 드러내 주는 개념이다.

이와 더불어 성리학적 설명에서 '인간에게 구별된 하늘의 뜻[理]'을 지시하는 性이라는 단어도 우리말의 사용에서 신체적 '섹슈얼리티'[性] 도 지칭하는 말이 된다. 이는 거룩한 것이 가장 구체적이고 자연적인 속 성으로 체현되어 있다는 것인데, 이것이야말로 유교 성리학 사상의 전일 성과 신체성을 잘 밝혀주는 것이라고 하겠다. '천자부터 서인에 이르기 까지 모두 한결같이 몸닦는 것으로써 근본을 삼는다'(自天子以於庶人, 壹是皆以修身爲本)고 분명히 밝힌 《대학》은 다시 '어진 사람은 재물로써 몸을 일으키고, 어질지 못한 사람은 몸으로써 재물을 일으킨다'(仁者以 財發身, 不仁者身發財)라고 하면서 몸과 신체를 존재의 가장 확실한 대 표자로 삼고 있다. 이와 더불어 우리나라 말에서도 느낌의 직접성과 농 도 깊음을 나타낼 때, '몸서리쳐진다', '몸이 떨린다', '몸이 탄다' 등의

표현을 쓰는데, 이는 모두 동양 언어에서 신체의 우선성을 드러내 주는 것이다.[36]

이렇게 유교사상의 근원적 모습이 매우 몸 언어적이고, 몸의 우선성을 통해 마음을 껴안는 모습이며, 바람직한 '몸/마음 닦기'를 지향하는 것이었지만, 우리가 경험한 역사의 현실에서는 그 가르침이 그렇게 잘 실현되지 않은 것 같다. 특히 몸의 근원됨을 존재와 삶을 통해서 더욱 구체적으로 드러내주는 여성들에 대해서는 매우 가혹한 입장을 취하여 원성을 높이 샀다. 그러나 조선시대 유교 전통에 거의 절대적인 영향을 끼쳐왔던 주희의 사상도 사실 '공부론' 또는 여기서의 의미대로 하면 '몸 기획론'(body project)이 중심이고 목표였다. 쉽게 중용에서 멀어지는 몸과 마음의 중심을 잡아주기 위해서 그는 확고한 기준과 기반[無極, 太極, 理 또는 性]을 세우기를 원했고, 그 가운데서 그 기반이 쉽게 인간적인 모습[氣 또는 心]으로 변해 버리지 않도록 그것을 우주론적으로[無極 또는 太極], 존재론적으로[理 또는 性] 세우기를 원했다. 왜냐하면 현실에서 우리의 몸과 마음은 쉽게 방종으로 흘러서 혼돈에 빠지기 때문이다.

그러나 그는 이 작업에서 너무 객관적인 기준 마련에 몰두했다. 그러다 보니까 그의 사상체계에서 객관적인 기준[理 또는 性]과, 그것을 따르며 수용하고, 구체적인 몸으로 체현해 내야 하는 인간과 몸[氣 또는 心] 사이의 틈이 너무 벌어져서 그의 수양론은 이론적이고, 주지적이며, 관념적으로 흘러버렸다. 거기서 인간의 몸과 감성, 구체적인 실천 등은 비하되었고, 잘 수행되지 않았으며, 더불어 여성적인 가치들은 무시되었다.

그런 의미에서 김승혜는 주자를 비롯해서 우리나라의 퇴계와 율곡이 모두 '거경'(居敬) 공부, 즉 '미발시'(未發時)의 '존양'과 '기발시'(已發時)의 '성찰'을 위하여 '정좌'(靜坐)라는 구체적 명상법을 추천했던 사실을 지적한다. 오늘날 이 실천이 없다면 주희가 당시 불교의 정적인 수양론에 대항하기 위해서 주돈이의 우주론에 기초하여 확립한 수양론이 단지 공허한 이론으로만 남게 된다고 염려한다.[37] 오늘날 유교의 재가자(在家者)들이 이러한 실천들을 거의 잊고 사는 것을 보면, 유교 전통은 그 개혁과 실질적인 회복을 위해서 어떠한 구체적인 방법을 가지고 있는 것일까 묻게 된다. 유교 본래의 '지행합일'(知行合一)의 실천, 유교 공부법의 몸닦기를 모두 잃어버린 모습이다.

주희보다 300여 년 뒤에 태어나서 이상에서 지적한 주희 공부론의 내재적 취약성을 비판하고 나선 양명의 사상에서 우리는 그 대안적 가능성을 보고, 오늘날 페미니즘과 대화할 수 있는 좋은 단서들을 발견한다. 양명은 주희의 '성즉리'(性卽理) 대신에 '심즉리'(心卽理)를 이야기했다. 우리가 보통 생각하기에 양명의 핵심사상이 心을 중심으로 한 것이므로, 이것은 우리가 지금까지 비판해온 것과 같은 몸의 경시를 의미하고, 존재의 신체성과 객관성을 부정하는 결과에 빠지는 것이 아닌가 의심할 수 있다. 하지만 사실은 그렇지가 않다.

여기서 주희의 性 대신에 양명이 내세웠던 心이란 바로 주희에게서 제거되었던 인식의 직관적 차원, 감정의 차원, 실천과 삶의 여러 생명적 차원들을 포괄하는 의미에서의 心을 말하는 것이다. '이성'[性]이라는 말보다 '마음 또는 가슴'(心)이라는 지칭이 훨씬 더 살이 붙고 피가 흐르며 인간적인 구체성과 신체성이 들어가 있는 모습이 아닌가? 그것은 샘물이 용솟음쳐 나오는 것처럼 본래적으로 '생기 있게 살아 움직여 그칠 수 없는'(生生不息) 것이다. 양명은 그 모든 생명적인 것이 '神의 영역'(理)임을 주장한 것이다. 그래서 거기서 인간의 육체와 감정과 민중과 어린아이들과 군사와 경제, 교육, 예술 등의 모든 영역에 포괄적으로 관심을 갖는다. 양명 사후 전개된 이른바 '양명좌파'의 혁신적인 사상가 이탁오(李卓吾)는 그의 유명한 '남녀평등설'로 여성도 그 관심과 배려의 구체적인 대상으로 삼았다. 청말의 개혁주의자 강유위(康有爲)는 여성들로 하여금 일년간의 계약결혼 외에는 결코 결혼제도에 종속되지 말라고 주

장할 정도로 실천적으로 표현하였다.[38] 양명에게 '인간의 욕망'(人慾)이
란 단순히 태양을 가리는 구름일 뿐 주희와 같이 어떤 형이상학적 실체
[氣] 때문에 존재하는 것이 아니다. 그리하여 양명의 제자들에게 인욕이
'마음에 없어서는 안 될 것'으로까지 적극적으로 인정되기도 하였다.

　이런 의미에서 보면 양명의 심학은 보통 주장되듯이, 예를 들어 청초
왕부지(王夫之)의 '기학'(氣學)과 상치되는 것이 아니다. 또한 청대의 고
증학은 양명사상에 대한 반동에서 나온 것이 아니라 오히려 양명의 사상
속에 내재되어 있던 위와 같은 기학적(氣學的) 측면이 전개된 것이라고
할 수 있다.[39] 일본의 시마다 겐지 같은 연구자들이 강조하는 이 지적에
필자도 적극 동의하며, 다음과 같은 양명의 언어로 그것을 확인해 본다.

　"'인간과 사물의 性에 대하여 이야기하면서 氣를 포함시키지 않는 것은 완전
할 수 없고, 氣에 대해서 이야기하면서 性을 포함시키지 않는 것은 현명하지
못하다.' 氣는 또한 性이며, 性은 또한 氣이다. 우리가 이 요령을 안다면 바르
게 될 것이다."[40]

　양명에게서 몸과 마음은 하나가 된다. 더군다나 그 몸이 단순히 정신
에 대면해 있고, 그 정신이 담겨 있는 물질적인 그릇 노릇만 하는 것이
아니라 세계와 관계하는 적극적인 주체가 되어서 정신과 공동으로 일하
여 외물(外物)과 하나가 되게 한다. 다음의 인용은 양명이 어떻게 우리
의 정신과 몸, 이성과 의지, 의지와 인식, 의지(인식)와 대상 등을 하나
로 연결하여 파악하는지를 잘 보여준다.

　"귀와 눈과 코와 사지는 몸의 부분들이다. 마음이 없이 그들이 어떻게 보고,
듣고, 말하고, 행동하겠느냐? 그러나 다른 편으로 마음이 보고, 듣고, 말하고,
행동하고 싶은데, 귀와 눈과 입과 코와 사지가 없으면 불가능하다. 그러므로
마음이 없으면 몸도 없는 것이고, 몸이 없다면 마음도 없는 것이다. 공간을
차지하고 있는 것으로 말하면 몸이라고 부르고, 주재자로서는 마음이라고 부

른다. 또한 그 마음이 발동하는 것으로 하면 의지[의도]라고 하고, 의지의 영명함으로 치면, 그것은 정신[이성]으로 불린다. 또한 그 의지가 도달한 곳을 物이라고 하니, 모든 것이 하나이다. 의지란 절대로 공허한 가운데 일어나는 것이 아니고, 항상 物이나 事와 연결되어서 있는 것이니, 어떤 사람이 자신의 마음을 성실하게 하기를 원한다면 바로 그 마음이 향해진 物이나 事와 더불어 자신의 사욕을 없애고 천리로 돌아와야 한다. 이렇게 해서 사물과 연결되어서 양지는 어둠으로부터 벗어나서 충분히 확장될 것이다."41)

이상과 같은 세계관에 근거해서 양명은 자신의 心의 또 다른 표현인 양지(良知)를 정신의 놀라운 기능면으로 하면 神, 우주적인 작용면으로 하면 氣, 또한 그것의 응축과 집중면으로 하면 精(sperme)으로 표현했다. 모두 인간과 자연, 몸과 정신, 하늘과 땅의 하나됨을 일컫는 이야기이다.

이러한 양명사상의 몸/정신 하나됨의 특성과 함께 유교사상의 페미니즘적 의미를 위해서 또 하나 들 수 있는 양명사상의 특징은, 그는 다른 어떤 사상가들보다도 극진히 몸으로의 수행과 실천을 강조했다는 점이다. 우리 존재와 삶의 전 영역이 理의 영역인바, 이제 남은 일은 구체적으로 그리고 실천적으로 매번의 일[事 또는 物]을 당해서 그 일 속에서 하늘의 理가 드러나도록 하는 일이다. 그러므로 그에게는 따로 구별되는 공부 시간이 있는 것도 아니며, 머리만 쓰는 공부도 아니다. 몸과 마음과 정성을 다해서 당한 일을 행했을 때 그 일 속에서 자신을 수행해 나가는 과정이 있을 뿐이다. 그렇게 보면 우리가 몸으로 사랑을 나누는 일에서도 그 일이 결코 군자의 일이 아니라고 하거나, 아니면 은밀히 이루어지는 일이니 "남을 대할 때는 단정한 몸가짐을 한 채 자신이 옛 학문을 한다고 말하면서 어두운 방에서는 금수처럼 행동하는" 태도여서는 안 된다는 가르침이겠다.

양명 사상에 대해서 매우 긍정적이었던 우리나라의 실학자 홍대용은, 그러한 행동은 자신을 속이고 남을 속이는 것이니 이보다 부끄러운 일이 있겠는가라고 지적하였다.[42] 은밀히 이루어지는 일이니 더욱 정도를 지켜 온화함과 공경함을 지킬 것을 당부했다.

《중용》의 신독(愼獨)의 가르침이 양명에게도 특히 중요한데, 오늘날 性의 문화와 익명성의 문화가 더욱 가속화될수록 그 의미가 깊다. 몸과 마음이 하나라는 가르침이라면 내 몸에서 일어난 일이 결코 내 정신에 영향을 미치지 않을 리 없고, 내 몸이 개입되지 않고 단지 사이버 세계에서 익명으로 이루어진 일이라 해도 그것이 내 몸과 결코 무관할 수 없다는 가르침이겠다. 이런 의미에서 유교는 불교나 도교와 같은 출세간(出世間)의 공부법이 아니다. 여기 이곳에서 자신의 공동체적 임무 속에서 道를 실현하려는 것이며, 그 가운데서도 특히 양명의 사상은 이러한 통합적인 삶의 작업으로서의 공부와 수행을 강조한 것이다. 그는 당시 제자들이 지식을 쌓는 데에만 관심이 있지, 그것을 실천하는 데는 소홀하고, 정좌나 사회적 임무, 글 읽는 것과 그것의 체현, 공적인 일과 사적인 가정일 등을 나누어서 가치평가화하는 것을 꾸짖었다. 이 모든 일에서 우리를 수행하는 일이 있을 뿐이고[事上磨鍊], 그것은 치지(致知)의 致에 더욱 관심을 가지라는 의미라고 강조한다.

"오늘 우리의 동료들 가운데서 치양지(致良知)에 대해서 모르는 사람은 없다. 그러나 아주 적은 사람들만이 이 방면으로 힘을 쏟는다. 그것은 그들이 아직 양지(良知)에 대해서 분명하게 알지 못한 때문이고, 특히 致자를 너무 가볍게 여기기 때문이다. 그렇기 때문에 그들은 힘을 충분히 얻을 수 없다."[43]
"요즈음에 격물(格物)과 치지(致知)의 가르침이 오직 知자 하나에만 집중되어 있어서 전체적이 되지 못한다. 致의 노력에 대한 가르침은 완전히 제거되어 있는데, 이것이 바로 知와 行이 둘로 나누어진 이유이다."[44]

3) 한국 여성의 烈과 節

요즈음 환경윤리와의 관계에서도 크게 주목받고 있는 양명의 이상과 같은 전일적인 사상은 그 뒤 역사에서 그렇게 실천되지 않은 것 같다. 특히 우리나라에서는 주자학 일변도의 학문풍토로 양명의 연구는 활발하지 못하였다. 그런 의미에서 한국 유교사회에서의 몸과 감성과 자연스러움에 대한 혐오가 더욱 조장되었는지도 모르겠다. 여성들의 삶도 당연히 열악하여 조선시대의 여성은 성 차별과 억압의 상징처럼 이야기되곤 한다.

오늘 여성들의 연구는 이렇게 身을 출발로 하여 시작하는 수행론과 공부론이 핵심인 유교 전통을 가지고 있음에도, 속수무책으로 왜곡되어 가는 성문화의 현실 앞에서 전통의 다양성으로부터 대안을 찾고자 하는 것이다. 그러나 이 일은 이제 남성들의 몫이 아니다. 남성들은 전통의 다양성을 해방적으로 읽어내는 데 실패했고, 그래서 실천력을 보이지 못했다. 그리하여 여성의 눈과 몸으로 새롭게 유교 읽기를 시도하는 것이다. 필자의 유교 해석 관점인 '생명역사 진화론적' 관점은 역사와 문화의 '더 장기간에 걸친 관찰'과 '장기간의 변화와 관점에 관심'하는 것을 중시한다. 또한 우리 삶과 존재의 한 토대로서 생물학적(몸적) 조건을 인정하는 것을 중시한다. 이렇게 보면 그동안 가부장적 시대의 시대적 한계와 제약도 이해하게 되고, 유교 몸 수행의 가르침이 지금까지 남성들의 전유물이었던 것도 납득하게 된다.

그러나 오늘은 그러한 시대적 제약이 걷혀 가고 있으며, 여성의 생물학적인 조건은 더 이상 본성이 되고 운명이 되지 않을 정도로 극복되어 있다. 그래서 유교의 가르침들을 단순히 남성들만을 위한 것이 아니라 여성을 위해서도 의미 지울 수 있다. 물론 단순한 답습이 되어서는 안 된다. 오늘 여성들의 삶을 위해서 해방적으로 해석해 내는 일이 중요하다. 이러한 노력과 함께 과거 유교 전통의 사회 속에서 그 테두리와 제약 안에서 살았던 여성들의 삶을 단지 수동적이었다거나 어쩔 수 없이 이루어졌던 삶으로만 보지 않고 그 속에서도 자신들의 주체성과 인간성을 키워 나갔던 과정으로 보려고 한다. 이러한 맥락에서 유교시대 여성들에게 부과되었던 부덕으로서의 烈과 節에 대해서 다시 생각해 보고자 한다.

일반적으로 여성들에게 과거 유교 전통사회에서 부과되었던 烈과 節의 모럴은 여성억압과 비하의 가장 극심한 형태로 여겨진다. 그것은 보통 마지막으로 '죽음'과 연결되고, 또한 인간 존재의 가장 기본적인 기반인 몸과 성(sexuality)을 부정하는 것이기 때문이다. 그러나 근래에는 전통여성의 烈에 대한 탐구가 다각화되면서, 그 안에도 다양한 형태가 있으며, 시대에 따라 뚜렷한 변화의 양상을 보여왔고, 그래서 더 세밀하고 다양한 읽기가 요청된다는 사실이 드러나고 있다. 烈과 節을 유교의 산물이기 때문에 조선시대가 중심일 수밖에 없다. 그러나 고대사회에서도 국가체제를 정비하고 운영하는 데 유교의 도움을 받았기 때문에 그 흔적이 보인다. 조선 초기 세종조의《삼강행실도》에는 열녀 110명의 행적이 그림과 글로 제시되어 있는데, 이들은 대부분 중국 여성들이었다. 그러나 광해군 때 (1617) 편찬된《동국신속삼강행실도》에는 열녀 779명의 모습이 있는데, 모두 한국 여성으로, 백제 1명, 신라 1명, 고려 24명에 이어서 조선의 여성이 691명이었고, 그 가운데서도 487명이 광해군 시대의 여성이었다고 한다.[45]

이는 고려말 성리학의 유입과 더불어 유교의 예가 일반인들에게까지 점점 더 확산되어 감을 보여주는 것이다. 그리고 열녀의 신분이 사대부 계층을 넘어서 점점 더 서민들에게까지 전파되는 것을 말한다.

이것을 오늘의 서구 문화이론가인 피에르 부르디외(Pierre Bourdieu) 가 한 이야기대로 하면 점점 더 많은 여성들이 유가적 '아비투스'(습관, 사고틀, 지각방식, 행동방식)를 획득해 가는 과정이었다고 할 수 있다. 노버트 엘리아스(Novert Elias)에 따르면 개인의 삶도 그렇고 인류의 삶에서도 시간과 역사의 진행이 사람들의 본능적(신체적) 충동이 조절되고, 다른 사람과의 관계에서 점점 더 자기 자율적인 통제가 증가되는 방향으로 가는 것이라면 그것은 바로 몸의 사회화, 몸의 합리화, '문명화' 과정이었다고 할 수 있다는 것이다. 여기에서 필자는 문화의 구성 측면으로 지배권력과 구조가치의 재생산이라고 하는 수동적인 측면보다도, 개인들이 자신의 주어진 환경 속에서 나름의 방식으로 자신들의 사회적 역할과 위치를 확보해 가는 능동적인 측면을 더 보고 싶다. 이것은 인류 문화의 구축이 인간 몸의 생물학적인 비전문성과 빈약함을 극복하기 위해 자연 속에 자신의 '둥지'를 마련하는 것이라고 보는 철학적 인간학의 관점과 상통하며,[46] 그리하여 조선시대 여성들의 '안채문화'나 '자궁가족'들이 나름대로 그러한 역할을 하였다고 보는 것이다.[47]

물론 모든 문화의 아비투스가 경직되고, 문명화 과정이 분열에 빠져 오히려 자율을 억압하고 말살하는 기제로 전락할 수 있다. 조선시대 烈과 節도 심하게 왜곡되기도 하였다. 그러나 그럼에도 그 안에서 당시 여성들이 달리 얻을 수 없었던 명예와 사회적 보상과 인정을 가져다주었던 측면도 보고자 한다. 그 시대 남성들에게 忠의 이념이 했던 역할을 한 것이고, 윤리적 주체로서의 자발적 인간됨을 표현하는 기제가 되기도 했다는 것이다.

조선조 영조시대 남편을 잃고 슬퍼하며 자결하는 한 여성이 남긴 〈절명사〉라는 가사를 연구한 연구자는 烈과 節과 관련하여 죽은 것으로 이야기되는 수많은 여성들의 죽음이 모두 烈사상의 속박에 따른 타율적인 행위로만 볼 수 없다고 지적한다. 거기에는 인간적인 외로움이라거나 부부 사이의 깊은 사랑의 측면을 드러내는 행위가 있다고 한다.[48] 더불어 조선 숙종 28년(1702) 경상도에서 실제로 일어났던 '향랑'(香娘)이라는 여성의 이야기를 소설로 꾸민 김소행(金紹行, 1765~1859)의 《삼한습유》(三韓拾遺)는, 그 연구자에 따르면, 작가 김소행이 단순히 중세적 이념과 제도에 굴종되는 烈이 아니라 "중세적 이념과 제도를 뛰어넘는 '참된

사랑의 추구와 실현'이 진정한 烈임을 보여주려고” 의도한 것으로 볼 수 있다고 한다.[49]

이렇듯 과거의 烈을 다양한 목소리로 읽어내고 있는 요즈음의 이야기들은 열녀담을 단순히 피해자나 굴복자의 훼손의 이야기로만 읽던 지금까지의 시각을 넘어서, 거기서 사랑의 주체자이기도 했던 여성들에게 다시 한번 세세히 주목하는 것이다.[50] 특히 당시 천민으로 인간적 대우조차 받지 못했던 기생들의 절개이야기는 '주체적 자아찾기'의 실현일 수 있다고 읽혀지기도 한다. 더 나아가서 여기서의 죽음을 여성들이 당시 이럴 수도 저럴 수도 없는 질곡의 상황을 원천적으로 끊기 위해 취한 '저항의 서사'로도 읽을 수 있다고 하는데,[51] 이러한 모든 것들은 인간의 몸과 정신의 관계, 몸의 문명화 과정 내지는 정신의 몸적인 토대 등의 문제가 얼마나 다양하게 나타나고 전개될 수 있는지를 잘 드러내준다.

인도 출신 여성학자 스피박(S. Spivak)도 힌두교 전통의 '사티'제도—죽은 남편을 화장시키는 장작에 올라가 아내가 자기 몸을 태워 죽는 관습—에 대한 새로운 해석에서, 서구 계몽주의의 입장에서 여성들을 그 악습에서 해방시켜 준다고 하는 영국 제국주의 남성들의 획일적 가치화가 얼마나 하위주체로서의 여성들의 주체성과 거기서의 목소리들을 지우고 마는지를 분석하였다.[52]

여성의 몸을 둘러싼 담론들은 그리하여 결코 한가지 시각으로만 결론지어질 수 없고, 우리 삶의 다양한 측면과 그 지향점, 마침내는 죽음 뒤의 문제에 관한 물음까지도 포괄하여 해석되어야 한다는 것을 보여준다. 결국 이것은 우리 세계관과 실재관, 종교관의 문제이다. 우리가 궁극적인 실재를 무엇으로 보는가? 정신과 몸에서 선후를 나눌 수 있는가? 왜 지금까지 인류의 모든 전통과 가치들은 하나같이 그렇게 우리 '몸닦기'의 중요성을 강조해 왔는가? 죽음 뒤의 우리의 몸과 마음은 어떻게 되는 것일까? 등의 총체적인 세계관의 물음들과 연결된다. 다음 절에서 우리들의 탐색이 그것이고, 또한 실천적으로 거기서부터 어떠한 새로운 몸과 마음에 관한 태도들이 나타날 수 있을까를 보고자 한다.

4. '예기'(禮器)로서의 몸
— '유교적 페미니즘'과 '페미니즘적 유교'를 지향하며

1) '죽음'과 현대문명의 한계상황

페미니즘은 여성들에게 몸이 존재의 근원임을 일깨워 주었다. 이러한 일깨움을 통해서 여성들은 이제 자신들이 몸과 性의 주체가 됨을 알았다. 그리하여 지금까지 그들에게 금지되었고 억압되었던 성과 쾌락의 언어를 더욱 주체적으로 사용할 수 있게 되었다. 그러나 여성들도 몸의 언어는 항상 다시 부패될 수 있고, 오히려 여성을 더욱더 비인간화하는 기제가 될 수 있음을 경험하였다. 그래서 다시 주체적인 '몸의 기획'을 이야기하게 되었으며, 유교 전통의 다양성으로부터 양명의 몸닦기의 대안적인 의미를 살펴보았다. 여성의 몸은 미완성의 실체이며 계속해서 가꾸어져야 하는 것임을 인식한 것이다.

노버트 엘리아스는 오늘날 남성이나 여성 모두에게 중요해진 이 몸닦기의 과정 속에서 현대 문명인들의 한계와 허약성을 가장 잘 드러내 주는 '죽음'에 대한 관점을 본다.[53] 몸이 중요해진 오늘날 사람들은 모두 더욱 젊어지려고 하며, 각종 스포츠, 다이어트, 의학기술의 혁신, 장기이식이나 복제 등을 통해서 더욱더 오래 살려고 한다. 그러나 이렇게 프로젝트로서의 몸에 대한 관심이 높아지면 질수록 그 몸은 마침내는 통제할 수 없고 불가피한 생물학적 현상으로 죽는다는 사실이 더욱 부각되면서 문제를 일으킨다는 것이다. 그래서 현대인들은 어떻게든 그 현상을 보지 않으려고 하고 거기에 대한 생각을 피하려고 한다. 현대인들은 죽음을 모두

병원의 영안실로 옮겼으며, 노인은 양로원으로, '다른 사람은 죽는다, 그
러나 나는 안 죽는다' 식의 자기기만을 하면서 회피하고 있다.[54]

죽음은 몸에 대한 궁극적인 질문이다. 아무리 몸을 기획하는 현대인
들에게도 그것은 피할 수 없는 한계상황이며, 그것을 회피하고 외면하려
고 해도 여남 모두가 똑같이 대면해 있는 몸의 마지막이다. 지구상의 많
은 존재들 가운데 죽음이 문제가 되는 것은 인간 존재뿐이다. 이것은 인
간의 몸에 대한 관계는 의식적인 성찰의 관계가 될 수밖에 없다는 것을
의미하는데, 결국 한 인간이 '죽음'을 어떻게 보느냐가 궁극적으로 그가
몸과 어떠한 관계를 맺고 사느냐의 방식을 결정짓는다는 것이다. 이러한
의미에서 앞의 쉴링이, 몸의 사회적 중요성을 완전히 이해할 수 있는 유
일한 맥락은 몸이 필연적으로 맞게 되는 '죽음'이라고 한 지적은 매우 타
당하다.[55]

우리가 오늘 몸의 마지막을 어떻게 이해하는가 하는 데는 대략 세 가
지의 모습이 있을 수 있다. 먼저 몸의 마지막을 모든 것의 마지막으로 보
는 시각으로서, 거기서 몸에 대해 갖는 방식은 지극히 물질주의적이고
쾌락적이 될 수 있다. 여기서 사람들은 섹스와 육체적 쾌락을 모든 즐거
움 가운데 즐거움으로 보면서 살아간다. 하지만 여기서 자아는 마침내
자신의 몸으로부터도 소외당한다. 페미니즘을 통한 성의 해방과 몸의 중
시가 이러한 모습으로 변질되지 않도록 몸의 성찰과 수행을 이야기했다.
두 번째는 몸의 마지막을 모든 것의 마지막으로 보지만 그것을 외면하거
나 쾌락에 빠지는 것을 통해서 잊으려 하지 않았다. 그리고 그 죽음을 자
신의 또 다른 성찰로 삼는 현대인이 취할 수 있는 방식이 있다. 여기서는
죽음을 사실로 받아들이면서, 삶을 잘 끝맺는 것을 자신의 과제로 삼으
며 좀더 편안하고 쉽게 마무리하는 모습이다.

엘리아스는 몸에 대한 통제력을 가지게 된 문명인이 마지막으로 이
죽음에 대한 통제력도 가질 수 있기를 권고한다. 그렇게 되기 위해서 주

변의 사람들이 죽어가는 자의, 그리고 늙어가는 자의 고독을 생각하고 좀더 인간적으로 대해 줄 것을 희망한다.[56] 그러나 현대 문명인들이 임종을 앞둔 사람들을 모두 병원으로 내몰고, 일상에서 감추면서 애정과 도움을 줄 수 없는 까닭은, 타인의 죽음을 보면서 자신의 죽음을 상기하기 때문이다. 그런데 이러한 태도에서 나타나는 현대 문명의 실패와 허약점이 과연 여기서 극복될 수 있을까라는 회의가 든다. 섹스와 죽음이 극명하게 연결되어 있는 에이즈(AIDS)의 확산은 그래서 현대인들에게는 더욱 혼란스럽다. 지금까지 의학 지식이 크게 발전했지만, 섹스와 죽음이 연결되는 에이즈의 현상은 살아있는 감각적인 몸을 그 자신의 소멸 가능성과 대면하게 하였다. 이러한 현상은 '궁극적인' 즐거움을 주는 원점으로서의 몸과 또 다른 차원인 부패와 죽음의 원천으로서의 몸의 관계를 긴밀하게 노출시킨다.[57]

2) '의례'(儀禮, rituals)와 몸의 수행

여기에 세 번째인 또 다른 죽음과 관계 방식이 있을 수 있다. 그것은 몸의 죽음을 모든 것의 죽음으로 보지 않는 방식이다. 전통적으로 종교의 방식이기도 한 이 방식은, 죽음의 종극성을 부인하고 다양한 방법으로 개인적 삶의 우연성을 초월하게 한다. 전통적으로 종교는 개인을 초월한 의례 구조 안에서 자신과 자신의 몸을 발견할 수 있게 하는 의미체계를 가장 광범위하게 제공해 왔다. 그리하여 종교는 개인들로 하여금 자신의 몸, 자아정체성 및 사회적인 세계를 끝까지 의미 있는 것으로 느끼면서 죽음을 맞이할 수 있도록 허용해 왔다.

이번 필자 연구의 페미니스트 수행론이 바로 이러한 종교적 세계관에 궁극적으로 접목하고 있다. 그것은 페미니스트가 되어서 몸과 섹슈얼리티를 인정한다고 하는 것이 단순히 섹슈얼리티가 모든 것 가운데 모든 것이 됨을 인정하는 것도 아니다. 또한 우리 몸의 의미가 단순히 이 세계의 의미 체계 안에서만 한정되는 것으로 보는 자연주의와 사회주의를 그대로 허용하는 것이 아니라는 점을 보여준다. 오히려 우리의 몸과 죽음까지도 포함해서, 모든 세계의 현실을 궁극적인 '성'(聖)의 질서 안에서 보려는 것이다. 거기서 우리의 몸은 '성기'(聖器) 또는 '예기'(禮器)가 되어야 하고, 몸의 죽음은 모든 것의 죽음이 아닌 것으로 받아들여진다. 앞의 두 번째 방법에서 취한 몸에 대한 현대의 개인주의적 합리주의적 성찰 기획의 한계 앞에서 다시 몸과 삶의 초월성과 공동체성을 끌어 안는 것이다.

사회학자 터너(B. Turner)는 오늘날 '의학사회학'과 '종교사회학', 또는 '사회학'과 '종교학'이 서로 만나야 함을 주장한다. 이 둘의 영역들이 인간의 고통과 죽음의 문제에서 함께 수렴되어야 한다는 것이다. 왜냐하면 정신과 몸의 문제는 결코 둘이 아니며, 그래서 인간의 (종교적) '구원'(salvation)은 거기서의 동사 '(영혼을) 구하다'[to save (the soul)]와 '(몸에) 향료를 바르다'[to salve (the body)]가 가리키듯이 몸의 건강과 밀접하게 관계되어 있기 때문이다.[58]

서구 기독교는 영혼의 불멸성 또는 '몸의 부활'을 이야기하면서 개인의 죽음을 극복하려고 했다. 거기서의 '성만찬의식'(Holy Eucharist)은 몸과 영혼의 화해와 그 하나됨을 상기시키려는 상징적 예식이다. 그러나 우리가 앞에서 보았듯이 기독교에서 '몸의 부활' 이야기는 몸의 생물학적 해체라고 하는 가장 자연스러운 현상까지도 인정하지 않으려는 신화적 경직을 불러왔다. 그리고 그것과 연결되어서 다른 종교, 다른 性인 여성에 대한 본질적인 차별을 주장하는 모습이 되기도 했다. 아직도 충분히 몸과 자연의 현실성을 인정하지 못하는 모습이고, 여전히 지나치게 과거의 실체론적 신화 언어에 사로잡혀 있는 모습이다.

오늘날 세속의 사회에서 그러한 경직된 영육이원론의 신화 언어는 신뢰받지 못한다. 그리고 오늘의 성찰적 현대인들에게 죽음에 대한 그와 같은 수준의 종교적 생존전략은 점점 더 호소력을 잃어가고 있다. 대신에 더욱더 성속일원론적이고, 몸/정신 포괄적이며, '자기성찰'(self-care)과 '몸관리 양식'(body regimes)을 포함하는 '수행적 성격의 종교 의미체계'가 요청된다. 그런 의미에서 유교 전통의 의미는 두드러진다. 왜냐하면 우리가 앞에서 특히 양명의 사상에서 살펴보았듯이, 거기서는 초월[理]과 몸[心], 정신과 육체, 우주와 자아가 지극히 하나로 어우러져 있고, '수행'과 '공부'가 그 가르침의 핵심을 차지하고 있기 때문이다. 이렇게 오늘날 새로운 모습으로 개인을 초월한 의미구조를 원하는 사람들에게 수행은 더 이상 과거의 금욕주의가 아니다. 그것은 온 몸과 마음을 다하여서 좁은 자아를 초월하고, 육체의 한계를 넘으며 몸과 삶으로써 거룩함과 하나 되기를 원하는 실천이다. 여기서 육체의 죽음을 氣의 집산으로 설명하며, 나의 흩어진 氣가 세계로 돌아가는 회귀를 말하는 신유교적 해석은 훨씬 더 의미가 통한다.

모든 '의례'(儀禮, rituals)는 사람들에게 이러한 노력의 과정에서 몸의 수행을 구체적으로 실현할 수 있는 기회를 준다. 그러므로 이러한 구체적인 의례와 예식의 실행 없이는 우리 몸은 수행되지 않고, 초월은 드러나지 않는다. 성호(星湖) 이익(李瀷)도 "유술(儒術)은 이학(理學)이 반(半)이요 예학(禮學)이 반(半)이다"라고 할 정도로 의례는 유교를 구성하는 핵심적 요소이다. 의례의 근원이 되는 '마땅함'(宜)이란 바로 유교의 근본원리인 천리(天理)에 근거하는 것이며, 의례의 형식이 되는 '절도'(節)는 이 천리를 인간 몸의 형식으로 구현한 것이다.[59] 그것은 몸을 통해서 나날이 수행하고 반복적인 실천을 통해 거룩한 아비투스를 형성하는 것인데, 몸이 단순히 쾌락을 위한 '육체자본'이 되는 것을 넘어서 초월과 하나 되게 해주는 신성한 '예기'(禮器)로 구현해 내는 것이다. '자기를 극복하고 예로 돌아가는 것'(克己復禮)을 인간됨의 본질로 규정한 공자는 그의 제자 자공과 대화하면서, 자공을 '제사에 쓰는 옥그릇' (瑚璉)으로 표현하였다. 이 말을 해석하는 핑가레트 교수는 여기서 공자가 원래 종교적 의식에만 관련된 예라는 단어의 의미를 사회 전체를 예의 모델에 바탕을 두고서 새롭게 그려보는 방식에까지 확장하였다고 한다. 그리하여 사회 전체를 '하나의 거대한 예식 수행의 현장'으로 보는 시각이 드러났다고 한다.[60]

이처럼 의례는 결코 혼자서 행하는 것만이 아니다. 그것은 공동체로 모여서 행하는 것이기 때문에, 의례를 통해서 사람들은 다시 공동체를 회복하고, 우리 수행이 단지 개인적인 차원에서만의 수행을 목표로 하는 것이 아니라, 공동체 전체가 하나 되어감을 지향한다. 이러한 유교적 몸 수행의 공동체적 특징은 오늘날 개인의 합리화, 개별화를 통해서 몸의 성찰을 이루려는 서구적 계몽주의의 한계를 반성하게 한다. 예를 들어 죽어가는 사람을 홀로 병원에 놔두고, 숨이 끊어진 뒤 곧바로 냉동실로 시신을 옮기고, 부모와 가장 가까운 사람들과 헤어진 뒤에도 단지 며칠 만에 다시 합리적 일상으로 돌아와야 하는 서구적 방식 대신에, 임종시 그가 살던 곳에서 가족들의 위로와 환송 가운데 떠나 보내고, 초혼(招魂)이라고 하는 예식을 통해서 다시 한 번 떠나감을 애석해하고, 3년 또는 얼마간의 기간을 헤어짐을 위해 애도하면서 오늘날의 바쁜 일상과 소비로부터도 안식을 가질 수 있는 기회로 삼는다면, 살아있는 사람들을 위해서도 결코 해가 되지 않을 것 같다. 오히려 이러한 모습이 더 인간적으로 문명화된 모습이 아닐까 생각한다.

또한 오늘날 국토문제와 허식의 문제로 시신의 화장이 권장되는 때이지만, 매장의 한계와 방식과 기간들을 정해서 유교적 방식을 좀더 개선한다면, 단순히 환경을 오염시키는 이산화탄소의 방출 외에 몸이 아무런 기여를 하지 못하게 하는 화장보다도 몸을 땅으로 돌려주어서 생명의 밑거름이 되게 하는 매장이 더 좋지 않을까 생각해 본다.

이렇게 여러 가지 의미를 찾아낼 수 있는 유교의례는 그러나 여성들에게는 매우 고통스러운 것이었다. 공동체성을 회복해줄 수 있는 유교의례는 실상은 여성들의 희생으로 유지된 것이었다. 그리고 온 사회 전체를 예의 가족으로 만들려는 의식들에서 여성들은 제외되었으며, 차별적으로 대우받았다. 그래서 '나는 제사가 싫다'는 주창이 나오고, 각종 명절들을 대하는 여성들의 태도는 더욱 냉담해져 간다. 그러나 이러한 모든 폐단들은 얼마든지 개선될 수 있다. 우리가 지금까지 탐색해온 대로 여성들의 성은 더 이상 운명이 아니므로 그 성으로 인한 차별들은 이제 마땅히 제거되어야 한다.

양명은 당시 고사할 것 같은 예의 형식주의에 대항해서 예의 참된 정신인 仁을 다시 강조한다. 그에 따르면 중국어로 같이 발음되는 두 단어 禮와 理는 같은 의미를 갖는다고 한다. 그래서 여러 가지 다양한 의례들이란 理의 표현이고, 그것은 다시 우리 心과 다른 것이 아니며, 그러므로 진정한 예란 바로 우리 마음에 놓여 있는 것이라고 밝힌다.[61] 이러한 해방적인 시각에서 그는 당시 노장사상의 후예들이 유교 禮의 형식주의에 대해 가한 비판도 경청하며, 의례란 인간의 감정과 하나가 되어야 한다고 지적한다. 禮는 사람을 위해서 있는 것이지, 사람이 그 의례를 위해서 있는 것은 아니므로 시대와 개인의 상황과 형편에 합당하게 개선해갈 것을 요청한 것이다.[62] 여성주의적 몸의 수행을 위해서도 의례는 우리들에게 긴요하다. 그것은 우리의 몸에 지속성을 가진 성찰적 습속을 형성해주고, 그것을 통해 우리의 몸이 진정으로 초월과 공동체와 연결될 수 있는 성찰적 기반이 되기 때문이다. 따라서 오늘의 유교 의례도 위의 양명의 지적대로 여성의 상황과 형편에 맞게 개혁되어야 한다. 그 일을 위한 마무리 제언을 다음과 같이 하고자 한다.

3) '유교적 페미니즘'과 '페미니즘적 유교'를 위한 실천적인 제언

이상과 같이 긴 탐색을 통해서 몸의 근본성을 일깨워준 페미니즘의 등장으로 어떻게 세계관의 변화가 일어났는지를 살펴보았다. 그러나 오늘날 세속적 합리주의 페미니즘이 갖는 자연주의적 사회주의적 한계를 어떻게 종교적 시각에서 보안, 극복할 수 있는지를 탐구하였다. 종교적 시각에서도 서구 기독교의 초월적 신관보다도 유교 전통의 내재적 신관이 갖는 포스트모던적 의미를 살펴보았고, 거기에 근거해서 가장 연결될 수 없다고 여겨지는 페미니즘과 유교적 몸의 수행을 연결시켜 보았다. 이것은 간략하게 말하면 '유교적 페미니즘' 또는 '페미니즘적 유교'를 구상해본 것이다. 이에 마지막으로 이 둘이 만난 모습이 구체적으로 어떠할 수 있는지를 네 가지로 살펴보면서 이 글을 마무리하고자 한다.

첫째, 여성의 몸에 대한 권리를 확고히 하는 일이다. 페미니즘을 통해서도 그렇고, 유교적 세계관을 통해서도 몸은 단순히 물질덩어리가 아니라 자아정체성의 일관성을 유지하는 기초적인 토대가 됨을 보았다. 그래서 거기에 대한 권리는 누구에게도 양도할 수 없고, 훼손되어서도 안 되며, 민주사회에서 재산권이나 학습권, 국가주권보다도 우선하는 권리로서 신성하게 다루어져야 한다고 주장한다. 따라서 그 몸의 권리를 훼손하는 가족 내에서의 구타나 포르노그라피를 통한 폭력, 성기 중심적 성 습속으로 인한 여성의 몸에 대한 폭력은 처벌되어야 한다. 그것은 마치 노예제도가 더 이상 용납되지 않는 것처럼 그렇게 폭넓게, 근본적으로 저지되어야 한다. 수많은 실증사례들을 통해 여성들의 몸에 가해지는 폭력과 억압구조를 밝혀내는 여성운동가 안드레아 드워킨은 이제 국제법에서 강간 같은 내적인 공격이나 매춘 같은 제도적 육체학대는 불법화되어야 마땅하며, 마치 유대인들이 그 오랜 기간의 희생과 제2차세계대전 당시의 고통으로 이스라엘이라는 땅을 얻었듯이 이제까지의 여성들의 몸

의 희생으로 광범위하게, 국제법적으로 몸이라는 땅을 얻게 되어야 한다고 주창한다.[63]

둘째, 지금까지 연구에서 몸이 사회적 담론이기도 하지만, 그 생물학적(몸적) 조건을 인정하는 것도 진지하게 받아들여야 함을 보았다. 몸의 신체성은 몸이 사회 속에 위치한다고 해도 단순히 사회적 담론으로 환원될 수 없음을 본 것이다. 그러나 이러한 생물학적인 조건성을 받아들인다고 해서 그 주어진 조건에 그대로 머물러 있으려는 것이 아니다. 이와 동시에 생명역사 진화적인 사고는 그 몸의 생물학적 조건까지도 긴 역사 사회적 변화와 과정 속에서 변한다는 사실을 밝히는 것이므로, 여성의 생물학적 조건을 문화의 힘으로 적극적으로 보완하려는 입장이다. 그것은 여성의 몸을 더 이상 단순한 생산의 기계로 쓰는 일에 반대하는 것이다. 또한 여성들의 몸이 재생산 매커니즘의 도구로 쓰이는 일에서 서서히 벗어나기를 지향하는 것이다. 이것은 생물학적인 성 정체성도 점점 하나의 선택의 문제가 되어감을 인지하는 것이다. 여성의 몸이 더 이상 기계가 아니기 위해서는 그 몸을 자신의 몸으로부터 아는 더 많은 여성 과학자들을 참여시켜 오늘날의 여러 몸 과학, '사이보그'의 가능성 등을 여성해방과 조화로운 양성평등을 위해서 현명하게 이용하려는 노력이 요청된다. 오늘날의 과학적 작업에 더 많은 여성들의 참여와 기여가 요청된다는 것이다.

셋째, 인간을 포함하여 모든 생명체의 삶은 고립되어서는 이루어지지 않는다. 우리는 유교 전통을·통해서 관계 맺음의 중요성을 더욱 인지하게 되었다. 또한 인간사회에서 특히 가까운 가족의 의미는 그 내용과 방식은 변한다 하더라도 생명의 성장과 죽음의 극복을 위해서 없어서는 안 되는 기반이 됨을 알았다. 그리하여 앞으로의 세계에서도 그 기반은 유지되어야 하며 더욱 풍성하고 건강하게 가꾸어져야 한다는 것이다. 그러나 그 내용과 형식은 변할 수 있고 얼마든지 다양할 수 있다. 이성끼리의 가족처럼 동성끼리의 가족도 가능하며, 아이들이 있는 가정도 있지만 없는 가정도 결코 부족한 것이 아니다. 또한 한 어른과 어린이의 가족일 수도 있고, 다수의 어른과 아이들이 모일 수도 있으며, 세대도 다양할 수 있다. 이런 의미에서 오늘 우리나라의 호주제는 더 이상 의미가 없고, 그것이 지나간 시대의 '예'(禮)로 남아서 사람들의 발목을 잡게 해서는 안 된다. 꼭 생물학적으로 피를 나눈 혈연으로서의 가족도 넘어서 인간적인 선택과 사랑과 기회에 따라서 구성되는 가족을 더욱 활성화하는 것이며, 그 가족이 거기 구성원들의 생명을 키워나가고 풍성하게 한다면 존재의 의미를 다하는 것이라고 하겠다. 이것은 전통의 성기 중심 성습속을 바꾸어 나가는 일이다. 신체의 한 부분에 과도하게 집착하는 성기 중심의 성에서 벗어나서 좀더 인간적인 친밀성과 지속적인 관심의 관계로 성의 문화를 실현해 나가는 일이다.

넷째, 모여 사는 일에는 그러나 기술이 필요하고 禮가 필요하다. 하지만 그 예는 구체적인 수행과 반복적인 실천이 없이는 얻어질 수 없고, 그것이 반복적으로 실천될 수 있기 위해서는 초월적인 기반과 공동체성을 함께 지니고 있어야 한다. 즉 '의례화'의 문제인 것이다. 앞에서 보았듯이 한편 禮의 술(術)인 유교는 전통적으로 그 풍부한 실천적 아이템들을 많이 가꾸어 왔다. 우리 삶의 디테일들을 예화시켜주고 그래서 우리의 삶을 더욱 인간답고 정신적인 것으로 만들어 줄 수 있는 것들이었다. 그러나 많은 경우 지금 그것들은 시대와 너무 동떨어진 것이고 초월성을 거의 상실하였기 때문에 구속력이 약하다. 그렇기 때문에 유교는 원래 뛰어난 수행적 성격을 가지고 있음에도 오늘 우리 사회에서 개인들의 구체적인 수행생활을 위한 길잡이가 되어주지 못하고 있다.

이 일을 위해서 유교는 불교나 기독교로부터 배울 수 있다. 앞에서 지적한 대로 오늘날 기독교 세계관이 여러 가지 한계와 부적절함을 보이고 있지만 기독교는 뚜렷한 예식을 구성해 놓았다. 그리하여 강한 공동체를 여전히 형성하고 있고, 그래서 그 안에서 원하는 사람은 누구나 용이하게 그 예식에 참여함으로써 자신을 수행할 수 있게 하였다. 물론 거기서의 수행이 너무 교회 제도화되었고, 정신화되어서 비판되지만, 그러나 적어도 기독교에서의 뚜렷한 예식화는 수행자들로 하여금 계속해서 몸의 초월성을 상기하게 한다. 그래서 그 몸의 성화(聖化)에 동참하게 한다. 이런 의미에서 유교가 자신을 오늘의 상황에 맞게 더욱더 예화하지 않고 개선에 힘쓰지 않는다면 어떻게 다시 역할을 할 수 있을지 의문이 든다.[64]

이제 더 이상 여성의 몸을 희생으로 삼지 않는 유교예식, 여성도 똑같이 참여시켜 같이 성인(聖人)이 되고 대인(大人)이 될 수 있는 기회를 제공하는 의식들의 구성에 노력하여야 한다. 어느 다른 사상 체계보다도 뛰어난 聖과 俗의 하나됨, 정신과 육체의 통전, 사회적 봉사와 공부, 가정의 일들을 모두 한 성인화(聖人化)의 과정으로 삼는 전통에 따라서, 오늘날 우리 시대에 구체적인 몸의 수행을 더욱 실천하게 만드는 대안적 수행방법론을 내놓아야 한다. 그러한 의례의 몸적 수행은 사람들로 하여금 자신이 한 섬이 아니며, 홀로 떨어져 있지 않고 다른 가족들과 이웃들과 연결되어 있으며, 궁극적으로 우주와 하나 되어 있다는 것을 마음속에 불어넣는다. 그 우주와의 하나됨을 향한 길을 계속하게 하는 것이 우리에게 놓인 하늘의 뜻이다. 그리고 우리 삶의 여러 의례들을 통해서 그 길을 가르치는 것이 교육이다 [天命之謂性, 率性之謂道, 修道之謂敎]. 오늘 우리 모두는 性의 구별을 떠나서 이 길을 가도록 초청받고 있다.

주 ______

1) 강남순, 〈유교와 페미니즘, 그 불가능한 만남에 대하여〉,《여성신문》 1999년 12월 20일 (556호) ; 이은선, 〈다시 만나야 하는 유교와 페미니즘〉,《여성신문》 2000년 1월 21일(559호).

2) 허라금, 〈유교와 페미니즘의 만남〉,《철학과 현실》 2000년 봄호, 철학문화연구소, pp.108~113.

3) 이숙인, 〈유교의 새로운 여성 이미지는 가능한가〉,《전통과 현대》 2000년 여름호, pp.16~29 ; 〈유교의 가족담론과 여성주의적 재구성〉, 한국정신문화연구원 초빙연구원 연구결과발표회, 2000년 11월 22일.

4) 최근 우리나라 일간지와 대담한 프랑스의 여성 철학자 줄리아 크리스테바도 기존의 주장에서 나아가서 여성의 몸의 미덕인 '모성'을 다시 말하고, 희생, 복종, 인내 같은 여성들의 전통적인 미덕을 '배려'나 '온유함', '주위 사람들에 대한 염려' 등으로 다시 해석하며 의미 지운다. (《중앙일보》 2000년 9월 22일자)

5) Iris M. Yob, "Feminism in the Schools in a Postfeminist Age", *Educational Theory*, Summer 2000, Vol. 50, Nr. 3(University of Illionois at Urbana Champaign), pp.383~403.

6) 이 부분에 대한 좀더 진행된 논의는 필자의 논문 〈여성으로 종교(말)하기〉,《종교연구》 제12집, 2000년 여름, 한국종교학회, p.168ff. 참조.

7) Michelle M. Lelwica, "From Superstition to Enlightment to the Race for Pure Consciousness—Antireligious Currents in Popular and Academic Feminist Discourse", *Journal of Feminist Studies in Religon* 14:2, Fall 1998, pp.108~123.

8) Linda Nochlin, "Why have there been No great Women Artists?", A. J. Hermann & A. J. Stewart(eds.), *Theorizing Feminism—Parallel Trendo in the Humanities & Social Sciences* (Boulder/San Francisco/Oxford : Westview Press, 1994), pp.93~115.

9) 마커스 보그 저, 김기석 역,《예수 새로보기》, 한국신학연구소, 1997 ; 엘 도미닉 크로산 저, 한인철 역,《예수는 누구인가》, 한국신학연구소, 1998 ; 로버트 펑크 저, 김준우 역,《예수에게 솔직히》, 한국기독교연구소, 1999 ; 김진호 편,《예수르네상스─역사적 예수 연구의 새로운 지평》, 한국신학연구소, 1996.

10) R. Funk, *Honest to Jesus*, p.304 ; 마크 앨런 포웰, 〈예수세미나〉,《신학사상》 2000년, 가을, 한국신학연구소, p.170.

11) 위의 책, p.170.

12) 마커스 보그, 앞의 책.

13) 이은선,《포스트모던 시대의 한국여성신학》, 분도출판사, 1997, p.235.

14) Mary Daly, *Beyond God the Father* (Boston : Beacon Press, 1973).

15) 크리스 쉴링 저, 임인숙 역,《몸의 사회학》, 나남출판, 1999, p.51. 이 연구에서 쉴링의 이 책은 많은 도움을 주었다. 특히 이 책은 최근 몸 이론의 체계적 이해와 그 핵심적인 문제의식을 파악하는 데 좋은 기초가 된다.

16) Susa J. Hekman(ed.), *Feminist Interpretations of Michel Foucault* (Pennsylvania State Univ. Press, 1996).

17) 미셸 푸코 저, 이규현 역,《성의 역사 I》, 나남, 1990 ; 문경자·신은영 공역,《성의 역사 II》, 나남, 1990.

18) D. Fuse, *Essentially Speaking—Feminism, Nature and Difference* (London : Routledge, 1990) ; 크리스 쉴링, 앞의 책, p.121.

19) E. L. McCallum, "Technologies of Truth and the Function of Gender in Foucault", *Feminist Interpretation of M. Foucault*, p.84ff.

20) 크리스 쉴링, 앞의 책, pp.120~124.

21) Honi Fern Haber, "Foucault Pumped—Body Politics and the Muscled Woman", *Feminist·Interpretations of Michel Foucault*, pp.137~158.

22) Jon Seniors, "Foucault' s Mother", Ibid., pp.159~178.

23) Kaplan G. and Rogers L., "The definition of male and female, Biological reductionism and the sanctions of normality", S. Gunew (ed.), *Feminist Knowledge* (London : Critique and Construct, 1990) ; 크리스 쉴링, 앞의 책, p.85.

24) Luce Irigaray, *Ce Sexe qui n' en est pas un* (Paris : Minuit, 1977) ; Margaret Whitford, *Luce Irigaray—Philosophy in the Feminine* (New York : Routledge, 1991).

25) 태혜숙,〈성적 주체와 제3세계 여성의 문제〉,《여/성이론》 창간호, 여성문화이론연구소, 1999, p.103.

26) Donna J. Haraway, *Simians, Cyborgs, and Women—The Reinvention of Nature* (New York : Routledge, 1991), pp.149~181 ; 다너 해러웨이,〈사이보그를 위한 선언문〉,《사이보그, 사이버컬쳐》, 문화과학사, 1997, pp.147~209.

27) 헬렌 피셔 저, 정여진 역,《제1의 성》, 생각의나무, 2000.

28) 주유신,〈《처녀들의 저녁식사》—여성의 섹슈얼리티, 자아, 육체의 관계에 대한 새로운 시선〉,《여/성이론》 창간호, 여성문화이론연구소, 1999, p.214.

29) 위의 글, p.216.

30) 아리스토텔레스 저, 최명관 역,《니코마코스 윤리학》, 서광사, 1984, pp.224~225.

31) 위의 책, pp.225~227.

32) 위의 책, p.108.

33) 위의 책, pp.40~65.

34) 앤소니 기든스 저, 배은경·황은미 역,《현대 사회의 성, 사랑, 에로티시즘》, 새물결, 1996.

35) 이정우,〈두 영화를 통해 본 신체와 인간정체성의 문제〉, 이거룡 외 공저,《몸 또는 욕망의 사다리》, 한길사, 1999, pp.172~175.

36) 정대현,〈몸과 마음으로 생각한다〉,《철학》 제64집(2000년 가을), 한국철학회, pp.191~207.

37) 김승혜,〈유교정화와 도교적 無 사상〉, 한국도교사상연구회 편,《도교의 한국적 수용과 전이》(한국도교사상 연구도서 VIII), 아세아문화사, 1994, p.119 참조 ; 김미영,〈주희의 불교

비판과 공부론 연구〉, 고려대 대학원 박사논문, 1998년 6월.

38) 안병주, 〈유교의 이론보완―페미니즘의 수용과 관련하여〉, 《유교사상연구》 제12집(한국유교학회, 1999년 12월), p.17.

39) 시마다 겐지 저, 김석근·이근우 역, 《주자학과 양명학》, 까치, 1986, p.191.

40) 《傳習錄》 下 42, "論性不氣, 不備, 論氣不論性, 不明. 氣亦性也, 性亦氣也, 但須得頭腦是當."

41) 《傳習錄》 下 1, "先生曰, 耳目口鼻四肢, 身也, 非心安能視聽言動? 心欲視聽言動, 無耳目口鼻四肢不能. 故無心則無身, 無身則無心. 但指其充塞處言之謂之身, 指其主宰處言之謂之心, 指心之發動處謂之意, 指意之靈明處謂之知, 指意之涉著處謂之物, 只是一件. 意未有懸空的, 必著事物, 故欲誠意, 則隨意所在某事而格之, 去其人欲而歸於天理, 則良知之在此事者無蔽而得致矣."

42) 박희병 편역, 《선인들의 공부법》, 창작과비평사, 1998, p.155.

43) 줄리아 칭 저, 이은선 역, 《왕양명의 길―진리를 찾아서》, 분도출판사, 1998, p.156. "近時同志亦已無不知有致良知之說, 然能於此實用功者絕少. 皆緣見得良知未眞, 又將致字看太易了, 是以多未有得力處."

44) 위의 책, p.156. "近世格物致知之說, 只一知字尙未有下落, 若致字工夫, 全不曾道著矣. 此知行之所以二也."

45) 고연희, 〈조선시대 열녀도 고찰〉, 《한국고전여성문학회 제3차 학술발표대회 자료집》(2000년 10월 28일, 이화여대), p.28.

46) A. Gehlen, *Der Mensch― Seine Natur und seine Stellung in der Welt* (Wiesbaden : akademische Verlagsgesellschaft Athenaion, 1978). 여기에 대한 자세한 설명은 다음의 책에 있다. 이은선, 《한국교육철학의 새지평―聖, 性, 誠의 통합학문적 탐구》, 내일을 여는 책, 2000, p.239.

47) 박미애, 〈21세기의 여성과 문화―분열된 여성의 극복을 위한 새로운 여성전략〉, 《여성·종교·새로운 문명》(아시아 기독교 여성문화연구원 창립10주년기념 심포지엄, 1999년 6월 19일), p.77ff.

48) 나정순, 〈전우 이씨 〈절명사〉에 나타난 죽음과 烈의 문제〉, 《한국고전여성문학회 제3차 학술발표대회 자료집》, pp.34~42.

49) 장효원, 〈《三韓拾遺》에 나타난 열녀의 형상〉, 위의 자료집, pp.43~57.

50) 김대숙, 〈열과 애정의 주체로서의 여성―문헌소재 열녀담의 또 하나의 이해〉, 위의 자료집, pp.58~67.

51) 진재교, 〈漢詩에 나타난 '烈'의 의미와 그 時代相―이조후기의 작품을 중심으로〉, 위의 자료집, p.75.

52) 태혜숙, 앞의 글, pp.111~117 참조.

53) 노버트 엘리아스 저, 김수정 역, 《죽어가는 자의 고독》, 문학동네, 1996.

54) 위의 책, p.8.

55) 크리스 쉴링, 앞의 책, p.250.

56) 노버트 엘리아스, 앞의 책, p.75.

57) 크리스 쉴링, 앞의 책, p.276.

58) Bryan S. Turner, *The Body & Society* (London : Sage Publications, 1996), pp.101~102.

59) 금장태,《유교의 사상과 의례》, 예문서원, 2000, p.205.

60) 허버트 핑가레트 저, 송영배 역,《공자의 철학》, 서광사, 1993, pp.118~119.

61) Wang Yang-ming, *The Philosophical Letters of Wang Yang-ming,* tr. and ann. Julia Ching(Canbera, 1963), p.98.

62) 위의 책.

63) 안드레아 드워킨, 〈여성들을 위한 새로운 예루살렘을 구축한다〉, 사이언 그리피스 편,《미래는 어떻게 오는가?》, 가야넷, 2000, pp.197~206.

64) Robert Cummings Neville, "Orientation, Self, and Ecological Posture", M. E Tucker and J. Berthrong(eds.), *Confucianism and Ecololgy* (Cambridge : Harvard Univ. Press, 1994), p.269.

4장 민족과 페미니즘 – 최용신의 한국적 페미니즘 연구

1. 시작하는 말

요사이 한국 여성학계에서는 '한국적 페미니즘'의 구축 노력에 대한 이야기들이 많이 들린다. 서구에서 페미니즘이 유입된 후 거의 20~30여 년이 지나가고, 그동안의 노력이 주로 그 이론들을 소개하고 확산시키는 데 주력한 것이었다면, 오늘에 와서는 더욱더 한국적인 상황과 그 특수성에 접목하면서 실천적으로 나름의 이론들을 마련해 보려는 것이다. 이러한 상황의 변화에는 그동안 여러 세계사적 학문적 변화가 함께 했다. 세계는 더욱 좁아지면서 이른바 '지구화'의 물결이 거세지고, 그 반대급부로 각 지역의 민족과 문화의 특수성에 대한 자각이 커지면서 여성학의 학문적 노력에도 영향을 주게 되었다. 그리하여 여성들도 이제 그들 사이의 차이, 자신들의 인종과 민족, 계급 그리고 종교와 사상들 사이의 다름에 주목하게 되었고, 거기서부터 다양한 이론들을 구축하게 된 것이다. 다시 이야기하면 이제 성의 담론에 계급이나 인종, 민족, 종교의 담론들이 겹쳐져서 좀더 다양한 요소들이 함께 고려되면서 성 이야기가 행해지게 되었다는 것이다.

이러한 이야기들 가운데 '탈식민주의' 페미니즘 이야기가 있다. 여기서는 특히 '민족' 담론이 화두가 된다. 19세기 서구 제국주의의 식민주의는 제2차세계대전의 종식과 더불어 정치적으로는 거의 극복되었지만 요즈음 다시 서구(미국) 중심의 경제, 문화제국주의가 기세를 떨치는 가운데 민족의 문제가 페미니즘에서도 새롭게 대두된 것이다. 그러나 페미니즘에서 이렇게 '민족'의 문제를 다시 끄집어들인다고 해서 그것이 곧 과거의 '민족주의'를 받아들이는 것은 아니다. 왜냐하면 거기에는 항상 전통적 가부장주의의 위험이 도사리고 있기 때문이다. 그리하여 한국의 여성학자 태혜숙도 '한국적' 탈식민지주의 페미니즘을 말하지만 지금까지 한국 페미니스트들이 '민족담론'을 매우 경계하고 반박해온 것처럼 결코 '민족'에 대해서 긍정적이지 않다. 그녀가 관심을 두는 것은 오늘 21세기 서구 경제나 문화제국주의의 재식민화 위협 앞에서 비서구, 제3세계의 페미니스트로서 자신의 처지나 '문화'의 다양성을 말하려는 것이지 '민족'을 내세우려는 것이 아니다. 그래서 그녀는 이제 그 서구적 재식민화의 문제점을 '민족'보다는 '인권'의 관점에서 풀기를 원한다고 한다.[1]

그러나 필자는 이러한 입장에 대해서 한편 회의적이다. 유교와 페미니즘의 대화를 통해서 이미 1995년부터 '한국적 페미니즘의 전망'에 대해서 이야기해온 필자는 민족의 개념을 그렇게 쉽게 제쳐놓을 수 없다고 생각한다.[2] 물론 지금까지 페미니스트들이 지적해온 대로 그 민족의 이름 속에 性억압과 여성 차별의 실제들이 담겨져 있고, 지금도 그러한 위험성을 여전히 내포하고 있다. 하지만 그럼에도 오늘날의 세계 상황 속에서 여성을 포함한 모두의 정체성 구성에서 '민족'의 범주는 여전히 중요한 요소가 된다고 보기 때문이다. '오리엔탈리즘'이나 '문명의 충돌' 등을 이야기하는 오늘날 세계의 구체적 현실은 性의 구분이 더 이상 문제가 되지 않는 때가 온다 하더라도 '민족'의 문제는 여전히 사라져버릴 것 같지 않은 모습이다. 그러므로 페미니즘에서도 '민족'의 문제를 다시 적극적으로 끌어안고 거기서 과거의 국수적 민족주의가 아닌 여성주의적 대안을 찾도록 노력해야 한다는 것이다. 특히 요즘 한국의 페미니스트들이 '한국적' 페미니즘을 구축하려고 노력한다면 그것이 단지 '지금 여기'에서의 한국적 현실을 이야기하려는 노력으로만 한정되어서는 안 된다. 더 근원적으로 과거 한국의 민족적 전통과 그 전통을 근본적으로 형성하는 종교·문화 등과 적극적인 대화하기를 포함해야 한다. 오늘날 문화제국주의의 재식민화 위협을 진정으로 막기 위해서는 다양한 문화의 가능성을 제시해야 한다. 그 문화의 다양성이란 어떠한 경우에도 민족적 전통들과 대화 없이는 가능하지 않기 때문이다.

필자가 오늘 최용신을 읽으면서 그녀의 삶과 행적을 다시 의미지어 보려고 하면서 가지는 생각들이 위의 것들이다. 오늘의 젊은이와 비교해 보면 겨우 대학을 갓 졸업했을 나이에 농촌계몽운동에 혼신의 힘을 쏟고 죽어간 최용신, 그녀의 가슴에 어떻게 그렇게 '민족'의 의미가 깊게 새겨져서 자신의 모든 것을 희생할 정도로 될 수 있었을까? 오늘날 서구적 페미니스트들이 비판하듯이 그것은 또 한 여성이 민족주의 때문에 희생된 것이었을까? 그녀 자신의 저술이 거의 남아 있지 않아서 그녀 언어로 언명할 수는 없지만 최용신은 분명히 뚜렷한 여성의식을 가진 인물이었다.

그녀는 오늘날 페미니스트 의식 안에서처럼 여성의식과 민족의식이 갈등을 일으키지 않은 것 같은데, 오늘날 우리는 그것을 어떻게 해석해 낼 수 있을까? 이 여성으로 하여금 민족의식을 갖게 하는 데 결정적인 역할을 한 것은 그녀가 받은 기독교 교육이었다. 그녀의 종교, 특히 기독교는 삶의 지주와 같은 역할을 하였다. 이것은 오늘날 세속적인 페미니스트들의 모습과는 다른 모습이다. 많은 경우 페미니즘은 종교와 상관될 수 없다고 여겨진다. 왜냐하면 지금까지 대부분의 종교는 인류 가부장주의의 전통 속에서 전개된 것인바, (여)성 억압적인 요소를 다분히 담고 있기 때문이다. 최용신은 그러나 자신의 종교로부터 여성의식과 민족의식, 그리고 농촌의 의미에 대한 깨달음을 얻었다. 종교가 삶의 진정한 추진력과 실천력이 될 수 있음을 보여준 것이다. 그러므로 그녀의 삶의 해석에서 종교적 요소를 빠뜨린다는 것은 오류가 된다.

다음으로 우리가 할 일은 최용신의 농촌운동, 그녀의 농촌민중교육운동을 의미 지어 보는 것이다. 그녀가 자신의 민족사랑과 신앙실천의 장으로 농촌을 택한 것은 어떤 의미가 있는 것일까? 그녀가 여성이었다는 사실이 그 선택에 영향을 끼쳤을까? 그녀는 거기서 어떠한 교육활동을 전개했으며, 그 모습이 어떤 점에서 독특했을까 하는 물음들이다. 그녀는 26세의 아주 젊은 나이에 세상을 떠났다. 그래서 결실이었다기보다는 제시였고, 열매였다기보다는 많은 가능성들을 담고 있던 봉오리였다고 하겠다. 그러므로 지나친 해석은 오히려 누가 될 수 있고, 그녀 자신의 기록들이 거의 없기 때문에 자칫 그 해석이 주관적 오류가 될 수 있다. 그럼에도 우리가 다시 해석하려는 이유는 그녀가 비록 짧은 생을 살았지만 오늘 우리에게 문화의 인물로 선정되어서 다시 말걸어 오고, 그런 그녀의 모습 속에는 오늘 우리에게도 여전히 귀한 삶의 가르침이 담겨 있다고 보기 때문이다.

2. 민족운동가 최용신

우리나라가 일본 강점기의 고통 속에 있을 때, 심훈의 농촌계몽소설 《상록수》의 여주인공으로 더 잘 알려진 최용신은 1909년 함경남도에서 가난하지만 덕망 있는 한 유교 가문의 집에서 태어났다. 그곳(원산의 명사십리 지역)은 일찍이 기독교가 자리잡은 지역이라 최용신은 어린 시절부터 기독교적인 분위기를 접했다. 열 살 되던 해에는 당시 감리교 선교사가 운영하던 루씨학교(樓氏, Lucy School)로 전학을 하여 1929년 루씨 여자고등보통학교를 최우등으로 졸업하였다. 루씨여학교 시절 열렬한 신앙과 애국정신의 소유자 전희균(1890~1950) 교목으로부터 최용신은 많은 사랑과 가르침을 받았다. 그의 권고로 1929년 봄 서울의 협성여자신학교(지금의 감리교신학대학)에 입학했다. 최용신이 협성여자신학교에서 만난 스승은 당신 농촌계몽운동의 선구자이며 뛰어난 여성 민족운동가였던 황에스더(愛德, 1892~1971) 교수였다. 그 스승의 격려와 지도로 최용신은 신학교 시절 두 번의 농촌실습을 다녀왔으며, 마침내 1931년 10월 당시 YWCA 농촌사업부 파견교사의 일원으로 경기도 반월면 천곡(샘골 : 지금은 안산시 사동 70번지)으로 갔다. 여기서 그녀는 《상록수》 소설의 모델이 될 정도로 혼신의 힘과 정성을 다하여 농촌계몽사업을 하였다. 경제적으로 무척 궁핍한 상황이었지만 피나는 노력으로 마을 사람들과 협력하여 샘골학원 교사(校舍)를 신축하였다. 1934년 봄, 새로운 농촌운동을 전개하려고 일본 고배(神戶) 여자신학교 사회사업과에 공부하러 갔다. 그러나 최용신은 그동안의 과로와 영양부족 등이 겹쳐 석 달 만에 각기병이 발병, 돌아올 수밖에 없었다. 고향으로 내려가려 했으나 샘골 주민들의 간곡한 부탁으로 다시 그곳으로 내려가 또 무리를 하면서 활동을 계속하다가 1935년 1월 23일, 25년 6개월의 짧은 생을 마감하였다. 당시 언론들은 이 애달픈 사실을 크게 보도했고 그녀의 장례는 사회장으로 치러졌다고 한다.

그렇다면 그녀의 생애가 그렇게 짧았음에도 어떻게 당시에 같이 했던 많은 사람들에게 큰 감동을 자아냈으며, 소설로까지 형상화되어 전국민적으로 영향을 끼칠 수 있었을까? 동시대의 인물이었던 《성서조선》의 김교신 선생 일기에 보면 1935년 1월 27일자 《중앙일보》 신문에 '수원의 선각자'라는 제목 아래 그의 죽음이 기사화된 것을 보고 "그의 아름다운 고귀한 일생을 회고하고 스스로 기도와 뜨거운 눈물을 금하지 못하겠나이다"라고 적고 있다.[3] 1939년에는 그의 무교회주의 집회에서 소설 《상록수》를 다 읽었다고 적고 있다. 그것을 계기로 제자 류달영에게 다시 정확한 최용신의 전기를 쓰라고 권고한 사실을 말하고 있다.[4]

필자가 생각하기에 이러한 감동과 영향력의 첫 번째 근원은 그녀의 민족사랑이었다고 여겨진다. 최용신에 관한 유일한 학위논문을 작성한 홍인애는, 최용신이 당시 일제식민지 통치 아래에서 농촌계몽운동으로서 조국의 독립운동에 모든 것을 바친 "순국 민족독립운동가"로 평가되어야 한다고 주장한다. 홍인애에 따르면 이제까지 최용신 연구는 그 자체가 미약하기도 하지만 단순히 '기독교 계몽운동'의 차원으로만 제한되어 해석되었거나, 소설 《상록수》의 영향으로 연애소설 등으로 픽션화된 한계를 가지고 있었다고 한다. 따라서 그녀에 대한 연구를 새로이 민족독립운동 차원에서 고증해야 한다고 강조하는데, 최용신이야말로 어떤 독립운동가들보다도 치열하게 국내에서 민족의 독립을 위해서 싸웠다는 것이 다.[5]

필자가 보기에도 이러한 평가에 합당한 삶의 모습과 흔적들을 여러 가지로 찾아볼 수 있다. 우선 그녀의 출생에서 그녀 할아버지의 구한말 구국교육운동을 생각해볼 수 있다. 경주 최씨의 자손으로 그녀의 할아버지는 구한말에 사재를 들여 학교를 세워서 기울어져 가는 나라의 기운을 다시 세우려고 했던 사람이었다고 한다.[6] 이런 집안의 내력이 그녀에게 영향을 미치지 않았을 리 없다. 그녀는 루씨여학교에 다니면서 전희균 목사에게 큰 영향을 받았다. 전희균 목사는 협성신학교 출신으로 최용신에게 열렬한 신앙과 애국심을 일깨워준 것으로 보인다. 그의 딸이자 최용신이 다녔던 루씨여학교와 신학교 1년 후배인 대한수도원의 전진 원장에 따르면, 자신의 아버지 전희균 목사는 루씨여학교에서 매년 가을이면

전국의 이름난 부흥사들을 초청하여 부흥회를 개최했다고 한다. 거기에 통천의 이용도 목사도 있었고, 또한 독립운동가 33인 가운데 한 분이었던 신석구 목사가 당시 원산중앙교회에 담임으로 있었다. 그러므로 루씨학교가 있던 원산은 그때 손꼽히는 기독교계 명소였다고 한다.[7] 이런 환경에서 지낸 최용신이 루씨여학교를 졸업하면서 쓴 〈교문에서 농촌에〉라는 글을 보면, 그녀가 현대 중등교육을 받은 여성으로서 조선의 현실과, 특히 농촌과 농촌의 여성들의 현실에 대해서 얼마나 책임감을 느끼고 있는가를 잘 알 수 있다. 그녀는 거기에서 자기 나름대로 민족의 5천년 역사를 평가한다. 그러면서 원래 남녀 양성으로 이루어진 사회에서 남성만의 활동과 노력만으로는 결코 사회의 원만한 발전은 기대할 수 없다고 하면서, 특히 농촌여성 계몽의 필요성을 역설한다.

"……이제 우리가 교문을 떠나 사회에 발을 들여놓게 되었다. 우리의 앞길이 평탄하다고는 도저히 믿을 수 없는 바이다. …… 이 사회는 무엇을 요구하며 또 누구를 찾는가? 사회는 새교육을 받은 새일꾼을 요구한다. 더욱 현대 중등교육을 받고 나오는 여성을 가장 요구하는 줄 안다. 이는 여성이 남성보다 우월하여 그런 것이 아니라 조선의 과거를 돌아보매 남성들의 노력과 활동이 부족한 때문만이 아니다. 원래 사회는 남녀양성으로 이루어진 것이다. 예로부터 우리 조선여성들은 오천년 동안 어둠 속에 갇히어 사회의 대세는 고사하고 자기들의 개성조차 망각하고 말았다. 이로 보아 남녀양성으로 이루어진 이 사회가 남성만의 활동과 노력만으로서 원만한 발전을 기대할 수 없음을 알 것이다. 여기에 교육받은 여성이 자각하여 자기들의 책임의 분을 지고 분투한다면 여기에 비로소 완전한 사회가 건설될 줄로 믿는다. …… 이제 그 활동의 첫 단계는 무엇보다도 농촌여성의 지도라고 믿는다. 나는 농촌에서 자라난 까닭에 현농촌의 상황을 막연히 나마 알고 있다. 그러므로 내가 절실히 느끼는 바는 농촌의 발전도 구경은 여성의 분투에 있다는 점이다. 오늘에 교육받은 여성들이 북덕이 쌓인 농촌을 위하여 몸을 바치는 이가 드문 것은 사실인 동시에 크게 유감된 바이다. 문화의 눈이 구여성만 모인 농촌으로 하여금 어둠 속에서 걸어나오게 못한다면 이 사회는 어느 때까지든지 완전한 발전을 이루지 못할 것이다. 중등교육을 받은 우리가 화려한 도시생활만 동경하고 안일의 생활만 꿈꾸어야 옳을 것인가. 농촌으로 돌아가 문맹퇴치에 노력하여야 옳을 것인가. 거듭 말하노니 우리는 손을 서로 잡고 농촌으로 달려가자."[8]

이렇게 뚜렷한 역사의식과 민족의식, 여성의식을 가지고 협성신학교에 간 최용신은 3학년 때인 1931년 4월 중순경 교내에서 '스트라이크 사건'을 겪게 된다. 전진 원장의 회고에 따르면, 당시 외국 선교사 교장이었던 케이블(E. M. Cabule, 1875~1945)이 예배시간에 늦게 들어오는 학생들을 체크하기 위해서라는 명목으로 눈을 뜨고 기도하며 학생들을 감시하는 태도에 대해서 항의한 것이었다고 한다. 이 일로 결국 교장은 옆의 연희전문으로 전근을 가게 되었다. 최용신은 징계를 받았으며, 결국 졸업을 1년 앞두고 학교를 떠나게 되었다고 한다.[9]

특히 민족의식과 여성 주체의식이 뚜렷했던 사람으로 최용신을 보지 않으면 의미가 잘 드러나지 않는 이 사건은 분명히 그녀의 민족적 주체의식이 잘 드러난 사건으로 보아야 한다. 당시 그녀에게 지대한 영향을 미쳤던 황에스더 교수는 김마리아 등과 함께 1919년 대한애국부인회를 결성하여 상해임시정부를 위한 군자금 모금, 수감자 가족 돌봄, 여성들의 인권회복 등을 위해 싸웠던 우리나라 초기의 여성 민족운동가였다. 또한 민족독립의 이상을 농촌운동에서 찾았던 농촌운동의 선구자였다.[10] 이러한 스승의 가르침을 받고 샘골로 간 최용신은 '아는 것이 힘이다. 배워야 산다', '농사는 1년을 위해 짓지만 인재 양성은 백년 농사이다', '소를 키우는 것도 좋지만 사람을 먼저 키웁시다' 등의 말로써 마을 주민들을 설득하며 농촌계몽의 일을 펼쳐 나갔다. 1931년 10월 11일에 우선 샘골의 예배당을 빌려서 계몽운동의 첫 일은 시작하였다고 한다. 성경이야기, 찬송공부며, 한글, 쉬운 가감법, 초보의 재봉수예 등을 가르쳤다고 한다. 최용신의 열성으로 얼마 안 가서 학생수가 늘어나자 오전반, 오후반, 야간반의 3부제로 나누어서 이른 아침부터 밤늦게까지 격렬한 활동을 계속하였다고 한다. 그리하여 부근 여러 마을에서 아이들을 말할 것도 없고 부인들, 총각들, 할머니들도 모두 모여들어 일에 착수한 지 두 달 남짓하여 그녀는 이 지방에서는 없어서는 안 되는 존재가 되었다고 한다. 모세의 〈출애굽이야기〉를 자주 들려주며 애국사상을 일깨워 주려고 했고, 자수시간에는 한국지도를 무궁화 꽃으로 꾸미는 것을 가르쳐 주었다. '무궁화 이 동산에 역사 반만년……'이란 노래도 가르쳤다고 한다.[11]

일제 강점기하의 당시 한국 상황은 1919년 3·1운동 이후 이른바 '문화정치'란 이름으로 정치가 바뀌어짐에 따라서 한국인들의 민족독립운동도 교육진흥과 농촌계몽 등의 장기적인 운동으로 전개되었다. 민립대학 설립운동, 문자보급운동, 농촌계몽운동 등이 활발히 일어났는데, 한국의 여성들도 이 운동에 적극적으로 동참했다. 1919년부터 1923년대까지 김마리아, 황에스더를 중심으로 '대한민국애국부인회' 이후 여성들은 '조선여자엡워스(Epworth) 청년회', 'YWCA' 등을 통해서 활동했고, '근우회' 등을 설립해서 항일구국운동과 여성지위향상 운동을 동시에 전개시켜 가고자 목표하였다. 이러한 운동들의 맥락 안에서 샘골로 간 최용신은 온 지 석 달 만에 예배당만으로는 좁아서 견딜 수 없게 되자 당국에 강습소 인가원을 제출하였다. 그리고 새 학원 건축을 주야로 꿈꾸게 되었다. 그러나 황에스더 교수와 연결되어 있고 1920년대 이후 대표적인 항일단체였던 '신간회'의 소구역 대표회원이던 그 지역 염석주의 도움을 받고 있던 최용신에게 일제는 쉽게 허가를 내주지 않았다고 한다. 또한 우여곡절 끝에 인가를 얻고 학원을 건축하기 위해 가가호호 방문하며 기금을 모금할 때 지역 유지들로부터 위협까지 당했다. 그러나 "조선을 위하는데 무슨 죄가 되느냐"며 굳은 신념으로 점심은 물론 저녁까지 굶으며 활동을 계속했다고 한다.[12] 이렇게 피나는 노력으로 이 마을 부인저축계의 쾌척과 YWCA의 보조, 또한 동민과 학부형들의 푼돈들이 모여져서 1933년 1월 15일의 추운 겨울에 건물 낙성식을 할 수 있었다고 한다. 이 날 낙성식 때 아이들이 배우는 것을 보고 크게 감동을 받은 내빈들이 즉석에서 돈을 모아 217원 50전을 마련해 주어 남은 빚도 모두 갚게 되었다고 한다.

3. 최용신의 여성의식

필자가 관찰한 바로는 최용신에게서는 이렇게 헌신적인 노력을 통해서 농촌의 무지와 빈곤을 개선하여 민족을 구원하려고 한 일과, 자신이 여성으로서 주체의식을 갖는 일이 충돌을 일으키지 않았다. 오히려 이 둘은 서로 동전의 양면처럼 같이 이루어졌다고 볼 수 있다. 조혜정은《한국의 여성과 남성》에서 한국에서 전문직 진출과정 첫 세대로 보는 이 세대의 여성들은 조국광복이나 사회계몽 등 "소명의식에 찬 헌신적 세대"였다고 지적하였거나,[13] 소위 이 선각자들의 '여성도 인간이다'라는 외침은 '나라를 건져야 한다'는 긴박한 과제 때문에 뒷전으로 밀려났다고 평가한다.[14] 그러나 필자는 최용신의 삶에서는 그 평가를 넘어서 오히려 여성의 주체의식이 민족의식을 끌어안았다고 본다.

위에서 지적한 최용신의 〈교문에서 농촌에〉라는 글에 이미 그와 같은 입장이 뚜렷이 드러났다. 여성이 인류사회의 동등한 구성원이라는 것이 자각되었으면, 그 자각이 온전한 사회건설을 위하여 노력하는 일로 나타나야 한다는 것이다. 3·1운동을 전후하여 동경의 여자 유학생들 손으로 만들어진 잡지《여성계》에 보면, 당시 기자였던 한 여자 유학생은 〈여자교육론〉이라는 글에서, 여자교육을 특수한 것이고 고등교육과 구별하여 생각하는 것은 근본적인 잘못이라고 지적하고 있다. 그러므로 여성교육도 단지 현모양처를 만들기 위한 교육으로 생각하지 말고 독립된 인간을 양성하여 사회를 위하여, 민족을 위하여, 인도(人道)를 위하여, 유의미한 사람이 되게 해야 한다고 주창한다.[15]

이러한 근대 초기 한국 여성들의 입장은 1927년 여성해방운동과 항일운동의 일원화라는 물결 아래 여성의 역량을 총집결하여 한국 여성운동 합일체로 탄생한 '근우회'의 발기취지서에도 뚜렷이 드러난다. 그것은 조선 여성운동의 진정한 의의는 자신들의 해방과 조선사회, 나아가서는 세계 인류 전체를 위하여 있는 것이라고 한다. 그러면서 조선 여성이 얽매여 있는 불합리를 '복고적 유물'과 '현대적 모순'이라고 하는 두 가지 이유로 분명히 짚어내고 있다.[16] 즉 당시 일제의 압박이라는 민족의 현실적인 문제도 여성 억압의 중요한 요인으로 본 것이다. 이것은 한국 초기 여성주의자들의 의식 속에는 여성의식 속에 민족의식이 통합되어 있었음을 보여주는 것이며, 오늘의 페미니스트들이 비판하듯이 민족주의에 따라 여성주의가 쉽게 함몰당한 모습이 아니라는 증거이다.

여성주의 역사학을 주창하며 이 시기 한국 여성운동의 민족주의 성향을 세차게 비판하는 윤택림은 '근우회'가 1931년 '신간회'와 더불어 해체된 것은 근대 여성해방운동이 바로 민족주의 담론의 틀 속에 종속되었기 때문이라고 한다.[17] 그러나 필자는 그와는 다른 해석을 든다. 즉 해체의 주된 요인은 1930년경 지회의 수가 70여 개로 확대되던 '근우회'에 대한 일제의 분열정책과 사회주의 계통의 여성 운동가들과 민족주의적 기독교적 지도여성들 사이의 운동목표에 대한 세계관적 갈등이었다는 것이다.[18]

비록 소설로 픽션화된 것이긴 하지만 심훈의 소설 《상록수》에 등장하는 채영신이 제일 먼저 제기한 문제는 사실 민족 문제가 아니라 여성 문제였다. 소설의 도입 부분에 해당되는 한 장면에서 채영신은 신문사가 학생계몽운동에 참가했던 대원들을 위로하기 위해 마련한 다과회에서 그녀의 경험담을 이야기해 달라고 하자, "이런 자리에서까지 남자와 여자를 구별하는지는 모르지만, 남이 다 말을 허고 난 맨 끄트머리에 언권을 주는 것이 몹시 불쾌합니다"라고 일언지하에 거절한다.[19] 그녀의 이러한 여성 주체의식은 소설의 곳곳에서 표현된다. 예를 들어 그녀가 샘골학원을 건축할 때 온갖 어려움이 많았지만 약혼자인 박동혁에게도 연락하지 않는 것을 보고, 박동혁이 생각하기를, 그녀가 여성으로서 자존심이 강해서 동혁이 했던 것보다 더 번듯하게 집을 지어 놓기까지는 결코 연락하지 않을 것이라고 추측하는 것 등이다.[20] 《상록수》에 나타나는 채영신은 또한 뛰어난 조직력을 가진 여성으로 묘사된다. 동혁이 활동하던 한곡리를 방문해서 잠깐 머무는 동안에도 그 동네 부인들을 모아서 부인회를 조직하도록 주선하는 모습들이다.[21]

최용신의 뛰어난 계몽정신과 희생의 삶을 픽션 류가 아닌 좀더 정확한 전기 형식으로 기록하고자 한 류달영의 《최용신 소전》에 보면, 저자가 수원고등농림학교 시절 그곳을 방문했던 최용신에게서 받았던 첫인상을 자세히 적고 있다. 1956년에 다시 펴낸 책에는 약간 수정되었지만 이때 류달영이 받았던 인상은 매우 의지에 차 있고, 자신이 하는 일에 대해서 일관되게 몰입해 있던 한 당찬 여성의 그것이었다. 어렸을 때 마마로 비록 얼굴이 얽었지만 거기에 전혀 개의치 않는 모습이었고, 처음 보는 남성들 앞에서 당당하게 자신의 일을 소개하고 도움을 청하는 모습이었다.[22]

최용신의 전기를 쓰기 위하여 그의 가족들도 만나면서 자료를 수집했다는 류달영은, 최용신의 '약혼 문제'에 대하여 다음과 같은 해석을 내리고 있다. 즉 그때나 지금이나 여성들의 외모를 중시 여기던 세태 때문에 마마로 얼굴이 심히 얽은 최용신이 내린 결정은 독신으로 지내는 것이었다고 한다. 더군다나 그녀는 농촌에 대한 열정으로 꽉 차 있던 시기라 더욱 그러했다. 하지만 동네 같은 교회에 다니던 청년이 용신의 인격에 반해서 간절히 청혼을 하자, 자신의 외모나 재산이 아닌 속사람을 보고 결혼할 것은 청하는 그 청년의 뜻을 받아들였다고 한다. 문벌 문제로 강하게 반대하는 집안 어른들을 신념으로 설득하여 허락을 얻어낸 것도 용신의 의지에 찬 설명과 행동이었다. 이들은 그러나 농촌에 대한 뜻을 이루기 위해서 좀더 준비하려고 결혼을 미루고 용신은 신학교로, 김군은 일본유학을 떠났다고 한다. 이러한 모든 이야기들은 당시의 여성으로서는 상상하기 힘든 주체적인 선택들이었다고 하겠다. 용신이 나중에 샘골로 가면서 YWCA로부터 받았던 30원의 월급 가운데 일부를 일본에 가 있는 약혼자의 학비로 보냈다고 하는데, 류달영에 따르면 최용신이 일찍 세상을 떠난 이유 가운데 하나가 일본에 가서 신앙이 변해 가는 약혼자에 대한 염려라고 한다.[23]

　오늘날 최용신이 살던 시기와는 많은 것이 다르게 변한 페미니즘의 시대에 살면서 최용신의 이러한 삶을 우리는 어떻게 평가할 수 있을까? 일찌감치 자신의 외모나 개인적인 안락 같은 것에 대한 관심은 버렸으니 오늘날의 어떠한 페미니스트보다도 더 사회의식과 여성의식이 강했던 모습으로 보아야 할 것인가? 아니면 최용신의 개인적인 삶이 '민족담론'이나 '어머니 이데올로기'―약혼자에게 어머니처럼 배려하는 모습을 보였던 것―등에 의해서 희생된 것으로 보아야 하는가? 위에서 언급했듯이 오늘날의 일반적인 페미니스트들은 민족주의의 남성주의와 가부장주의를 세차게 비난한다. 따라서 제3세계의 탈식민주의 페미니즘을 말하며 미국이나 서구 중심의 제국주의를 비판하면서도 민족주의의 국수주의적인 원리를 배격하는 데 노력한다.[24]

　그러나 필자의 관찰에 따르면 최용신의 삶에서 한 가지 확실한 사실은 그녀의 민족사랑과 농촌사랑은 여성으로서 한 주체적인 인격으로 일깨워진 의식을 토대로 꽃을 피운 것이기 때문에 그녀의 여성의식과 민족의식은 큰 갈등을 일으키지 않는다는 것이다. 오히려 오늘날 서구적 페미니즘이 너무 지나치게 개인적인 차원에서만의 성취나 성적인 쾌락, 일상의 관심사에만 집중하는 모습에서 벗어나서 페미니즘의 또 다른 차원을 확장하는 예가 될 수 있다고 생각한다. 특히 비서구 여성들에게서 페미니즘은 그때나 지금이나 여전히 민족의 문제를 같이 고려하지 않고서는 허구가 되기 쉽다. 이것은 자연과 동식물의 다양성이 사라지면 문화와 삶의 다양성이 사라지듯이, 문화나 민족의 다양성이 인정되지 않는 곳에서는 오늘날 지구화가 추구하는 인권이나 삶의 질도 온전할 수 없기 때문이다.

프랑스 여성학자 식수(Helene Cixous)는 좁은 의미의 인습적인 어머니 역할에 매몰되지 않으면서 더 근원적으로 역사의 상황에 책임을 지는 '베푸는' 존재로서의 '어머니' 상을 제시했다. 그리고 그것을 '역사를 위한 주체'로서의 새로운 여성상으로 의미 지었다.[25] 제3세계 탈식민지주의 여성학자 스피박도 이러한 정치적 윤리적 차원으로 확장된 행위주체로서의 새로운 어머니상을 적극적으로 받아들이며 의미 지운다.[26] 위의 태혜숙은 그 이유를 식수의 새로운 어머니상에서 다양한 인간의 상황에 대한 인간적 책임이라는 윤리성을 읽어냈기 때문이라고 해석한다.[27]

필자는 이렇게 베푸는 윤리성을 다시 회복하고, 삶의 낱개의 갈등에만 국한하는 것이 아니라 더욱 근본적으로 존재와 역사의 갈등을 보듬고 치유할 수 있는 새로운 어머니 상을 바로 최용신에게서 볼 수 있다고 생각한다. 고통 속에서 죽어가는 자리에서도 가르치던 아이들의 이름을 하나하나 부르며 염려하고, 어떻게 이 추운 날에 그 먼 데를 또 왔느냐고 안타까워하는 그녀의 모습에서 자신의 희생과 고통에도 아랑곳하지 않고 모든 것을 내어주는 어미 닭의 모습을 떠올린다. 그러한 그녀가 주변 사람들의 온갖 노력이 있었음에도 26세의 짧은 생을 마감하며 떠날 때 남

긴 유언 속에서 바로 '베푸는 어머니', '어머니 되어 주기'의 모습이 확연히 드러난다.[28]

1. 나는 갈지라도 사랑하는 천곡 강습소를 영원히 경영하여 주시오.
2. 김군과 약혼한 후 십 년 되는 금년 사월부터 민족을 위하여 사업을 같이 하기로 하였는데 사라나지 못하고 죽으면 어찌하나.
3. 샘골 여러 형제들을 두고 어찌 가나.
4. 애처로운 우리 학생들의 전로를 어찌하나 우리 학생들의 전로는 어찌하나.
5. 어머님을 두고가매 몹시 죄송하다.
6. 내가 위독하다고 각지에 전보하지 마라.
7. 유골은 천곡 강습소 부근에 묻어주오.

학생들과 마을사람들에게는 말할 것도 없이 자신의 약혼자와 어머니에게도 어머니가 되어 주는 최용신의 배려하는 마음에는 오늘의 좁은 개인주의적 주체성의 원리로는 다 해석해 낼 수 없는 한국적 페미니스트의 보살핌의 원리가 들어 있다고 생각한다.[29] 이것은 식수나 스피박이 의미지었던 정치적 윤리적 책임의식을 담지한 역사적 주체로서의 어머니상과 다르지 않다.

그런 의미에서 근대사회에서 페미니즘이 단지 서구에서 유입된 것만이 아니라 비서구 사회에서도 자체적으로 전개되었으며, 특히 그러한 비서구 사회에서의 여성해방운동은 나라와 민족의 독립운동과 같이 연결되어 행해졌음을 다시 밝혀주는 좋은 예가 된다고 하겠다.[30] 근대 비서구 사회에서 여성해방운동과 민족독립운동은 아주 긴밀히 연결되어 있었다. 그러므로 비서구 페미니즘은 제국주의와 싸우는 것과 연결해서 생각하지 않으면 안 된다는 지적은 한국의 최용신에게도 타당하다.[31]

4. 최용신의 종교의식과 농촌계몽교육

최용신의 전기를 정리하고 나서 류달영은 그 소전의 마지막에 〈그 생활의 열쇠〉라는 제목으로 최용신 삶과 사상의 '원동력'에 대해서 묻는다. 도대체 어떠한 힘으로 그녀가 그렇게 뜨겁게 농촌사업을 벌일 수 있었으며, 우리가 위에서 서술한 대로라면 어떻게 그러한 민족의식과 여성의식을 가지고 베푸는 어머니의 역할을 감당할 수 있었을까 하는 의문이다. 류달영은 그 대답으로서 최용신의 '새벽종 소리에 따라 올리는 기도'를 들고 있고,[32] 필자는 좀더 포괄적으로 최용신의 종교의식과 초월의식을 말하려고 한다. 민족의식과 여성의식을 밑받침해 주는 최용신 사고의 핵은 그녀의 신앙이었다. 그녀와 가깝게 지냈던 후배들의 말에 따르면, 그녀는 일찍부터 '새벽기도'를 실천하고 있었다. 그래서 "굳은 믿음을 잃지 않으려거든 새벽기도를 계속하라"고 격려해 왔다고 한다.[33] 열심히 기도하는 생활은 루씨여학교, 협성여자신학교, 그리고 샘골에서도 이어져서, 그녀의 생활과 활동의 원동력으로 자리잡고 있었다.

그러나 그녀의 이러한 순수한 신앙은 결코 세계에 대해서 폐쇄적이거나, 경직된 성·속 이원론적인 사고를 가지고 배타적으로 신비주의에 빠진 것이 아니다. 앞에서 언급한 대한수도원의 전진 원장에 따르면, 최용신 선배는 아주 맹렬히 활동하는 가운데서도 "책도 읽고 신문도 읽어 견문을 넓혀 가는 신학도가 되라"고 충고해 주었다고 한다. 그리고 "아무리 학교 생활이나 기숙사 생활이 빠듯하게 돌아가더라도 신문소설 같은 것도 읽어라. 나는 춘원 선생의 연재소설 《흙》을 읽다가 장질부사 치료에 관한 상식을 얻었다"고 말하면서 배움에 대한 노력을 다방면으로 할 것을 권고했다고 한다.[34]

이러한 최용신의 신앙을 신학적으로 표현하면 성속이 하나됨을 체험한 '범재신론적 신비주의'라고 할 수 있겠다. 최용신이 1929년 4월 2일

새벽기도를 마치고 쓴 기도문으로 남아 있는 다음과 같은 글에서 그 백미를 볼 수 있다. 그것은 이 세상의 모든 만물 안에서 신의 얼굴을 보는 것이며, 만물일체의 황혼경 안에서 자신을 '무'(無)로 돌리며 신성과 하나 됨을 기뻐하는 노래이다. 그녀가 스물한 살 때 쓴 글인데, 최용신 사후 그녀의 동생이 가지고 있던 일기장에서 발견되었다고 한다.[35]

"……이 거룩한 종소리 몹시도 신비롭고 처량히 울릴 때 침상에 의지하였던 이 몸은 무한한 감동의 충동을 받어 방문을 열고 나와 한 걸음 한 걸음 발길을 옮겨 층층대까지 나오게 되었다. 아직도 어둠의 검은 막이 그대로 남었고 종소리 또 다시 울린다. 온 우주는 침묵에 깊이 잠들었고 창공에 수 없는 별만 반짝이는 그 아래 혼자서 기쁨을 이기지 못하는 나는 고요히 머리를 수기고 무릎을 꿇어 대주재 여호와께 감사를 올리게 되었다.

'전능하신 여호와의 능력이 아니면 어찌 이 아름다운 새벽이 있으며, 하나님의 은혜가 아닌들 어찌 나로 하여금 이 기쁨의 동산을 보게 하였으리오. …… 거룩하신 주여, 이 몸은 주님을 위하여 바치나이다. 여호와여, 이 몸은 남을 위하여, 형제를 위하여 일하겠나이다.……여호와여, 살아도 주를 위하여 살고, 일하여도 義를 위하여 일하옵고, 죽어도 다른 사람을 위하여 죽게 하소서. 여호와여, 이 몸을 주께 바치오니 이 아침 공기가 신성하고 깨끗함 같이 내 마음을 새롭게 하여 주소서.'

……이와 같이 자연의 침묵 중에서 맛보는 신성하고도 결백한 이 맛은 홀로 나에게만 있는 듯 싶었다. 울리는 종소리는 넘어가는 달빛을 따라 은은히 사러질려 할 때 건너편 동리의 개짖는 소리 고요한 새벽은 깨치고 말었다. 얼마 안되여 다시 신성스러운 생의 무대는 열리기 시작하였다. 단잠을 깨인 동무들의 발자취에 이 발걸음도 다시 침방으로 돌리었다."

(1929년 4월 2일)

온 자연과 우주, 모든 생의 무대에 임재하시는 신성을 경험한 최용신에게서 이제 더 이상 聖과 俗, 교회 안과 교회 밖, 성직자와 평신도, 부자와 가난한 자, 어른과 어린이, 종교와 교육, 내 나라와 인류 등에 대한 가치론적 차별과 구별이 있을 수 없었다. 그래서 그녀는 신학교를 다녔으면서도 중퇴해서 평신도의 교사가 되었는지도 모르겠다. 나중에 일본의 고베여자신학교에서도 '세속' 학문인 사회사업과를 택했는지도 모르겠다. 그녀는 이제까지 가치 없다고 여겨지던 여성, 가난한 한국 농촌, 어린이들과 부녀자들, 가난하고 못 배운 시골의 민중들을 선택했다. 거기서 성직자로서보다는 평교사로서 일했으며, 자신에게는 종교가 그렇게 중요했지만 그보다는 '교육'의 길을 택해서 한국을 구하고 싶었던 것이다. 필자가 생각하기에 당시 감리교를 비롯한 많은 한국의 교회들이 있었지만, 특히 김교신의 무교회주의 공동체에서 최용신의 생전 행적에 지대한 관심을 가지고 소전을 지어냈다는 것은 결코 우연이 아니라고 본다. 그것은 무교회주의도 앞에서 최용신의 기도문에 나타난 것과 같은 성속의 하나됨을 래디컬하게 실천하는 그룹이었고, 또한 당시 한국의 기성교회가 외국의 선교사들에게 종속되어 주체성을 잃어가고 있는 데 대해서 세차게 비판하는 민족의식이 매우 강했던 그룹이었기 때문이라고 여겨진다. 최용신의 민족의식과 평신도의식, 교육의식을 매우 값지게 생각했기 때문으로 보인다.[36)]

심훈이 쓴 《상록수》에는 사실 당시 기성 기독교에 대한 비판의식이 강하게 배어 있다. 남자 주인공 박동혁은 채영신이 종교인인 것이 영 못마땅한 듯하다. 왜냐하면 당시 그는 기독교가 자본주의와 서구 선교사들에게 매우 아첨하고 있다고 생각했기 때문이다.[37)] 그는 청석골 마을의 교회장로에 대해 "서양사람의 서투른 조선말을 그나마 어색하게 입내내는 듯한 예수교식의 독특한 어조"라고 비웃는다.[38)] 그리고 "중얼중얼 기도를 올리고 있는 장로"라고 답답해하며, "유물론자처럼 덮어놓고 종교를 아편과 같이 생각하지는 않으면서도 예수교회가 부패한 것과 교역자나 교인들이 더 떨어질 나위 없이 타락한 실례를 들어서 맹렬히 공격"했다고 그려진다.[39)] 또한 그는 영신이 일본의 신학교로 공부하러 간다고 하자

"신앙이 학문이 아닌 것은, 농학사나 농학박사라야만 농사를 잘 지을 줄 안다는 것과 마찬가지가 아닐른지요" 하면서 반대 감정을 표시한다.[40] 이렇듯 당시 민족주의적 지성인들이 서구 선교사들에 의해서 지지되던 한국의 기독교회에 대해서 갖는 감정은 매우 비판적이었다.

처음 한국의 기독교는 1907년 민족존폐의 위기 상황 속에서 대부흥사건을 겪으면서 큰 부흥을 경험하였다. 3·1운동 때에는 민족대표 33인 가운데 거의 반수가 기독교 지도자였을 만큼 민족운동과 깊게 연결되어 있었다. 그러나 3·1운동 뒤, 특히 기독교가 심한 피해를 입자 선교사들은 종교와 정치의 분리원칙을 다시 강조하였고, 한국교회는 항일민족교회로서의 궤도에서 점점 이탈하여 갔다고 할 수 있다.[41] 이런 상황에서 쓰인 《상록수》에서의 채영신도 동규의 기독교 비판에 대해서 "교회 속은 누구버덤두 직접 관계를 해온 내가 속속들이 잘 알어요. 아무튼 루터 같은 분이 나와서 큰 혁명을 일으키기 전엔 조선의 예수교회두 이대루 가다간 멸망을 당허구 말거예요"라고 받았다.[42] 한국여성운동사의 탐구에서도 사회주의노선의 시각에서 당시 기독교여성단체나 여성활동을 '체제 내적인 문화활동'이라고 비판했다.[43] 이러한 운동의 여성 지도자들은 1930년대 이후 일본이 만주사변을 일으키고 더욱더 무자비하게 한국에 대한 동화정책과 '내선일치'를 강요할 때 많이 변절했다는 것이다.[44]

그러나 최용신의 샘골 농촌활동은 이러한 소극적이고 부정적인 평가 모습과는 달리 앞에서도 지적했듯이, 깊은 내재신앙적인 신념과 일찍부터 일깨워진 민족과 농촌사랑에 대한 실천이라고 보아야 한다. 또한 앞에서도 지적했지만, 한 덕망 있던 유교가문의 딸로서 그녀의 집안이 가졌던 한말의 유교 구국정신과 의리정신도 영향을 끼쳤을 것이다. 그녀는 계몽의 일을 행하는 데서도 농촌주민들이 자발적인 참여와 스스로를 돕는 자세를 무엇보다도 중시 여겼다. 그리하여 샘골학원을 지을 때도 먼저 아이들을 가르쳐서 그것을 소재로 추석날 예배당 학예회를 열자, 거기에 감동한 주민들이 솔선수범하여 '천곡학원건축발기회'를 만들었다. 건축하는 모든 과정에서도 어떠한 노동도 마다 않는 스스로의 모범과 더불어, 어린아이들을 포함한 마을사람들의 자발적인 참여와 봉사를 이끌어내는 데 주력하였다.[45]

그녀의 활동은 여느 선교단체와 달리 권위적이지 않았다. 또한 단기간적인 것이 아니라 자신의 모든 것을 쏟아 넣는 삶의 터전으로서의 마을과 학원을 일구는 것이었다. 류달영은 최용신의 이러한 헌신과 마을과 혼연일체를 이루는 솔선수범이 그녀를 한편으로 '샘골의 여왕'이 되게 하였다고 적고 있다. 그녀는 오전반이 끝나면 오후반을 가르치고, 이것이 끝나면 가정순회지도, 개인전도로 돌아다니고, 밤에는 다시 야학을 이끌었다고 한다. 그리고 그것을 빨리 끝내고 다시 몇 십 리가 되는 야목리로 지도하러 산길과 논길을 걸어갔고, 마치고 돌아오면 닭이 첫 홰를 알리는 것이 보통이었다고 한다. 그것도 일년 내내 무방학으로 시행했다고 하니 그녀의 노력이 어느 정도였는지를 알 수 있다.[46]

이렇게 자신의 모든 것을 내어주는 어머니 같은 최용신에 대한 마을의 신뢰는 깊어갔다. 그래서 나중에는 동리의 모든 일이 최용신 한 마디로 주저 없이 움직이게끔 되었다고 하고, 급한 일, 어려운 일을 모두 그녀에게 가져왔다. 심지어는 부부싸움을 하여도 그녀의 재판을 받으러 왔다고 한다. 마을 사람들은 닭을 잡아도, 붕어 마리나 잡았어도, 겨떡을 찌더라도 그녀를 먼저 기억하고 대접하고자 했다고 한다.[47] 그녀에 대한 마을 사람들의 신뢰와 사랑이 어느 정도였는지를 알게 한다. "동리의 백만사가 모두 최선생의 뜻으로 움직이되 모두가 그들을 유도하는 방법을 취하여 될 수 있는 대로 자기 자신이 전면에 나서지 않고 그들 스스로가 생각하고 결의하고 실행하는 모양으로 나타나게 하였다"라고 최용신이 샘골마을의 '종'이면서 또한 '여왕'이 된 경위를 적고 있다.[48]

이렇게 최용신의 활동이 열매를 맺어가자 일제의 간섭과 탄압은 이에 비례해서 커져갔다. 학생수를 갑자기 반으로 제한하고, 또 공립보통학교의 학생수가 미달된다는 이유로 강제로 학생들을 빼앗아갔다. 온갖 트집을 잡아서 경찰서로 호출해 가서 왜 가르치지 말라는 성경을 가르치며 조선어를 가르치느냐면서 심하게 윽박지르곤 했다고 한다.[49] 1933년 10월부터는 그동안 2년여 동안 YWCA에서 도와주던 보조비가 반으로 삭감되었다. 최용신이 일본 고베여자신학교에 잠깐 머문 후 병을 얻어 다시 샘골로 돌아와서 활동을 정상화하려고 했을 때는 그마저도 완전히 끊어지게 되었다는 통보를 받게 된다.

여기에 최용신은 어떻게 하면 학원을 유지할 수 있을까 하는 문제로 무척 고심했다고 한다. 그 타개책으로서 당시 발간되던 《여론》(女論)이라는 잡지에 〈농민의 하소연〉이라는 글을 실어 도움을 호소했다. 그러나 이것이 그녀의 최후의 글이 되었다. 그리고 여기에 그녀의 진정한 농촌 사랑과 그녀가 어어떻게 농촌의 계몽을 민족의 자주독립과 부흥의 가장 기초적인 초석으로 보았는가가 잘 나타나 있다.

"……그리고 내가 사는 동리의 현상을 여러분 앞에 내어놓고 싶습니다. ……이 강습소에는 근방 십 여 동네의 아동이 모여드니 그 수가 백여 명이나 됩니다. 이 많은 아동의 가정정도를 말씀하면 본면(本面)은 호수가 1,400여나 되나 그 중에 1년 수입 150 이하의 호수가 910호나 되는 극히 빈한한 지방임으로 이 강습소는 그 대중을 가르치는 데 사명을 다하고 있습니다. ……조선의 부흥은 농촌에 있고 민족의 발전을 농민에 있다 하거든 배우지 못하고 가르치지 못한 우리에게 무슨 발전이 있으며 늘어감이 있겠습니까. 오호, 우리 농민의 하소를 어찌 다 기필하오리까. 이 앞으로 긴긴밤을 잠못이루고 나오는 한숨과 흐르는 눈물에 따이 꺼지지 마시이다. 도시의 여러분! 당신들의 생활은 얼마나 행복스럽고 얼마나 안락하십니까. 여러분 중에는 하루저녁 오락비와 한 벌 옷값으로 몇백원을 쓰신다 하옵거든 우리 농촌의 어린이들은 자라기에 배가 고프고 배움에 목이 마릅니다. 여러분이시여! 곡식을 심으면 일년의 計가 되고 사람을 기르면 백년의 계가 된다고 하였거든 이 강산을 개척하고 이 겨레를 발전시킬 농촌의 어린이를 길러주소서. 뜻 있는 이여 우리 농촌의 아들과 딸의 눈물을 씻쳐주소서."[50]

이러한 농촌 아동교육에 대한 안타까운 호소에도 사회의 반응은 냉담했다. 그리고 최용신은 여러 가지 염려와 과로 속에서 장중첩증이 중해져서 온 마을 사람들과 교우들의 간절한 기도와 염원이 있었지만 1935년 1월 23일 하늘나라로 갔다. 온 삶을 어린이 교육과 농촌교화와 풍속개량에 헌신했던 그녀의 장례는 사회장으로 치루어졌고, "눈물과 땀과 성력으로 이기어 지어놓으신 교사(校舍)"에 마지막 들러 칠판 옆에 영구가 안치되었다가 그 유언대로 샘골학원이 마주 건너 보이는 공동묘지 언덕에 눕혔다고 한다. 최용신이 세상을 뜬 뒤 샘골마을에는 어떤 선생님이 와도 자리를 잡지 못하다가 그녀의 동생 최용경 양이 오면서 안정을 찾아갔다고 한다. 사람들은 최용신이 생각나면 그녀를 보러 갔다고 한다.[51]

5. 마치는 글

지금까지 최용신의 삶과 사상을 그녀의 민족의식, 여성의식, 종교와 교육의식의 세 차원으로 나누어서 살펴보았다. 그녀의 모든 것을 불살랐던 농촌운동은 투철한 민족의식의 표현이었다. 그리고 그것은 윤리적인 주체임을 자각한 여성이 민족에 대한 책임을 담당하는 일이었다고 보았다. 또한 그러한 실천의 밑받침에는 깊은 내재적 초월의식이 자리잡고 있어서 그 신앙의 표현으로서 가난한 농촌과 어린이들과 부녀자들, 그들의 구체적인 매일의 삶을 도와주고 일깨워주고 개선하는 교육과 계몽의 일을 神의 일로 찾은 것이라고 의미 지었다. 이런 뜻에서 보면 그녀의 인격은 그 안에 민족과 여성, 종교와 교육 등 오늘날의 페미니스트들에게서는 서로 갈등을 일으키기 쉬운 여러 요소들이 잘 조화되어서 통합을 이루고 있다고 하겠다. 즉 오늘날 다원주의의 시대에서 탈식민지주의 페미니스트들이 많이 이야기하는 '다중적 주체'의 한 실현이었다고도 말할 수 있겠다.

우리가 그러한 최용신 인격 형성의 과정을 그녀의 학교교육, 특히 기독교 학교교육의 영향으로 살펴보았다. 하지만 사실 그 기독교 교육이 한국에서 그렇게 민족적이고 주체적이 될 수 있었던 것은 그 이전에 한국 유교 전통에 자리잡고 있던 나라를 위한 살신성인(殺身成仁)과 節의 맥이 있었기 때문이라고 생각한다. 한국유교의 경우를 보면 위국충절(爲國忠節) 사상으로 임진왜란 이후 언제든지 나라를 위해서 자신을 희생할 자세가 확고했고, 19세기말 동학과 의병들의 위정척사(爲正斥邪)에서 잘 나타나듯이 강한 민족주의적 성격을 가지고 있었다.[52] 한말 최용신 가계의 구국교육활동에 대해서도 언급했듯이 이러한 영향들이 그녀의 정신에도 깊은 영향을 미쳤을 것이다.

이제 오늘날의 지구화 시대에는 민족을 그대로 국가와 동일시할 수 없다. 또한 동일시해서도 안 되지만 민족의 문제는 오늘날도 여전히 사라지지 않았다. 한국의 페미니스트들은 그들의 보편적 성 의식으로 민족주의의 경직성과 편파성을 비판하고 지적해야 한다. 그러나 한편 비서구 페미니스트로서 민족의식을 끄집어 들여서 진지하게 대화해야 한다. 이러한 통합과 대화를 시도하는 것이 '한국적 페미니즘'의 한 모습이라면, 최용신의 삶은 그 전개를 위해서 한 좋은 예가 된다고 생각한다. 그녀의 여성의식과 민족의식은 서로 조화를 이루어서 한 아름다운 열매를 맺었기 때문이다.

주 ___________

1) 태혜숙, 《탈식민주의 페미니즘》, 도서출판 여이연, 2001.

2) 이은선, 〈유교와 페미니즘―그 관계의 탐색을 통한 한국적 페미니즘 전망〉, 《동양철학연구》 제15집, 한국동양철학연구회, 1995, pp.403~448.

3) 김정환, 《김교신―그 삶과 믿음과 소망》, 한국신학연구소, 1994, p.250.

4) 위의 책, p.261, 264.

5) 홍인애, 〈민족독립운동가 최용신의 생애와 사상연구〉.

6) 홍석창, 《최용신양의 신앙과 사업》, 세헌, 1984, p.90.

7) 기독교대한수도원사 출판위원회, 《눈물이 강이 되고 피땀이 옥토 되어》, 기독교대한수도원, 1994, p.67, 69.

8) 류달영, 《최용신 소전》, 1939, pp.18~19.

9) 전진, 《눈물이 강이 되고, 피땀이 옥토 되어》, pp.82~84 ; 홍인애, 앞의 글. 필자는 최용신이 왜 1년여를 남겨두고 협성여자신학교를 떠나게 되었는가에 대해서 이 사건은 중요한 열쇠가 될 수 있다고 생각한다. 류달영이나 홍석창 등의 연구는 여기에 대해서 전혀 언급이 없다. 여기서 더 나아가서 감신대 한국교회사 교수였던 송길섭은 최용신이 샘골로 가게 된 것이 협성여자신학교의 농촌실습의 일환이라고 주장하는데, 이 주장은 역사적으로 맞지 않는 것 같다.

10) 정석기, 《한국기독교여성인물사》, 쿰란출판사, 1995, p.118, p.203ff ; 이덕주, 《한국교회 처음여성들》, 기독교문사, 1990, p.156ff.

11) 홍석창, 앞의 책, p.117.

12) 〈특집―상록수 얼 최용신 재조명〉, 《경기 여성신문》, 1994년 10월 12~18일(창간호 제1호), p.48.

13) 조혜정, 《한국의 여성과 남성》, 문학과지성사, 1988, p.127.

14) 위의 책, p.42.

15) 최옥자, 〈한국여성운동사〉, 기독교사상 편집부 편, 《한국역사와 기독교》, 대한기독교서회, 1986, p.292.

16) 위의 글, p.292 참조 ; 《동아원색세계대백과사전》 5, 동아출판사, p.521.

17) 윤택림, 〈민족주의 담론과 여성 : 여성주의 역사에 대한 시론〉, 《한국여성학》 제10집, 1994, p.105.

18) 최옥자, 앞의 글, p.293 참조 ; 《동아원색세계대백과사전》 5, 동아출판사, p.521.

19) 인주승 편, 《상록수와 최용신의 생애》, 홍익재, 1992, p.20.

20) 위의 책, p.139.

21) 위의 책, p.86.

22) 류달영, 앞의 책, p.10ff.

23) 위의 책, p.52.

24) 태혜숙, 앞의 책, p.41.

25) Helene Cixous, "The Laugh of the Medusa", E. Marks / I. Courtivron(eds.), *New French Feminisms* (University of Massachusetts at Amherst, 1980), pp.245~264.

26) Gayatri Spivak, "French Feminism Revisited", *Outside— the Teaching Machine* (London : Routledge, 1993), pp.141~171 ; 태혜숙, 앞의 책, pp.97~103.

27) 위의 책, p.101.

28) 홍석창, 앞의 책, p.136.

29) 이은선, 〈여성신학에서의 여성의 경험에 대한 해석학적 이해〉, 한국여성신학회 편,《한국여성의 경험》, 대한기독교서회, 1994, p.58ff.

30) Kumari Jayawardena, *Feminism and Nationalism in the Third World* (London : Zed Press, 1986), pp.2~8 ; *Nationalism— Critiacal Concepts in Political Science,* Vol. Ⅳ (London : Routledge, 2000), pp.1506～1526.

31) Ibid..

32) 류달영, 앞의 책, p.89.

33) 위의 책, p.91.

34) 전진, 앞의 책, p.84.

35) 류달영, 앞의 책, pp.89~90.

36) 김정환, 앞의 책, p.263.

37) 인주승 편, 앞의 책, p.39.

38) 위의 책, p.196.

39) 위의 책, p.213.

40) 위의 책, p.246.

41) 송건호, 〈한국교회와 한국민족〉,《한국역사와 기독교》(기독교사상 300호 기념논문집), 대한기독교서회, 1986, p.132.

42) 인주승 편, 앞의 책, p.213.

43) 최옥자, 앞의 글, p.294.

44) 위의 글, pp.297~299.

45) 류달영, 앞의 책, pp.37~38.

46) 위의 책, p.50.

47) 위의 책, p.48.

48) 위의 책, pp.48~49.

49) 홍석창, 앞의 책, p.123.

50) 류달영, 앞의 책, p.63.

51) 위의 책, p.85.

52) 신복룡, 〈한국민족교회 형성의 문제〉,《한국역사와 기독교》, p.199.

3편

유교에서 본 오늘,
오늘에서 본 유교

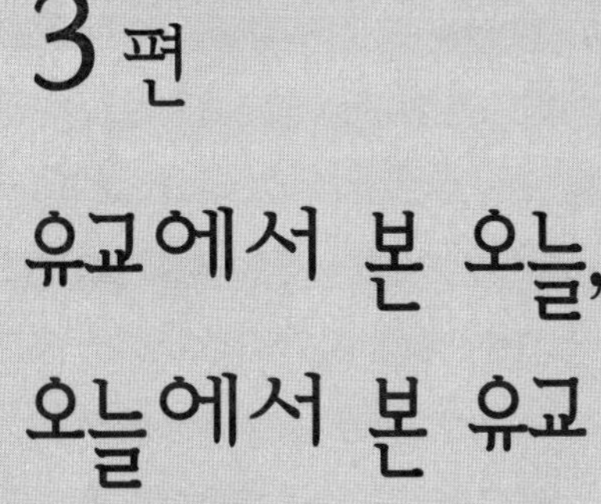
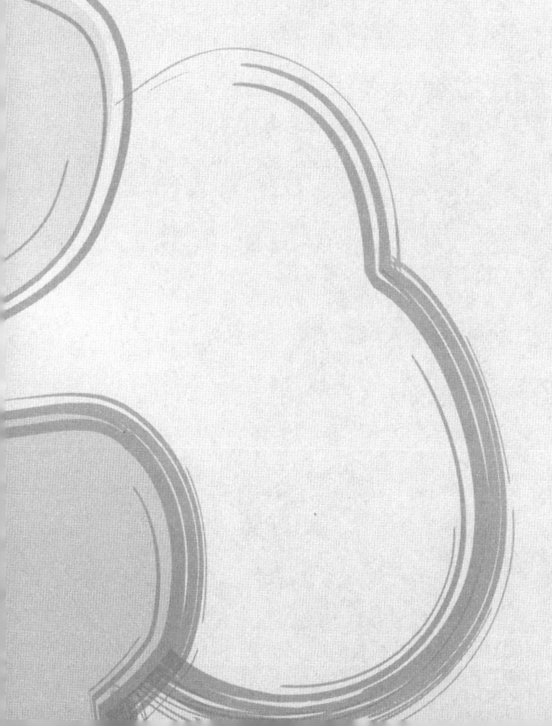

 유교적 자아실현과 현대 성인기 발달과정의 비교연구

1. 시작하는 말

이 연구는 공자(孔子, 기원전 551~479)가 자신의 일생 동안의 공부과정을 6단계로 나누어서 설명한 유명한 이야기[吾 十有五而志于學, 三十而立, 四十而不惑, 五十而知天命, 六十而耳順, 七十而從心所欲不踰矩]를 서양 발달심리학에서의 성인 발달과정에 관한 연구와 비교하면서 그 교육철학적 의미를 탐색해 보려는 것이다. 전통적으로 유교 전통의 특수성이란 인간은 누구나 '배움'과 '공부'를 통해서 도덕적으로 위대해질 수 있고, 심지어는 '성인'(聖人)의 경지에까지 이를 수 있다고 가르친 것이다. 그러므로 여기서의 공부는 오늘날 제도교육에서처럼 어느 한 일정한 기간의 과정으로 이해되지 않았다. 그리고 오히려 일생을 걸쳐 지속되며, 모든 인간의 관계 안에서 이루어지는 총체적인 삶의 작업으로 생각되었다. 이것은 오늘날의 의미로 보면 성인교육의 발달이요, 교육이라는 작업의 시공적 확장인바, 현대 서양 심리학과 사회학, 교육학 등에서 이 성인교육과 평생교육, 교육의 지평확장이 큰 관심이라면 이러한 유교 전통과 대화하기는 의미가 있다고 하겠다.

　　반면 우리나라에도 번역 소개된 레빈슨(Daniel J. Levinson)의《남자가 겪는 인생의 사계절》(*The Seasons of Man's Life*)은 일찍이 성인기의 삶의 진행에 관심하며 성인기의 삶도 아동기나 청년기와 마찬가지로 일정한 순서에 따라서 진행되며, 따라서 그 연구에도 발달론적 접근이 가능하고 그 삶의 구체적 특성들이 더욱더 탐구되어야 함을 강조하였다. 이것은 교육과 배움을 삶의 전 과정으로 보면서 이제까지 크게 주목받지 못했던 성인기부터의 삶의 진행을 학적으로 조망한 것이라고 하겠다.

　　레빈슨 등의 연구는 여러 임상심리학적 인류학적 사회학적 역사적 연구에 근거하면서 이 진행주기나 시기들, 그 내용들이 범인류적으로 매우 보편적임을 이야기한다. 이들에 따르면 각 시대와 종족들에서의 개개인은 일정하지 않은 다양한 방법으로 시기들을 통과하나, 그 시기들 자체는 보편적이라고 한다. 그리고 이 시대와 시기들은 과거 5천년 내지는 1만년 동안 인간의 발달을 지배해 왔다고 한다. 그리하여 대략 열다섯 살 또는 스무 살에서 약 마흔 살까지 뻗어 있는 성인 초기를 거쳐, 중년기는 대략 마흔에서 예순 살까지 지속되는 것으로 보며, 예순 살쯤에 시작되는 성인 후기를 말하고 있다. 또한 요즈음은 이 인생주기에 대한 관점을 점점 더 거시적인 '인류의 진화'라고 하는 조망에서 이해하고 있는 모습인데, 이것을 교육학적으로 이해해 보면 이제 인간교육에서의 역사적 인류학적 의식의 심화를 말한다.[1]

　　이제까지의 현대학문은 매우 분파적이었다. 교육학도 예외는 아니어서 그 관심대상이나 방식이 무척 한정적이었다. 그러나 앞에서도 지적했듯이 이제 인간 삶 자체가 교육적으로 관심을 끌기 시작했고, 그 삶의 성장이 성인기에 들어서도 지속적으로 진행되며, 그것이 또한 인류진화의 과정 속에도 포함된다는 것이 의식되면서 교육학은 더욱더 間학문적인 (interdisciplinary) 학문방법론을 필요로 하게 되었다. 이 연구는 이러한 상황에 대한 인식으로부터 교육을 '인간 성장'과 '진화'라고 하는 포괄적이고 장기간에 걸친 작업이라고 생각하면서 그 인간 성숙의 목표와 과정 등을 동서양의 두 사상 전통은 어떻게 파악하였는지를 살펴보려고 한다. 유교 전통에서 공자의 교육 이해는 매우 통합적이고 뚜렷한 목표[聖人之道]를 제시하고 있다. 한 인간의 전 생애에 관심이 가져지면서 또한 그 작업도 가정과 사회(정치), 공부와 일, 신체와 정신, 지적 교육과 도덕 교육 등이 포괄적으로 관심을 끈다. 이와 더불어 인간 성숙의 뚜렷한 목표가 제시되어 있으므로 현대 서양교육의 분절화와 방법론화를 극복할 수 있는 좋은 시사가 된다고 하겠다. 반면 서양 발달심리학에서의 성숙 이해와 교육 이해는 구체적인 임상적인 예를 가지고 그 과정 자체를 세밀히 밝혀내고 현실적인 언어로 설명하고 있으므로 전통적인 유교의 관념들이 그것들을 통하여 더욱더 분명하게 드러나고 그 교육적 의미가 잘 밝혀질 수 있다.

이 연구는 오늘날의 이러한 간학문적 학문방법론의 필요성을 생각하고 그러한 접근을 시도하려고 한다. 인류학, 역사학, 사회학, 심리학 등의 통합적 이해 안에서 얻어진 인간 진화론적 이해를 바탕으로 어떻게 그 발달과 성숙이 진행되는가를 의미 지을 것이며, 그것이 동양의 유교적 언어로는 어떻게 표현되는지를 살필 것이다. 이러한 간학문적인 비교연구의 목적은 인간교육에 대한 더욱 포괄적인 이해를 추구하는 것이며, 또한 오늘날 우리 삶에서만 아니라 교육에서도 목표가 부재한 시대에 다시 목표를 의식하게 하고 의미 지으려는 것이다. 이미 개개의 개별적인 학문들이 밝혀낸 자료들을 주로 문헌을 통해서 탐구하고 그것들에 근거해서 교육철학적 해석을 시도하는 일이다. 요즘 동양사상과 서구의 심리학이 활발하게 만나고 있고, 특히 신유교의 섬세한 인성론이 현대 심리학적인 언어로 해석되면서 그 안에 담지된 인간 이해의 또 다른 차원이 열리는 것을 볼 때 우리의 작업은 의의가 있다고 하겠다.[2]

2. 인간의 삶은 계속해서 발달(변화)하는가

1) 현대 발달심리학의 이해

20세기에 들어서서 인간의 생물학적 수명은 엄청나게 늘어났다. 남녀의 평균 수명이 거의 팔십에 육박하는 선진국에서는 거의 삼십 년의 연장을 이야기하고, 우리나라에서도 평균 수명은 점점 더 높아지고 있다. 이러한 수명의 증가와 더불어 교육과 노동을 포함한 여러 사회적 환경의 변화는 우리로 하여금 성년기의 삶에 대해서 다시 생각하게 하고, '나이를 먹는 것'(aging)에 대해 숙고하게 만든다. 인간의 삶은 계속해서 변화하는가? 거기에는 '발달'이 있고 '진보'가 있는가, 아니면 자신뿐만 아니라 주변의 많은 사람들에게서 보듯이 인간의 삶에서 변화란 그렇게 쉬운 것이 아니고 인간의 성격(personality)은 거의 고정되어서 변화를 이야기한다는 것은 무의미하지 않을까?

성인기 이후의 인간 삶에 대한 발달론적 연구가 최근에 더욱더 활발해졌다. 심리학과 사회학에서만 아니라 우리가 세계에 대해서 점점 더 확장된 이해를 갖게 되면서 인간에 대한 모든 연구는 더욱더 역사적이고 과정적인 것이 되었다. 심리학에서 '발달'(human development)의 이야기가 주로 아동기와 청소년기에만 해당되는 것으로 이해되어 오다가 그것이 우리 생애 전체를 포괄하는 문제라는 의식이 확산되면서 이에 대한 여러 가지 관점의 차이도 드러나게 되었다. 먼저는 서양 발달심리학에서 'personality'(성격 또는 성품)를 어떻게 보느냐에 따라서 인간 삶의 변화 가능성에 대한 입장이 달라진다. 일반적으로 '성격'이라고 번역되면서 한 인간이 지속적이고 일관되게 가지는 심리적인 '특질'(traits)로 이해될 때는 인간의 변화 가능성에 대해 부정적이다. 장기간에 걸친 여러 실증적인 연구 결과들에 따르면 인간의 삶에서 변화란 그렇게 쉬운 것이 아니고 나이가 든다고 해서 성격이 변하는 것은 아니라고 한다.[3] 그러나 또

한편에서는 'personality'를 그렇게 좁은 의미로만 해석하는 데 반대하고, 오히려 '성품'(character)의 의미로 해석하여 거기에는 삶의 동기들, 인생의 목표, 그리고 심리적인 모든 작용들을 포함시켜야 하며, 그럴 때 성년기 이후의 삶의 변화를 얘기할 수 있다고 한다.[4]

이런 논의와 관련해 미국의 발달심리학자 맥애덤스(Dan P. McAdams)는 퍼스낼리티의 세 가지 차원을 구별하여 말한다. 그는 우리가 인간 삶의 변화 가능성을 논할 때 다음의 세 차원을 구별해서 지적해야 한다고 하였다. 먼저 위에서 '특질'(traits)로써 얘기한 성격적 차원이다. 이 차원에서는 고정성이 더 주장되고, 대표적으로 인간 성격의 다섯 가지 특질들―외향성(extraversion), 신경증적 경향성(neuroticism), 개방성(openness), 사교성(agreeableness), 신중성(conscientiousness)―로 이야기되는 특질적 차원은 쉽게 변화되지 않으며, 여기서 인간의 성격은 대략 30세를 전후로 거의 안정된다고 말한다.[5]

그러나 이 차원만 가지고 인간의 퍼스낼리티를 다 섭렵했다고 말할 수 없다고 한다. 그리하여 두 번째 차원이 이야기된다. 그것은 '개인적 관심'(personal concerns)의 차원을 말하는 것으로 첫 번째의 특질적 차원에 비해서 한 사람이 삶에서 무엇을 원하는지, 어떤 목표를 가지고 있는지, 주변의 사람들에 대해서 어떻게 느끼고 있는지 등을 이야기하는 개인적 삶의 차원이다. 거의 정체적인 앞의 차원과는 달리 여기서는 동기적이고, 발전적이며 또한 지향적인 측면을 찾아볼 수 있다고 한다.[6] 맥애덤스에 따르면 이 차원은 첫번째의 특질적 차원으로 환원될 수 없고 이 차원의 중요성을 간과해서는 안 되며 거기서는 인생의 과정 속에서 눈에 띄는 변화를 살펴볼 수가 있다고 한다. 에릭슨(E. H. Erikson)이 인간 삶의 발달에서 성인기 이후의 특징적 모습으로서 이야기한 "생산성"(generativity)에 대한 관심의 증가는 바로 이러한 차원에서의 변화를 말하는 것인데, 최근의 성년기 발달에 관한 22년 동안의 연구 조사에 따르

면 성년기 이후에 이 방향으로 괄목할 만한 변화가 드러났다고 한다.[7]

한편 맥애덤스은 이 두 번째 차원까지만으로도 인간 삶을 다 드러낼 수 없다고 하였다. 그래서 그는 다시 세 번째 차원을 제시하는데, 그것은 바로 최근의 인간 삶의 연구에서 주목받는 '삶의 이야기'(Life Narrative) 측면이다. 이것은 두 번째 차원의 이야기가 인간 삶의 이해에서 그 통합적이고 전체적인 연관성을 제시해 주지 못한 데 반해 여기서 각자의 삶에 대한 서술적 이야기는 그 삶이 무엇을 향하고 있는지, 또한 스스로가 자신의 삶을 어떻게 형성해가고 있는지를 전체적으로 보여 준다고 한다. 즉 삶의 진정한 통일된 모습을 파악하게 한다는 것이다.[8] 이러한 입장에 따르면 인간의 '아이덴티티'(identity)란 "내면화된 자기 진화의 이야기" (internalized and evolving story)이다. 거기에는 스스로가 재구축한 과거의 이야기, 현재 자신의 삶에 대한 파악, 그리고 미래에 대한 선취된 전망들이 함께 어우러져 있다. 그러므로 그것은 '성격'만도 아니고 '관심'의 차원만도 아니다. 오히려 내가 누구인지, 나는 무엇을 추구하고 어떤 방향에서 내 삶을 구축해 나가기를 원하는지를 통합적으로 가르쳐주는 삶의 '이야기'(narrative)가 참다운 아이덴티티를 드러내 준다고 한다.

《남성이 겪는 인생의 사계절》(*The Seasons of Man's Life*, 1978)에 이어 최근에 《여성이 겪는 인생의 계절》(*The Seasons of Woman's Life*, 1996)을 발표한 레빈슨은, 오늘날도 많은 사람들이 삶의 발달을 성인기 이전에 끝나는 것으로 생각한다고 한다. 그러나 이제는 인간의 평균 수명이 놀랍도록 증가하면서 성인들은 자신들의 삶에 대해서 알기를 원하고, 더 큰 책임감과 의식을 가지고 살기를 원한다. 또한 사회도 더 인간적이고 각 개인들의 고통이 덜어질 수 있는 공동체가 되기 위해서는 이 성인기 삶의 과정에 대한 이해가 더 요구된다는 것이다.[9] 성인기의 삶에도 아동기와 마찬가지로 '발달'이 있다는 것을 여러 인물들의 전기적 삶을 인터뷰(biographical interviewing)하여 밝혀내고자 했던 레빈슨은 그러나 더 나아가서 그 발달 이해에서도 다음과 같은 구별이 있음을 지적해 놓았다.

그는 자신의 '인생 구조'의 발달 이해는 일군의 발달심리학자들이 이야기하는 '성격 발달'(personality development)과는 다르다고 한다. 그가 '인생 주기'(life cycle)나 '인생 구조'(life structure)의 개념을 사용하여 나타내려고 하는 성인기 발달은 각 개인의 어떤 개별적 특질들에 집중하기보다는 훨씬 더 포괄적으로 그가 세계와 관계 맺고 살아가는 '관계'(relations)에 집중한 것이라고 한다. 그리하여 그는 자신의 발달 개념이 꼭 계급적이고 진보적인 것으로 이해될 필요는 없다고 밝힌다. 즉 성인기에서 '발달'이 꼭 아동기에서 일반적으로 적용되는 '성장'과 동의어로 이해되어서는 안 된다. 그에 따르면 이것과 더불어 또한 지금까지 일반적으로 아동기를 성장기로, 노년기를 쇠퇴기로 등가화시키는 일은 지나친 단순화이고 너무 아동기 중심으로 문제를 이해한 것이라고 한다.[10]

레빈슨의 이러한 지적은 성인기의 삶을 더 폭넓고 현실적으로 이해하려는 시도이다. 이러한 성인기 삶의 과정을 이해하기 위해서 더 간학문적인 접근을 더욱 강조하는 그는 현실의 삶 속에서 '긍정적인 성장'(positive growth)과 '부정적인 성장'(negative growth)을 동시에 보면서 발달을 이야기하기 원한다.

이러한 모든 시도들은 인간 삶의 변화와 발달, 그리고 성장은 단순히 한정된 시간 속에서만 이루어지는 일이 아니라 삶의 전 과정을 통해서, 그리고 지속적으로 일어나고 또한 그렇게 되어야 함을 시사해 주는 것이다. 서양 현대 심리학의 이러한 발달론적이고 역동적인 이해는 동양 전통에서의 유교적 이해와 잘 상관될 수 있다고 여겨진다. 왜냐하면 유교 전통의 핵심이란 인간은 누구나 다 '배움'(學, learning)을 통한 지속적인 노력으로 변화될 수 있다고 가르치기 때문이다. 또한 공자의 6단계 자아실현 이야기는 바로 자신의 삶을 하나의 '이야기'로 구성한 것이고, 그것을 특히 '관계'의 차원에서 발달론적으로 파악한 것이기 때문이다.

2) 유교 전통의 이해

세계의 종교사상들을 그룹 지을 때 '예언자' 종교와 '신비가' 종교에 대하여 '현인'의 종교사상으로 구별되는 유교 전통은 다른 전통들에 비하여 특히 '나이'에 대한 존중과 그것이 가져오는 '지혜'에 대한 존중을 중시한다. 이것은 유교 전통이 인간의 삶을 계속적인 변화의 과정으로 보면서 거기서의 의미 실현을 최고의 가치로 삼고 있음을 알려주는 것이다. 그리하여 전통의 서양적 종교 개념으로 볼 때 유교는 종교가 아니라는 지적을 자주 받는다. 그러나 한편 바로 그렇게 인간성의 완성 속에서 최고의 가치를 실현하려는 노력이야말로 유교적 종교성을 나타내는 일이다.[11] 이것은 유교 전통의 강한 인본주의적 교육적 전통을 드러내는 것이고, 지금 우리가 서양 발달심리학적 이해와 대화하려는 작업은 바로 이러한 유교 전통의 '자기 실현'(self-cultivation)의 이해에 근거한 것이다.[12]

이러한 유교 전통의 '자기 실현'의 가르침을 그 핵심 전통으로 보는 투웨이밍 교수는 '어른'을 가리키는 한자어 '성인'(成人)에 주목한다. 그에 따르면 이 단어는 말 그대로 '사람이 되어 가는 것'(becoming a person)이다. 다른 많은 한자어들과 마찬가지로 성(成)이라는 한자어는 명사도 되고 동사도 된다. 명사로 쓰일 때 그것은 한 완성된 상태를 가리키는 것이나, 동사로 이해될 때는 '발달의 과정'(process of development)을 나타내는 것이다. 즉 '어른'이란 인간성의 충실한 실현을 위해서 길을 달려온 사람으로서, 그것은 단지 삶의 한 위치를 말하는 것이 아니라고 한다. 오히려 그것은 나이 들어감의 과정에 대한 인간의 창조적 적응을 여러 면으로 표현하는 것이고, 성숙을 향한 능력의 증명이며, 또한 성숙 그 자체의 표현이기도 하다고 보았다.[13] 이렇게 보았을 때 유교 전통에서 '성인기'(adulthood)는 '인격'(person)이 되어 가는 과정을 나타내는 것이고, 어른이라고 하는 것이 다만 성숙한 사람이라는 의미만이 아니라 앞으로도 계속적인 성숙을 향한 능력을 가지고 있는 사람이라는 의미라고 한다.

이러한 관점에서 볼 때는 지금까지 일반적으로 서양 발달심리학에서 인간의 성장을 '청년기'(adolescence)에 마무리되는 것으로 보고, 그것의 정점을 '성인기'로 보는 것은 유교 전통에서는 생소하다고 한다.[14) 유교 전통은 그만큼 인간 되어 감의 과정과 그 과정의 계속적인 진행을 강조한 것이다. 그래서 유교 전통은 道라는 말로써 그 핵심 상징어를 삼고 자신의 가르침을 표현한 것이라고 하겠다.

유교 전통의 자기 실현의 가르침은 끊임없는 계속됨의 과정을 말한다. 그것은 자신이 간직한 仁의 씨앗을 끊임없이 갈고 닦아서 자신의 마음속에 전 우주를 품을 때까지 확장해 나가는 것을 가르치는 것이다. 그리하여 그 전통은 인간의 삶에서 어느 한 일정한 시간만을 구별하여 '성장'(growing up)이라고 하지 않으며, 특정한 시간만을 배움의 시간으로 삼지 않고 전 생애의 일로 인간 성장과 되어 감의 과정을 보는 것이다. 이러한 인간 삶에서 성숙의 계속성을 위한 노력을 공자는 다음과 같이 드러내 주고 있다. "선비는 마음이 너그럽고 뜻이 굳세지 않으면 안 되니 그 까닭은 그의 임무가 무겁고 갈 길이 멀기 때문이다. 仁을 내 몸의 임무로 여기니 무겁지 않겠는가? 죽은 후에야 그만두는 것이니 멀지 않겠는가?"(《논어》泰伯 7)

이렇게 인간이 되어 가는 일을 죽은 이후에나 그만둘 일로 여기면서 일생 동안의 작업으로 여긴 유교 전통은 따라서 '노인', '나이'에 대한 존중을 특별한 가르침으로 받아왔다. 그러나 투웨이밍은 지적하기를 그러한 유교 전통에서 나이에 대한 존중도 단순히 나이가 많은 것에 대한 존중은 아니라고 한다. 오히려 거기에는 다음의 전제가 깔려 있다고 하였다. 즉 삶의 햇수가 진행되면서 자기 성장이 이루어지고, 그리하여 나이가 들었다는 것이 지혜와 풍부함, 그리고 인내의 열매를 상징하는 것이기 때문이라는 것이다.[15) 그것이 이루어지지 않았을 때도 무조건 존중이 당연시되는 것은 아니라는 의미이다. 이러한 지적과 관련하여 공자가 만난 한 노인에 대한 다음과 같은 일화가 제시되었다. "원양(原壤)이 걸터앉아 공자를 기다리니 공자께서 말씀하시기를 '어려서는 공손하지 못하고, 장성해서는 칭찬할 만한 일이 없고, 늙어서도 죽지 않는 것이 바로 도적이다'라고 하시고 지팡이로 그의 정강이를 두드리셨다."(《논어》 憲問 46)

이렇게 삶의 성숙을 이루지 못한 노인에 대해서는 지팡이로 때리기까지 했다. 하지만 반면에 공자는 젊은이들에 대해서 "이러한 젊은이들을 두려워해야 한다. 다음 세대가 우리 세대만 못하다고 누가 장담하겠는가?"라고 하면서 그들의 성장 가능성을 보며 존중해줄 것을 요구했다. 이러한 모든 이야기들은 인간성의 완성을 믿으며 그것을 일생 동안의 배움의 일로 이해한 공자 또는 유교 전통의 표현들이다. 자신이 이미 이루었다고 하는 '성인'(聖人)으로서가 아니라 그 '성인의 도'(聖人之道)를 찾아가며 노력하는 한 겸허한 스승으로 그려지기를 원했던 그는, 자신이 되고자 했던 것을 실현하기 위해 평생을 노력하였다. 그는 말하기를, "나는 태어나면서부터 아는 사람이 아니다. 단지 옛것을 좋아하여 부지런히 배웠을 뿐이다"라고 하였다. 또한 그는 다음과 같이 밝혔다. "너는 왜 이렇게 말하지 않았느냐? 나는 알려는 열정으로 밥 먹는 것도 잊고 그것을 깨우친 즐거움에 근심을 잊으며 그렇게 하는 사이에 늙는 것조차 알지 못하는 사람이라고."(《논어》 述而 18)

공자의 '자기 실현'의 도로서 유교 전통은 그 뒤 시간이 진행됨에 따라 그 자아를 이해하는 데 더욱 섬세한 여러 가지 논의들을 발전시켰다. 특히 송나라 이후 신유교의 성리학에서 인간의 性과 心의 관계에 대한 논의를 발전시킨 것은 인간의 자아를 점점 더 통전적이고 역동적이며 열린 체계로 이해하려는 시도이다. 이것은 우리가 위에서 보았듯이 서양 현대 심리학에서 인간의 퍼스낼리티를 세 단계 차원으로 이해하며 인간

성격의 특질적 차원만이 아니라 그의 실존적 의도와 궁극적인 삶의 목표 의식도 함께 고려하며 생각해 보려고 했던 것과 유비가 된다고 하겠다.

원래 유교 전통에서 인간 이해는 매우 통전적이었다. 그리하여 거기서의 자아 완성을 위한 공부에는 지적인 영역의 발달뿐 아니라 몸의 차원에서 실행을 강조하였다. 그리고 궁극적으로 도덕적 완성을 지향했다는 점에서 그 통전성을 보여 주었다고 하겠다. 중국 명나라의 성리학자 왕양명은 그의 역동적인 心 이해를 가지고 이 측면을 더욱 잘 드러내 주었다. 그의 선배 주희가 '성즉리'(性卽理, the nature is principle)의 이해를 가지고 인간을 주로 이성적인 차원에서 이해하면서, 그의 공부 방법이 지나치게 주지적이고 인식론적인 차원으로 흐르자 양명은 그 性보다는 훨씬 더 다차원적으로 인간 존재를 그려주는 心을 강조한다(心卽理, the mind is principle). 그 心의 포괄적 공부란 인생의 모든 측면을 포함하고 하루의 모든 활동, 인생의 모든 시간을 포괄하는 통합적인 일임을 다음과 같이 이야기함으로써 분명히 하였다. "그의 온 인생을 통하여 사람의 공부하는 노력은 오직 다음의 한 가지를 목표를 삼는다. 젊어서부터 늙을 때까지, 아침부터 저녁까지, 어떤 일이 있든지 없든지 간에, 그것이란 '항상 무엇인가를 하는 일'(恒産)이다"[16]

이상과 같이 유교 전통은 인간의 삶을 자기 완성을 향한 끊임없는 길로서 이해하고, 우리의 인간됨이 바로 여기에 있는 것으로 보았다. 이러한 유교 가르침의 자기 완성의 도가 오늘날 현대 사회에서는 많이 잊혀졌고 그것이 또한 많이 왜곡되기도 했다. 그런데 서양 현대 발달 심리학의 연구들은 이 잊혀진 전통들을 다시 생각나게 하고 그 의미들을 다시 뚜렷하게 해준다. 그러나 그 서양 현대 인간발달론도 아시아의 유교 전통으로부터 배울 수 있다. 다음 절에서는 이렇게 인간의 삶을 계속적인 전개와 발달로 보는 동서 두 이해들의 구체적인 내용이 무엇이며 그 만남이 어떤 의미를 지니는가를 살펴보기로 한다.

3. 서양 발달심리학의 성인기 발달과정 이해

청년기 이후의 삶을 지나 성인기 이후의 삶에도 계속적인 변화와 발달이 있다는 것에 주목하고 그것의 내적 단계와 과정 그리고 구조들을 탐색해 내는 작업이 서양 현대심리학에서 활발해지고 있다. 근세기에 이러한 성인 삶의 발달 과정에 처음으로 주목한 사람은 칼 융(Carl G. Jung)이다. 그는 프로이드와 대조적으로 자아의 발달이 전 생애를 걸치는 지속적인 작업이라고 보았다. 그리고 그것이 우리 모두가 스스로 자기의 발견을 위해 가야 하는 정신적 오딧세이의 여행이라고 보았다. 융에 이어 에릭슨은 현대에 가장 영향력 있는 발달론자들 가운데 한 사람이 되었다. 젊은 마틴 루터가 자기 주변 세계와 관계하면서 아이덴티티를 형성해 나가는 과정과, 또한 마하트마 간디가 그의 중년기의 삶의 과정에 들어와서 어떻게 삶을 창조적으로 변혁해 나가는가를 추적한 에릭슨은 개인적 삶의 과정을 중시하고 '전기'(biography)의 기술 방법을 사용하며 성인기 발달 연구의 장을 열었다.

대략 20세 정도에서 시작되는 성인 초기의 자아 발달 과제를 에릭슨은 '친근성 대 고립감'(Intimacy vs. Isolation)의 위기 상황으로 보았다. 이 단계는 이제 한 독립적인 성인으로 성장한 자아가 자기를 내어주며 자기 외의 대상에게 몰입할 수 있는 능력을 나타내는 단계라고 한다. 결혼 등과 같이 '관계'를 맺을 수 있는 능력을 말하는데, 그것은 한 대상에 지속적으로 충실할 수 있는 '사랑'(love)을 요구한다.

이 다음 단계로서 에릭슨은 거의 25세부터 시작하여 65세까지의 시간을 통틀어서 본다. 하지만 대략 40세 정도부터 본격화되는 것으로 보이는 중년기의 자아 발달을 '생산성 대 침체감'(Generativity vs. Stagnation)의 위기로 본다. 이제 성인기의 정점을 지나는 자아는 자신이 남길 삶의 흔적에 더욱 관심을 가지며 자기만이 이 세계에 남길 수 있는 것을 배려

한다고 한다. '자신의 세대를 넘어서 남겨질 것'(outliving the self), 예를 들어 아이들을 키우는 것이라든가, 어떤 아이디어 또는 사회에 대한 기여 등에 관심을 두며 그것의 성장을 위하여 배려하고 관심을 갖는다. 에릭슨은 나중에 말하기를 자신이 이 삶의 단계에서 중요한 덕목으로 '생산성'(generativity)을 말한 이유는 말 그대로 한 '세대'로부터 다음 '세대'(generation)로 이어져서 '생산되는'(generated) 모든 것을 말하기 위함이었다고 한다. 이렇게 사람들은 자신의 삶을 또 다른 방식으로 계속하기 위하여 더욱 관대해지고 배려하는 마음을 갖게 되고, 그렇지 못할 경우 점점 더 자신에 집착하고 이기적이 되고 메말라간다.[17]

인생의 마지막 단계인 노년기에서의 발달은 에릭슨에 따르면 '자아통합 대 절망'(Ego-Integrity vs. Despair)의 모습으로 나타난다. 노년기에 이르면서 중년기의 생산성에 대한 관심은 점점 줄어들고, 대신 사람들은 자신들의 삶을 되돌아보게 된다. 그러면서 그 지나온 시간들을 있는 그대로 받아들이든지 아니면 거부하고 인정하지 않으려 한다. 그런데, 여기에서 자아통합이 가능해지거나 절망감에 싸이게 된다고 한다. 청년기 이후에 진행되어 온 자신의 이야기를 그대로 받아들이고 즐기고 감싸안을 때, 거기서 노년기의 새로운 덕목인 '지혜'(wisdom)가 생긴다고 한다. 이 노년기의 지혜에 대한 연구는 요즘 서양 발달심리학에서 점점 더 관심을 일으키는 주제이다.

에릭슨이 이와 같이 인생의 여덟 단계를 말하면서 성인기의 삶에 대해서도 발달의 단계를 그려내고 틀을 제시했지만, 레빈슨은 그것보다 더 세밀하게 성인기 발달에 관한 연구를 진척시켰다. 레빈슨에 따르면 성인기 발달단계 이해는 단지 두세 단계로 그 시간들을 모두 포괄할 수 없다. 거기에는 더 세밀한 탐색이 요구된다. 그런데 성인기에 관한 연구가 아동기의 연구처럼 하나의 전문적인 작업이 되기 위해서는 어떻게 한 개인의 삶이 계속해서 진화되는지, 인생의 주기와 거기서의 성인기의 위치는

어떠한지, 그리고 어떻게 그 발달이 이루어지는지에 대한 상세한 연구가 따라야 한다고 강조한다.[18]

그가 이러한 연구를 위해 중시하는 개념은 '인생 과정'(life course)이라는 개념과 더불어 '인생 주기'(life cycle), 그리고 '인생 구조'(life structure)이다. 그가 성인기의 삶을 연구할 때 좁은 의미의 성격의 발달만을 염두에 둔 것이 아니라 보다 포괄적인 의미에서 전체적인 '삶의 과정'을 생각한 것인데, 거기에는 한 사람의 '신체적-심리적-사회적'(bio-psycho-social) 요소가 다 포함된다고 한다.[19] 이렇게 보았을 때 사람들의 삶에는 분명히 '인생의 주기'가 있다는 것이다. 그런데 이 '주기'라는 것은 삶의 과정 속에서 '순서'(order)가 있는 것을 보여주는 것이다. 그리고 그 인생은 '구조'를 가진다는 것을 보는 것이다. 또한 그 순서를 이야기할 때 에릭슨이 사용한 '단계'라는 개념 대신에 '시대'(era)와 '시절'(period)에 특히 주목하는 이유는 인간의 삶을 단지 축적된 시간의 정체적 단계로 보는 것이 아니라 훨씬 더 역동적인 역사의 과정이 포함된 것으로 보는 입장이라고 한다.[20] 그래서 레빈슨은 인생 주기 또는 구조의 진화 가운데 나타나는 '전환기'(transitional periods in life structure development)에 특히 주목하고, 그 전환기의 위기적 특성과 질적인 변화 과제 등을 밝히는 데 많은 노력을 들인다. 그가 성인기 가운데서도 특히 성인 초기와 중년기에 집중하여 관심을 가지며, 연령적으로 대략 17세부터 시작하여 65세까지의 시기로 그린 성인기 인생 구조의 발달시기와 과정들은 다음과 같다.

ㄱ. 성인 초기 전환기(17~22세) : 성인 이전기에서 성인 초기로 이동

이 시기는 성인 이전기, 즉 청년기를 마감하고 성인 초기를 시작하는 시기이다. 전환기라는 것은 삶의 구조에서 한 변화를 의미할 뿐 아니라 인생 주기에 한 근본적인 전환이 일어나는 시기를 말한다. 이 시기의 젊

은이는 이제 성인 세계 안에서 하나의 인생을 시작하기 위하여 이전 세계의 본질에 대해, 그리고 그 안에서의 자신의 위치에 대해 의문을 던진다.

ㄴ. 성인 세계로 들어가기(22~28세) : 첫 번째 성인 인생 구조

여기서의 의무는 지금 삶에서 첫 번째의 중요한 결정들을 하는 시기이다. 사랑과 결혼, 직업, 그리고 자신의 원래 가족으로부터 분리하고 자신의 새로운 삶의 스타일 등에 관해 탐색하면서 젊은 성인으로서 세상에서 자신의 자리를 만들기 위해 결정하고 노력하는 시기를 말한다.

ㄷ. 30대 전환기(28~33세) : 첫 인생 구조의 수정

이 시기는 첫 번째 인생 구조의 선택에서 나타난 결함과 관계들을 수정할 수 있는 기회이다. 또한 이 시기는 성인 초기 시대를 완료하는 데 필요한 좀더 만족스러운 구조를 구축하기 위한 기반을 마련하는 시기이다. "만약에 내 인생을 변화시키려면 나는 지금 출발해야 한다. 왜냐하면 조만간에 너무 늦어져 버릴 테니까"라는 내면의 목소리를 들으면서 성인 발달에서 하나의 결정적인 일보를 내딛는 시기를 말한다.

ㄹ. 성인 초기의 절정기(안정기 ; 33~40세) : 두 번째 성인 인생 구조

이 두 번째의 인생 구조는 30대 전환기 말에 모양새를 갖추어서 마흔 살 무렵까지 지속된다. 성인 초기의 절정을 이루는 시기로, 여기서 사람들은 사회에서 자신의 자리를 확고히 하기 위하여 노력한다. 젊은 시절의 꿈과 야망과 목표를 이루기 위하여 애쓰고 이 시기에 사회에서 맨 하급자에 불과하였던 모습에서 점점 상급자와 선배가 되어 간다. 레빈슨은 그러한 모습을 점점 '자기 자신이 되어 가는 것'(becoming one's own wo/man)이라고 표현하며 마흔 살까지의 이 시기가 끝나갈 무렵에 한 사람의 원숙한 성인이 되어 가는 시기로 그려준다.

ㅁ. 중년의 전환기(40~45세) : 성인 초기에서 중년기로 이동

이 시기는 성인 초기에서 중년기로 넘어가는 교량 역할을 하는 시기로, 성인기 삶의 구조에서 또 한번의 중요한 전환기가 된다. 대다수의 성인들은 이 시기에 자신 안에서, 그리고 외적인 세계와 더불어 엄청난 갈등과 위기를 경험한다. 즉 그들은 다시 한번 인생의 모든 측면에 의문을 제기하며 회의에 빠지고, 예전처럼 살아갈 수 없음을 느끼면서 인생의 새로운 행로와 목표를 찾고자 갈망한다. "내 인생에서 나는 무엇을 했는가? 나는 내 가족, 직장 그리고 공동체로부터 무엇을 얻었고 주었는가? 내가 인생에서 진실로 원하는 것은 무엇인가?" 등의 질문들을 하면서 이 중년의 전환기에는 그동안 소홀히 했던 자아의 부분들이 더욱 절박하게 표현되며 현존하는 구조를 수정하도록 요구한다는 것이다. 즉 '중년의 위기'(midlife crisis)를 맞게 되는 것이다.

ㅂ. 중년기의 입문기(45~50세) : 새로운 인생 구조 형성하기

중년의 전환기를 치른 사람들은 이제 중년의 삶을 위해 새로운 인생의 구조를 형성해 나간다. 이 시기는 종종 30대 후반 성인기 초기가 끝나갈 무렵의 모습과 매우 다를 수 있다. 겉으로는 비슷해 보여도 가까이 다가가 살펴보면 상당한 차이를 보인다. 이러한 40대 중반에 보이는 인생의 구조는 그 만족스러움과 세계 속에서의 자아의 실현이라는 측면에서 개인마다 매우 다양한 차이를 보인다. 어떤 사람들은 아동기와 성인 초기의 돌이킬 수 없는 실패로 중년의 전환기에 할 수 있는 일이 별로 남아 있지 않아서 죄어드는 느낌과 실패감으로 중년기를 맞이하는 경우가 된다. 그러나 어떤 사람들은 특별한 만족감과 성취감을 만끽하면서 중년기를 인생 주기에서 아주 풍요롭고 창조적으로 만들어 나간다. 그들은 타인들에게 더 깊이 애착을 형성하나 더욱 독립적일 수 있고 자신 속에 더욱 중심을 잡아 나간다.[21]

ㅅ. 50대 전환기(50~55세)

이 시기는 다시 한번 자신의 삶의 구조에 대해서 점검할 수 있는 시간이다. 30대의 성인 초기의 전환기와 유비될 수 있는 시기이다. 이 시기는 그 이전의 중년의 전환기간 동안에 의미 있는 삶의 변화를 시도하지 않은 사람들에게는 더욱 위기의 시간이 되기 쉽다. 중년 전환기의 발달 과제와 씨름하지 않았기 때문이다.

ㅇ. 중년기의 절정기(안정기 ; 55~60세)

이 시기는 성인 중기의 삶이 절정을 이루어서 이 중년기의 계획과 목표들이 현실화되고 구체화되는 시기이다. 성인 중기의 마지막 시기로서 지금까지의 발달 과제들을 잘 이루어 온 사람들에게는 커다란 성취의 시기가 될 수 있다. 이 시기는 성인기 초기의 안정기와 비슷하다.

ㅈ. 성인 후기 전환기(60~65세)

이 시기는 중년기를 끝내고 성인 후기를 위한 기초를 마련하는 시기이다. 이 전환기의 과제는 중년기의 노력을 마무리하고 다가오는 노년의 시기를 위해 자신을 준비하는 시기이다. 이 시기는 지나온 과거를 깊이 있게 되돌아보며 새로운 노년기를 위한 준비 과정이 된다.

이상과 같이 레빈슨은 인간 삶에서 성인기의 삶을 특징지었다. 그것은 아동기와 청년기를 지나고 성인기에 들어와 있는 40여 명의 남성들과, 그리고 뒤에 성의 차이를 인식하고 다시 45명 여성들의 삶을 집중적으로 탐색한 결과들로 밝힌 것이다. 그에 따르면 왜 인생에서 이러한 발달 구조들이 있는지는 모르겠지만, 그것은 분명히 존재한다는 것이 자신의 연구 결과로 확실해졌다고 말한다.[22]

그는 자신의 이러한 성인기 삶의 발달 과정과 진화 과정에 대한 연구가 다른 학자들의 성인 발달 이해와 일치하지는 않지만 서로 보완적이고 유사하다는 것을 강조한다.[23] 또한 그는 성인기의 이러한 발달 주기에 관한 관찰이 시대와 문화의 차이를 뛰어넘어 인류의 진화 과정에서 현 단계에 와 있는 모든 인류에게 보편적이라고 한다. 그 유사성의 예로 그는 우리가 지금 비교 연구하려는 공자의 이야기와 더불어 탈무드에서의 가르침, 그리고 그리스의 솔론(Solon)의 이야기를 제시한다.[24] 이 논의에 동의하면서 다음은 공자의 6단계 삶의 이야기를 살펴보고자 한다.

4. 공자의 성인기 발달과정 6단계

우리가 앞에서 보았듯이 공자는 중국 춘추시대(기원전 722~481)의 극심한 혼란기를 살아가면서 인간의 삶과 정치가 어떠해야 하는가를 알려는 열정이 대단했다. 그래서 그는 밥 먹는 것도 잊고 늙는 것도 의식하지 못했다고 고백한다. 이렇게 배움을 통한 인간성의 완성을 믿으며 일생을 고투하며 살아온 공자는 자신의 삶의 여정을 다음과 같이 서술하였다.

"15세에, 나는 배움에 뜻을 두고[吾 十有五而志于學],
30세에, 뜻이 확고하게 섰으며[三十而立],
40세에, 더 이상 유혹에 마음이 흔들림이 없었다[四十而不惑].
50세에, 나는 천명을 알았고[五十而知天命],
60세에, 어떤 말을 들어도 마음으로 다 통할 수 있었으며[六十而耳順],
70세에는, 마음내키는 대로 하여도 도리에 어긋남이 없게 되었다[七十而從心所欲 不踰矩]."

1) 열다섯에 학문에 뜻을 둠

공자는 몰락한 은왕조(기원전 1523~1027)의 후손으로서 어려서부터 늘 제기를 펼쳐놓고 예를 올리는 소꿉놀이를 했다고 한다. 15세 때부터는 공부에 전념하기 시작했다고 한다. 그는 나중에 또 이야기하기를 "나는 옛것을 전수할 뿐 새로 짓지는 않는다"고 하였고, "10호쯤 되는 조그만 읍에도 반드시 나처럼 충신한 자는 있지만, 나처럼 학문을 좋아하는 이는 없을 것이다"라고 하였다. 이는 공자가 자신을 열정적으로 도를 찾아가는 배움의 사람으로 이해하기 시작했다는 것이다. 그것은 자신의 이상을 향한 첫번째의 의미 있는 발걸음을 내딛은 것으로 볼 수 있다.

에릭슨은 그의 발달이론에서 청년기에서 성인기로 넘어가는 시기에 '자아 정체성'(Ego Identity)의 탐색기를 이야기하면서, 이 시기에 사람들은 인생에서 자신의 모습과 자리를 찾기 위해 오랜 기간 혼돈과 위기를 경험하고 이를 극복해 가는 과정을 겪게 된다고 말한다. 한편 레빈슨은 성인 발달의 첫번째 단계로서 17세부터 22세까지의 '성인 초기 전환기'를 말한다. 이 시기는 최초의 성인 자아를 형성해서 성인 세계의 일원으로 자격을 얻기 위한 선택들을 하기 시작하는 시기라고 한다. 공자의 이 시기는 바로 이러한 시기들과 유사한 것이라고 하겠다.

또 다른 서양 발달이론가 맥애덤스는 인간의 삶을 하나의 '이야기'로 꾸며가는 과정으로 보았다. 그리고 그 가운데서 자신의 아이덴티티를 찾아가고 형성해 나가는 과정으로 이해했다. 그런데, 이 성인 초기의 시기란 어린 시절처럼 동화나 신화의 이야기에 만족하지 못하고 하나의 확실한 '이념'을 갖기를 원하는 시기라고 한다. 즉 그것은 이제 인생에서 자기만의 뚜렷한 '의도'와 '목적'을 갖기 원하는 시기이고 의미를 찾아가는 시기인 것이다.[25] 공자가 공부에 뜻을 둔 것과 같은 의미라고 하겠고, 자기 인생의 방향에 대한 내적 자각이라고 하겠다.[26]

2) 서른에 뜻을 확고하게 함

에릭슨의 정체성 발달 이해에서도 드러나듯이, 한 사람이 성인으로서 사회에서 자신의 자리를 확립하고 인생에서의 뜻을 확고히 하는 데는 오랜 기간이 필요하다. 보통 20대 초반에서 시작하여 30대까지 진행되는 이 시기에, 사람들은 성인의 세계에 본격적으로 들어가서 자신의 인생 구조를 확립하고 창조하려고 노력한다. 그러므로 이 시기는 여전히 인생 자체가 위협으로 느껴질 수 있고 자신이 세운 뜻이 혼란해지는 것도 경험하며 절망감을 경험하기도 한다. 레빈슨은 '성인 입문기'와 '30대의 전환기'를 이야기하며 이 시기를 사회에서의 초심자 단계로 보았다.

공자는 이 시기에 배움에 뜻을 두어 그 길을 가는 사람으로서 과거의 역사적인 기록들을 더욱 열심히 공부하며 인간 관계의 그물들을 바르게 묶을 수 있는 원리들을 제시하고자 했다. 그러면서 그는 점점 더 많은 학생들을 받기 시작하면서 자신의 인생의 뜻이 그러한 예의 배움과 가르침에 있다는 것을 확인하게 된다. 그는 이 시기에 당시 위대한 전통 예법이 가장 순수하게 보존되어 있는 주나라의 수도 낙양으로 여행하여 예와 음악을 배우고 명망 있는 현자가 되어 돌아온다(기원전 518).

당시 공자에게 음악을 가르쳤던 장홍의 서술에 따르면, 공자의 모습은 "그는 옛 왕들을 칭송하는 말 이외에 다른 말은 하지 않았으며, 겸손하고 예의 있는 행동만 했다. 공자는 많은 것을 듣고, 들은 바를 잘 기억했는데, 그의 앎은 끝이 없는 듯이 보였다. 우리는 그에게서 장래에 위대한 성인이 될 소질을 느끼지 않을 수 없었다"고 한다.[27]

3) 마흔에 현혹되지 않음

이렇게 열과 성을 다해서 배움에 정진하던 공자는 마흔 살에 불혹(不惑)을 이야기한다. 이것은 공자가 이제 중년의 시기로 들어갔음을 시사한다. '마음이 더 이상 현혹되지 않게 됨'이란 우선 정신적인 독립을 뜻하고, 그리하여 자신의 의지도 더욱더 확고해져 자신이 가고자 하는 길에 유혹이 와도 거기에 빠져들지 않고 굳건하게 감을 말한다. 레빈슨은 '자기 자신이 됨'의 시기를 말하면서 그것을 40세 전후의 시기로 보고 여기서 비로소 한 성인으로서 정신의 독립성을 가지고 자기 자신일 수 있고 자신에게 소중하게 보이는 것을 따를 수 있는 인격의 가능성을 보았다.[28]

맹자에 따르면 불혹의 마음이란 '올바른 행위'가 쌓여서 가능해지는 것이다[集義]. 이것은 이 시기의 공자에게는 관직의 명예나 부귀에 좌우되지 않으면서 자신의 사회적 책임과 노력을 다하려는 것이라고 해석할 수 있다.[29] 공자는 이 즈음에 노자를 만난 것으로 전해지며, 그와의 사회정의실현을 위한 방법론 논쟁은 유명하다. 즉 사회참여를 통한 유교적 도의 실현이냐 아니면 자연귀의를 통한 도교적 방법이냐의 논쟁인데, 공자는 사회적 책임을 떠나서는 결코 도의 실현이 가능하지 않다는 자신의 확신을 다시 확고히 한 것으로 전해진다. 그는 인생의 도의 실현은 노자의 주장과 같이 세상 밖으로 나가서 홀로 이룰 수 있는 것이 아니라 세상과 삶 속에서 그 안에서의 책임을 통하여 이룰 수 있다는 확신이다.

공자가 낙양에서 돌아온 뒤 1년이 되던 해인 기원전 516년경에 공자의 조국 노나라는 극심한 권력분쟁의 소용돌이에 빠지고, 그때부터 제나라로 망명길을 떠나는 공자는 도중에 온 가족이 호랑이의 밥이 되는 것을 두려워 울고 있는 여인을 만난다. 왜 이곳을 떠나지 않느냐는 물음에 "여기에는 백성을 억압하지 않는 현군이 계십니다"는 대답을 듣고 "자 보아라! 포악한 군주는 호랑이보다 더 무섭다"고 하면서 자신의 확신을 드러냈다.[30] 이 시기에 공자는 "군주는 군주답게, 신하는 신하답게, 아버지는 아버지답게, 아들은 아들답게"(君君 臣臣 父父 子子) 행동해야 하는 것을 자신의 통치술로 제시하고, 제나라에서 더욱더 禮와 樂과 詩와 書에 전념하여 고기의 맛도 잊을 정도로 열과 성을 다해 공부하였다고 한다.

4) 쉰에 천명(天命)을 알게 됨

공자가 언제 다시 노나라로 돌아왔는지는 불확실하다. 공자가 쉰 살 가량이 되었을 때 그는 노나라에서 여러 가지 정부 직책을 맡게 되었는데, 《공자가어》에 묘사되어 있는 공자의 통치는 마치 옛날 현군이 다스리던 시대를 연상시킨다고 한다. 노나라의 현실 정치에 상당한 영향력을 끼치게 된 공자는 그러나 곧 자신을 등용한 현실 정치가들과 갈등을 겪게 되고, 자신의 정치관을 장애요소로밖에 여기지 않는 그들 때문에 다시 노나라를 떠나게 되었다.

이러한 일들이 있었던 50세 즈음에 공자는 '천명'(天命)을 알게 되었다고 고백한다. 이 고백은 자신을 향한 하늘의 뜻과 명령을 분명히 알았다는 뜻이다. 그것은 그 안에 먼저 그 고백이 있기까지 깊은 정신적인 고뇌와 갈등, 위기 상황이 있었음을 암시한다.[31] 이 즈음에 공자는 자신의 사랑하는 제자들 가운데 몇 사람의 죽음도 경험했고, 그의 정치적 뜻과 희망이 번번이 좌절됨을 보면서 그러나 더 큰 하늘의 뜻을 깨닫게 되었다고 고백한 것이다. 이러한 공자의 '천명'에 대한 고백 속에서, 그리하여 투웨이밍은 나이 들어가는 공자의 피할 수 없는 성숙의 과정을 보고, 그와 더불어 오는 화해의 더 큰 약속을 본다. 즉 그것이란 한편으로는 점점 나이가 들어가면서 자신의 운명의 한계를 인식하는 것이고, 또 한편으로는 더 큰 '초월적' 명령의 성취와 약속을 깨닫게 되었다는 것이다.[32]

우리가 위에서 본 대로 레빈슨은 대략 40세에서 성인 초기가 마무리되는 것으로 보았다. 그 뒤 중년기를 맞이하기 위한 '중년의 전환기', '중년의 위기'에 대하여 말하였다. 이것은 대략 40대 후반부터 시작되는 중년의 삶을 위해서 우리가 거쳐야 하는 위기들로서, 여기서 우리는 다시 한번 우리 인생의 의미와 목표, 구조들에 대해서 회의하고 방향을 탐색한다. 공자가 50세에 천명을 알게 되었다고 이야기한 것은 바로 이러한 중년의 위기를 겪고 난 뒤의 고백이 아닐까 생각해 본다. 그것은 이제 다시 한번 자신의 의지를 확인해 보는 과정이었을 것이고, 거기서 자신의 한계도 보게 된다. 하지만 더 큰 초월적 힘의 이끌림도 깨닫게 되어 자신의 인생에 더욱 매진한 것으로 볼 수 있다.

서양 발달론에서 이때에 두드러지게 나타나는 덕목으로 '생산성'(generativity)이 이야기되었다. 그리고 그것은 자신의 삶의 한계를 넘어서서 다음 세대에도 계속될 것에 대한 관심과 배려라고 했다. 공자가 이 시기에 천명에 대한 자각을 바탕으로 자신의 가르침에 더욱 정진하는 것은 유사한 모습으로 이해될 수 있겠다. 공자 나이 59세 때 방랑의 생활에서 자기를 해하려는 한 시도에 대해 그는 말하기를 "하늘이 나에게 덕(德)을 주었는데, 환퇴가 나를 어찌하겠는가?"라고 하였다(《논어》述而 22). 또한 그보다 앞선 한 위기의 상황에서 두려워하는 제자들에게 말하기를 "문왕이 이미 돌아가셨지만 그가 만든 예악과 제도는 나에게 전해지지 않았는가? 하늘이 만약 이 예악을 없애고자 하였다면 뒷사람인 내가 전수받지 못했을 것이다. 하늘이 이 문화를 잃지 않고자 하는데 광 땅의 사람들이 나를 어찌하겠는가?"(《논어》子罕 5)라고 하였다.

5) 예순에 어떤 말을 들어도 마음으로 다 통할 수 있게 됨

공자는 내키지 않는 마음으로 제자 몇 명과 함께 노나라를 떠나서 거의 13년 동안이나 긴 방랑생활을 하게 되었다. 그의 나이 50대 후반의 일이다. 천명으로 깨달은 자신의 뜻을 펼칠 수 있도록 여러 나라들과 제후들을 찾아다녔다. 하지만 그에게 돌아오는 것은 생명의 위협과 굶주림, 조롱뿐이다. 공자는 이 시기에 자신을 먹을 수 없이 매달려 있기만 하는 조롱박에 비유했다고 한다. 제자들은 그러한 자신들의 고초와 굶주림에 대해서 "군자가 이렇게 곤궁할 수도 있습니까?"라고 비난하였다고 한다. 이에 대해 공자는 대답하기를 "군자는 원래 궁한 것이다. 그러나 소인은 일신이 곤궁해지면 평정을 잃고 잘못된다"라고 했다(《논어》衛靈公 1).

이렇게 뜻을 위해 자신의 고통을 평정한 마음으로 받아들이는 공자에 대해 제자들조차도 거세게 비판하였다. 그 가운데 자공이 공자의 뜻은 너무 고고하기 때문에 세상사람 누구에게도 쓸모가 없다고 비판하자 공자는 대답하기를 "부지런한 농사꾼은 힘써 농사를 지을 수는 있지만 풍년을 장담할 수는 없다. 뛰어난 장인은 물건을 정교하게 만들 수는 있지만 그 물건이 가지려는 사람의 마음에 들지 안 들지는 모른다. 군자가 덕을 닦아 정당한 강령과 법칙을 세울 수는 있지만 그 덕이 세상에서 쓰일지에 대해서는 알지 못한다"라고 대답하였다.

이러한 모든 이야기들은 그의 고백대로 공자가 예순이 되어서 어떤 말을 들어도 마음으로 다 통할 수 있었으며, 심지어는 자신을 세차게 비판하는 제자의 말들도 순순히 감내할 수 있었다는 것을 드러낸다. 공자는 삶의 오랜 고통과 경험을 통해서 모든 것을 받아들일 수 있게 되었고, 그것은 노년의 성숙으로써 배려할 줄 알고, 용서하며, 받아들이고, 사랑하는 대상에 대해 집착함이 없이 배려할 수 있는 넉넉함이라 하겠다.

서양의 에릭슨은 이 시기 덕목으로서 이제까지의 자신의 삶을 감사와 초연함으로 받아들이는 '자아통합'(integrity)을 이야기했다. 그런데 공자의 고백과 다르지 않다. 레빈슨의 이야기로 하면 60세 이후에 중년의 절정기를 마무리하고 성인 후기로 들어간 상황을 말하는 것이라 하겠다.

공자는 이때에 제자들로부터 네 가지의 마음에서 자유로운 사람으로 고백된다. 즉 "사사로운 뜻이 없으셨으며, 독단의 마음이 없으셨으며, 집착하는 마음이 없으셨으며, 이기심이 없으셨다"고 한다(《논어》子罕 4). 그래서 공자는 "아침에 도를 들으면 저녁에 죽어도 괜찮다"고 했다. 그러나 생각으로는 이러한 예들보다도 더 분명하게 공자의 이순(耳順)에 대한 예를 보여주는 것이 다음의 이야기라고 생각한다.

어느 날 섭공이 자기 나라에서는 아버지가 양을 훔치자 그 아버지까지도 신고할 정도로 도가 서 있다고 자랑하자, 공자는 "우리나라에는 곧은 사람은 다르게 행동하지요. 아버지는 자식을 위해 잘못을 덮어주고 자식 또한 그렇게 합니다. 강직함이란 그런 가운데 있는 것입니다." 이 이야기는 서양의 윤리관과 유교적인 윤리관의 차이를 드러내는 것으로 이해되어 지금까지 많은 논란을 일으키고 있다. 하지만 서양의 피에르 도딘은 이런 공자의 윤리관이 계율보다 자연스러운 인간 정서를 더 중시하는 기독교 복음서의 관용과 비슷하다고 말한다.[33] 이것은 예순 살이 넘는 인생의 성숙기가 되어서야 비로소 이해될 수 있는 진리인지 모르겠다.

6) 일흔에 마음 내키는 대로 하여도 어긋남이 없게 됨

이 고백은 공자 생애의 마지막 단계를 그려주는 상징이다. 15세에 성인의 삶의 뜻을 세우고 온갖 우여곡절이 있었지만 그 뜻을 가다듬고 키워왔던 공자가 인생의 마지막 단계에서 한 고백이다. 그 뜻의 핵심 내용은 공자의 배움과 가르침의 핵심이 어떻게 하면 삶에서 올바른 관계를 맺고 사는가 하는 것이었다[仁]. 그러한 이유로 그의 말년의 고백은 이제 자신은 어떠한 인위적인 노력을 들이지 않아도 그 관계를 그르치지 않게 되었다는 것이다. 즉 자연스럽게 선이 행해지며, 그에게서 더 이상 '해야 하는 것'(所當然, what one ought to be)과 '스스로 그렇게 되는 것' (所以然, what one is) 사이의 차이가 없어지고 자연과 당위의 상태가 자연스럽게 하나가 되었다는 뜻이다. 한 인간에게서 기대할 수 있는 자기 완성의 지극한 표현이며 자유와 자발성의 순수한 경지라고 하겠다.

서양 인간 발달 이해에서는 이러한 차원에서의 이야기는 찾아보기 힘들다. 에릭슨이 이야기한 '자아통합'의 차원도 이렇게 적극적이고 높은 차원에서의 인간 발달 차원을 말해주지는 않는다. 레빈슨의 경우는 아직 이러한 칠십대 노년의 단계에 도달하기 이전에 그의 인생 구조의 탐색을 마친 것이기 때문에 더욱 그렇다. 그러나 최근에 점점 더 노년기의 삶이 길어지면서 거기서의 적극적인 발달에 대해 더욱 관심을 갖게 되었으며 이 단계에 대한 연구가 진척되고 있다. 여섯 단계의 도덕 발달을 이야기했던 콜버그는 말년에 '제7단계'를 말한다. 그는 인간 발달의 초월적 종교적 측면에 주목한 연구들에 힘입어 도덕성의 더 높은 차원에 관심하기 시작했다고 밝히면서 그 차원을 '우주와 자연과 또는 하느님과 하나됨의 차원에서 갖게 되는 모습으로', 그것은 '자연법적 태도'(a natural law orientation)로 표현될 수 있을 것이라고 했다.[34] 즉 위에서 공자의 6단계에서 보여준 것과 유사하게 인간의 도덕과 책임을 이제 어떤 사회적인 계약이나 인위적인 의무 요구로 보지 않고 자연법과 같이 자연스럽게 존재 안에 내재되어 있는 것으로 이해하는 모습이라고 한다.[35]

말년이 되어서 다시 노나라로 돌아온 공자는 지금까지 제자들의 수업에 사용하던 것으로서 고대로부터 내려오는 《서경》과 《시경》, 노나라 연대기인 《춘추》와 같은 문헌들을 정리하는 데 더욱 시간을 보냈다. 《역경》의 경우는 더욱 열정을 쏟았으며, 악(樂)과 예법(禮法)의 정리에도 힘을 쏟았다. 공자는 기원전 479년 나이 73세에 세상을 떠났다. 그러자 그의 제자 100여 명 정도가 그의 무덤가에 터를 잡고 살았으며, 그 가운데 자공은 6년 동안을 막을 짓고 지냈다고 한다.

5. 유교 자아실현과정과 서양 성인기 발달과정의 세 차원 비교

이상에서와 같이 서구의 성인 발달에 관한 여러 이해와 공자가 이야기한 성인의 길에 대한 여섯 단계를 살펴보았다. 그와 동시에 서로의 연결점을 찾아보려고 노력하였다. 이 절에서는 이 두 전통에서 성인 발달 이해를 다시 한번 종합하여 연결 지어보고, 서로가 서로에게 무엇을 줄 수 있고 무엇을 배울 수 있는지를 살펴볼 것이다. 이 비교 작업의 관점은 교육철학적인 것이다. 즉 이 작업의 주된 목적은 여기서 오늘날의 우리 교육을 위한 의미 있는 시사를 얻고, 특히 우리 교육의 목표와 관련한 의미, 그리고 성인교육의 실행을 위한 제안들을 얻고자 함이다.

앞에서 살펴본 대로 에릭슨은 성인기의 시간들을 청소년기 정체감의 혼란기를 지난 뒤 크게 세 단계로 나누었다. 그리고 레빈슨은 성인 초기의 전환기를 포함하여 크게 성인 초기, 중기, 후기의 세 단계로 구분 지었다. 서구의 이해들과 마찬가지로 공자의 '성인지도'(聖人之道) 여섯 단계도 크게 세 단계로 종합할 수 있다. 공자 자신이 어느 기회에 다음과 같이 말했다. "군자에게는 세 가지 경계해야 할 것이 있는데, 젊을 때엔 혈기가 정해지지 않았으니 육체의 쾌락에 조심하고, 장성해서는 혈기가 왕성하므로 경계할 것은 경쟁의 싸움에 있고, 늙어서는 혈기가 쇠하였으니 경계할 것은 탐욕하는 것이다"라고 하였다. 이렇게 하여 우리는 서양 성인 발달과정 및 공자의 자아실현 단계들을 아래와 같이 세 단계로 묶어 볼 수 있겠다. 그리고 거기서 드러나는 의미들과 차이들을 통해서 오늘의 교육을 위한 의미들을 탐색하고자 한다.

1) 성인 초기의 '자기 확립' 단계

이 단계는 에릭슨에 따르면 '자아정체감'(self-identity)의 획득을 위해 고통스러워하는 청소년기를 지나서 나름대로 찾아진 '뜻'(ideology)을 가지고 성인기로 들어서면서 시작되는 시기라고 하겠다. 레빈슨은 그것을 성인 초기의 단계로 보고 이제 막 성인의 사회에 발을 디뎌서 거기서 자신의 자리를 찾기 위해 노력하는 단계로 그리고 있다. 결혼과 직업의 선택 등 인생의 첫 번째 중요한 결정들이 이루어지고 이것이 40세 무렵의 '자기 자신이 되는 것'의 단계에까지 이어지면서 확고한 한 개인으로서 자신의 모습을 확립해 나가는 시기라고 하겠다.

공자가 15세에 학문에 '뜻'(志, ideology)을 두는 것을 시작으로 하여 30세에 그 뜻을 확고히 하고, 40세가 되어서는 더 이상 의심하지 않는 상태가 되었다고 말했다면 그것은 이 시기를 말한다고 하겠다. 이것은 한 가지의 의미를 세워(identity 또는 ideology), 거기에 몰두할 수 있게 되었다는 것이다(intimacy). 공자에게는 그 뜻이 결혼이나 직업의 선택 등보다 자신의 인격적 완성을 향한 뜻으로 표현되어 훨씬 더 도덕적이고 윤리적인 의미를 강하게 하였다. 유교 전통에서의 자기 배움의 길에서 '입지'(立志)의 의미는 대단히 크다. 그것은 전혀 다른 차원에서 새로운 시작을 의미한다. 그리하여 왕양명은 공부에서 그 출발점을 가장 중시하였고, 우리나라의 율곡도 마찬가지였다.[36)]

서양 심리학자들과 교육학자들은 청소년기와 성인 초기의 '아이덴티티'의 형성에 대해 이야기하나 유교 전통에서 입지의 의미는 훨씬 더 진지하다고 하겠다. 위에서 우리가 본 대로 공자는 이 시기에 특히 조심하여야 할 일은 '육체의 쾌락'에 빠지지 않는 일이라고 했다. 이것은 자신 몸의 혈기와 정기를 낭비하지 않는 것으로서, 이 시기의 가장 큰 공부는 자기 몸의 절제인 것이다. 플라톤이 수호자를 위한 첫 번째 덕목으로서 절제를 이야기한 것이 생각난다.

2) 성인 중기의 '자기 실험'의 단계

우리가 위에서 살펴본 대로 이 중년기의 시기는 서구 발달심리학에서도 그렇고 공자의 이해에서도 왕성한 성인의 활동기로 파악된다. 이 단계가 무르익기 전에 그러나 서구 심리학에서는 요즘 '중년의 위기'(the mid-life crisis) 상황에 대해서 주목하는데, 이것은 유교 전통이나 공자의 이해에서는 뚜렷이 드러나지 않는 생소한 측면이다. 이유는 서양의 인간 발달 이해는 구체적인 실증연구의 도움으로 훨씬 더 세밀하게 인간 삶의 과정을 탐색하기 때문이라고 생각한다. 그러나 앞에서 지적했듯이 공자가 50세에 천명(天命)을 말했다면 그것은 전에 그가 겪었을 자기 삶의 목표나 방법에 대한 갈등상황을 생각해 봄직하다. 40세에 불혹(不惑)을 얘기했지만 그 이후의 삶 속에서 자신의 뜻이 다시 한번 단련을 받고 새롭게 세워졌을 수 있기 때문이다.

서양의 맥애덤스는 우리의 아이덴티티를 삶의 계속되는 이야기 속에서 전개되는 것으로 보고 중년 초기에 자신의 '이마고'(imago)를 '세련화' 시키고 '더욱 분명히' 하는 것을 말했다.[37] 유교적 전통 속에서 중년의 시작을 크게 의식하지 못하고, 그러한 사회적 여유와 이해의 여건을 갖고 있지 못한 오늘 우리 한국 사람들에게 좋은 시사가 된다고 하겠다.

서양의 사상가들은 이 중년의 덕목으로 '생산성'(generativity)에 대해 말한다. 그것은 자기 존재의 한계를 서서히 인식하기 시작하며 자기 생을 넘어서 더 오래 지속될 것에 대해 관심을 갖는 것이다. 그리하여 더 관용적이고 배려하는 모습으로 변해 간다고 한다. 그러나 이것은 결코 삶에서 수동적이 아니라 자기 다음 세대를 위한 관심이나 자기 자신의 삶의 모습들을 확실하게 간직해줄 수 있는 것을 찾아서 힘을 쏟는 모습이다.

공자는 60세에 이순(耳順)을 이야기했다. 이것은 자신의 아이덴티티와 뜻이 천명으로 더욱더 분명해졌고 세련되어졌지만 이제 서서히 삶에서 초연함을 갖는 것이고 자신의 삶을 통합해 나가는 것이다. 그렇게 되지 못할 때 사람들은 자기침체에 빠지고 노년기의 삶은 후회와 절망감이 지배한다. 공자는 이 시기에 '경쟁의 싸움'에 빠지는 것에 조심하라고 했다. 자신의 천명을 발견하지 못한 사람은 계속 다른 사람들을 시기하고 과도한 경쟁의식에 사로잡히게 되며, 자신의 아이덴티티를 통합하지 못한 모습이라고 하겠다. 그러나 자신의 길을 찾은 사람은 그 길을 실험하는 데에 최선을 다하며 경쟁심의 싸움에 사로잡히지 않게 된다.

3) 성인 후기의 '자기 완성' 단계

65세 전후의 노년기의 삶에 대한 탐구는 서양 발달심리학적 연구에서는 지금까지 그렇게 주목받지 못했다. 성인기 발달에 관한 연구가 그렇게 긴 역사를 갖고 있지 않기 때문이다. 일찍이 에릭슨은 노년기의 발달심리학적 이슈로서 '자아 통합'을 이야기했다. 거기에 반하는 모습으로서 '절망'을 말했다. 자아통합의 단계란 이제 노년기에 이르러 자신의 지나온 삶을 한발 뒤로 물러서서 되돌아보는 과정이다. 여기서 통합의 일을 잘 이루어내는 사람들은 자신들이 살아온 삶에 대해 더 이상 어떠한 첨가나 수정을 의도하지 않고, 지나온 시간들을 있는 그대로 감사히 받아들인다. 일정한 거리를 두고 자신의 이야기로부터 빠져 나와 관조할 수 있는 이 단계는 그래서 '후나르시즘'(postnarcistic)의 단계로 이해되고, 이렇게 받아들이는 삶의 태도에서 바로 노년의 '새로운 지혜'가 나온다는 것이다.

인간의 자아실현의 도를 핵심 메시지로 가르치는 유교 전통이야말로 이 단계에 가장 중대한 의미를 부여하고 있는 전통이다. 그것은 우리 인생의 목표가 되는 단계이며 우리 배움의 지향점이 되는 것으로 가르친다. 우리가 위에서 살펴본 대로 공자는 70세에 도달한 자신의 모습을 "마음 내키는 대로 행해도 법도를 넘어서지 않는" 모습으로 그렸다. 그것은 곧 이 노년 시절에 가장 경계해야 할 악으로서 '탐욕'을 든 공자가 우주의 道와 온전히 하나가 된 모습이고, 다시 자연스럽게 어린이의 천연과 무욕을 회복한 모습이다.

유교 전통에서 인생의 목표인 성인지도(聖人之道)의 표본이 되는 이러한 모습은 다른 표현으로는 만물일체(萬物一體)의 경지에 도달한 모습으로 그려지기도 한다. 그런데, 그것은 우리의 '인간성'(仁, humanity)이 잘 갈고 닦아져서 이 세상의 만물을 한 형제, 자매로 보는 상태를 일컫는다. 같은 인간의 성장과 성숙을 말하면서도 서양 발달심리학이나 교육학에서는 듣기 어려운 이러한 이야기들은 그리하여 유교의 '종교적인 속성'이 나타난 것으로 평가되기도 한다. 또한 이것은 인간성에 대한 참다운 이해는 오늘날에도 여전히 "종교적 문제"가 되며, 그리하여 종교적 차원이 제시해 주는 깊이를 통하여 인간의 참다운 속성이 드러난다는 것을 일깨워 주는 의미라고 하겠다.[38]

오늘날 서양의 발달심리학이나 교육학도 그동안 세속화의 길을 걸으면서 잃어버렸던 이와 같은 인간성 발달의 더 높은 차원에 대해 의식하기 시작했다. 그러면서 인간 삶과 교육에서의 '목표'에 대해 다시 관심을 갖기 시작했다. '지혜'에 대한 최근의 발달심리학적 관심이 그 한 예이다. 이제까지 일반적인 서구 심리학적 연구들은 노년의 삶을 주로 부정적인 측면에서 보았다. 즉 신체적 쇠락과 함께 정신적인 기능에서도 주로 저하가 이루어지는 단계로 보았다. 그러나 인간 지능의 더 높은 차원에 대한 관심과 더불어 노년기의 실천적이고 관계 지향적인 지능인 지혜에 주목하게 되면서 이상적인 노년기 성취로서의 '지혜'에 대해서 말하기 시작했다.[39]

주로 노년들의 삶을 표본으로 하여 연구 조사된 결과들에 따르면, 지혜는 긍정적인 노년기 변화의 표시로 볼 수 있다. 그리고 지혜의 성취는 많은 노년들의 삶에서 목표로 여겨지고 있다. 일반적인 '지능'(intelligence)과는 달리 '통합된 사고'(integrated thought), 또는 '문제 발견의 기술'(the art of problem finding) 등으로 이야기되기도 하는 지혜는 특히 인생의 후반기(55세 이후)에 얻어지는 능력으로 평가된다. 그것은 마치 지금까지의 심리학의 주제였던 일반적인 지능이 '하드웨어적'(hardware-like)인 지능이었다면 지혜는 '소프트웨어적'(software-like)인 실천적 지능으로서 삶에서의 '과정'과 '변화', '역동성' 그리고 '갈등들'에 민감한 의식이 된다고 한다. 그리하여 그것은 '노련가의 지식체계'(an expert knowledge system)로 정의되기도 한다.[40] 이 지혜는 인생의 '불확실성'

(uncertainty)에 대해 조언해줄 수 있다. 인간간의 관계를 다루는 문제에서 특히 뛰어나며, 함부로 마구하지 않는 겸양을 특징으로 하면서 일상의 삶에서 일상의 언어로 진리를 표현할 줄 안다고 한다. 따라서 이것은 노년의 늙음을 긍정적으로 평가할 수 있는 근거가 된다. 그리고 인간의식의 진화가 나아갈 수 있는 목표와 방향을 제시해 주는 것으로 볼 수 있다는 것이다.[41]

이상과 같이 지금까지 동양적 가치 담론의 전유물처럼 여겨지던 '지혜'에 대해서 서구의 실증심리학이 관심을 갖는 것이나 인간 윤리의식의 발달을 단순한 도덕심리학의 문제로 보지 않고 거기에 내포되어 있는 더 깊은 종교적 초월적 의미를 보는 것은 모두 인간 발달의 더 높은 차원과 그 발달의 목표에 대해서 관심을 표명하는 것이다. 일찍이 툴민(Toulmin)은 인간의 도덕적 성장 문제는 도덕론 자체만의 문제가 아니라 존재론의 영역으로 넘어간다고 했다. 이것은 도덕성의 문제가 단순히 심리학적으로 이성적 차원에서만 근거 지을 수 없는 문제라는 사실을 인정하는 말이다.[42]

이러한 입장에서 출발하여 파울러(Fowler)는 '믿음의 단계들'(stages of faith)에 대한 연구를 시도하였다. 여기서 말하는 믿음이라고 하는 것은 한 사람이 자신의 삶에서 가장 중요하고 가장 의미 있게 여기는 궁극적인 가치체계에 대한 지향을 나타내는 것으로 보는바, 이 믿음의 발달 단계와 도덕 발달은 밀접하게 관계되어 있다. 그리고 이 신앙적 차원에 대한 고려는 인간 도덕 발달의 문제를 좀더 깊은 차원에서 이해할 수 있도록 장을 열어준다는 것이다.[43]

앞에서도 지적했듯이 콜버그는 도덕 발달의 제7단계를 이야기하면서 인간 도덕성 발달의 더 높은 차원을 지시하였다. 이것은 "왜 우리가 도덕적이어야 하는가?"의 물음이란 단순히 도덕적 인지의 차원에서 해결할 수 없고 오히려 한 인간의 초월적 또는 신비적 경험이 그의 도덕적 지평을 확연하게 확장한다는 사실을 가르쳐 주는 것이라고 한다. 이러한 견해를 가진 콜버그에 따르면 한 인간이 도달할 수 있는 가장 높은 수준의 도덕적 성숙 단계란 자신의 도덕적 행위 기준을 '우주의 기본 법칙을 반영하는 것'(reflecting basic patterns of th cosmos)으로 보는 사람이다. 곧 자신의 도덕적 실천들을 '자연법의 표현들'(expressions of natural law)로 이해하는 사람들이다.[44] 파울러가 예로 든 마틴 루터 킹, 마하트마 간디, 마더 테레사, 에이브러험 링컨 등의 삶이 바로 그러한 최고의 7단계에 도달한 경우라고 한다. 이것은 성인기에서의 인간 발달의 가능성을 더 깊은 차원에서 근거 지어주는 형이상학적 기반이 된다고 한다.[45] 이상과 같은 인간 성숙의 최고 이상으로서의 '자연법'과 일치된 삶이란 어느 누구보다도 공자의 70세 고백에서 잘 표현되었다고 하겠다.

6. 유교적 자아실현과정과 서양 성인기 발달과정의 비교연구가 가지는 인간교육학적 의미

첫째, 교육 영역의 시공적 확장과 관련한 의미이다. 이제까지 교육을 말하고 인간의 성장과 발달을 이야기할 때는 그 대상이 대부분 성인기 이전의 삶이었다. 그러나 이번의 연구를 통하여 밝힌 것은 인간의 성장과 발달이 결코 성인기 이전에 끝나는 것이 아니라 그 이후의 삶의 과정에서도 계속된다는 사실이다. 그리하여 교육 작업은 이제 더욱더 확장된 범위 속에서 이해되어야 한다는 것이다. 그런데 시간적으로는 일생동안 지속되는 일로, 그리고 공간적으로는 삶의 모든 영역이 교육적 관점에서 재구성되어야 한다는 것이다.

레빈슨 등의 연구에서도 지적된 대로 인간의 성장과 발달을 말할 때 단순히 그의 성격이나 품성만을 말한 것이 아니다. 오히려 삶의 전체 구조가 염두에 두어졌는데, 그럴 때 교육은 바로 삶의 전 부분과 관계하는 매우 포괄적인 작업이 된다는 것이다. 오늘날 인간의 평균 수명이 점점 더 길어지고 그것과 더불은 삶의 질에 대한 고려가 가중되면서 이미 평생교육이나 사회교육, 또는 성인교육의 개념이 확산되었다. 이번의 연구 결과는 그와 같은 교육의 새로운 장들이 더욱 확산되어야 한다는 것이다. 그러나 그것이 단순한 기능교육이나 어떤 특정 계층이 누리는 부가적인 혜택의 차원에서가 아니라 모두의 삶의 과정들이 '계속적인 성장과 성숙'의 차원에서 배려되고 고려되어야 한다는 의미에서이다. 즉 정치, 경제, 문화를 포함하여 사회와 삶의 모든 과정들이 교육적 의식으로 재이해되어야 한다는 것이다. 이러한 의식의 전환은 지금 현재의 직업 세계, 실업의 문제, 중년 이후의 삶의 모습들을 많이 변화시킬 수 있을 것으로 보인다. 그리고 이러한 지속적인 성장을 가능하게 해주는 사회적 분위기의 확산은 앞으로의 21세기에는 더욱 요청된다고 하겠다. 대학교육도 이러한 변화에 입각하여 어떠한 특정한 직업교육이나 기능교육에 주력하기보다는 삶에서 지속적인 변화와 성장을 가능하게 해주는 기초적인 능력 배양에 더욱 힘을 쏟아야 하는 것도 생각해 볼 수 있다.

둘째, 교육에서의 목표 제시와 그 윤리적 내용과 관련한 문제이다. 성인기 이후의 인간 삶의 변화와 과정에 대한 이번 비교연구는 그동안 교육활동에서 잊혀졌거나 희석되었던 목표에 대한 의식을 다시 뚜렷하게 해주었다고 하겠다. 지금까지 현대교육은 방법론에 대한 과도한 집중으로 그 교육이 지향해야 하는 궁극적인 목표와 나아갈 길에 대한 의식을 잃어버렸다. 그러나 이번의 연구는 인간 삶이 어떠한 모습으로 변화해 가며 무엇을 지향하고 있는가를 지적해 줌으로써 우리의 교육에서도 그 지향점을 다시 회복하도록 촉구한다. 특히 유교적 자아실현의 길은 인생의 윤리적 성취에 대한 가능성과 그 궁극적인 의미를 드러내 주었다. 그렇게 함으로써 삶과 교육이 다시 그 방향성을 회복하도록 요청하였다고 하겠다. 지금까지 서양 심리학이나 그것과 크게 다르지 않은 의식의 반경 속에서 행해지던 현대교육은, 가치의 물음을 진지하게 묻지 않았다. 그리하여 그 현대교육이 가장 주력하는 지적 교육은 도구적 이성만을 키워내는 교육으로 일관하였다. 그리고 거기서 삶은 맛을 잃게 되었고, 의미를 잃게 되었다. 이것과는 다르게 진행되는 삶의 모습들과 그 고양된 모습들은 우리로 하여금 다시 인생의 참 목표에 대해 생각하게 해준다. 그리하여 교육도 그러한 삶의 완성을 가능하게 해주는 교육이 되도록 다시 그 목표에 대해 진지하게 묻도록 요청한 것이라고 하겠다. 이것은 단지 한 개인의 차원에만 해당되는 이야기가 아니라 전 문화와 문명이 앞으로 나아갈 방향과 관련해서도 더욱 요청되는 문제라 하겠다.

셋째, 오랜 유교 전통이 가지는 교육적 가치의 재발견이다. 앞에서 오늘날 인간의 성장과 발달에 관한 가장 세밀한 이야기라고 할 수 있는 서양 발달심리학의 이야기를 하나의 포괄적인 교육 담론으로 보면서 전통의 유교 이야기와 비교해 보았다. 그렇게 함으로써 유교 전통의 이야기가 다름 아닌 지극한 교육의 이야기가 되며, 거기서 다시 새롭게 배울 점이 많다는 사실을 발견하였다. 그동안 우리는 유교의 가르침을 주로 정치 체제이론이나 경직된 사회 체제이론으로만 이해하며 왔다. 따라서 그것의 왜곡된 적용들을 많이 보아오면서 비판만 하여왔지 그 전통이 가지고 있던 본래적인 교육적 의미를 잘 알아보지 못한 것 같다. 그러나 유교의 가르침이 역사상 그렇게 왜곡된 것도 그 가르침의 핵심인 '자기수양'(self-cultivation)의 가르침이 진지하게 받아들여지지 않았기 때문이라는 지적이 있고 보면,[46] 유교의 교육적 가치는 오늘날 얼마든지 새롭게 평가해낼 수 있다고 하겠다. 더군다나 요즈음은 여러 심화된 역사 연구들로 과거 유교 교육의 여러 실제 모습들이 밝혀지고, 거기서 선비들의 구도적 배움의 자세들이 드러나면서 그 유교 교육 방법론들이 가지는 현대적 의미들이 드러나고 있기 때문이다.[47] 왜냐하면 거기서의 교육 방법이란 삶과 배움이 하나 되는 것을 지향했고, 지식 교육과 실천 교육, 개인의 수양과 사회적 책임, 윤리와 초월적 가치 등이 통전적으로 하나가 되는 방법론을 추구하면서 전인적 삶의 완성을 목표로 한 것이기 때문이다.

유교의 핵심 가르침은 '인간은 누구나 다 배움[學]을 통해서 '성인'(聖人)이 될 수 있다'는 것이었다. 그리고 공자의 삶은 그 가르침을 실천으로 증명해 내려는 것이었다고 하겠다. 이러한 유교 전통은 그리하여 그 역사적 전개에서 구체적인 수양의 방법론들도 많이 계발해 내었다. 그 가운데는 교육적이고 치유적인 가치들이 인정되어 오늘날 임상심리학적 치료 방법으로도 사용되기도 한다.[48]

'자기교육'(self-cultivation)의 끊임없는 노력을 통하여 세계의 의미에 도달하는 것을 가르치는 유교 교육은 오늘날의 어떠한 서양 교육이론들보다도 진지하게 교육의 전인적이고 통합적인 성격을 드러내 준다. 그리하여 그것은 오늘날 찾고 있는 대안교육을 위한 탐색에서도 의미 있는 가르침을 줄 수 있다. 유교적 자아완성의 교육은 단순한 知와 德과 體의 합일의 교육이 아니라 존재의 초월적 깊이에 대한 관심을 일깨운다[性 또는 理]. 이것을 위해 삶의 모든 시간과 활동들이 교육의 시간으로 여겨져야 한다고 가르치기 때문에 이러한 유교적 가르침은 앞으로 인류의 교육 사회, 문화 사회, 복지 사회의 형성을 위해서 의미가 크다고 하겠다.

마무리하는 말로서 하고 싶은 것은, 이상과 같은 인간 삶의 발달 과정에 관한 연구에서 오늘날 특히 제기되는 性 구별의 의식과 관련해서이다. 오늘날 학문세계에서 性 구별의 의식은 하나의 보편적인 인식 범주가 되었다. 그러나 지금까지 수행한 비교연구 작업에서는 그것이 뚜렷하게 고려되지 않았기 때문에 한계를 가진다. 우리가 수용한 대부분의 서양 발달심리학들은 그 연구의 대상을 남성으로 삼았다. 그리고 유교 전통에서는 가르침의 대상이 철저히 남성들이었기 때문에 이것들을 재료로 삼아서 전개시킨 이야기는 그리하여 편협하게 들릴 수 있다. 그러나 이러한 성 구별의 의식을 받아들이고 그 구별에서 오는 섬세한 차이들에 대해서 더욱 배려해야 한다는 것을 강조하면서도 이번 비교작업은 그 차이들에 대한 인식을 넘어서 그 둘 사이에 더 근원적인 보편성과 공통점이 있다는 신념에서 행해진 것임을 밝힌다.

남성의 사계절을 먼저 탐구한 레빈슨은 그 뒤 다시 여성들을 대상으로 한 삶의 구조 연구에서 그가 남성들의 연구에서 발견한 기본 틀을 여성들에게서도 그대로 볼 수 있었다고 밝힌다.[49]

이 발견에 수긍하면서, 한편 유교적 전통을 받아들이는 데서도 그 유교 전통의 이야기를 더 이상 남성들에게만 해당되는 것으로 보지 않았기 때문에 우리의 작업을 수행할 수 있었다. 즉 예전에 공자를 포함하여 대부분의 유교 사상가들이 자신들의 이야기를 남성들만의 이야기로 본 것은, 그들이 가질 수밖에 없었던 어쩔 수 없는 시대적인 한계이고 제약이라고 보는 것이다. 그것은 오늘날 우리도 나름의 시대적인 한계를 가지고 있는 것과 마찬가지이다. 그러나 제반 과학이나 인식의 발달로 '성'(性)의 차이도 포함하여 당시 사람들이 본질적인 차이라고 생각했던 것들이 더 이상 본질적인 차이가 아닌 것으로 판명났기 때문에, 오늘날에는 공자의 이야기가 더 이상 남성들에게만 해당되는 이야기가 아니라 여성들에게도 똑같이 적용되고 해당되는 것으로 본다는 의미이다. 즉 오늘날 그 이야기를 인간 모두에게 보편적으로 행해진 이야기로 받아들이자는 것이다. 그리하여 여성들을 포함한 모두는 그들이 제시한 삶의 지극한 완성을 향하여 나아가도록 부름을 받았다는 것이다.

주 ________

1) 다니얼 레빈슨 저, 김애순 역,《남자가 겪는 인생의 사계절》, 이화여대 출판부, 1996.
   p.506ff.

2) 임능빈 편,《동양사상과 심리학》, 성화사, 1995 ; 한덕웅,《퇴계 심리학—성격 및 사회 심
   리학적 접근》, 성균관대 출판부, 1994.

3) Paul T. Costa, Jr., and Robert R. McCrae, "Personality Continuity and the Change of
   Adult life", M. Storandt and G. G. VandenBos(eds.), *The adult years : Continuity and
   Change* (Washington, DC. : APA, 1989), pp.45~77.

4) Ravenna Helson and Abigail Stewart, "Personality Change in Adulthood", Todd F.
   Heatherton and Joel L. Weinberger(eds.), *Can Personality Change?* (Washington DC. :
   APA, 1994), pp.201~225.

5) Dan P. McAdams, "Can Personality Change? Levels of Stability and Growth in
   Personality Across the Life Span", Todd F. Heatherton et. al., op. cit., 1994, p.299ff.

6) Ibid., p.304.

7) Whitbourne S. K., Zuschlag, M. K., Elliot, L. B., & Waterman, A. S., "Psychosocial
   development in adulthood : A 22-year sequential study", *Journal of Personality and
   Social Psychology 63*, 1992, pp.260~271.

8) Dan P. McAdams, op. cit., p.308.

9) Daniel J. Levinson, "A Theory of Life Structure Development in Adulthood", Charles N.
   Alexander and Ellen J. Langer(eds.), *Higer Stages of Human Development—
   Perspectives on Adult Growth* (Oxford University Press, 1990), p.35.

10) Ibid., p.51.

11) Hans Küng and Julia Ching, *Christentum und Chinesische Religion* (Muenchen/Zuerich :
    Pieper, 1989), p.91.

12) Tu Wei-ming, *Confucian Thought— Selfhood as creative Transformation* (New York :
    State University of New York Press, 1991), p.12ff.

13) Tu Wei-ming, *Humanity and Self— Cultivation: Essays in Confucian Thought* (Berkeley :
    Asian Humanities Press), 1979, p.40.

14) Ibid., p.40.

15) Ibid., p.43.

16) Wang Yang-ming, *Instructions for practical Living and other Neo-confucian Writings by
    Wang yang-ming*, Trans. Wing-tsit Chan(New York : Columbia University Press), p.128.

17) E. H. Erikson, *The Life Cycle completed : A Review* (New York:W. W. Norton, 1982).

18) Daniel J. Levinson, *The Seasons of a Woman's Life* (New York:Alfred A. Knopf, 1996),
    p.17.

19) Ibid., p.21.

20) Ibid., p.30.

21) 다니얼 레빈슨, 앞의 책, p.111ff.

22) Daniel J. Levinson, op. cit., p.27.

23) 다니얼 레빈슨, 앞의 책, p.500. 예를 들어 위에서 우리가 먼저 살펴본 에릭슨의 이해는 그 발달을 주로 자아와 세계 사이의 관련성에서 '자아 발달'(the development of the self)의 문제로 보지만 자신은 그 자아에 대한 집중을 넘어서 그 자아가 세계와 관계 맺는 '인생 구조의 발달'(the development of the life structure)로 본다는 것이다. 이 차이점에 대한 지적은 지금부터 시도하는 유교 전통에서의 공자의 6단계 발달 이해와의 비교 작업에서도 적용된다고 하겠다. 공자의 이야기는 레빈슨처럼 인생 구조에 대한 지적의 차원이라기보 다는 자아의 발달에 대한 구체적인 표현이라고 하겠다. 그러나 유교의 가르침은 자아와 세계의 관계를 인생으로 보면서 그 관계의 禮에 관한 이야기이므로 레빈슨의 이야기를 포괄하는 의미라고 하겠다. 그리하여 서로의 비교에 무리가 없는 것으로 보인다.

24) 위의 책, p.499ff.

25) Dan P. McAdams, "Unity and Purpose in Human Lives : The Emergence of Identity as a Life Story", A. I. Rabin et. al(eds), *Studying Persons and Lives* (Springer Publishing Company, 1990), p.162ff.

26) Tu Wei-ming, op. cit., p.44.

27) 피에르 도딘 저, 김경애 역, 《공자》, 한길사, p.59.

28) 다니얼 레빈슨, 앞의 책, p.144ff. 레빈슨은 여기서 여성들에게도 남성들에게서와 유사하게 '자기 자신이 되어감'의 시간들을 본다. 이것은 여성들이 예전의 '예쁜 소녀'의 이미지에서 벗어나서 더 이상 남의 시선에 좌우되는 것이 아니라 자신의 이미지를 스스로 원하는 모습으로 만들어 가고 독립적으로 되어 가는 것을 의미한다. 레빈슨에 따르면 이러한 진행은 남녀 모두에게 인생 주기의 본질에 속하는 것이라고 한다.

29) Tu Wei-ming, *Confucian Thought-Selfhood as Creative Tranaformation*, p.49.

30) 피에르 도딘, 앞의 책, p.69.

31) Tu Wei-ming, *Humanty and Self-Cultivation*, p.50.

32) Ibid., pp.49~50.

33) 피에르 도딘, 앞의 책, p.102.

34) Lawrence Kohlberg and Robert A. Ryncarz, "Beyond Justice Reasoning : Moral Development and Consideration of a Seventh Stage", Charles N. Alexander and Ellen J. Langer, op. cit. p.191.

35) Ibid., p.195.

36) 손인수, 《율곡의 교육사상》(박영문고 105), 박영사 p.42ff.

37) Dan P. McAdams, "Unity and Purpose in Human Lives : The Emergence of Identity as a Life Story", A. I. Rabin et. al., op. cit., p.179.

38) Rodney L. Taylor, *The Religious Dimensions of Confucianism* (State University of New York Press, 1990), p.145.

39) Robert J. Sternberg(ed.), *Wisdom—Its Nature, Origins, and Development* (Cambridge University Press, 1990), p.52ff.

40) Paul B. Baltes et. al., op. cit., p.67.

41) Ibid., p.68.

42) Lawrence Kohlberg and Robert A. Ryncarz, op. cit., p.198.

43) Ibid., p.203.

44) Ibid., p.207.

45) Ibid., p.207.

46) Tu Wei-ming, *Confucian Thought–Selfhood as creative Transformation*, p.14.

47) 김태준,《홍대용》(위대한 한국인 5), 한길사, 1998. 여기서 저자는 18세기 조선의 대표적 실학자의 한 사람으로서 두드러진 선비의 삶을 보여 주었던 담헌 홍대용의 삶을 탐구하면서 그가 12세부터 뜻을 세우고 공부했던 경기도 남한강변 '석실서원'의 모습을 자세히 밝혀주고 있다. 거기서 수학했던 사람들, 교육의 과정과 학생들의 생활, 그들의 공부를 향한 뜻 등 오늘의 우리에게 많은 가르침을 준다.

48) Hen Gan-Chten Poon, *How Confucianism can Contribute to Clinical Psychology and Psychotherapy*, Ph. D. Diss., California Institute of Integral Studies, San Francisco California, 1996.

49) Daniel J. *Levinson, The season of Woman's life*, 1996, p.28.

2장 《대학》과 《중용》 사상의 현대 교육철학적 이해

1. 시작하는 말

오늘날 동서양을 막론하고 세계 각국에서 교육개혁의 소리가 드높다. 특히 우리나라에서는 이와 관련하여 많은 토론이 진행되고 있으며, 국내의 가능한 모든 언론들이 한국의 '교육위기'에 대해서 보도한다. 오늘날 교육이 문제가 되었다는 것이고, 우리의 공부법이 위기에 빠졌다는 것이다. 그래서 학교와 교실이 붕괴되고 있다고 염려하고, 한국의 대학들이 경쟁력이 없다고 비판한다.

근대 서구 계몽주의의 등장 이후 인류의 교육은 동서양을 포괄하여 거의 전부가 서구 계몽주의식 교육으로 통일되었다. 그것은 물리(物理)의 탐색을 주로 하는 것으로서, 예전의 천리(天理)나 윤리(倫理)에 대한 관심보다도 자연과 물질에 대한 분석적 관심을 통하여 과학의 시대를 열어온 것이다. 그러나 오늘날 이 과학의 시대가 한참 무르익어 가는 때에 인류는 지금까지 자신들의 탐구대상과 주제와 방법들이 너무 편향되어 있다는 것을 깨닫게 되었다. 오늘날 그 편향으로 인한 여러 가지 폐해 현상들을 경험하면서 다시 한번 우리 삶과 생명의 진정한 관심거리가 무엇인지, 학문과 교육의 목적이 무엇이며, 그 가능한 답과 더불은 방법론은 어떠한 것이 있는지에 대해 묻게 되었다. 요즈음 다시 거론되는 '인문학의 부활' 이야기와 '윤리'와 '교육'에 대해 증대하는 관심, '정치'와 '경제'의 관계에 대한 심도 깊은 논의 등은 모두 이러한 반성과 탐색의 표현들이라 하겠다. 19세기 말부터 서구화가 시작되면서 세계 어느 다른 지역에서보다도 빠르게, 그리고 농도 짙게 서구화가 진행되어온 한국에서 요즘 다시 자신들의 문화적 전통에 대한 관심이 고조되고 있다. 그리고 그 전통을 새롭게 읽음으로써 오늘의 문제에 대한 가능한 답을 찾아보려는 시도들이 행해지는데, 이것들도 모두 같은 맥락에서 이해될 수 있겠다.

'정치'와 '교육'을 인간다운 삶을 위한 가장 중요한 관건으로 여겨온 유교 전통은 이 주제에 대한 탐색과 토론에서 오래된 역사를 가지고 있다. 공맹의 선진유가시대 이후 11세기 송나라 시대에 다시 신유교(新儒敎)로 부흥된 유가 전통은 그 기본 경전들 가운데 특히 사서(四書)로 편성된 《대학》과 《중용》을 가지고 그러한 사상들을 펼치고 있다. 이미 주지하다시피 《대학》과 《중용》은 본래 《예기》의 한 편이었는데, 중국 송대에 들어와서 단행본으로 독립하여 《논어》와 《맹자》와 더불어 사서의 격으로 높아졌다.

그러나 오늘 우리의 교육현장에서는 이러한 경전들이 그렇게 낯익지 않다. 이유는 오늘의 살아있는 언어로 재해석되지 못하고 있으며, 이와 더불어 해방 이후 우리 교육현장을 이끌어온 교육 언어들이 주로 서구 사상가들의 것이었기 때문이다. 요즈음 우리 교육현장은 최고 학부인 대학의 문제에서부터 중등교육의 붕괴위기, 초등교육현장에까지 침투한 건조한 주지주의와 경쟁위주의 가치관, 몸의 수행과 철저하게 분리된 지적 교육의 횡포들 때문에 많은 갈등을 겪고 있다. 여기에 대한 대안을 찾기 위하여 여러 가지 탐색들이 시도되고 있는데, 이 글은 유교의 고전인 《대학》과 《중용》의 재해석을 통해서 그것을 모색하고자 한다.

이 글은 이 일을 위해서 크게 세 가지 해석의 틀을 가진다. 그것이란 첫째, 교육의 '기초'에 대한 탐색이고, 둘째, 교육의 '방법'에 관한 탐구이며, 셋째, 교육이 궁극적으로 지향하는 윤리적이고 우주적인 '목적'의 차원에 대한 탐구이다. 이 세 차원은 우리 교육적 실천의 모든 것을 포괄하기 때문에 자칫 연구가 너무 광범위하게 되고 개설적인 것으로 되기 쉽다. 하지만 이렇게 함으로써 보통 정치철학서나 도덕·형이상학서로 여겨지는 두 고전이 어떻게 교육의 시각에서 전체적으로 우리 존재와 삶의 모든 영역을 아우르는 의미 있는 세계 구성체계로 재해석될 수 있는지를 보여주고자 하는 것이다. 다시 말하면 교육이 그 안에 종교·형이상학적인 측면도 포괄하고, 사회·정치적이며 문화심리학적인 측면도 포괄하여 궁극적으로 모든 연령과 계층, 모든 인간적인 작업을 포괄하는 인간 삶의 일이라는 것을 밝히려 한 것이다. 교육을 통한 세계 의미실현의 방법론을 포괄적으로 제시하려는 것이다.

이러한 틀에 맞추어서 두 고전을 해석하고 의미 지어볼 때, 특히 《대학》의 해석에서 주희(1130~1200)와 왕양명(1472~1529)의 논쟁을 많이 참조한다. 이들의 시대를 가르는 논쟁에서 유교경전의 교육학적 해석의 가능성을 가장 뚜렷이 보았고, 그런 의미에서 이들의 《대학》 해석의 차이란 다름 아니라 교육학적인 입장의 차이라고 볼 수 있기 때문이다.[1] 《중용》의 해석은 특별한 학파의 입장을 따르기보다는 필자의 시각에서 교육학적 해석의 가능성들을 보여주는 본문들을 택하여 많은 부분 동양철학에서 이미 행한 문헌 연구들의 도움을 받고 있는 이 글은, 동양과 서양이라는 공간적 차이와 고대와 현대라고 하는 시간적 차이를 뛰어넘어서 텍스트 앞에 바로 선다면 그 텍스트가 무엇을 말하여 주는가를 알 수 있다는 믿음을 가지고 있다. 이것은 텍스트 자체의 독립성을 믿는 현상학적인 방법이다. 이러한 현상학적인 방법을 통해서 얻고자 하는 것은 첫째, 교육의 초월적이고 존재론적인 기초와 근거를 다시 회복하는 일이

며, 둘째, 교육의 방법에서 전인성과 통전성, 실천성의 회복에 관한 것
들이다. 셋째, 궁극적으로 교육의 우주론적이고 윤리적인 이상과 목적과
관련한 의미들을 찾는 것이다.

2. 《대학》과 《중용》에 나타난 교육의 초월적 기초

오늘날 우리가 그렇게 많은 시간과 에너지를 쏟고 있는 교육이 도대
체 어디에 근거해서 이루어져야 하고, 어떤 토대 위에 세워질 때 진정으
로 우리에게 도움이 되고 삶의 성장을 가져다주는 것이 될까? 이 질문은
동서양 인류정신사에서 시대와 장소를 달리하면서 다양하게 행해졌다.
소크라테스는 당시의 일반적인 소피스트들과는 달리 인간의 영혼 안에
선과 정의에 대한 객관적인 인식의 가능성을 보고 그것을 계발하는 것이
교육의 주된 임무임을 강조했다. 근대 서구교육에서 페스탈로치는 인간
이 아무리 열악한 상황에 빠지더라도 그의 자연적인 직관력은 살아있어
서 거기서부터 인간의 모든 지적 도덕적 직업적 능력을 키워낼 수 있다고
강조했다. 공자의 인간이해도 유사하여 그는 당시 춘추전국시대의 혼란
상에서 인간의 仁의 뿌리에 대해서 줄기차게 이야기했다. 그리고 출생이
나 재산, 칼의 힘을 빌리지 않고 인간이 하늘로부터 부여받은 '명'(天命)
에 대한 자각을 통해서 참다운 인간과 바람직한 사회가 가능함을 역설하
였다. 이 인간 안의 본래적인 선함[性]에 대한 강조는 그 뒤 맹자의 '사
단'(四端)에 대한 이야기와 신유교 전통에서의 理에 대한 강조로 이어져
서 '인간은 누구나 배움과 교육에 의해서 성인이 될 수 있다'는 유교 전
통의 도통을 형성했다.
《대학》과 《중용》을 맨 먼저 '교육의 기초와 근거'의 시각에 맞추어서
살펴본다는 것은 교육이 토대로 삼아야 하는 인간 자연에 대한 인간학적

인 근거를 탐색하는 것이다. 그것은 교육의 기초와 근거가 외부에 있는 것이 아니라 바로 인간 속에 내재적인 가능성으로 놓여 있음을 밝히는 것이며, 그것에 근거할 때만이 교육이 폭력적이 되지 않고, 조작적이 되지 않으며, 전인성(全人性)을 이루는 데 기여하는 것으로 보는 것이다. 이 인간학적인 탐구는 지금까지 현대 교육에서 많이 간과되어 왔다. 또한 고려되었다 하더라도 매우 표피적이고 주지주의적인 것으로 흘러서, 인간 가능성의 초월적 차원이라든가 종교적 영성적 차원은 거의 외면되어 왔다. 이에 이 글은 유교 전통의 《대학》과 《중용》이 바로 이러한 인간 자연의 깊은 차원을 밝혀주는 텍스트가 된다고 생각하여 그것을 교육의 인간학적인 기초로 보아서 탐색하고자 한다.

1) '명명덕' (明明德)에 나타난 교육의 근거

《대학》의 내용은 익히 아는 대로 주희가 '삼강령'(三綱領)이라고 명한 '명명덕'(明明德), '친민'(親民), '지어지선'(止於至善)과, '팔조목'(八條目)이라고 한 '격물'(格物), '치지'(致知), '성의'(誠意), '정심'(正心), '수신'(修身), '제가'(齊家), '치국'(治國), '평천하'(平天下)로 요약된다. 이것은 유교의 실천목표인 이상사회의 건설을 현실의 사회 속에서 구체적으로 추구하는 정치적인 방법을 서술한 것이다. 아리스토텔레스가 그의 《니코마코스 윤리학》에서 인간을 위한 선을 탐구하는 학문을 모두 포괄적으로 '정치학'이라고 하면서 거기에 윤리학도 포함시킨 것처럼, 더 넓은 의미에서 보면 이 모든 이야기들은 결국 '교육학'의 이야기라고 할 수 있다.

《대학》의 삼강령 가운데서 첫 번째인 '밝은 덕을 밝힘'(明明德)은 그 안에 많은 교육학적 내용들을 함축하고 있다. 德이란 글자는 원래 悳으로 '곧음'(直)과 心의 합체어라고 한다. 이것으로 본다면 그 뜻은 '곧게 발휘될 수 있는 마음의 능력'이 된다.[2] 이 인간의 기본적이고 도덕적인 능력을 나타내는 단어 앞에 다시 '밝은'(明)이라는 형용사가 붙어서 '밝은 덕'이 되고, 거기에 다시 동사로서의 '밝히다'(明)가 붙어서 '밝은 덕을 밝게 하라'가 되었으니, 이것은 공부와 학문의 첫 번째 강령으로서 우리가 가지고 있는 선한 마음을 더욱 선하게 만들라는 말이 된다.

유교 사상사에서 이 《대학》 해석의 논쟁으로 유명한 주희와 왕양명의 입장을 살펴보면, 주희는 이 명덕을 인간이 자연으로부터 받은 두 가지 성품 가운데서 본래적으로 밝고 선한 '본연지성'(本然之性)으로 본다. 그에 따르면 인간에게는 한편 이와 다른 '기질지성'(氣質之性)이 있다고 한다. 그런데 이것은 우주의 궁극적인 실재와 의미를 나타내는 理—우리 안의 선한 본성으로서 性 또는 '명덕'(明德)—가 구체적인 현실성으로 나타나기 위해 필요로 하는 형태적인(물질적인) 기반성을 말한다[心이나 감정, 신체 등]. 그러므로 이 기질지성은 선할 수도 있고 악할 수도 있다고 한다.

이러한 주희의 '이기'(理氣)이원론적인 인간 이해는 거기에 합당한 수양론과 교육론을 요청한다. 인간의 선한 본성적인 측면과 밝은 덕의 측면을 이야기하지만 주희는 氣라고 하는 우주론적인 형이상학적 원리에 따라 근거지어진 인욕의 어두운 측면을 보고서 그 인욕과 사욕으로 어두워진 마음의 理를 다시 회복하는 공부를 무척 강조하였다.[3] 여기서 본성을 '합리성'(理)으로 이해한 신유교 학자답게, 그는 인식론적이고 주지주의적인 공부의 방법을 전개시켰는데, 거기서 그의 격물과 치지 이해는 무르익었다.

그러나 주희의 이와 같은 주지주의적이고, 외물에 대한 지식의 축적을 통해서 내면의 깨달음을 얻으려는 외물 중심적 공부법은 명나라 시대에 왕양명으로부터 강한 비판을 받았다. 당시 관학화되어 있고, 사대부들의 권력수단으로 전락하였던 과거시험공부의 폐해를 보면서 양명은 주희 공부법의 맹점을 보았다. 원래 어느 누구보다도 주희의 공부법을 충실히 따르고자 했던 양명은, 주희의 그와 같은 지식 중심적 방법으로는 어느 누구도 깨달음에 이를 수 없고, 우리 속의 밝은 덕을 밝힐 수 없다고 판단하였다. 즉 주희의 격물 이해에서 物은 외부세계에 있는 사건이나 사물들을 가리킨다. 그런데 이것들에 대한 끝을 다하는 연구는 사람들의 연구능력의 한계를 벗어난다고 보았다. 특히 보통사람들이 그렇게 할 수 없다면 그것은 유가 도의 오래된 전통인 "사람은 누구나 다 배움[學]을 통해서 '성인'(聖人)이 될 수 있다"는 가르침에도 어긋난다고 본 것이다. 그래서 그는 '격물'(格物)의 格자를 '이르다'가 아닌 '바르게 하다'(正)으로 보고, 또한 物을 주희처럼 우리 마음과 상관없는 단순한 바깥의 대상물로 본 것이 아니라 바로 우리 마음의 뜻이 머무는 곳, 우리의 지향이 닿는 곳으로 보아서 격물이란 그 '마음을 고치는 것'[正心], 그 속의 '뜻을 진실 되게 하는 것'(誠意)으로 파악하고자 했다.

이것은 우리 공부의 초점을 바로 우리 마음과 내면으로 돌리는 것이다. 그리고 우리 자아로 향하게 하는 것이다. 그 이유는 우리 마음이야말로 바로 만물을 만나는 출발점이 되고, 만물과의 관계 맺음에서 그 핵심이 된다고 보았기 때문이다. 양명은 이 깨달음을 마음이 만물의 주재자가 되고 만물의 理가 그 안에 포괄되어 있다고 하는 '심즉리(心卽理)'의 진리로 표현한다. 그래서 단순한 지식의 축적이 아닌 우리 마음의 이성을 더욱 가다듬고 바로 잡으면서 공부의 목적을 이룰 수 있는 것으로 보았다고 볼 것이다.

이렇게 '우리 마음이 곧 하늘'(心卽理)이라고 말하는 양명은 주희보다 훨씬 더 근본적으로 인간의 본래적 가능성과 선함에 주목한 것이다. 따라서 양명에게는 인간의 약함과 부족함[人慾 또는 私慾]이 우주론적이며 실체론적으로[氣] 근거되는 정도로까지 비약되지 않았다. 대신 그 가능성과 선함에 집중하여서 그것의 확장과 교육에 더욱 많은 힘이 보태어

졌다[致良知]. 양명은 처음 보는 사람을 접견할 때마다 《대학》과 《중용》
의 첫 장을 빌려서 성인의 학문으로 들어가는 길을 알게 하였다고 한다.
그런데 그가 죽기 2년 전인 1527년에 그의 사상의 정수로 꼽히는 〈대학
문〉(大學問)을 교수하였고, 그것이 제자에 의해서 기록되었다. 거기서
그는 《대학》의 명명덕을 주희가 한 것보다 훨씬 더 적극적으로 강조하였
다. 그에 따르면, 격물치지로부터 평천하에 이르기까지 다만 하나의 명
명덕이 있을 뿐이다. 그리고 그 명명덕이란 우리의 밝은 덕을 잘 키워서
천지의 만물과 한 몸이 되게 하는 것이다. 비록 소인의 마음이라고 할지
라도 모두 반드시 지니고 있는 이 명덕은 하늘이 내려준 본성에 뿌리 박
고 있어서[是乃根於天命之性], 자연스럽게 영묘하고 분명히 드러나고 있
는 것이다. 그래서 밝은 덕이라고 한다고 말한다. 그리하여 그는 공부와
교육이란 바로 이 본체를 늘이고 보태는 일 외에 다른 할 일이 있는 것이
아니라고 한다[非能於本體之外 而有所增益之也].

　　이상의 논쟁을 통해서 우리는 교육의 참다운 모습이란 바로 우리 안
에 이미 가능성으로 들어와 있는 선한 능력들을 북돋아주고 꽃피우도록
하는 것이라는 사실을 배운다. 그것은 또한 참다운 지식 교육이란 오늘
처럼 서로 연결도 되지 않는 잡다한 지식들을 마구잡이로 외우게 하는 것
이 아니라 사물과의 관계들 속에서 스스로 판단하고, 느끼고, 선택할 수
있도록 기본적인 인식 능력과 정신의 능력을 키워주는 것이라는 점을 다
시 한번 확인한다. "시작에서 아주 작은 차이가 끝에 가서는 엄청난 오류
를 일으킨다"는 지적대로, 잘못된 공부의 관행이 야기하는 폐해를 보면
서 우리 교육의 올바른 출발과 근거에 대한 인식이 얼마나 중요하다는 것
을 알게 된다. 그것을 《대학》은 '우리 속의 밝은 덕을 키움'(明明德)으로
밝혀주었다고 하겠다.

2) 교육의 초월적 기초—性과 中과 誠

우리가 알다시피 《중용》의 첫 머리는 다음과 같은 유명한 구절로 시작한다.

하늘이 명한 것을 性이라고 하고 [天命之謂性],
性을 따르는 것을 道라고 하며 [率性之謂道],
그 道를 닦는 것을 敎라고 한다 [修道之謂敎].(《중용》제1장)

우리는 이 짧은 세 문장 안에 유교 교육사상, 더 나아가서는 유교사상 전체가 핵심적으로 들어 있음을 본다. 그것이란 다름 아니라 하늘이 인간에게 부여한 좋은 본성을 잘 길러내어서 인간의 이상적인 모습, 즉 '성인'(聖人)의 모습으로 길러내는 일을 말한다. 그것이 인간 규정이고 교육의 역할이라는 것이다. 주희는 여기에서 '성즉리'(性卽理, 성이 곧 하늘이다)라는 인간에 대한 신뢰를 표현하였다. 그리고 양명은 거기서 더 나아가서 그 性을 풀고 있는 인간 존재 전체가 하늘과 연결되어 있다는 것을 고백하는 '심즉리'(心卽理, 마음이 곧 하늘이다)를 말하였다.

《중용》이 '하늘'(天)로부터 온 것이라고 표현한 性이란 글자는 그 모양이 '마음'[?=心]과 生의 결합체임을 알 수 있고, 그래서 '살려는 마음', '살려는 의지'로 풀이될 수 있다.[4] 그러고 보면 인간 누구에게나 하늘로부터 살려는 의지를 부여받은 것을 말하고, 그 살려는 의지가 인간에게는 仁이나 '밝은 덕'[明德]이나 '도덕심'[理], 또는 '양지'(良知) 등으로 나타나는 것을 유가의 도통이 밝혀주고 있다. 다시 이야기하자면 인간이 도덕적으로 위대해지려는 것은 하늘이 부여한 가장 자연스러운 살고자 하는 의지라는 것이다. 《중용》은 인간에게 부여된 이 도덕심이 더 나아가서 하늘이 전 자연과 우주만물에 부여한 살려는 의지와 하나가 됨을 말한다. 그래서 《시경》의 "솔개는 하늘에 날고 고기는 못에 뛰고 있다"(鳶

飛戾天 魚躍于淵)를 인용하고 있다(《중용》 제12장). 또한 《중용》은 "하늘이 만물을 낳을 적에는 반드시 그 재질에 따라서 돈독하게 해준다"(天之生物 必因其材而篤焉)고 밝히면서 인간 道의 실현이 하늘과의 관계성 속에서 행해지는 일임을 분명히 한다(《중용》 제17장).

《중용》은 이상의 性이 우리 실천의 삶에서는 中이라는 것을 가르치는 책이다. 우리가 하늘로부터 부여받은 본래의 性은 희로애락에 휘둘려서 좌우로 치우치는 것이 아니고, '항상 때에 알맞고'[時中], '지극한 것'[至]이어서 '천하의 위대한 근본'(天下之大本)이 된다고 한다. 《중용》은 이러한 중용 또는 중화의 설명과 더불어 '신독'(愼獨)에 대한 이야기를 같이 하는데, 남이 보지 않는 곳에서도 삼가고 듣지 않는 곳에서도 삼가라는 이야기는 바로 내 안에 모신 초월자 앞에서 삼가 경계하고 두려워하라는 의미로 풀이할 수 있어, 여기서도 유교의 깊은 내재적 초월성을 볼 수 있다.

그래서 우리나라에서 유불도와 기독교를 독특하게 연결시키는 다석(多夕) 류영모는 中이란 '속마음'[알]이고, 내 마음에 오신 "하느님의 성령"이며, 절대 하느님의 영에 의해서 뚫려서 '참나'와 '얼나'로 거듭나게 된 것을 말한다.[5] 중용이란 그러므로 그 '성령'[中]이 나의 전 삶에서 '항상'[庸] 뚫고 있다는 것인데, '성령으로 거듭나는 과정'을 의미한다고 밝히고 있다.[6] 이러한 中을 '항상 살고 있는'[庸] 인간은 기독교의 다른 개념으로 이야기하면 '그리스도'가 된다. 그런데, 이렇게 인간 누구에게나 性으로서 놓여 있는 中의 개념을 가지고 그리스도를 이해하는 류영모에게는, 그러므로 예수만이 그리스도가 되는 것이 아니고, 그만이 '하느님의 아들'[天子]이 되는 것이 아니다. 오히려 우리 모두가 제 속에 그리스도를 가지고 있고, 그런 의미에서 모두가 '천자'(天子)이며, 중국사상 속에 '하느님의 아들'[天子] 사상이 있었다는 것은 놀라운 일이라고 감탄한다. 다만 '제왕'(帝王)만이 천자라는 것은 잘못이고, 기독교에서도 예수만이 하느님의 아들이라고 주장하는 것은 잘못이며, 우리 모두가 천자임을 깨달아야 한다고 말한다.[7] 그의 말을 들어보자.

> 그러므로 밖에서 그리스도·부처·성인을 기다리는 것은 어리석은 짓이다. 제 속에 그리스도가 있고, 부처가 있고 성인이 있다. 그리스도나 부처나 성인이란 내 속에 영원한 생명인 것이다. ……제 속에 온 천명(天命)의 그리스도·부처·성인을 모르면 밖으로 오는 그리스도·부처·성인도 알아주지 못한다. 그러면 거짓에 속기만 한다.[8]

이상의 이야기는 지금까지 동서양의 어느 사상가보다도 더 근본적으로 초월을 내면화시킨 것이다. 여기서 우리는 교육의 확실한 초월적 기반을 본다. 그리고 참된 교육이란 바로 이렇게 우리 안에 가능성으로 놓여 있는 그리스도, 부처, 성인의 모습을 그 만개된 모습으로 전개시키는 일임을 확인한다. 《중용》의 여러 곳은 신격화의 의미를 써서 존재의 근거를 나타내는 곳들이 많이 있다. 《중용》 제19장에는 '하늘과 땅을 제사 지내는 예'[郊社之禮]와 '조상들을 제사 지내는 예'[宗廟之禮]에 대한 이야기가 나온다. 《중용》은 이 두 제사 지내는 예에 대한 뜻을 분명히 안다면 "나라 다스리는 일은 손바닥을 보는 것 같이 잘 알게 될 것이다"라고 말한다. 이것은 정치의 근본이란 자신의 근원을 잘 알고 섬기는 것이라는 의미인데, 교육적으로 풀어보면 진정한 교육이란 그 교육의 대상인 인간이 하늘로부터 근원된 존재이고, 그 안에 하늘의 씨앗[性, 中]을 담지하고 있는 존재임을 분명히 아는 것이라고 할 수 있다. 교육의 초월적 근거에 대한 인지야말로 모든 교육작용의 근거가 됨을 알려주는 것이다. 그래서 《중용》은 다시 말하기를 "사람을 알려고 한다면 하늘을 알지 않으면 안 되는 것이다"(思知人 不可以不知天)라고 했다(《중용》 제20장). 또한 여기서 수신(修身)으로부터 시작하여 사친(事親)을 말하고 지천(知天)을 이야기했는데, 이것은 바로 자신을 닦고, 부모를 섬기며, 인간을 교육하는 모든 일이 하늘을 섬기는 일임을 알려주는 것이다. 이렇게 본다면 교육이란 우리 모두가 우리 자신 속의 신적 뿌리를 알고서 그것을 키워 나가는 하늘에 대한 제사라고 하겠다.

《중용》은 다시 이러한 신적인 근거를 그 유명한 誠의 개념을 가지고 설명한다. 우리가 아는 대로《중용》제20장 후반부부터는 이 誠에 대한 이야기가 주를 이루고, 다음과 같은 誠에 대한 널리 알려진 초월적 규정이 나온다.

> 誠[정성]이라는 것은 하늘의 道이고, 誠해지려고 하는 것은 사람의 道이다. 정성된 사람은 힘쓰지 않아도 알맞게[中] 되며, 생각하지 않아도 道에 적중하게 되니, 성인(聖人)인 것이다. 정성된 사람은 善을 택해서 굳게 붙잡는 사람이다.(誠者 天之道也 誠之者 人之道也 誠者 不勉而中 不思而得 從容中道 聖人也 誠之者 擇善而固執之者也;《중용》제20장)

誠의 어원적인 뜻을 보면 言이 '이루어짐'[成]인데, 한국의 기독교 신학자 윤성범은 그리하여 誠을 요한복음 1장 14절의 '말씀이 육신이 되어'로 표현되는 '성육신 그리스도'의 의미로 풀이하였다. 우리 교육의 맥락에서 보면 앞의 내 안에 있는 참나(그리스도)로서의 中의 의미와 마찬가지로 각 사람 안에 인간적인 힘의 가능성으로 내재되어 있는 그리스도, 인간 속에 성육된 그리스도를 의미한다고 하겠다. 또 한편 '말이 이루어지게 한다'고 했을 때는 그 말과 뜻이 구체적으로 성사될 수 있도록 지속적으로 견지한다는 의미이므로 '정성'을 말하고 '지속성'과 '신뢰'를 말하는 것으로 볼 수 있다. 그 誠의 씨앗 때문에 인간이 참될 수가 있으며 정성스러워서 지속적으로 뜻을 견지할 수가 있는 것이다[誠之者]. 이렇게《중용》에서의 誠에 대한 이야기는 이 인간 삶에서 가장 실천적이고 기초적인 덕목으로서 誠의 도가 어떻게 우주만물의 초월적인 존재원리가 되고, 생성원리가 되며, 동시에 인간 안에 내재되어 있는 하늘의 씨앗으로서 도덕원리가 되는지를 여러 가지로 표현하고 있다. 이것으로써 우리는 어떠한 다른 언표보다도 더욱 확실하게 인간 삶과 성장의 초월적 근거를 가지게 되는 것이다.

3) 의의

그러나 오늘날 교육현실은 이상과 같은 가르침으로부터 멀리 떨어져 있다. 아이들은 자연이 본래적으로 부여한 선한 토대를 기반으로 해서 교육되기보다는 잡다한 지식의 파편들에 빠져서 그 외워야 하는 양의 방대함 앞에 질려 있다. 그래서 아무리 공부를 하여도 그 기초력이 키워진 것이 아니기 때문에 늘 자신감이 없는 모습이다. 옳고 바른 것에 대한 추구가 없기 때문에 온갖 잡다한 의견들에 휘둘리며 자신 안에 중심을 갖지 못하고 방황한다. 이에 반해《대학》과《중용》은 항상 기초적인 것을 중시하라고 가르친다. 인간의 본성으로 놓여 있는 '밝은 덕'과 性은 하늘로부터 받은 것이라고 규정하면서, 그러한 기초력을 삶의 가장 가까운 현장 속에서 키워 나가는 것이 가장 중요하다고 말한다.

우리는 유교의 종교성과 초월성이란 바로 이 인간의 기초력에 대한 믿음임을 보았다. 오늘날 계몽화된 성찰적 현대인들은 전통적 서구의 신인동형적인 신에 대한 믿음보다도 각자 자신의 삶에서 수행적 성격을 발견한다. 그리고 그 스스로가 삶과 세계 안에서 신과 초월의 모습을 더불어 실현해 나가는 일에 관심을 가지는데, 이러한 현대인들의 '성찰적 인식'과 '수행적 관심'에 유교적 초월성이 좋은 대안이 된다고 하겠다. 왜냐하면 우리가 앞에서 《대학》과 《중용》의 명덕(明德)이나 心, 性 또는 誠, 中의 개념들에서 보았듯이, 그들의 핵심적인 가르침이란 인간 안에 하늘이 내려준 초월의 씨앗이 내재하고, 그것들은 잘 가다듬고 키우는 것이야말로 참된 공부이고, 인간이 가야 하는 하늘의 길임을 밝혀주었기 때문이다.

루소나 페스탈로치, 몬테소리나 듀이 등의 서구 교육사상가들도 초월이 인간 밖의 어느 다른 곳이나, 또한 인간 안에서도 한정된 소수에게만 제시된 것이 아니라 모든 인간의 자연 안에, 특히 역사상 권력에 따라서, 학벌이나 재산에 따라서 소외된 사람들에게도 여전히 같은 질로써 내재해 있다고 주장하였다. 그러면서 그 내재적 힘을 교육적으로 키우기 위해 힘썼던 사상가들이었다. 이들 모두에게는 그들의 교육적 작업이 곧 종교적 신앙이 되었다. 그들이 제시하는 지적 교육이란 바로 인간 안에 본래적으로 놓여 있는 이성의 씨앗을 기초적이고 창조적인 지적 도덕적 직업적 능력으로 키우는 것이었다. 그것은 삶의 모든 상황에서 실천하는 힘으로 작용할 수 있는 '지속성'[誠]의 능력을 키우는 것이다. 인간이 살아가는 데 필요한 각 방면의 '지속적인 힘'이야말로 인간을 참으로 인간답게 하고, 주체적이게 하며, 여기서부터 비로소 세상과 참다운 관계를 맺을 수 있는 힘이 나오게 하기 때문이다. 교육이란 다름 아니라 이 지속력[誠]을 키우는 것이다.

3. 《대학》과 《중용》을 통해본 교육의 통합적 방법론

두 번째로 교육의 방법이라는 측면에서 두 고전을 해석해 보려는 것은 우리 교육이 실제로 진행되는 방법과 과정에 대한 물음을 묻는 것이다. 그러나 사실 오늘날 교육학은 다른 많은 현대학문들의 예에서 보듯이 하나의 방법론으로 전락한 모습이다. 그래서 교육학의 책은 온통 방법론들에 대한 논쟁으로 가득 차 있고 그 방법론들이 곧 교육학 자체인 것처럼 여겨지기도 한다. 그러나 이러한 방법론들의 난무에도 오늘날 교육이 참다운 모습에서 벗어나 있다고 비판을 받는다면 그것은 지금까지의 방법론에 대한 재고와 숙고를 요청하는 것이라고 하겠다.

우리도 쓰고 있는 이 '방법론'이라는 말에는 이미 인위적인 조작의 냄새가 풍긴다. 그것은 인간을 마치 한 기계 부속품이나 되는 것처럼 인위적으로 짜맞추어서 어떤 특정한 목적을 위한 대상쯤으로 여기는 느낌을 준다. 이렇게 할 때 우리가 오늘 현대교육의 진행에서 보듯이, 거기서의 아이들은 결코 행복하지 않고, 인간 전인성의 구현과도 거리가 멀며, 특히 도덕적인 실천력과 의식의 자발성 차원에서 볼 때 한없이 부족한 것을 알 수 있다. 따라서 지금까지의 인위적인 교육방법론을 지양하고 새로운 대안적 교육의 방법론을 찾고자 하는데, 그것을 우리의 삶에서 찾는 수밖에 없다. 근대 서구교육의 페스탈로치도 자신이 아이들과의 농도 깊은 만남을 통해서 얻은 교육적 직관을 처음에는 '방법론'(die Methode)이라고 이름지었다. 그러나 그것이 매우 인위적이고 조작적인 것을 보고, 자신의 마지막의 교육적 통찰을 '삶이 곧 교육이다'(das Leben bildet)고 말하면서 향후 교육방법론이 나아갈 길을 밝혀주었다. 이것은 매우 통합적이고 전인적인 교육의 방법론인데, 우리 유교 고전의 《대학》과《중용》이 여기에 대한 우수한 예라고 생각한다.

1) 친민(親民)에 나타난 전일적 교육방법

《대학》은 큰 학문의 두 번째 강령으로서 '백성을 친근히 여기고 사랑함'[親民]을 들고 있다. 원래의 《예기》 원문에 '친민'으로 나와 있는 이 항목에 대해서도 유교사에서 많은 논쟁이 있었다. 주희는 '친민'을 '신민'(新民)으로 고쳐서 '백성을 새롭게 함'으로 이해할 것을 제시하였다. 이것은 앞에서 우리가 살펴본 대로 주희가 인간이 가진 밝은 덕과 선한 본성(本性)을 가졌지만, 氣에서 근거된 악한 경향성[氣質之性]을 주목하면서 제시한 방법이다. 그는 新이란 '옛 것을 개혁함'을 말한다고 했다.

그것은 "옛적에 물든 더러움을 없애도록 하는 것"을 말하며, 예악과 법도와 정형을 두어서 제거하도록 하는 것이라고 한다. 그러나 이에 대해서 양명은 반대한다. 그는 주희가 원래의 親을 新으로 고친 것은 잘못이라고 하면서 주희의 新에는 너무 타율적인 계몽의 의미가 편벽되게 들어가 있다고 비판한다. 그 대신에 親이란 백성들 스스로의 자각을 중시여기고, 단순히 계몽만이 아니라 그들과 친하게 지내고 교육하고 양육하는—육체적으로 먹이는 것과 정신적으로 기르는 것—의미를 가지는 것이라고 밝힌다. 그것은 맹자의 '친친인민'(親親仁民)과 상통하는 것이고, 공자가 '자기 몸을 닦아서 백성을 편안하게 한다'(修己以安百姓)고 한 말과도 상통하는 뜻이라고 한다.[9]

이러한 양명의 친민 주장과 해석은 교육에서 학생의 주체성과 자발성에 대한 인정이 먼저 선행되어야 함을 강조하는 것으로 볼 수 있다. 학생들을 단순히 계몽의 대상으로만 볼 것이 아니라 함께 마음을 나누고 사랑하며 그들을 친근함으로 이해할 것을 요청하는 것이다. 이러한《대학》의 친민 또는 신민에 대한 해석은 우리나라에서도《대학》을 대표적으로 새롭게 해석한 저자들로 알려진 박세당과 정약용 등에 의해서 독자적으로 시도되었다. 박세당은 그의《사변록》(思辨錄)에서 이미 격물에 대한 주희의 해석에 반대하며, 주희의 격물설은 지식의 확충에만 골몰하여 인간 주체의 본심을 잃어버리게 하는 문제점이 있는 것으로 비판하였다.[10] 이와 더불어《대학》의 신민을 그는 '백성이 새롭게 향하는 데로 따라' 새롭게 하는 것이라고 해석하였다. 이는 신민을 윗사람의 일방적인 행위가 아니라 아랫사람들의 소망과 지향을 반영하여 해야 하는 것으로 제시한 것이다.[11]

양명은 앞의 〈대학문〉에서 이 친민과 명명덕 공부의 관계에 대해서 주희와는 또 다른 견해임을 드러낸다. 주희의 입장이 이 둘을 분명하게 나누어서 본말(本末)과 시종(始終)과 선후(先後)의 과제로 보았다면,

양명은 그렇게 나누는 것에 대해서 별로 찬성하지 않는다. 더군다나 친민을 신민으로 보는 경우에는 더욱 그러하다는 것이다. 양명은 이 둘의 관계를 우선 천지만물을 이루는 일에서 체용(體用)의 관계로 설명한다. 즉 명명덕이 천지만물을 한 몸으로 이루게 하는 데서의 '체'[실체, 실재]라면, 친민은 그 일이 흘러나오는 '활용'[用]이 된다는 것이다. 그러나 양명은 이 체용의 관계를 본말과 시종으로 보기보다는 통합적으로 보아서 명명덕은 반드시 친민에 있게 되며, 친민은 바로 명명덕의 존재 근거[所以]가 된다고 밝힌다. 양명에 따르면 나무의 줄기와 뿌리가 구별되긴 하지만 모두 나무에 속해 있는 한 몸이듯이, 자신의 밝은 덕을 밝히는 것은 백성을 사랑하는 일에서 이루어지는 것이고, 백성을 사랑하는 일이 곧 자신의 덕을 밝히는 일이 된다는 것이다. 이 둘은 본래 한 가지 일인데, 나누어서 생각하고, 그래서 자신을 다 닦은 연후에야 사회에 봉사할 수 있고, 지적인 공부가 완성된 뒤에야 거기에 따라서 실천할 수 있다고 생각하는 오류가 나왔다고 한다. 양명의 잘 알려진 '지행합일'(知行合一)의 공부법이 여기서 명명덕과 친민의 관계에 대한 설명으로 다시 나타나는 것이다.

양명에 따르면 주희의 주지주의적 경향은 知와 行을 둘로 분리하고 명명덕과 친민을 둘로 나누어서 단지 행동하지 못하는 허구의 지식인만을 양산할 뿐이다. 이에 반해서 양명에게서 제일 중요한 공부는 '성의'(誠意) 공부다. 그것은 行의 공부이며, 만물과의 관계에서 기본적인 출발점이 되며 원천이 되는 나의 마음의 뜻을 바로잡고 진실되게 하는 일이다. 이렇게 體와 用과 知와 行과 안과 밖의 하나 됨을 훨씬 강조하는 양명은 《대학》 팔조목의 모든 공부가 결국은 하나를 이루는 것이며 결코 안팎이 따로 있는 것이 아니라고 한다.[12]

양명에 따라서 이렇게 실천지향적이고, 지행합일적으로 해석되는 《대학》은 이 삼강령의 제시에 이어 연결되는 '수신 · 제가 · 치국 · 평천하'의 이야기에서 "천자로부터 서인에 이르기까지 한결같이 모두 몸닦는 것[修身]으로써 근본을 삼는다"(自天子以至於庶人 壹是皆以修身爲本)라고 밝히고 있다. 이 수기치인(修己治人)의 원칙이란 바로 《대학》 공부가 가장 가까운 곳에서부터 시작하며, 자신으로부터 시작하고, 평상의 일과 더불어 있는 것임을 지적한 것이다. 우리나라의 율곡도 그의 《격몽요결》(擊蒙要訣)에서 말하기를 "학문이란 것은 역시 평범을 떠난 이상스럽고 별다른 것이 아니다. ……요즈음 사람들이 학문이 일상생활에 있는 줄을 모르고 망령되게 뜻을 높고 멀게 하며 행하기 어렵다고 하여 특별한 사람에게로 미루고 스스로는 자포자기하니 어찌 슬프지 않으랴!"고 하였다.[13] 다산도 孝·弟·慈를 명덕의 가장 직접적인 덕목으로 보면서 평범한 삶 가운데서의 공부를 강조하였다.

이어지는 《대학》의 모든 이야기들은 지극히 평범한 일상에서부터 가르침을 끌어내는 예들로 가득하다. "나쁜 냄새를 싫어함과 같으며, 좋은 색깔을 좋아함과 같은" 인간의 자연스러운 마음에 빗대어서 뜻을 정성스럽게 하는 것을 설명하는 이야기와, 혼자 있을 때 삼갈 줄 아는 사람이 진정한 군자라는 지적, 마음이 가 있지 않으면 보아도 보이지 않고, 들어도 들리지 않고, 먹어도 맛을 모르므로 몸 닦는 것이 마음을 바로 함에 있다는 가르침과, 사람들이 자신의 친애에 따라 이웃들을 편벽되게 평가한다는 지적이 있다.

그 밖에도 집안에서 효·제·자를 통해 이미 나라를 다스리는 기술까지도 다 실습하는 것이라는 이야기, 진정한 군자는 자신에게 먼저 이룬 것만을 남에게 요구한다는 恕의 덕, 나라에 도가 서고 천하가 화평하려면 나라를 다스리는 윗사람이 먼저 孝를 행하고 솔선수범해서 행하라는 가르침, 재물보다는 덕을 쌓는 것의 중요성을 말하고 덕이 근본이고 재물은 말단이며, 어진 사람은 자신의 몸을 써서 재물을 모으지 않고 오히려 재물이 자신에게 봉사하게 한다는 것[仁者 以財發身 不仁者 以身發

財], 또한 국가의 우두머리로 있으면서 재물도 모으려고 힘쓰는 사람은 소인과 마찬가지이며 위정자의 집안에서 이재에 밝은 것은 잘못된 일임을 지적한 것 등이다. 이와 더불어 인재를 선택하여 쓸 때에 다른 재주는 없어도 남을 포용하고 다른 사람의 재주와 뛰어남을 진정으로 기뻐해줄 수 있는 사람이라면 그를 선택하는 것이 옳다고 말한다.

이러한 모든 이야기들은 먼저 지행분리적이고, 진리를 삶 밖에서 찾으며, 책공부만 중시하는 우리 공부법에 대한 비판이 된다. 오늘 우리 시대에도 여전히 타당한 이러한 지적들은 지나치게 지적 공부에 치중하는 모습에 대한 비판이다. 그리고 실험과 실천이 없고 이론공부만 있으며, 윤리와 도덕이 무시되고 과학과 기술만 강조되는 공부법에 대한 비판이라고 하겠다. 또한 사회적 실천과 봉사에 대한 의미가 모든 공부 속에 포함되어 있어야 하는데―왜냐하면 그 실천[친민]이야말로 공부[명명덕]의 소이(所以)가 되므로―오늘의 현실은 그렇지 못한 것에 대한 비판이 되겠다.

2) 교육의 중용적 방법―道와 庸과 誠

《중용》은 하늘이 부여한 性을 따르는 것이 道라고 했고, 그 道를 가르치는 것을 敎라고 했다. 또한 천하의 큰 근본이 되는 中을 정성을 다하여 밝혀서 그것이 '일상'[庸]이 되게 하고, 그래서 和가 이루어지게 하며, 지속력과 신뢰를 가진 지성(至誠)의 사람이 되는 길을 성인(聖人)의 길이라고 했다. 이러한 교육과 공부 방법을 《중용》은 한마디로 庸(가장 가까운 삶으로부터 시작하라는 것)과 誠(정성됨과 지속함)으로 가르쳐 주는 것이라고 하겠다.

《중용》은 먼저 공자의 입을 빌려서 "도는 사람에게서 멀지 아니하니 사람이 도를 추구하면서 사람에게서 멀리하면 도는 추구될 수 없다"(道

不遠人 人之爲道而遠人 不可以爲道)고 말한다(《중용》제13장). 그러면서 자신이 직접 도끼자루를 쓰고 있으면서도 도끼자루의 길이를 얼마로 해서 도끼를 만들어야 할지 몰라 우왕좌왕하는 사람들처럼 되지 말고, 도가 자기 자신과 가까운 곳에 있는 것과 자신으로부터 시작하여 찾아야 함을 가르친다. 위대한 지혜를 지녔던 순임금은 "묻기를 좋아하고 가까운 말을 살피기를 좋아하셨다"(舜好問而好察邇言)고 한다(《중용》제6장). 또한 "활쏘기는 군자와 비슷하여 올바른 표적을 맞히지 못하면 돌이켜 그 자신에게서 까닭을 찾는다"(射有似乎君子 失諸正鵠 反求諸其身)고 한다(《중용》제14장).

이렇게 평상과 일상의 삶에서 도의 체득을 강조하는 庸의 공부법은 "먼저 가려 할 적에는 반드시 가까운 곳에서부터 시작하는 것과 같으며, 비유를 들면 높이 올라가려 할 적에는 반드시 낮은 곳에서부터 시작하는 것과 같다"(君子之道 臂如行遠必自邇 臂如登高必自卑)고 한다(《중용》제15장). 그러면서 그 장을 "부모님도 편안하실 것이다"(父母其順矣乎)는 공자의 말로 마무리한다. 이는 한 집안에서도 그렇고 한 국가에서도 삶의 근원이 되는 나이 든 부모님과 노인들이 평안할 때 모든 것에 질서가 서고 평안한 것이라는 사실을 가르쳐준다. 만약 삶이 평안치 않고 가정이나 국가에 안녕이 없다면 웬만해서는 삶의 중심에서 벗어나 있는 노인들과 부모님들에게까지 평안함이 끼쳐질 수 없기 때문이다. 그러므로 중용의 공부법은 孝의 실천을 가장 기초적인 공부 방법으로 제시했고, 그것을 포함하여 다섯 가지의 '달도'(達道 : 父子有親, 君臣有義, 夫婦有別, 長幼有序, 朋友有信) ─온 천하에 통용되는 보편적인 도─를 말하였다.

또한 우리 일상의 삶에서 덕의 훈련을 가장 기초적인 庸의 공부법으로 보는 《중용》은 이 맥락 안에서 군자의 道를 가장 평범하고 불초한 '부부간의 道'[夫婦之道]로도 설명한다(《중용》제12장). 중용의 道인 군자의 道란 광대하고도 은미해서 이 세상의 무엇보다도 크고 미세하다고 할 수 있다. 하지만 한편 이 세상의 모든 사람들이 행하고 사는 부부 사이의 일에도 내재한다는 것이다. 같은 맥락에서 《중용》은 나라를 다스리는 일에 '아홉 가지의 근본이 되는 일'[九經]을 말하지만 '몸을 닦는 것'[修身]을 그 가장 기본 되는 일로 본다.

《중용》은 이렇게 다섯 가지의 달도(達道)와 더불어 '知·仁·勇'의 세 가지 달덕(達德)에 대해서도 이야기한다. 그런데 제20장 후반부부터는 이러한 모든 것들을 이루는 한 가지 '소이'(所以)로 誠을 제시한다(《중용》 제20장). 즉 誠 외에는 이러한 것들을 이룰 수가 없다는 것이다. 그리하여 誠이야말로 《중용》이 내세우는 가장 중요한 교육방법과 공부방식이 됨을 알 수 있다. 다음의 잘 알려진 구절은 誠이란 '하늘의 道'이고, '誠之者'(성을 따르는 것)는 '인간의 道'라는 구절 다음에 나오는 문장으로서, 유교 공부방법의 핵심을 드러내 준다.

> 널리 배우고, 자세히 물으며, 신중히 생각하고, 밝게 분별하며, 독실히 행하여야 한다. 배우지 않음이 있을지언정 배운다면 능하지 않고서는 그만두지 않으며, 묻지 않음이 있을지언정 묻는다면 알지 못하거든 놓지 말며, 생각하지 않음이 있을지언정 분별한다면 분명해지지 않으면 그만두지 않고, 행하지 않을지언정 행한다면 독실치 않고서는 그만두지 말아, 남이 한번에 능하거든 나는 백 번을 하며, 남이 열 번에 능하거든 나는 천 번을 하여야 한다(博學之 審問之 愼思之 明辨之 篤行之 有弗學 學之 弗能 弗措也 有弗問 問之 弗知 弗措也 有弗思 思之 弗得 弗措也 有弗辨 辨之 弗明 弗措也 有弗行 行之 弗篤 弗措也 人一能之 己百之 人十能之 己千之 ; 《중용》 제20장)

《중용》은 "지극한 정성은 신(神)과 같다"(至誠如神)고 말한다. 왜 신과 같은가 하면 그것은 쉼이 없는 지속성을 가지고 있고, 그래서 징험이 나타날 때까지 계속하는 것이고, 반드시 物을 이룰 때까지 계속할 수 있는 것이기 때문이다. 이러한 誠과 관련하여 《중용》 21장에서는 또한 "정성스러움으로 말미암아 밝아지는 것을 性이라고 하고, 밝음으로 말미암아 정성스러워지는 것을 敎라고 한다"(自誠明 謂之性 自明誠 謂之敎)고 했다. 이것은 《중용》이 이해하는 교육의 본질을 다시 한번 분명히 밝혀준 것인데, 인간이 본래 하늘로부터 받은 본性은 '정성'[誠]을 다해 밝혀주어야 하는 것이고, 그 밝혀주는 작업을 통해서 정성스러운 사람이 되도록 만들어 주는 것이 '교육'[敎]이라는 지적이다. 신적 씨앗으로 놓여 있는 성스러운 '바탕'[性]을 정성을 다해 교육하여서[誠] 다시 정성스러운 사람[誠之者]으로 키워내는 작업을 말한다. 이렇게 해서 《중용》은 性이나 中 또는 誠의 개념들을 가지고 교육의 확실한 초월적 근거를 밝혀 주었다. 그리고 그것을 교육하는 방법으로 庸과 誠의 방법론을 가르쳐 준 것이다.

3) 의의

《대학》과 《중용》은 참다운 배움이란 가까운 대상에 대한 앎에서부터 시작하는 것이라고 끊임없이 지적한다. 그래서 배움의 순서에 대해서 이야기하고, 일용의 삶에서 中을 획득해 나가는 방법을 말한다. 양명이 〈대학고본〉을 강조하며, 성의(誠意)에 대한 이야기가 뒤로 밀리는 것을 원치 않았던 것은 그 텍스트 비평학상의 옳고 그름을 떠나서, 바로 우리의 지적 공부[格物致知]보다 도덕심을 키우는 공부[誠意]가 삶에서 더 기본이 됨을 강조한 것이다. 또한 실천이 지적 노력과 유리되어서는 안 되고, 우리 존재의 가장 깊은 핵심처와 두뇌처인 마음의 意를 키우는 것이 더 중요한 일임을 밝힌 것이다.

유사한 의미로 서구의 페스탈로치도 인간은 그 본성상 '자신이 해야 할 일'(soll)을 '자신이 원하는 일'(will)로 만들기 전까지는 평안을 찾을 수가 없고, 자신의 도덕적 의지를 그의 동물적 욕구의 요구 위에 놓지 않고서는 결코 자유로울 수가 없다고 하였다. 도덕과 윤리적 힘을 키워 주는 교육이 지적 교육이나 직업교육보다 더 중요한 것이고 더 지극한 기초교육이 되며, 그래서 인간에게 참으로 평안과 복을 가져다 줄 수 있는 진리가 됨을 밝힌 것이다. 페스탈로치는 이러한 교육 방법을 '자연의 교수법'이라고 명명했고, 그 반대의 모습을 '인위적인 길'로 대비시켰다.

《중용》이 誠을 가장 핵심적인 교육방법으로 제시한 것도 같은 의미라고 하겠다. 작은 일과 일상의 삶에서부터 정성을 다하는 실천을 이루어 나갈 때, 우주만물을 화육하게 하는 성인(聖人)으로까지 성장할 수 있다고 밝힌 것이다. 그러한 성실성이 없이는 아무 것도 이룰 수 없고, 어떠한 교육도 행해지지 않으므로 성실과 진실[誠]을 그렇게 중시한 것이다. 한 개인에게서도 그렇고 한 국가에서도 진실됨과 정성스러움이 없이는 도저히 서로가 관계를 맺을 수 없고 신뢰할 수 없기 때문이다. 삶에서 신뢰가 없다면 아무 일도 행해질 수 없으며, 정치도, 경제도, 교육도 이루어질 수 없다. 개인적인 삶에서는 결혼을 비롯한 가정생활도, 약속도, 즐거움도 있을 수 없다. 그래서 21세기 국가의 최대 경쟁력은 그 국민들의 '신뢰성'이라고 한 말은 매우 타당하다. 그러나 문제는 성실을 경험하지 않은 사람은 성실해지기가 어렵다는 것이다. 인간의 성장과정과 학습과정에서 성실로 키워지고, 자신이 스스로 그 성실을 실천해 나갈 때 그 속에서 성실의 씨앗이 키워지는 것이지 그렇지 않을 경우 지속할 수 있는 힘을 가진 성실성과 진실성은 습득되기 어렵다는 것이다.

예를 들어 수학과목의 학습과정에서 기초와 쉬운 문제부터 차근차근 해결해 나가는 것을 배우지 못하고 너무 어려운 것에 강압적으로 내몰려서 결국은 자신의 과제를 포기하게 되거나 무조건 암기밖에 할 수 없을 때 그 아이는 성실성을 배울 수 없다. 너무 많은 과제 앞에서 인간의 가장 기초적인 생명의 욕구까지도(잠이나 건강, 인간다운 식사 등) 포기해야 될 때 거기서 성실성은 키워지지 않는다. 아이들은 어떻게 해서든지

속임수를 써서 그 자리를 모면하려고 하고, 대충대충 하려고 하며, 그래서 자신을 속이고 선생님과 이웃을 속이게 된다. 자기 주변의 가장 절실한 문제에서부터 성실히 차근차근 자신의 지적인 능력과 힘으로 풀어나가는 것을 배울 때 사람들은 성실해지고 자신감이 생기며, 그래서 비로소 남을 돌볼 수 있게 된다. 誠은 그래서 神과 같으며, 오늘 우리 교육에서 이 방법을 다시 회복하는 일은 그러므로 더욱 절실하다.

4. 《대학》과 《중용》에 나타난 교육의 윤리적 이상과 목적

교육의 기초와 방법론에 대한 물음에 이어서 유교의 두 고전으로부터 우리가 배우고자 하는 것은 교육의 목적에 관한 것이다. 사실 이렇게 교육의 기초와 방법, 목적을 세 가지로 나누어서 살펴보는 것 자체가 인간의 생명과 삶을 너무 인위적이고 조작적인 것으로 나누는 것이 될 수 있다. 그러나 모든 생명체는 탄생과 죽음을 경험하고 그 생명체를 껴안는 사회와 우주도 시작과 마무리가 있으므로 목적의 차원에서 우리 교육 행위를 살펴보는 것은 의미가 있다. 물론 존 듀이 등이 우리의 교육이 과정과 목표를 너무 무리하게 나누어서 과정을 무시하고 목표지향적인 것이 되었다고 세차게 비판하지만, 한편 목적상실과 방향상실이 또한 우리 삶과 교육의 현실적 모습이기도 하다. 앞에서도 지적했지만 우리의 교육이 지나치게 방법론에 사로잡혀 있고 눈앞의 현실 문제만 해결하는 수단으로 전락하여 버렸거나, 그 안에 더 높은 차원의 지향성을 가지고 있지 못하는 것을 볼 때 이 목적론적인 차원에서 교육을 다시 점검해 보는 것은 긴요하다.

그러나 여기서 분명히 하고자 하는 것은 교육의 기초에 대한 물음과 방법과 목적에 대한 물음들이 결코 따로 떨어져서 답이 될 수 없다는 것이다. 기초에 대한 물음은 이미 그 안에 목적에 대한 사고를 포괄하는 것이다. 또한 그것을 위한 과정에 대한 물음에도 암시적으로 답을 제시하고 있다. 목적에 대한 물음은 최종적으로 이러한 세 가지의 물음들을 종합적으로 다시 하는 것이다. 그것은 인간이 궁극적으로 어떠한 모습의 삶을 지향해야 하는지를 탐색하고, 그 목적을 이루기 위해서는 어떠한 근거 위에서, 어떤 방법을 취해야 하는가를 제시해 준다. 서구 현대교육사상들이 형이상학적인 물음들과 도덕적인 물음들을 한 곁으로 치워 놓았을 때 유교 전통의 《대학》과 《중용》은 인간 삶 전체를 교육과 윤리의 과정으로 이해하면서 뚜렷한 목표점을 제시해 주었다는 것이 우리의 확신이다.

1) '지어지선'(止於至善)에 나타난 교육의 이상 : '대인'(大人)

《대학》은 큰 학문의 세 번째 강령을 지어지선으로 밝히고 있다. 말 그대로 '최고의 선에 머무르는 것'이다. 최고의 선은 보통의 선악 구분과 판단을 넘어서 있는 선이며, 그래서 '무선무악'(無善無惡)으로 표현되기도 한다. 《대학》이 큰 학문의 세 번째 강령으로서 이것을 밝힌 것은 바로 모든 공부가 이 지점에 도달함을 지향하는 것을 말한다. 그래서 학문에서 지고의 수준으로서 공부와 교육의 이상이 됨을 말한다. '성인'(聖人, the Sage)의 경지이고, '대인'(大人, the Great Man and Woman)의 경지라고 하겠다. 여기서 일반적으로 '지'(止)는 머문다는 것이고, 항상성과 지속성을 말하며, 그래서 학문을 이룬 사람의 모습이란 지속성을 가지고 자신이 체득한 덕을 꾸준히 실천할 수 있는 사람을 말한다. 율곡은 그리하여 지어지선을 《중용》의 개념으로 '수도지교'(修道之教)에 속하는 것으로 보았다. 이 말 속에서 교육이란 최고선을 체화시키고 습관화시켜서 언제든지 거기에 머물러서 행할 수 있게 하는 것이라는 의미가 드러난다.[14] 교육은 원래 지속성과 관계 있다는 것을 앞에서도 여러 가지로 살펴보았다.

그러면 여기서 말하는 '지선'(至善, 최고선)이 무엇인가에 대해서 다시 양명의 이야기를 들어보자. 주희는 명명덕과 신민(新民) 각각의 지선에 대해서 말했다. 그리고 그것을 인욕과 관계시켜서 설명했다. 그의 〈대학문〉에서 양명은 이와는 다른 시각에서 지선에 대해서 말한다. 그에 따르면 지선은 바로 우리 마음의 본체, 곧 '양지'(良知)를 말하는 것이며, 그 본체에 대한 자각 속에서 명명덕과 친민의 덕을 온전히 하나로 이루어내는 것이다. 그에 따르면 지어지선과 명명덕, 친민의 관계는 마치 그림쇠와 굽은 자의 모난 꼴과 둥근 것의 관계, 자와 길이의 관계, 저울과 무게의 관계와 같은 것이다. 그래서 자신의 명덕을 밝힌다고 하면서 거기에만 몰두하며 백성을 사랑하는 일에 소홀히 하는 것은, 지선에 머무는 것이 아니다. 반대로 자신의 덕을 밝히는 일을 소홀히 하면서 백성을 사랑하는 일에만 몰두하는 것도 역시 마찬가지라고 한다. 앞의 경우는 도가(道家)와 불가(佛家)가 범한 오류이고, 뒤의 경우는 춘추시대 패권과 공리를 좇던 사람들이 행했던 잘못이라고 한다. 그런데 이들은 모두 '지극한 선에 머무르는 것'을 몰랐기 때문이라고 지적한다. 그러므로 양명에게서 지선이란 바로 수신과 치국, 지와 행, 개인적 수양과 사회적 책임, 명명덕과 친민이 온전히 하나로 이루어진 것을 말하며, 그리하여 비로소 평천하(平天下)가 이루어지는 것을 말하는 것이다. 그리고 그것을 이룬 사람이 바로 '대인'(大人)이 되는 것이다.

양명은 이러한 지선이 바로 우리 마음속에 내재한다는 것을 강조했다. 그것이 우리 마음의 본성(本性)으로서, 양지(良知)로서 존재한다는 것이다. 그래서 그는 그의 다른 교육학적 개념인 '치양지'의 개념을 가지고, 이제 우리 자신 속의 양지, 우리의 밝은 덕을 밝힐 수 있고, 이와 더불어 백성을 사랑할 수 있는 근본적인 힘으로서의 양지를 잘 계발하고 가꾸는 일만이 남은 과제라고 밝힌다. 그는 바로 이 개념을 가지고《대학》의 두 번째 문장인 "처신을 제대로 할 줄 안 뒤에야 안정됨이 있고, 안정된 뒤에야 고요할 수 있게 되며, 고요한 뒤에야 편안할 수 있게 되고, 편안한 뒤에야 생각할 수 있게 되고, 생각한 뒤에야 얻을 수 있게 된다"(知止而後有定 定而後能靜 靜而後能安 安而後能慮 慮而後能得)는 것을 설명한다. 즉 그의 〈대학문〉은 지선이 바로 나의 마음에 있음을 아는 것이며, 그렇기 때문에 밖에서 여러 사물들에게서 구하려고 지리멸렬해지고 뒤섞여서 방향을 잡지 못하고 걱정에 휩싸이는 모습이 아니라 마음이 고요해지고, 곧 일상에 여유를 찾고 편안해져서 생각이나 행동이 정밀해지고 합당하고 지극한 모습을 가질 수 있는 것이라고 설명한다.

여기서 양명이 지어지선을 통해서 말하려는 교육의 이상은 바로 우리 자신이 원래 가지고 있는 능력의 신장에 집중하라는 것이다. 또 그 능력이 한쪽으로만 치우친 것이 아닌 전인적인 것이 되어야 함을 말한다. 이것은 명명덕과 친민을 모두 포괄하는 모습이다. 오늘의 교육적 개념으로 이야기하면 바로 우리의 '전인교육'의 이상을 말하는 것이라고 하겠다. 바람직한 교육이란 인간이 본래 가지고 있는 자신의 능력에 주목하며, 그 능력이 어느 한쪽으로 치우쳐지지 않고 바르게 커나가도록 돕는 것이다. 그래서 인간의 지적인 능력과 도덕적인 능력, 신체의 건강과 마음의 건강이 고루 키워지고, 자신의 마음과 개성을 지극한 곳에까지 키우면서도 그 능력을 사회와 공동체를 위해서 사용할 줄 아는 도덕심을 가진 사람을 키우는 것이다. 즉, 천지의 만물과 더불어 한 몸과 한 형제자매를 이루는 '큰사람'(大人)을 말하는 것이다.

《대학》은 우리 마음의 본체를 善으로 표현해 주었다. 또한 그 '지선에 머무는 것'(止於至善)에 대해서 말하면서, 우리의 모든 가능성들을 포괄하는 지속할 수 있는 힘으로 키우는 일에 대한 이상을 심어주었다. 최고의 이상을 善으로 표현한 것은 도덕적이고 윤리적인 힘이야말로 지적인 능력의 근거가 되고 목적이 된다는 것을 지적해 준 것이다. 플라톤의 《국가론》에서 '정의'(正義)를 최고선으로 표현하며 그것을 삶에서 '방부제'와 같은 역할을 하는 것으로 보고, 우리 이성과 교육의 궁극적인 목적이란 그 선을 알아볼 수 있는 눈을 키우는 것이라고 한 것과 유사한 의미라고 하겠다. 오늘날 한국에서 대학이 이토록 흔들리는 이유는 바로 이러한 교육적 이상을 망각했기 때문이 아닌가 생각한다.

2) 《중용》 교육의 이상 – '지성'(至誠)의 '성인'(聖人)

《대학》에 이어서 가장 평범한 가운데서 도를 보며, 지속적인 지극한 정성의 길 외에는 어떤 다른 방법을 찾지 않는 중용의 교육은 그 이상으로서 바로 中을 삶에서 체화시킨[庸] '화'(和)의 사람, 정성의 지극한 형태를 이룬 '지성'(至誠)의 '성인'(聖人)을 든다. 공자는, "중용은 매우 지극한 것인데, 그것을 오래 지킬 수 있는 이가 드물다"(民鮮能久矣)고 했다(《중용》 제3장). 또한 지적하기를, 사람들은 모두 자신들이 지혜롭다고 하지만 "중용을 택해 한달도 지키지 못한다"(擇乎中庸 而不能期月守也)고 했다(《중용》 제7장). 이렇게 중용이란 지키고 지속하기가 어려운 것이어서 이 중용을 택하고 善을 택해서 지속적으로 지키는 일에 대해서 《중용》은 끊임없이 말하고 있다. 공자의 제자 안회의 사람됨을 설명할 때도 그는 "중용을 택하여 한가지 善을 얻으면 가슴에 꼭 받들어 그것을 잃지 않았다"(擇乎中庸 得一善 則拳服膺而弗失之矣)고 했다(《중용》제8장). '택선고집'(擇善固執, 선을 택해서 놓지 않는 것), 이것이 誠이고 이것을 지키는 사람이 성인(聖人)이라고 《중용》은 가르친다(《중용》 제20장).

중용을 '지속한다'(誠)고 하는 것은 목적을 향한 과정 속에서도 그것을 계속한다는 말이다. 여기서는 목적과 과정이 따로 떨어져 있는 것이 아니고, 삶과 학문이, 일상과 정치가, 삶의 과정과 교육기간이 서로 하나가 되는 것이다. 이 모든 것이 하나로 통합되어 참된 사람됨[性]의 모습이 온전히 드러나서 仁이 실현되어 사람과 만물 사이의 관계망이 선하게 맺어지고, 그리하여 평천하와 지극한 화육(化育)의 세상이 이루어지는 것이다. 공자는 "군자는 밥 먹는 동안에도 인을 어기지 않는다"(君子無終食之間偉仁)고 하였다.

《중용》의 마지막 부분에서는 이렇게 中을 잡고 善을 잡아서 '지속적으로 지킬 수 있는 사람'(聖人, 至誠)에 대한 이야기로 가득하다. 성인의 길의 크고 위대함을 '양양'(洋洋, 넓고 가득함)과 '우우'(優優, 충분하고 남음)로 표현하며, 그 도야말로 '만물을 발육'하고, '3백 가지의 큰 禮와 삼천 가지의 작은 禮들로 행하여진다'고 말한다. 즉 성인의 도는 광대한 우주 자연의 섭리가 되어서 하늘과 땅의 화육을 가능하게 하고, 동시에 인간 삶의 살아가는 근본과 부딪히는 사소한 일의 이치도 이루는 것으로 본 것이다. 《중용》은 말하기를, "군자가 움직이면 세상에서는 천하의 도로 받아들여지고, 행하면 세상에서는 천하의 법도로 받아들여지며, 말하면 세상에서는 천하의 준칙으로 받아들여지는 것이다. 멀리 떨어져 있으면 곧 그리워지고, 가까이 있어도 싫증내지 않는 법이다"(是故 君子 動而世爲天下道 行而世爲天下法 言而世爲天下則 遠之則有望 近之則不厭)라고 하였다(《중용》 제29장). 이것은 지극한 덕을 가지고 "묻고 배우는 일을 하며, 중용의 길을 가고, 옛것을 지키어 새것을 알며, 돈후함으로써 禮를 존중하는" 성인의 행함과 언어가 곧 세상의 법과 준칙이 됨을 밝히는 것이다.

이러한 성인은 "자신에게 근본을 두어서 백성들에게 징험으로 그것을 나타나게 하고", "귀신에게 물어보아도 의심이 없으며", "백세를 두고 성인 나오기를 기다린다 하더라도 미혹되지 않는" 사람이다(《중용》 제29장). 그는 "저기에 있어도 미워하는 사람이 없으며, 여기에 있어도 싫어하는 사람이 없다", "사시(四時)가 교대하여 운행함과 같고 日과 月이 교대하여 밝음과 같고", "그의 덕이 넓은 것은 하늘과 같고, 깊고 근원적인 것은 연못과 같으니 나타남에 백성이 공경하지 않는 이가 없고, 말함에 백성이 믿지 않는 이가 없고, 기뻐하지 않는 이가 없다"(《중용》 제31장). 그는 "비단 옷을 입고 홑옷을 덧입는 것과 같이 너무 드러남을 싫어하고 은은하되 날로 드러나고", "상 주지 않아도 백성들이 권면하며, 노하지 않아도 백성들이 작도나 도끼보다도 더 두려워하는" 그런 모습이다(《중용》 제33장). 가장 지극한 표현으로서 "소리도 없고 냄새도 없는 상천(上天)의 일"과 같은 신비의 모습이라고 한다. 그래서 그는 '하늘과 짝하는 사람'(配天)이라고 했고, '지성으로써 미리 아는' 사람이라고 했다.

이러한 성인과 군자를 교육하여 그 사람의 도래를 기대하는 이상을 《중용》은 다시 다음과 같이 표현하고 있다.

오직 천하의 지극한 정성스러움만이 자기의 性을 다할 수 있게 된다. 자기의 性을 다할 수 있으면 남의 性을 다할 수 있고, 남의 性을 다할 수 있으면 物의 性을 다할 수 있으며, 物의 性을 다할 수 있으면 이로써 天地의 化育을 도울 수 있다. 이로써 천지의 화육을 도울 수 있으면, 천지와 더불어 하나가 될 수 있다.(惟天下至誠 爲能盡其性 能盡其性則能盡人之性 能盡人之性則能盡物之性 能盡物之性則可以贊天地之化育 可以贊天地之化育則可以與天地參矣 ; 《중용》 제22장)

오직 천하의 지극히 정성된 사람이어야 천하의 위대한 인륜을 제대로 다스릴 수 있고, 천하의 위대한 근본을 세울 수 있으며, 하늘과 땅의 화육을 알 수 있는 것이다. 대저 무엇에 의지하겠는가?(唯天下至誠 爲能經綸天下之大經 立天下之大本 知天地之化育 夫焉有所倚? ; 《중용》 제32장)

여기서 표현된 천지만물을 화육하는 성인의 모습은 오늘 우리 교육의 이상으로는 상상할 수 없을 정도로 웅장하다. 하지만 바로 이렇게 큰 뜻

을 품은 사람만이 자신으로부터 벗어나서 온 세계와 우주를 마음에 품고
그 안녕을 위해서 일할 수 있다고 밝히고 있다. 그리하여 지금과 같이 모
두가 자신의 감옥에 사로잡혀 있고, 모든 것이 분열되고 나누어져서 서
로 갈등하는 세계일수록 이러한 이상을 품은 성인의 도래는 더욱 기다려
지고, 그런 의미에서 이러한 교육의 이상은 오늘도 여전히 효력이 있다
고 하겠다.

3) 의의

오늘 우리의 교육은 이상과 같이 커다란 포부와 이상을 품은 사람들
을 길러내지 못하고 자신의 욕망이나 개인적인 이기심에 사로잡혀 있는
좁은 사람들만 키울 뿐이다. 오늘 우리의 교육이 관심을 갖는 것은 돈버
는 기술만을 키우는 것이고, 자신의 이익과 안녕에만 사로잡혀서 사회적
이고 국가적인 안목이 없는 소인만 양산할 뿐이다. 더군다나 전세계적이
고 우주적인 시각이란 이들에게는 코웃음을 자아낼 뿐이다.

오늘날 대학에서 '교양교육'(liberal education)이 죽어가고 '인문교육'
이 철저히 홀대를 받고 있다. 대신에 전문교육, 과학기술교육, 직업교육
만이 모든 것이 되었다. 그런데 이것은 지금 《대학》과 《중용》이 이야기하
는 큰 학문의 이상과는 거리가 먼 것이다. 어떻게 그러한 교육에서 진정
으로 남을 생각하며, 세계의 평안과 안녕을 염려하고, 자신의 몸을 포함
하여 온 자연이 단순한 물질덩어리가 아니라 선한 의미로 향해 가는 정신
적 동반자라고 생각하는 대학인이 키워질 수 있을지 의문이 든다. 오늘
날 우리 대학도 일반 사회와 마찬가지로 온통 쾌락의 장소로 변하였고,
진실과 성실 대신에 수단과 임기응변, 거짓이 기승하는 곳이 되었다면
바로 《대학》과 《중용》의 이상이 다시 생각되어야 하는 곳이 바로 이곳이
라는 증거이다.

명명덕, 친민과 지어지선을 함께 말하는 《대학》의 교육 이상은 매우 통합적이다. 거기에는 개인적인 차원과 사회적인 차원, 지적인 차원과 도덕적인 차원, 한 국가의 차원과 전세계적인 차원, 인간의 차원과 우주 자연의 차원이 함께 어우러져서 모두 포괄되어 교육의 이상에 포함되어 있었다. 이것은 참다운 교육을 받은 사람이라면 바로 이렇게 만물을 마음 안에 품는 사람이어야 함을 가르쳐 주는 것이다.

《중용》은 작고 일상적이고 개인적인 차원에서 시작된 誠의 공부를 부모형제로 확장하며, 사회와 국가로 확장하고, 전 우주와 만물을 번성하게 하고 자라게 하는 조화와 질서, 禮로 나아가게 하는 정성과 지속의 공부를 말하였다. 이러한 모든 것을 한마디로 이야기하면 善을 향한 의지를 키우는 것이라고 하겠다.

플라톤의 《국가론》에서도 바로 善에 대한 지식, 삶에서 태양과도 같은 존재인 善을 알아볼 수 있는 눈을 키우는 교육을 가장 이상적인 교육으로 이야기했듯이, 동서고금을 막론하고 善에 따라서 인도되지 않는 지식을 키우는 교육이란 한갓 재앙일 뿐이라는 것을 가르쳐 준다. 그런 의미에서 지어지선은 가장 지극한 인간 교육의 이상을 나타낸 것이고, '지성'(至誠)이란 바로 그 善을 여기에서 실체화시키고 구체화시키는 방법과 그것을 이룬 사람을 말한다. 이러한 《대학》과 《중용》의 이상을 자신의 몸으로 실현시킨 사람이 성인(聖人)이고, 우리 모두는 오늘 남녀노소, 동양인과 서양인, 학벌이 높은 사람이건 시골의 촌부이건 모두 이 이상의 실현으로 초대받고 있다.

주 ________

1) 줄리아 칭 저, 이은선 역, 《지혜를 찾아서 — 왕양명의 길》, 분도출판사, 1998, p.201.

2) 이기동 편역, 《대학 중용 강설》, 성균관대 출판부, 1991, p.23.

3) 김미영, 《주희의 불교비판과 공부론 연구》, 고려대 대학원 박사논문, 1998.

4) 이기동, 앞의 책, p.21.

5) 류영모 역, 박영호 해석, 《마음길 밝히는 지혜》, 성천문화재단, 1994, p.105.

6) 위의 책, p.22.

7) 위의 책, p.105, p.144.

8) 위의 책, p.105.

9) 정차근 역주, 《전습록》 上, 평민사, p.27.

10) 송석준, 〈주자학 비판론자의 경전해석 — 《대학》의 저서를 중심으로〉, 《동양철학연구》 22,
    2000. 6, p.151.

11) 신창호, 〈친민(親人, 親民) — 학생들과 친하라〉, 《처음처럼》 (통권 제19호), p.169.

12) 정차근 역주, 《전습록》 中, p.269.

13) 윤사순 · 유정동 역, 《한국의 유학사상》, 삼성출판사, 1993, p.443.

14) 위의 책, p.337.

3장 왕양명 공부법에 대한 오늘의 성찰

1. 시작하는 말

오늘 우리 시대에 공부가 문제가 되었다. 요즈음 어느 가정에서나 어느 개인에게나 공부가 문제가 되지 않은 곳이 없다. 그런데 그 공부가 너무나 힘든 것이 되었고, 비싼 것이 되었으며, 해도 해도 끝이 없고 또한 우리 현실의 삶과 동떨어진 것이 되어서 그것이 아무리 진행되어도 우리 현실의 삶은 별로 나아지는 것이 없다는 지적들이다. 이와 더불어 우리 사회에서는 박사를 비롯한 고학력자들이 계속 늘어만 가는데, 그 도덕적 수준은 점점 떨어지는 것 같고, 사람들 사이의 신뢰는 찾아보기 힘들며, 그래서 도무지 일을 믿고 맡길 만한 사람들이 없다는 탄식이 많이 들린다. 오늘 우리 시대에 거의 모두가 인정하듯이 공부는 돈버는 수단을 배우는 과정이 되었다. 그래서 그것이 점점 더 비싸지며 우리를 옥죄어 온다.

그런데 공부와 관련한 이러한 왜곡과 갈등은 비단 우리 시대 우리만의 문제가 아닌 것 같다. 오늘 우리 시대의 공부 문제를 풀기 위한 하나의 가르침으로 살펴보려고 하는 왕양명(王陽明, 1472~1529)도 사실 자신의 시기에 '공부'의 문제로 무척 고투한 인물이었다. 그는 일찍이 열한 살 때에 자신의 공부 목적은 과거시험이나 높은 벼슬을 얻기 위한 것이 아니라 참다운 사람, '성인'(聖人)이 되기 위한 것이라고 단언하였다. 그 목적을 이루기 위해 그의 생애에서 이른바 '오익'(五溺)—무협, 전쟁 기술과 병서, 시와 글쓰기, 신체적인 불로장생의 추구, 불교—을 통해 주희의 성리학적 공부 방법[格物之學]에 인도되어 미친 사람[狂者]이란 소리를 들을 정도로 열심히 공부하였다. 그러나 그는 결국 오지로 유배되었고, 거기서 돌관을 앞에 두고 깨닫게 되었다. 그가 그토록 소중히 여기던 책들과 그에 따른 공부법들이 그를 성인(聖人)으로 만들지 못했으며, 삶과 죽음의 문제에서도 답을 주지 못했다는 것이다.

오늘 우리도 많은 노력을 들이고 오랜 기간 공부를 하지만 우리가 느끼는 회의는 여러 가지가 있다. 이 공부가 진정으로 나의 삶을 변화시켰는가, 나의 지식이 진정으로 현실에 적용되어서 어떤 생명적인 것을 생산해낼 수 있는 힘이 되었는가, 나는 아는 만큼 행하고 사는가, 우리 모두에게 가장 절실한 문제인 죽음에 대해서 떳떳한 입장을 취할 수 있는가, 그만큼 공부하고 아는 것도 많으니 누구보다도 안정감을 갖게 되어서 삶이 평안하여 주변에 그 평안함을 끼치며 살 수 있을 터인데, 과연 나의 삶이 그러한가? 하는 질문들이다. 그러나 이러한 회의적인 질문들 앞에서 그렇게 자신있게 대답할 수 없는 모습을 발견하게 된다.

다석(多夕) 류영모(1890~1981) 선생은 우리의 이러한 모습과는 달리 배움을 통해서 참된 실천에 도달했으며, 그 공부가 진정으로 삶과 연결되어서 자신의 삶에서 뚜렷한 변화뿐만 아니라 주변의 삶까지도 변화시키는 역동력을 가지고 있고, 죽음 앞에서 그것을 무색하게 만들며 모든 시간들을 '영원'의 시간 '오늘 ⇒ 오! 늘(영원히)'로 바꾸어버리는 힘을 가지고 있었다. 2001년 그의 탄생 111주년을 맞이하여 그에 대한 추모가 활발하다. 그렇다면 어떻게 그의 삶은 오늘 우리의 삶과 달리 자신의 아는 것으로부터 단호하게 행위를 이끌어낼 수 있었고[① 일식(一

食) : 하루에 한끼만 먹는 것, ② 일언(一言) : 남녀관계를 끊는 것, ③ 일좌(一坐) : 앉을 때는 항상 무릎을 꿇는 것, ④ 일인(一仁) : 어디나 걸어다니는 것],[1] '기쁨'이 그의 삶과 인격의 본질이 되었으며, 온갖 다양한 목소리들이 난무하는 가운데서도 자신을 잃지 않고 그것들을 궁극적으로 '제 소리'로 만들어내는 독자적인 사상가가 될 수 있었는가?

그런데 이러한 독특한 경지를 이루어낸 류영모가 자신의 공부과정에서 바로 양명을 선생으로 들고 있다는 것이다. 함석헌은 그가 1920년대 오산학교 재학시절 교장선생님으로 있었던 류영모의 방에서 왕양명의 시, 〈험이〉(驗夷)가 걸려 있는 것을 보았다고 한다. 류영모의 제자 김홍호는 이화여대 대학교회 연경반(研經班)에서 1992년 3월부터 1994년 4월까지 양명의 《전습록》을 전부 읽었다. 그리고 《양명학 공부》라는 제목의 세 권의 책으로 《전습록》과 시와 문, 논문 등을 독창적으로 번역 풀이해 냈다. 그 1권의 머리말에서 그는 말하기를 양명의 《전습록》은 그가 이십대에 위당 정인보 선생을 통해서 처음 알게 된 뒤 팔십대에 이르러서도 여전히 '입성지문'(入聖之門)에 해당된다고 하였다.[2] 참된 배움의 길을 가고 공부의 목표를 이루는 데 길잡이가 되어 준다는 것이다.

그러면 공부 문제로 심각하게 절망하던 양명이 그것을 어떻게 극복하고 오늘 우리의 시대에도 실천의 공부를 이루어낸 사람들로부터 스승으로 섬김을 받게 되었을까? 우리가 보통 양명의 '용장대오'(龍場大悟)로 일컫는 그의 나이 37세의 사건 속에서 그는 공부란 책 지식을 축적하는 것이 아니고, 또한 공부와 우리 삶이 둘로 나누어진 것이 아니라 바로 삶의 모든 시간과 사건 속에서 우리 자신에게 집중하여 거기서 옳게 결정하고 행동해 나가는 일을 이루어 나가는 동안에 행해지는 일임을 깨닫게 되었다. 그것은 책에 딸린 일이 아니기 때문에, 그가 책을 많이 가지고 있을 때가 아닌 책을 구할 수 없는 오지의 귀양지에 가서 깨달은 것이다. 그리고 선생이나 과거와 미래의 지식에 좌우되는 것이 아니기에 현재의

나로부터 진정으로 시작할 수 있는 일로 밝힌 것이다[始知聖人之道, 吾性自足向之求理於事物者誤也]. 양명에 따르면 이렇게 시작된 공부라야만 그 공부의 진정한 목표인 우리의 인격이 변화되고 행동할 수 있는 인간이 되는 일이 이루어진다고 한다. 류영모 선생도 말하기를, "내게 실천력을 주는 이가 있으면, 그가 곧 나의 구주시다"고 했다.[3]

우리 공부의 가장 핵심적인 문제도 바로 실천력을 키우지 못하는 것이다. 공부가 점점 힘들고 어려운 것이 되어 가지만 학적인 능력에서도 그렇고, 도덕적인 능력에서도 스스로 창조하고 행동하는 사람들을 키워내지 못한다는 것이다. 그래서 주변에는 지식인은 많지만 실천하는 사람은 드물고, 아류는 많지만 독창적이고 주체적으로 살아가는 사람들은 드물다. 우리의 이러한 딜레마 앞에서 500여 년 전의 양명의 공부론을 다시 살펴봄으로써 우리의 공부법 쇄신을 위한 한 길잡이를 얻고자 한다. 그 양명에 기대어서 우리 시대에도 류영모와 같은 실천의 지성인이 실제로 가능했으니 우리에게도 희망이 있다고 본다. 먼저 양명이 당시 극복하고자 원했던 주희 공부론의 문제점을 간략하게 짚어보면서 시작하고자 한다.

2. 양명 공부법의 출발점 — '심즉리'(心卽理)와 '지행합일'(知行合一)

1) 주희의 공부론

중국 송왕조 시대에 주희(1130~1200)가 집대성한 송나라 이학(理學)의 학문체계와 성격을 가장 잘 드러내주는 것은 '공부론'(工夫論)이라고 하겠다. 왜냐하면 당시 유가에서 진정으로 관심을 가진 것은 '어떻게 성인이 될 수 있는가'였고, '수신(修身), 제가(齊家), 치국(治國), 평천하(平天下)'할 수 있는 성인이, 특히 공부와 수양을 통해서 이루어질 수 있다고 하는 것이 당시 흥행했던 불교나 도교의 도와 다른 것이라고 보았

기 때문에 이 유교적 공부론의 성립이야말로 그들의 주된 관심이었다.[4]

주희는 서양 기독교의 전개와 비교하여 토마스 아퀴나스(1225~1274)와 자주 견주어진다. 왜냐하면 주희는 아퀴나스가 아리스토텔레스 철학과 기독교 신앙을 종합하여 중세 스콜라 신학의 정점을 이루어 놓은 것처럼, 불교와 도교와 대화하며 유교에 깊은 형이상학적이고 우주론적인 측면을 갖추었기 때문이다. 그러나 아퀴나스의 신학이 그 안에 담지한 주체와 경험 중심의 사상을 확대시킨 마틴 루터(1483~1546)에 따라서 다시 한번 근본적으로 변화되었듯이, 주희의 성리학은 그보다 300여 년 후 명왕조 때에 양명에 의해서 다시 한번 근원적인 전환을 경험하게 된다. 바로 루터가 '오직 믿음으로만'과 '오직 성서로만'의 기치를 내걸고 인간 모두가 무조건 하나님의 자녀가 되며, 모든 인간적인 합리적인 해석들을 넘어서 원래의 성서로 돌아가고자 한 것과 유사하게, 양명은 인간의 心이 그 자체로서 이미 선하며, 후세의 주석이나 편집에 매이는 것보다는 원전으로 돌아가서 성인의 길에 대한 가르침을 바로 얻자고 강조한 것이다.

주희의 사상 형성과정에서 끈질기게 그를 괴롭힌 문제가 무엇이었는가를 가장 효과적으로 보여주는 것은 이른바 '중화론'(中和論)의 성립과정에 나타난 '구설'(舊說)에서 '신설'(新說)로의 변화과정이다. 주희 사상의 정확한 전·후기의 연대는 학자들에 따라 서로 다르지만, 한 가지 분명한 사실은 그 사상의 분기가 단지 주희 사상의 전·후기 구분에 그치는 것이 아니라 전체 유학사의 계통발생의 흐름과 일맥상통한다는 것이다.[5] 37세에 불교비판을 중심으로 저술된 《잡학변》(雜學辨)의 사상사적인 의미를 고찰함으로써 전·후기 사상의 변별을 알 수 있다고 지적된다.

'중화설'(中和說)과 '인설'(仁說)의 정립은 위로는 '이기론'(理氣論)의 형성, 아래로는 공부론의 형성에 주된 결정점을 이룬다. 특히 중화설과 인설의 전개에서 분명해지는 心, 性, 情의 관계설정 문제는 양대 논의와 긴밀하게 연관되어 있다. 주희의 주된 관점은 당시 불교와 육상산(陸

象山)의 심학(心學)의 경향에 대해서 공부를 해나가는 데에서, 개별적인 취향에 따라 상이하게 나아갈 수 있는 여지를 없애고 인간이 마땅히 따라야 할 당위적인 가치를 실현시켜 나갈 수 있도록 가치의 객관성을 확보하는 것이었다. 따라서 신설(新說) 시기의 공부론의 방향은 '미발'(未發) 시기 공부와 '이발'(已發) 시기 공부를 모두 병행해야 한다는 측면으로 나아간다. 이러한 주희 이론체계의 완성은 바로 호상학의 본체론적인 이론규정에서 벗어나 공부방법론 체계로 이행함으로써 주자학을 일반사람들에게 전파 학습시키는 방식으로 전개되게 하였다는 의미로 지적된다.[6] 즉 주희가 心, 性, 情을 세분해 나누고 '미발' 시기와 '이발' 시기의 공부를 세밀히 구분하여 체계화시키는 논의들은 결국 불교의 도와는 다른 유교적 공부의 길을 밝히기 위함이었다고 하겠다.

인간의 心, 性, 情의 관계를 어떻게 설정하여 '중화'(中和)의 상태에 이를 수 있을까를 고민하는 주희 중화설(中和說)을 보면, 그 구설(舊說)에서 그는 '이발에 근거해서 미발을 본다'고 하면서 미발과 이발의 공부를 뚜렷이 나누지 않고 이발 시기의 공부에 따라서 미발의 體가 발현된 것을 관찰 함양하는 데 주안을 두었다. 이렇게 함으로써 그는 미발에 독자적인 공부영역을 설정하지 않았다. 그러나 신설에서는 미발과 이발을 공부하는 데에서의 '본말'(本末)로 보아 근본이 되는 공부로서의 미발 시기의 함양공부를 제기한다. 즉 이것은 미발 시기의 함양 공부도 강조함으로써 미발이라는 존재의 객관성을 더욱 확보하여, 공부가 개인의 자각에 맡겨질 경우 빚어질 수 있는 불교적 폐단을 최소화하고자 한 것이다.

이 일을 주희는 무엇보다도 理의 존재성을 확실히 확보하는 것을 통해서 이루려고 했다. 지고지순한 理의 존재성을 확보하기 위한 노력이 그의 인설(仁說)이 정립되는 과정이라고 볼 수 있다. 이 理의 더욱 철저한 객관성을 확보하기 위해서 육상산(陸象山, 1139~1192)과의 토론 속에서 그는 말하기를, "'무극'(無極)이란 말을 하지 않으면 '태극'(太極)은 하나의 물건과 같이 취급되어 온갖 변화의 근본이 되기에 부족하고, 태극을 말하지 않으면 무극은 공적한 것이 되어서 모든 변화의 근본이 될 수 없다"고 하였다.[7] 육상산이 비판하고자 한 부분은 태극 앞에 무극을 둠으로써 태극을 신비화시켜서 불교적으로 흐르게 한다는 점이었다. 그러나 주희는 그러한 육상산의 비판에도 무극(無極)을 포기하지 않고 무극의 의미를 유교적인 의미로 설명해 내어 유교사상화했다. 이러한 '무극'의 개념으로 理의 객관성을 더욱 철저히 확보함으로써 주희의 공부론에서는 개별적인 깨달음이나 자각보다는 오랜 기간 몸에 익은 훌륭한 습관을 중시여기게 된다. 그는 도덕 개념이란 단지 心의 자각에 따라서 이루어지는 것이 아니고, 도덕의 세계에 흠뻑 젖어 있어야만 유동적인 상황에서 도덕적으로 행동해 나갈 수 있는 자세나 판단이 설 수 있다는 입장을 가지고 있다.

주희가 유자들의 불교적 경향을 비판한 이론체계는 《사서집주》(四書集注)나 《근사록》(近思錄)의 편찬으로 이어진다. 그리고 이런 편찬은 주희가 불교비판에 적용한 관점을 체계화시켜 공부론의 성격을 완성하게 되는 계기로 작용한다. 육상산과 주희가 공부론에서 나타내는 차이는 그들의 '심성론'(心性論)에서 기인된 것이었다. 즉 주희는 性에 '본연지성'(本然之性)과 '기질지성'(氣質之性)을 둠으로써 공부 과정에서 기질지성에 의거해서 나오는 사욕을 제거하여 본연지성을 드러냄을 주로 삼았다. 주희에게서 마음[心]은 性과 情을 통괄하는 것으로 性은 理요, 體요, '미발'이요, 中이요, 靜이지만, 靜은 氣요, 用이요, '이발'이요, 動이었다. 반면 육상산은 기본적으로 심성을 나누어서 보지 않았고 또한 본심에 따른 발현을 중시하므로 무아(無我), 무사(無私)의 상태에서 자신의 본심을 발현할 수 있도록 하는 것을 가장 중요한 공부로 보았다. 그에게는 이기론(理氣論)도 심성론(心性論)도 모두 공부론을 형성하는 과정에서 나타나는 고민을 해결하기 위한 이론적인 장치라고 할 수 있을 정도다.

이상과 같은 주희의 공부론은 당시 유학이상주의의 사회를 건설하기 위하여 인간의 도덕화를 현실화시키기 위한 유가적 노력의 결실이라고 하겠다. 이러한 사상체계가 가질 수 있는 체제정비의 기능은 그 뒤 통치자들에 따라서 제도화나 교육과정에 응용되어 사회를 이끌어 나아가는 이념으로 굳건히 자리잡게 되었다.

2) 양명 공부법의 출발점

위에서 살펴본 대로 11세기 송나라 시대에 그 전의 도교와 불교의 극성에 대하여 중국 정통사상을 부흥시킨다는 의지로 시작된 신유교(Neo-Confucianism) 운동은 주희 사상에서 집대성되었다. 그는 당시 선가식 공부법의 폐해를 보고서 그렇게 공부를 개인의 주관적 자각에 맡겨둘 경우에 빚어질 수 있는 폐단을 최소화하고자 공부 과정에서 누구나 따라야 하는 절대적인 원리가 있어야 함을 역설하였다. 거기서 그는 인간이 있기 전부터 있어 온 원리의 우위성을 강조하였고, 그것을 '무극'과 '태극'의 理의 개념으로 제시하였다.

이렇게 주희가 태극을 만물의 理와 일치시키고 인간의 性과 하나로 본 것[性卽理]은 그 자체가 하나의 급진적 내면화지만, 300여 년 뒤의 양명의 눈에 비친 그것은 부족한 것이었고, 그 안에 심각한 존재론적 문제를 내포하고 있었다. 즉 주희는 인간의 존재[心]는 理와 氣라고 하는 두 가지의 존재원리로 이루어져 있어서, 氣의 방해로 밝히 드러나 있지 못한 理의 추구를 위해서는 만물 속에 똑같은 것으로서 놓여 있는 만물의 理를 탐구[格物]하라는 것이었다. 그러나 양명은 그러한 주지주의적이고 객관적인 방식을 통해서는 우리 자신 속의 초월에 이를 수 없음을 알게 되었다. 가끔 '광적인 열정'(mad ardor)과 함께 설명되기도 하는 양명 삶의 최고 목표는 성인(聖人)이 되는 것이었고, 그 경지를 향해 끝없이 추구하는 것이었다.[8] 그가 이를 추구하는 과정에서 소개받았던 주희는 우리의 공부는 한 포기의 풀에도 내재하는 세계의 원리에 대한 공부에서 시작하여 인간의 만사 속에 표현되는 일의 원리에 대한 공부를 포함하여 우리의 지식이 쌓여져 감에 따라서 마침내는 깨달음에 이르게 된다는 것이다.

양명이 친구와 대나무 밭 앞에서 대나무의 理를 탐구하기 위해 행했던 일화가 말해주듯이, 양명이 주희의 가르침에 따라 열심히 실행해본 결과 우리가 그렇게 세상의 만물을 탐구할 만큼 힘을 가지고 있지 않음을 발견했다. 또 그 가르침대로라면 인간[心]과 초월[理] 사이의 심연이 깊어서 이것은 유가 정통의 道, 곧 '사람은 누구나 다 배움을 통해서 성인이 될 수 있다'는 가르침에도 상치된다는 것을 알았다. 더불어 그러한 지적인 능력의 배양에 온 힘을 쏟는 공부는 결코 행동하고 실천하는 인간을 키우지 못하고 다만 '배운 도둑들'만을 양산할 뿐임을 보게 되었다.

양명이 이렇게 엄청난 지적인 공부의 무게로 절망하고 있을 때 우리가 앞에서 살펴본 대로 그는 유배지의 철저한 고독 속에서 공부의 새로운 출발점을 발견하게 된다. 그것은 바로 '자기 자신'에게서부터 시작하는 것이고[心卽理], 단순한 객관적인 지식의 축적이 아닌 바로 자신의 내적인 능력을 키워 나가는 실천의 공부법을 말하는 것이었다[知行合一]. 즉 그가 그토록 찾아 헤매던 理가 바로 자신의 心 속에 내재함을 깨달은 것이고[悟性自足 心卽理], 그리하여 그 심을 닦아가는 구체적 행동에 의해서 목표에 도달할 수 있다는 것이다[知行合一].

> "사람들이 공부를 시작하려 할 때에는, 토대(출발점)를 가져야 한다. 그렇게 했을 때만이 그것이 해결점으로 인도되고, 비록 그의 노력이 지속되지 않는다 하더라도 그는 마치 키를 가지고 있는 배처럼 확실한 방향을 가질 것이다."[9]

이러한 각성에 근거해서 양명은 성인(聖人)을 아주 간단하게 그의 마음이 인간적인 욕심으로부터 온전히 벗어나서 '하늘의 뜻'(天理)과 하나된 사람으로 그리고 있다. 그에 따르면 '성인됨'이라고 하는 것은 결코 지적이나 도덕적인 능력의 '양'에 좌우되는 것이 아니라 그의 마음의 깨끗함과 관계된다. 그의 유명한 金을 통한 비유로 그는 자신의 인간 이해를 다음과 같이 밝히고 있다.

"순수한 금이 되는 것은 그것의 양에 좌우되는 것이 아니라 질의 순전도에 달려 있다. 그것과 마찬가지로 성인이 되는 것은 그의 능력이나 재주의 양에 달려 있는 것이 아니라 천리와 온전히 하나가 되는 것에 달려 있다. 그러므로 비록 평범한 사람이라 하더라도 배워서 그의 마음이 온전히 천리와 하나가 되게 한다면 그도 성인이 될 수 있는 것이다. 이것은 마치 한 근짜리의 금을 1만근의 금과 비교해 봐도 양에서 차이가 있는 것이지 질에서는 똑같기 때문이다. 그래서 '모든 사람이 요순이 될 수 있다' 라고 말하여진 것이다."[10]

이렇게 인간의 평등성과 가능성에 대한 큰 깨달음을 얻은 양명은 자신의 깨달음에 비추어서 과거 자신이 그토록 열심히 배운 경전들을 기억해 내며 되돌아보았다. 그러자 《오경》(五經)의 모든 말씀들이 자기 생각의 각주인 것 같았다[乃以默記五經之言證之]. 여기에 비추어서 양명은 지행합일에 대해서 말하기 시작했다. 그것은 지금까지 양명이 주희의 격물 방법론과 씨름하여온 결론이었고, 자기 나름의 유가적 道에 대한 해석이었다. 知와 行의 관계에 대한 논의는 유가 전통에서 한 지속적인 논의 주제였다. 주희도 둘의 상호연관성에 대해서 이야기하였지만, 양명이야말로 그 둘의 하나됨을 일관되게 주창한 첫 번째 사람으로 여겨진다.[11] 양명의 이 주장에 대해서 금방 현실에서 알면서도 행하지 않는 사람들을 들어서 반박하는 제자에게 그는 다음과 같이 대답한다.

"네가 지금 이야기하는 知와 行은 벌써 私慾에 의해서 나누어진 것이므로 더이상 그 본래의 모습이 아니다. 알면서도 행치 않는 사람은 결코 없다. 그가 안다고 생각하고 행하지 않는다면 단순히 그가 아직 모르는 것이다. ……우리가 어떤 사람이 孝에 대해서 알고, 悌에 대해서 안다고 말한다면, 그들은 그렇게 안다고 말하여지기 전에 반드시 孝悌를 행했어야 한다. 그들이 단순히 말로만 보여주어서는 결코 그들이 안다고 말하지 않는 것이다."12)

이렇게 지식과 행위의 본래적인 관계에 대한 통찰로부터 시작하여 양명은 당시 주희의 격물 이해가 知와 行, '공부'와 '실천' 등의 분리를 불러왔다고 세차게 비판한다. 주희의 격물 이해에서는 '원리'[理]라고 하는 것들이 철저히 나의 마음과 상관 없는 외물로 이해되고, 그래서 먼저 그것들을 공부하고 나중에 거기에 따른 실천이 나올 수 있다고 가르친다는 것이다. 양명에 따르면 당시의 극심한 지적 도덕적 타락이란 바로 이렇게 知와 行을 나누어서 추구하는 까닭이다. 그래서 사람들은 행동할 수 있을 때까지 더 배워야 한다고 하면서 온갖 지적 공부에 몰두하지만 결국은 삶의 마지막에 가서도 행위하는 인간이 되지 못하고, 그래서 결국 알게 되지도 못하는 것이라고 비판한다.

오늘 우리 시대에 교육이 점점 비싸지며 오래 걸리고, 심지어는 생각하는 능력을 키우는 수학과 같은 과목도 점점 암기과목으로 변해 버렸다. 이렇게 배운 사람과 도덕적인 사람이 결코 등가화되지 못하는 현실을 바라보면서 양명의 이 지직은 오늘날도 타낭한 것을 본다. 양명은 자신의 지행합일의 이야기를 먼저 존재론적으로 다음과 같이 다시 설명한다.

"사물의 원리들이란 마음 바깥에 있는 것이 아니다. ……마음이 하나이고, 그것이 모든 것이다. 그것이 전체 동정의 측면에서 이야기하면 仁으로 불리고, 무엇이 옳은 것인가라는 것을 얻는 측면에서 말하면 義라고 하고, 條理라는 측면에서 말하자면 理라고 할 수 있다. 이렇게 仁이나 義는 마음 밖에서 찾지 말아야 하는 것인데, 理만은 마음 밖에서 찾아야 하는 것인가? 사람들이 理가 마음밖에 있다고 하기 때문에 知와 行이 갈라지게 되었다. 聖人의 지행합일의 가르침은 진리를 마음 안에서 찾는 것이다. 왜 그것을 의심하느냐?"13)

이와 같이 양명이 '심즉리'(心卽理)의 깨달음에 근거해서 知와 行의 하나 됨을 존재론적으로 밝힌 것은 다시 그가 우리 마음에서 '의지'(意) 작용을 어떻게 이해하는가와 관련하여 더욱 뚜렷하게 드러난다. 그에 따르면 우리의 '의지', 또는 '의도'는 마음의 핵심작용이고, 우리의 행위뿐만이 아니라 모든 인식작용의 근저에 놓여 있는 것이다. 그러므로 그 意란 知라고도 할 수 있고 行이라고도 할 수 있어서 지행합일의 진리가 여기서 다시 밝혀진다는 것이다. 제자들이 사람들이 밥을 먹는다면 밥이라는 것을 알고 나서 먹고, 국이라는 것을 알고 마시는 것이 아닌가라고 하면서, 양명의 지행합일에 대해 반박하자 양명은 다음과 같이 답한다.

"대저 사람은 먹고 싶은 욕구가 있어야 한다. 이 먹고 싶은 마음은 '의지'(意)에 속하는 것이고, 그 의지란 벌써 行의 시작이다. 음식 맛이 좋은가 나쁜가는 음식이 입에 들어가기 전까지는 알 수 없다. 음식이 입에 들어가기 전에 아는 사람이 있는가? 사람들이 길을 여행하기 전에 여행하고 싶은 욕구를 먼저 가져야 한다. 그 욕구는 '뜻'이고, '뜻'이란 벌써 行의 시작인 것이다."[14]

여기서 우리는 양명이 말하는 知와 行의 개념은 우리가 일반적으로 이해하는 지행 개념의 범주를 훨씬 뛰어넘는다는 것을 알 수 있다. 그에게 知란 단순히 이성적이고 지적인 작용만이 아니며, 그에 따르면 行이라고 하는 것도 우리 존재의 전체와 동떨어진 신체적 작용만이 아니다. 위에서 지적한 대로 전일적으로 이해된 知와 行의 이해에서는 意(intention)의 작용이 매우 중요해져서 결국 양명 공부법의 지향은 우리 존재를 더욱더 근본에서 관여하려는 것이다. 그리고 그런 가운데서 진정으로 행위할 수 있는 존재로 형성하려는 것임을 알 수 있다. 예수가 간음행위를 실제로 몸으로써 실행한 사람뿐만 아니라 마음에 품은 사람까지도 해당되는 것으로 파악한 것이나, 20세기 서구 현상학에서 결국 인간 인식의 가장 기초적인 뿌리로서 '지향성'을 본 것 등과 유사한 맥락이라고 하겠다.

양명의 사상이란 '종교'와 '과학'의 세계까지도 '인식[철학]'의 세계로 끌어들인 것으로 파악하는 김흥호는[15] 지행일치란 결국 진리와 실존은 하나로 보는 뜻이라고 지적한다.[16] 김흥호는 양명이 知가 그 진정한 측면과 독실한 측면에서 보면 行과 같고[知之眞切篤實處卽是行], 行이 그 사려 있고 올바르게 가르치는 측면에서 보면 곧 知라고 한 것을 보면서[行之明覺精察處卽是知] 진리와 실존 모두를 포괄하는 하이데거의 존재와 야스퍼스의 포괄자를 연상하게 한다고 말한다. 후에 양명 사상의 중요한 개념이 된 양지(良知)의 개념과 하이데거의 비교 연구가 이루어졌다.[17]

그렇다면 양명은 왜 이렇게 조금도 물러서지 않고 특별히 우리 마음의 지향성인 '의지'의 차원까지 들추어서 知와 行의 본질적인 하나 됨을 주장하는 것일까? 그 이유는 바로 그 둘[知, 行]의 '하나 되어야 함'을 주장하기 위함이다. 즉 그것은 行을 위한 것이었고, 양명에게서 知가 가치 있는 이유는 바로 行 때문이었다. 그의 말을 들어보자.

"너는 내 가르침의 근본 목적을 잘 이해해야 한다. 사람들은 오늘날 배움에서 知와 行을 서로 다른 두 가지 일로 나눈다. 그래서 생각이 일어났을 때, 그것이 옳지 않은 것인데도 그 생각이 아직 행동으로 옮겨지지 않는다고 해서 범추지 않는다. 내가 知行의 하나 됨을 주장하는 이유는 사람들이 생각이 일어났을 때 그것은 이미 행동이라는 것을 알게 하기 위함이다."[18]

여기서 분명히 드러나듯이 양명에게서 知의 궁극적인 목적은 行에 있다. 그는 行이란 知의 완성이라고 보았다. 그리하여 그에게서 궁극적으로 배움과 공부란 바로 이렇게 知와 行이 하나가 되는 참다운 자기 자신이 되는 것이다. 만약에 우리의 공부가 이런 뜻을 가지는 것이라면 그것은 行과 하나 되어서 행해져야 한다는 것이다. 그러므로 여기서 지행합일이란 양명에게는 '입언종지'(立言宗旨)로서 첫째, 공부의 목표를 나타내는 것이기도 하고, 둘째, 그 방법을 나타내는 것이기도 하다. 지행합일의 참다운 지혜에 도달하기 위해서는 지행합일의 방법밖에는 없다는 것이다. 그에 따르면 주희의 격물이해는 이러한 통합적인 공부 방법을 둘로 나눈 것이다. 그래서 그 목표에도 이르지 못하게 하는 것이다.

3. '지행합일'(知行合一)의 원리에 따른 새로운 '격물'(格物) 해석

우리가 이미 주지한 대로 주희는 그의 나이 61세 때(1190)에 《논어》, 《맹자》, 《대학》, 《중용》을 모아서 《사서》로 간행하였고, 거기에 '집주'를 넣었으며, 또한 《대학》과 《중용》에는 '혹문'(或問)을 써서 자신의 이해에 따라서 그 자구들을 새로 정리하였다. 그러한 가운데 그는 원래 《예기》에 나오던 대로 〈대학고본〉의 내용을 '삼강령'(三綱領 ; 明明德, 親民, 至於止善)과 '팔조목'(八條目 ; 格物, 致知, 誠意 正心, 修身, 齊家, 治國, 平天下)으로 정리하고, 그 삼강령 가운데서 '친민'(親民)을 '신민'(新民)으로 고쳤다. 그리고 팔조목 가운데서 격물과 치지(致知) 장을 중시 여겨 원래 순서를 바꿔 성의(誠意) 장 앞에 두면서 자신의 의견을 내용에 보충하여 집어넣었다[補傳]. 주희는 우리의 공부에서 지식을 쌓는 것이 제일 중요하다고 여겼다. 그래서 격물을 외물[物]에 내재하는 理를 탐구하여 그것을 알게 되고[格], 그러한 지식들을 쌓고 또 쌓아서 궁극적인 깨달음에 이르게 되는 것으로 해석하였다[致知].

그러나 양명은 여기에 강하게 반대하였다. 이미 심즉리(心卽理)를 경험하고 우리의 공부 방법으로써 지행합일의 법을 터득한 양명에게는 주희의 그와 같은 해석이란 결코 도달할 수 없는 길을 제시해줄 뿐이다. 양명에게 제일 중요한 것은 '성의'(誠意, 뜻을 성실히 함)였다. 이것은 앞에서 우리가 지적했듯이 우리 모든 인식과 행동의 출발점이자 기초인 '의지'(intention ; 지향점)를 올바른 곳으로 향하게 하는 것이며, 공부를 바로 나로부터 시작하는 것이고, 오늘의 언어로 해석하면 도덕교육과 윤리교육이 결코 지식교육보다 가치 없는 것으로 여겨져서는 안 된다는 의미이다. 그리하여 '격물'의 物자를 물건의 物이 아닌 인간관계의 事로 먼저 해석할 것을 주장하였다. 그리고 그 깨달음을 이야기하는 제자 서애(徐愛)의 말에 다음과 같이 대답하였다.

> "옳다. 몸의 주인은 마음이다. 또한 마음으로부터 나오는 것이 의지이다. 의지의 본체는 知이고, 그 의지가 향하는 곳에 物이 있는 것이다. 예를 들면, 부모를 섬기는 일에 내 의지가 향하게 되면, 그 부모를 섬기는 일이 하나의 물이 되는 것이다. ……그러므로 나는 마음밖에는 理도 없고 物도 없다는 것을 말하는 것이다." 19)

김흥호는 이와 같은 양명의 인식론을 칸트(I. Kant)의 '구성설'(構成說)로 설명한다. 즉, 내 마음을 떠나서 物이 있을 수 없다고 하는 것은, 칸트가 그의 범주론을 가지고 객관이라는 것은 언제나 주관이 파악한(참조한) 것이라고 한 것과 같다는 것이다.[20] 그러나 김흥호는 이러한 칸트의 철학을 '칸트의 신앙 고백'이라고 하면서 유심론으로 지시하기도 하는데, 이것은 자칫 오해를 불러올 수 있다. 마찬가지로 양명에 대한 후대의 오해 가운데서도 가장 큰 것이 바로 그를 불교와 같은 유심론으로 만들어버리는 것이다. 양명이 공부의 출발점을 나의 心, 그 중에서도 특히 '의지'(意)로 삼았다고 해서 그가 책 공부나 자연과 객관의 세계에 대해서 무심한 것이 결코 아니었다. 오히려 양명의 위와 같은 인식론은 그가 우리 몸과 마음[정신], 정신과 의지, 의지와 인식, 인식[의지]과 사물과의 관계를 모두 전일적 통합성과 '관계성'(relation) 속에서 파악하는 것을 보여주는 것이며, 이것은 오히려 오늘날 신과학이나 시스템과학 등에서 보여주는 새로운 전일적 세계 이해와 더 훌륭히 조화된다고 할 수 있다. 다만 그 관계의 시작됨과 기초를 나와 나의 '지향성'(의지)으로부터 찾는 것이다. 그래서 그는 우리의 마음을 '거울'로 비유하며, 거울의 먼지가 잘 닦이면 닦일수록 외물의 본래의 모습이 잘 반사된다는 고전적 비유를 다시 사용한다. 김흥호는 예수의 비유 가운데 마음이 깨끗한 자는 하나님을 볼 것이라고 한 것도 같은 의미로 제시한다.

이렇게 양명이 격물을 성의(誠意)와 정심(正心)으로 해석하는 이유는 공부와 인식에서 옳은 출발점을 찾자는 것이고, 행위[도덕적 실천]와 하나 되는 방법론을 갖자는 것이며, 그렇게 했을 때만이 우리 공부의 참 목적인 참된 자아에 도달할 수 있다고 보기 때문이다. 양명 당시 주자학파의 거두였으며 나이와 벼슬도 연장자였던 나정암(羅整菴)에게 답한 편지에서 다시 양명의 말을 들어보자.

"그러나 제가 말한 격물이라는 것도 사실은 주희선생께서 말한 아홉 가지 항목들[九條之說]을 모두 항상 포함하고 있습니다. 그러나 그들의 적용에서는 중요성의 차이와 구별이 있다는 것이고, 처음 시작에서의 털끝만큼한 차이도 그 마지막에서는 千里만큼의 차이로 벌어질 수 있다는 것입니다."[21]

이러한 견해에서 양명은 당시 그렇게 중요시되던 經 공부의 목적에 대해서 그것은 우리 마음을 바로 하고, '천리'(天理)를 돌보기 위한 것이며, 사욕을 없애기 위한 일이라고 분명히 한다. 그래서 그가 제시하는 책 읽는 방법과 공부하는 방법, 經을 참답게 읽어내는 해석방법이란 다음과 같은 것이라고 설명한다.

"네가 단지 글자를 통해서만 뜻을 찾기 때문에 이해하지 못하는 것이다. ……
공부의 노력을 마음의 중심[心體上]에로 돌려야 한다. 그래서 어떤 것을 이해하지 못하거나, 그것을 실행에 옮길 수가 없을 때마다 자신에게로 돌아가서 마음에서 깨달을 때까지 노력해야 하는 것이다. 그러면 분명히 이해할 것이다. 사서와 오경도 이 마음의 본체를 넘어서 이야기하는 것이 아니다. 마음의

중심이 道이고, 마음의 중심이 이해되었을 때만이 道가 이해되는 것이다. 이
것은 두 가지 서로 다른 것이 아니고, 이야말로 배움[공부]의 비결이다."[22]

여기서 김흥호는 자신의 공부길에서 깨달음의 사건에 대해 자세히 설
명한다. 그에 따르면 양명이 여기서 제시한 '심체상'(心體上)의 공부란
바로 자신에게 가장 절실한 문제를 풀기 위해 책도 보고, 선생님도 찾아
다니고 하는 것이지, 단순히 지식의 축적이나 남의 의견을 모으는 것이
아니라고 강조한다. 어린 시절부터 교회를 다닌 김흥호에게서 문제가 되
는 것은 십자가와 부활이었다고 한다. 그는 이 문제를 풀기 위해 부흥회
도 많이 가고 철야기도도 하면서 남이 하는 것은 다 따라해 보았다. "마
치 불치병자가 온갖 방법을 다 쓰듯이" 찾아다니던 가운데 류영모를 만
났고, 그로부터 노장사상과 《주역》, 《벽암록》(碧巖錄)도 배우면서 6년
만에 그 문제가 해결된 것을 마음속으로부터 깨닫게 되었다고 한다.

이 다음부터 그는 따라다닐 것도 없고 알아볼 것도 없다는 생각이 들
었고, 여기에는 성경도 포함되는 것을 말한다. 이렇게 자신의 문제로부
터 시작하며 깨달았으니 그 문제에 대한 해답을 道라고 할 수 있고, 그러
므로 양명이 밝힌 '심체즉도'(心體卽道)의 '심체'(心體)란 바로 다른 것
이 아니라 '자신의 문제'라고 한다.[23] 배움의 철저한 실존성과 실천성,
내면성 등을 밝힌 것이라고 하겠다.

4. 양명의 제 소리 - '치양지' (致良知)의 공부법

1519년 중반부터 1521년 초까지 양명의 삶은 군인이자 정치가, 사상
가로서 절정의 경력을 쌓으면서 그의 사상을 최종적인 형태로 이루어낸
것으로 평가받는다.[24] 이것은 그의 '치양지설'(致良知說)의 확립을 말하

며, 변경의 여러 지방에서 군인과 정치가로서 역할한 것들을 말한다. 양명은 1521년 50세 되던 해부터 말하기 시작한 치양지의 가르침을 '백 번의 죽음과 천 번의 고난'(百死千難)을 겪고서 얻게 된 정리라고 말한다.

48세 때에 강서성 남창(南昌)에서 일어났던 왕족 영왕(寧王) 신호(宸濠)의 반란을 평정하면서, 당시 황제였던 무종(武宗)의 무책임한 행동으로 그는 다시 한번 삶의 딜레마를 겪었다. 또한 여러 변경 지방에서 민중들의 고통과 비참 앞에서 자신의 지금까지의 가르침에도 불구하고 그는 깊은 무력감을 맛보았다. 이러한 가운데서 그는 자신이 그렇게 강조했던 '심체'(心體)라고 하는 것이 바로 우리 마음의 양지(良知), '선한 직관적 인식력'임을 알아차렸고, 그래서 누구나가 다 가지고 있는 그 양지의 자각과 계발, 확충을 통해서 다시 한번 세상을 구할 수 있다고 생각했다. 그는 그 치양지를 성문(聖門)의 '정법안장'(正法眼藏)이라고 했고, 김흥호는 다석 류영모의 개념으로 양명이 이제 진정으로 자신의 소리를 가지게 된 '제 소리'의 울림이라고 했다.

양명은 지금까지 우리 마음(인식과 행동)의 핵을 '의지'(意)로 보았다. 그런데 여기서 그는 그 의지에서 한 단계 더 내려가서 그 의지를 더욱 기초적으로 발동시키는 선천적인 '인식력'(知, consciousness)을 본 것이다. 여기서 양명이 마음의 본체를 의지[意]로 보던 데서 더 나아가서 '직관적 인식력과 의식'(知)으로 본 것은 그만큼 더 외물과의 관계성 속에서 자아를 이해했다는 것을 보여준다. 또한 그 자아의 본성이 누구에게나 '천성'(天性)으로 내재한다는 것을 깨달은 것은 그 인식적 토대를 닦는 공부를 통해서 모두의 자각을 이루어내고, 그것을 통해 세상을 구할 가능성을 더욱 확실히 본 것이다. 그의 말을 들어보자.

"마음은 몸의 주인이고, 그 마음의 순수한 영과 밝은 의식[虛靈明覺]이 양지이다. 이 허령명각인 양지가 사물이나 일에서 동함을 받았을 때 거기에 응답

하는 것이 '의지'[意]이다. 그러므로 知가 있어야 意가 있는 것이다. 知가 없
으면 의지가 있을 수 없다. 그러므로 知야말로 의지의 근본이 아닌가? 意가
동하기 위해서는 物이 있어야 하고, 그 物은 또한 일이 된다. 만약 의지가 부
모님 섬기는 일에 작용하게 되면, 그 부모님 섬기는 일이 物이 되는 것이다.
……그러므로 의지가 있어야 物이라는 것이 있고, 意라는 것이 없으면 物이라
는 것도 없다. 그러므로 物이라는 것이 의지의 내용이 아니겠는가?"25)

양명에게는 세상의 모든 物과 事는 우리의 인식에서 존재로 불린다
(한편, 우리의 인식을 부르는 그들이 먼저 있었기 때문이기도 하지만).
그 인식의 핵을 양지로 발견한 양명에게서 이제 남은 일은 그 각자의 양
지를 잘 다듬고 키워서[致良知] 모든 일에서 천리(天理)로 작용하게 하
는 것이다. 그것은 마치 항해사에게서 콤파스와 나침반과 같이, 또한 易
과 같이 모든 상황과 처지에 따라서 무엇이 옳고 그른지를 판단할 수 있
는 '시금석'과 '지남침', 그리고 불가에서의 '심인'(心印)이 되게 하는
일이다. 양명은 또한 그 양지의 참뜻을 깨닫게 되면 다소 나쁜 생각에 빠
져든다 하더라도 곧 이를 깨닫고 스스로 깨우치게 되므로, 이것은 마치
'영단 한 알'(靈丹一粒)과 같아서 쇠를 금으로 바꿀 수 있는 것과 같다고
말한다.26) 그것은 공자가 우리 모두의 마음속에 살고 있는 모습이다[箇箇
人心有中尼].

양명은 이 치양지의 공부 방법을 가지고 당시 일반적인 공부의 방법
을 세차게 비난했고, 지금까지의 방향을 완전히 수정할 것을 요청했다.
그것은 우리가 앞에서의 격물 이해에서도 지적했듯이 두 가지 방향에서
행해진다. 첫째는 공부의 힘을 단순한 외부적인 지식의 축적이 아니라
'원래부터 가지고 있는 기초력'의 배양에 쏟으라는 것이다. 둘째는 우리
의 공부가 '선한' 지식, 즉 도덕적 실천, 구체적 수행, 사회적 책임 등과
함께 가야 함을 강조한 것이다.

양명에 따르면 당시의 일반적인 공부법은 그 많은 지식의 축적에도

불구하고 인간 인식의 근본적인 힘을 키우는 것이 되지 못하여 '혼동되고 어리석은' 정신만을 키울 뿐이다. 그래서 '엄청난 기억과 암송'에도 불구하고 그들의 지식은 '매우 표피적이고, 공허하며, 단편적인 것'이 된다고 말한다. 오늘 우리 시대 교육에서도 그대로 적용되는 이 비판은 교육에서 근본과 뿌리를 잃어버렸기 때문이다. 그래서 양명은 "외물에다가 모든 힘을 쏟으면서 내적인 것은 무시하고, 박식해지지만 그러나 기초를 모르는 것"(務外遺內 博而寡要)에 대해서 신랄하게 비판한다. 양명은 다음과 같은 시로써 자신의 공부법과 세상의 공부법을 서로 비교한다.

"세상의 공부는 꽃장식과 같다.
그것들은 장식들로 사용되며, 길게 꼬아져 있다.
잎과 가지들이 무성하지만 서로 엉키어져서
생명을 낳지 못하고 힘이 없다.

한편, 군자의 공부는
근원을 파는 것이며, 깊고 견실하다.
싹은 천천히 나지만
힘과 열매가 하늘로부터 나온 것이다."[27]

양명이 54세에 지은 유명한 〈발본색원론〉(拔本塞源論)에 보면, 그는 어떻게 해서 인류 역사상에 타락이 들어오고, 맨 처음 세상의 모든 사람들이 서로를 형제자매로 보며 자신의 천성에 맡겨진 일을 하면서 가장 가까운 사람들로부터 시작하여 덕을 행하고 살던 모습에서, 도둑으로 변하고, 이기주의에 빠지며, 기만과 출세, 권력에 급급하고 싸움을 벌리는 타락으로 빠지게 되는가를 감동적으로 생생하게 그리고 있다. 그에 따르면, 그 모든 이유는 바로 단순하고 간결한 '성인지도'(聖人之道)를 복잡한 가르침으로 만들어버렸으며, 덕과 행위의 완성만을 위해 가르쳐지던

'성인지학'(聖人之學)이 엄청난 암기와 암송, 화려한 글쓰기와 주석 등으로 변해서 교만의 도구가 되었기 때문이다. 자기 이익과 영달을 위한 수단이 되었으며, 엄청난 정보는 악을 행하고 경쟁적인 논쟁을 벌이기 위한 싸움의 수단이 되었기 때문이라고 한다.[28] 이렇게 성인의 공부가 변해버리자 사람들은 자신이 하는 일에 만족을 못하고, 혼자서 모든 일을 하고 온갖 세력을 가지겠다고 다투고, 많이 아는 것은 자신의 거짓을 감추는 데 써먹게 되고, 조금 배운 것을 가지고도 무엇이든지 할 수 있다고 생각하게 되었으며, 마침내 성공과 이익만을 추구하는 나쁜 버릇이 사람들의 골수에까지 차게 되어 본성처럼 되었다고 한다.[29]

양명에 따르면 요·순·우왕들이 전해 주고, 공자와 맹자가 다시 회복하기를 애썼던 성인의 공부는 오직 덕행을 이루기 위해 애써 노력하는 것뿐이었다. 또한 그 덕행이라는 것은 가장 가까운 주변의 사람들에 대한 仁에서부터 시작되어 길러지는 것인바, 효친(孝親)이 그에게도 '仁 실천의 근본'이 되는 것이다. 그에 따르면 효친과 붕우유신(朋友有信)을 알고 인간관계를 바로잡는 것이 공부의 기본이고, 이것은 인간 누구나의 본성 속에 놓여 있는 가르침이므로 그렇게 밖에서 배우기 위해 정신없이 쫓아다닐 필요가 없다는 것이다. 그래서 양명은 공부를 오히려 "'축적'이 아닌 이기심을 '줄이는 것'"(只求日減 不求日增)으로 설명하고, 이러한 공부는 너무나 즐겁고, 자유로운 것이며, 단순하고 쉽다고 한다[何等 輕決脫酒 何等簡易!].[30]

그러나 앞에서도 여러 가지로 지적했지만 양명이 이렇게 자신의 공부법인 '치양지'의 방법을 확실한 도덕력의 향상을 위한 공부법으로 보았다고 해서 그가 經공부나 책읽기 등 지적인 공부를 경시한 것이 아니었다.[31] 그는 단지 이 두 공부가 같이 병행해서 행해져야 하고, 또한 우리 공부의 목표가 명예나 출세, 금전 등이 아닌 성인지도(聖人之道)라면 우리의 배움은 바로 그 방법밖에 없다는 것을 강조한 것이다. 이러한 양명의 치양지 방법이 혹시 공자가 말한 '많이 듣고 무엇이 옳은 것인가를 택해서 그것을 따르고, 많이 보고 그것을 기억하라'(《논어》述而 27)는 가르침과 상치되는 것이 아니냐는 편지에 다음과 같이 답하였다.

> "양지는 듣고 보는 것[見聞]에서 나오는 것은 아니지만, 듣고 보는 것이 모두 양지의 작용[用]이다. 그러므로 양지는 듣고 보는 것에서 방해받지 않고, 또한 듣고 보는 것으로부터 분리되어 있지도 않다. 대저 공부에서 제일 중요한 일은 기본 이념[頭腦]이 올바른 것이다. 만약 기본 이념이 치양지의 실행에 가 있으면, 얼마나 많이 듣고 보든지 모든 것이 치양지의 공부를 하는 것이다. 매일의 상황에서, 거기에 무수한 결정들[견문수학]과 수천 가지의 일들이 양지의 작용[발용유행]이 아닌 것이 없다. 견문수학을 제해버리고서는 확장할 양지도 없는 것이다. 그러므로 일은 하나인 것이다." [32]

이렇게 치양지의 공부법을 삶의 모든 시간과 모든 과정에서 우리 인식과 행위의 근본토대인 마음의 양지를 기르는 것으로 보는 양명은 그 치양지의 공부를 전통적인 유교의 여러 공부법으로도 표현한다. 그러면서 자신의 치양지는 그 모든 것을 포괄하고 하나로 보는 것이라고 한다. 그가 드는 개념들은 《맹자》의 '항산'(恒産)과 '집의'(集義), 《대학》의 '격물'과 '치지'(致知), 《서경》의 '정일'(精一), 《중용》의 '신독'(愼獨) 등이다. 양명에게서 치양지란 우리가 본래부터 가지고 있는 선한 본성을 키우는 것이고 회복하는 것이다. 이 본성에 집중하는 것만이 진정으로 행동하고 실천할 수 있는 인간으로 키우며, 그래서 그에게서 치양지의 방법은 당시 도탄에 빠진 사회와 나라를 구하기 위한 '발본색원'(拔本塞源)의 방법이 되는 것이다. 양명은 이 발본색원 명문의 마지막을 다음과 같이 맺음으로써 자신의 깊은 믿음, 인간에 대한 신뢰, "가장 쉽고, 간단하고, 알기 쉽고, 따르기 쉽다"는 자신의 공부법에 대한 신뢰를 다음처럼 깊이 드러낸다.

"다행스럽게도 사람의 마음속에는 天理가 있어서 결코 멸해질 수가 없으며, 양지의 밝음이 있어서 영원히 비추지 않을 때가 없다. 그러므로 그들이 발본색원의 이야기를 듣고 그 가운데서는 반드시 안타까워하고 비통해 하는 사람들이 있어서 마치 멈출 수 없는 강이나 하천처럼 분연히 일어날 것이다. 더 이상 지체하지 않고 일어나는 이 영웅지사들 외에 내가 누구를 더 바랄 것인가?"[33]

이상과 같이 '발본색원'의 방법론으로 제시된 양명의 공부법은 단지 어른들만을 위한 것이 아니다. 양명은 1518년에 강서(江西), 복건(福建), 호남(湖南), 광동(廣東)에 접하는 지역에서 군사적으로 많은 일을 하였다. 동시에 그곳에 초등학교를 설치한다거나 향약을 만들어서 민생의 안정을 도모하고자 노력하였다. 그가 유백송 등의 선생들에게 학생들을 잘 가르치기 위한 지침들로 준 글들을 보면 배움에서 그가 무엇을 제일 중시 여기는가가 다시 한번 잘 드러난다.[34] 그것은 학생들의 자발성이며, 자유로운 분위기이고, 도덕적 실천을 중요시여기며 그것을 몸으로 실행하는 것들을 말한다. 양명은 당시 아이들의 교육에서도 주로 행해졌던 암기와 암송[記誦], 조작적인 글쓰기[詞章], 또한 지극히 경직되었고 형식화되어 있던 교실 분위기를 세차게 비난한다. 그러면서 아이들이 도덕적으로 타락하고, 공부를 싫어하며, 몸도 튼튼하게 되지 못하는 이유를 바로 그러한 아이들의 본성에 맞지 않는 공부법에 있다고 본다.[35]

양명에 따르면 아이들의 본성은 노는 것을 좋아하고 구속하는 것을 싫어하는 것이다[樂嬉遊而憚拘檢]. 그러므로 마치 싹을 틔우기 시작하는 초목처럼 그들을 자유롭게 놓아두면 잘 자라지만 억지로 비틀거나 방해하면 잘 자라지 못하고 말라죽는다. 그렇기 때문에 아이들을 자유롭게 해주고, 기쁘고 즐겁게 해주어 스스로 할 수 없는 것을 도와 발전할 수 있도록 해야 한다고 강조한다. 이 맥락에서 그는 '노래 배우기' 수업을 중시 여기는데, 그것은 단지 그들의 의지를 돋우는 것뿐만 아니라 노래를 통해서 고함치고 뛰노는 일을 하면서 그들의 기분을 풀어주고 자유롭게 해주기 위한 것이라고 밝힌다.[36) 양명은 또한 몸으로 예절을 실습하는 활동을 중시하는데, 그것은 단지 그들의 품행을 고상하게 해줄 뿐만 아니라 절하고 조심해서 걷고 하는 행동들을 통해서 피순환을 원활히 해주고, 근육과 뼈를 튼튼히 하는 것이라고 말한다. 또한 그에 따르면 아이들에게 책 읽기를 가르치는 것은 단순히 그들의 지식만 확장해 주려는 것이 아니다. 그것은 페이지와 문단들을 반복하면서 집중력을 키워주는 것이고, 그들의 의지를 길러주는 것이다. 이러한 모든 교육 프로그램들은 결국 그들의 의지를 바로 해주고, 그들의 본성과 감성을 바로잡아주며, 속에 있는 나쁜 생각을 없애고, 그리하여 그들로 하여금 어렵다는 생각 없이 점차로 예와 의에 다가서고 중화(中和) 속에 자연스럽게 잠길 수 있도록 만드는 것이라고 한다.[37)

양명은 이렇게 옛 성현들이 교육을 처음 시작할 때 가르쳐준 목적들을 먼저 분명히 한다. 그에 따르면 자신의 시대는 단지 아이들에게 외우는 것만 강요하고 과거시험 문제들을 따라하게만 하며, 예는 따르도록 하는 것이 아니라 단지 단속과 강제의 수단으로만 일삼고 있다고 한다. 그러한 공부는 아이들을 똑똑하게만 만들려고 할 뿐이지 선을 길러주지 못한다고 한다. 그들을 채찍질하고 결박시켜 마치 죄수처럼 다루기 때문에 학교 가는 것을 감옥 가는 것처럼 싫어하고, 선생이나 어른 보기를 원수처럼 여긴다고 지적한다. 이러한 싫은 감정을 감추고 더 놀고 즐기려고 거짓말하고 속이게 되어 결국은 나쁜 아이들이 되고 만다고 하는데, 양명은 그러한 강제와 억지, 암기식 공부에서 어떻게 다른 아이들이 나오기를 바라느냐고 반문한다.[38)

지금까지의 이런 지적은 오늘날 우리 아이들의 교육에서도 그대로 적용될 수 있는 비판점들이다. 너무나 많은 양의 지적 공부에 눌려서 의지를 기를 수 있는 여유를 갖지 못하며, 신체는 허약하고, 명랑하고 생기 있는 감동 대신에 일찍이 시들고 지친 모습을 보여주는 요즈음 아이들, 양명의 지적에 따르면 이것은 아이들의 본성에 맞지 않게 너무 과도한 양의 주입식 교육에 눌린 때문이다. 양명은 학생들 각자의 능력에 주의하라고 권고한다. 한 학생이 만약 200단어를 배울 수 있는 능력이 있으면 100단어만 가르쳐서 늘 에너지와 힘이 남아 있게 하는 것이 좋다고 한다. 왜냐하면 그럴 때만이 그 학생이 즐겁고 쉬운 마음으로 공부에 임할 수 있고, 그래야만 나쁜 행동에 마음을 두지 않기 때문이다. 즉 양이 문제가 아니라 얼마나 온전히 배웠는가가 중요하다는 것이다.

아이들이 단어와 문장을 외울 때, 거기에 그치는 것이 아니라 그 배운 것을 마음으로 반복해서 뜻을 새기게 하고, 리듬과 목소리도 잘 맞도록 하라고 권고한다. 매일 아침 학생들이 학교에 오면 먼저 그들의 도덕 생활을 점검하고, 전에 배운 과제들을 복습하고 새로운 과정을 배우게 하며, 또한 예절의 실습과 노래 등을 통해서 학생들이 즐거운 마음으로 공부할 수 있도록 하여 피곤해지지 않아서 나쁜 행동에 마음이 가지 않도록 하는 것이 중요하다고 강조한다. 기초를 충실히 하고, 통전적으로 배우며, 지행이 일치하도록 하는 공부에 주력하라는 당부인 것이다. 오늘 우리 시대에는 공부가 무척 어려운 것이 되었고, 아이들이 밤늦게까지 지적공부에 허덕이며 지쳐 있는 모습을 볼 때, 양명의 이러한 지적들은 시대를 초월해서 타당하게 들린다. 기초를 중시하지 않는 교육은 사상누각이며, 결코 거기서 선한 행동이 나올 수 없는 실천력 없는 공부가 되고 만다는 날카로운 지적이다.

5. '만물일체'(萬物一體)를 이루는 공부법

양명의 지행합일 공부법과 치양지의 공부법은 궁극적으로 '만물일체'

(萬物一體)의 세계상을 파악할 수 있는 정신을 키우는 공부법이다. 그것은 존재의 핵심을 '관계'로 보고 이 세상의 만물과 온 인간이 모두 한 형제와 자매의 관계로 연결되어 있음을 알아차리는 마음을 키우는 공부이다. 그러할 때 거기서 行과 실천이 자연스럽게 나오고, 그래서 그 정신의 본질은 樂이 되고, 仁이 되며, 중화(中和)가 된다는 것이다. 양명은 죽기 2년 전인 1527년, 앞에서 소개한 〈발본색원〉(拔本塞源)의 글과 함께 그의 사상의 정수가 들어 있다고 이야기되는 〈대학문〉(大學問)을 지었다. 거기서 그는 이러한 정신의 소유자를 '대인'(大人, the great man)으로 표현했다. 대인이란 그에 따르면 "하늘과 땅과 우주의 만물을 한 몸으로, 이 세상 모두를 한 가족으로, 이 땅 전체를 한 나라로 파악하는 사람"(大人者以天地萬物爲一體者也)이다. 그는 만물일체의 실현을 통해서 자신의 자아를 참되게 실현하도록 노력하는 사람이다. 그 까닭에 만약 자신의 아버지와의 관계에서 충분히 仁을 실천하였다고 하여도 남과의 관계에서 아직 그것이 충분치 않다고 보면 자신의 仁이 아직 충분히 확충되지 않는 것으로 여기고, ……또한 자신의 가족은 배부르고 따뜻하지만 옆에서 삶의 필수품과 즐거움을 박탈당한 채 궁핍한 사람들을 본다면 결코 그들에게는 仁과 義를 요구하고, 예의를 지키며 인간관계에서 성실할 것을 요구할 수 없음을 안다. ……그래서 그는 다시 법과 정부를 세우고, 예와 음악과 교육을 정비하면서 그들에게 필요한 것을 공급해 주고, 자신과 남을 온전하게 하려고 노력하며, 그 일들을 통해서 자신을 완성해 나가는 사람이다.[39] 양명에 따르면 이렇게 자신을 온전하게 해나갈 때 자신의 가족이 자연스럽게 온전해지고, 나라가 잘 다스려지며, 그리하여 하늘 아래 모두가 평화를 즐기게 된다고 말한다. 이것이야말로 바로 성인이 가르쳐 준 자기 마음의 확충과 자아를 실현하는 방법이라는 것이다.

모든 사람들이 각자 할 일이 있고, 남과 서로 다투거나 시기하지 않고, 자신의 일을 최상으로 알며 한 몸이 되어서 살아가는 사회, 양명의 이와 같은 이상사회에 대한 꿈은 바로 그가 발견한 인간 누구나의 心에 놓여 있는 신적인 뿌리[良知]의 확충을 통해서 실현 가능하다고 보았다. 그래서 그의 고백은 아래와 같은 자유로움과 확신의 극치가 되고, 사람들의 비난이나 절망 어린 비판이 있었음에도 자신의 길을 가는 의연함을 보인다. 그가 1529년 임종에서 마지막 남긴 말은 "내 속에 빛이 있는데 내가 무슨 말을 더하랴!"(此心光明亦復何言)였다. 다음의 인용들은 양명의 본마음과 그의 공부의 참된 의도들을 잘 드러내주는 감동 깊은 말들이다.

"지금 나는 양지를 믿는다. 나에게서 옳은 것은 옳은 것이고, 그른 것은 그른 것이다. 나는 무엇을 감추거나 덮으려는 어떠한 노력도 하지 않고 자유롭게 행동한다. 오늘에서야 나의 마음은 긴장에서 벗어났다. 세상 사람들로 하여금 내 행동이 내 말과 일치하지 않는다고 말하게 두어라. 그것도 나에게는 괜찮다."[40]

"그들이 말한 것이 틀렸고 우리가 옳다는 것이 확신이 된다면 우리는 더욱더 우리의 확신하는 바를 실행에 옮겨야 하며, 더욱더 겸손해야 한다."[41]

"모든 사람들이 아무 문제 없이 즐겁게 지내고 있을 때, 나 홀로 울고 슬퍼합니다. 온 세상이 행복하게 (잘못된 가르친을) 좇을 때, 나 홀로 매어지는 가슴과 꺾인 무릎으로 염려합니다. …… 제가 〈주자만년정론〉(朱子晚年定論)을 썼는데 어찌할 수 없었습니다. ……주자의 이론은 평생동안 나에게서 마치 신들로부터 온 것과 같은 계시였습니다. 그러나 갑자기 내 마음에 그것에 반대하지 않을 수 없었고 그래서 했습니다. ……道는 누구에게나 속한 것이고 이 세상 모두에게 주어진 것입니다. 그것은 결코 주희나 공자 개인의 것이 아니고, 모두에게 열려져 있으며, 그래서 그것들에 대해서 논하는 바른 길은 바로 이렇게 공개적으로 하는 것입니다."[42]

온갖 박해와 고난이 있었지만 주희의 이론에 반대할 수밖에 없었던 양명의 고백은 바로 우리 모두에게 놓인 신적 뿌리에 대한 믿음에 근거한 것이다. 그래서 그는 그 믿음을 공개적으로 실토하며 자신의 길을 갔다.

6. 마무리하는 말

오늘 우리 시대의 공부법을 개선해 보려고 양명의 공부법을 살펴보았다. 양명이 살았던 당시도 공부법의 경색과 그 오도된 목표 때문에 많은 혼란과 혼탁이 있었다. 그리고 거기에 대해서 양명은 확고한 주체성의 회복과 지행합일의 공부법을 내놓으며 노력하였다. 양명 사후 그 사상은 두 갈래의 전개를 보인 것으로 평가된다. 한편은 양명의 心 이해를 선불교식으로 극단화시켜 선불교의 아류가 되었다는 평가를 받고, 한편에서는 다시 주자학적인 공부가 강화된 방향으로 나아가는 모습을 보였다고 한다. 이것은 우리가 위에서 양명의 사상을 결코 나약한 자아중심주의가 아닌 것으로 평가했다 하더라도 그 안에 그러한 위험성도 또한 담지하고 있음을 시사해 준다.

특히 오늘날 우리가 살고 있는 과격한 개인주의와 이기적 주관주의의 시대에 생각해 보면 한편 주희가 다시 그리워지기도 한다. 그것은 그가 당시 유심적 불교의 타락을 보면서 좀더 강력하고 객관적인 理의 존재에 근거해서 우리들로 하여금 지속적으로 수행하도록 공부의 대안을 제시했기 때문이다. 김홍호에 따르면 주자학의 강점은 무엇보다도 실천으로 밑받쳐진 정밀한 객관의 통찰을 핵심으로 삼고 전통적인 사상을 모두 흡수해서 장대한 세계관을 형성한 데 있다고 한다. 즉 理의 탐구에 주력한 것이다.[43] 그러나 명나라의 상황은 주희의 그 대안의 상황과 달랐다. 그것은 바로 주희의 대안이 다시 경직되어서 거기에 대한 또 다른 답으로 제안된 것이었고, 그 답의 핵심은 바로 주희가 그렇게 중시한 理가 우리 안에 임재한다는 것이었다. 그러므로 다시 양명 이전으로 돌아갈 수는 없다. 더 나아가는 길이 있을 뿐이다. 그 길을 인도하는 우리 안의 소리는 '누구나 배움과 공부를 통해서 성인이 될 수 있다'는 것이다.

한국 근대 사상사에서 양명학의 역할을 살펴보면, 유승국은 겉으로

드러난 측면에서는 철저히 정주학 중심의 전통 때문에 배척받았으나 17
세기 임진왜란과 병자호란 이후부터 서서히 변화가 일어나 여러 측면에
서 영향력을 찾아볼 수 있다고 한다. 그에 따르면 17세기 이후 한국에서
유교와 천주교, 의리학과 실학, 개화와 보수를 매개할 수 있는 기저로서
의 사상이 바로 한국 양명학이었고, 그 양명학의 개념들이 한국 유학자
들에 의해서 여러 가지 방법으로 실학이나 천주교, 개화사상들에 수용될
수 있었다는 것이다.[44] 이시백(李時白)이나 최명길(崔鳴吉) 등이 민족적
대환란(병자호란)을 당하여 당시의 의리학파들이 죽기를 각오하고 대의
명분론을 주장한 것에 비해서, 죽는 것만이 능사가 아니라는 창의적 현
실타개의 입장을 보인 것은 양명학의 영향으로 볼 수 있다고 한다. 또한
한국 실학사상가들에게서 양명학의 영향은 뚜렷하여, 한국 양명학의 대
가인 하곡(霞谷) 정제두(鄭齊斗, 1649~1736)는 말할 것도 없고, 성호
(星湖) 이익(李瀷), 담헌(湛軒) 홍대용(洪大容)은 양명의 학을 일언반
구 말한 적이 없지만 평생 그의 주장을 보면 두말할 것도 없이 양명학의
영향을 받았음을 알 수 있다고 한다. 홍대용이 춘추의리(春秋義理)가 중
국의 독점물이 아니라고 하면서 민족자주의식을 각성하게 한 점은 정약
용도 "동국(東國)과 중국이 따로 없고, 내가 서 있는 곳이 동서남북의 중
(中)이라"고 말한 것과 같은 맥락이며, 이러한 실학사상가들의 자주적
민족정신은 오로지 양명철학에서 유래했음을 알 수 있다고 한다.[45]

　　이와 더불어 한국 천주교의 수용과 관련하여 양명학의 영향을 살펴보
면, 유교와 천주교와 같은 이질적인 사상이 서로 대화할 수 있었던 것은
바로 양명학의 '양지'와 '양능'(良能) 개념이 매개가 되었기 때문이라고
한다. 한국 천주교 수용에서 지도급 인사였던 정약종, 정약용, 권철신,
이벽 같은 이들은, 사람의 신앙심이 양지에서 일어난다고 보면서, 천하
만국의 사람들이 각각 자연한 성정에 따라서 하나의 높은 님을 존경하게
된다는 사상을 펼치게 되었으며, 그리하여 《천주실의》(天主實義)나 《상

제상서》(上帝相書) 같은 천주교리를 단명함으로 양명학이 그 중심을 이루었다는 것이다.

우리가 앞에서 보았듯이 양명의 사상에서도 양지의 개념이 후기로 갈수록 점점 더 신비한 모습을 띠어서, 마음의 천리인 양지가 단지 그의 마음의 지적이고 도덕적 원리만 되는 것이 아니라 전 우주적 생성과 존재의 원리로서 파악된다. 그리하여 그의 양지는 우주의 원리인 氣와 일치되고, 그렇게 함으로써 만물의 하나 됨[萬物一如]의 근거가 되는 것이다. 그에 따르면 우리 마음의 양지와, 깨어져 길거리에 나뒹구는 기와 조각의 그것 됨과, 매가 하늘을 날고 물고기가 뛰는 것은 다 같은 이치라는 것이다. 이것은 바로 기독교 성령의 무소부재하심에 대한 믿음을 연상시키고, 양명의 깊은 내재적 신비의식을 잘 드러내 주는 부분이다. 그래서 그에게는 더 이상 인간적인 선악의 구분이나 정통과 이단의 싸움, 삼교의 분리 등은 본질적인 의미가 없어졌다. 그는 만물일체의 신비를 경험한 것이다.

19세기 후반에 개화사상이 성숙되면서 양명학의 역할은 더욱 두드러져 유길준이나 정인보(鄭寅普, 1892~)는 주체적인 我의 개념을 강조하며 그 참 자아의 개념을 양명의 양지라고 하면서 양명학의 선양을 통해서 쓰러져가는 나라를 구하려고 하였다. 이와 유사하게 백암(白巖) 박은식(朴殷植, 1859~1926)은 일본의 메이지유신이 성공한 것을 양명학의 활용으로 지적하면서, 양명학에 이르러서 천지만물이 일체가 되는 큰 뜻을 보고, 아시아 내지는 세계평화의 원리를 양명철학으로 확산시켜야 한다고 말했다. 양명학으로 한국 전통사상의 전환뿐 아니라 세계철학으로 보편화해야 한다고 본 것이다.

이상에서 보듯이 정통 주자학만이 존경받고 숭배되던 한국의 학문풍토에서도 양명학의 씨앗들이 여러 가지 모양으로 퍼져서 그 열매들을 맺어 나갔다. 21세기의 오늘날에 와서도 양명학의 강력한 주체의식[良知

說]과 사상연마(思想鍊磨)와 지행합일의 공부법은 여전히 응용되고 적용될 수 있는 가능성을 풍성히 가지고 있다. 특히 오늘과 같은 다원주의의 사회일수록 바로 자기 자신 속에서 하늘의 기초와 중심을 갖는 것은 더욱 중요하다. 다만 그 중심이 고립된 중심이 아니라 때와 장소에 따라서 외물과 항상 관계 맺을 수 있는 역동적인 중심이 되어야 하는데, 이 중심을 바르게 키우는 교육을 통해서 오늘의 종교, 도덕, 정치, 경제, 교육의 혼란을 바로잡을 수 있을 것이라고 보는 것이다. 올바른 공부법의 시행을 통해서 바로 누구나가 주체의식과 만물일체의 의식을 가지고 살아가는 사람이 될 때 대동세계는 가능하다고 본다. 류영모나 김흥호 선생도 그런 의미에서 치양지의 세 글자를 '입성지문'(入聖之門)이라고 하였다. 그리고 하늘과 땅 사이를 잇고 사는 참된 자아, '참아'를 실현할 수 있는 길로 보았다. 그렇게 자기 속에 참된 얼을 가지고 제 소리를 하며 살아가는 민중이 많아질 때 우리 사회는 희망을 가질 수 있는 것이다.

주 ______

1) 김흥호, 〈십자가와 참말을 모시고 산 류영모의 영성〉, 《기독교사상》 2000년 12월호, p.44.

2) 류영모 선생의 제자인 김흥호의 삶에서도 공부의 유사한 열매들을 본다. '믿음'의 문제를 가지고 자신의 공부를 바로 그 문제를 구체적이고 실질적으로 푸는 과정으로 생각한 그는 류영모 선생을 만나고, 거기서 깨달음과 믿음을 통해 '제 소리'를 낼 수 있는 답과 길을 찾고서 지금까지 살고 있다고 한다. 그 가운데 '일좌일식(一坐一食)의 道'를 45년간 실천해 오고 있고, 1970년부터 12년을 계획하고 펴내기 시작한 개인 월간지 《사색》(思索)을 144호로 다해내었고, 매주 일요일 오전 이화여대 대학교회에서 30여 년 이상 성경과 동양 고전을 강의해 오고 있다. 이러한 삶의 모습은 누구나 쉽게 따라할 수 없는 '신뢰와 지속성'(誠)의 모습이라고 하겠고, '진체'(眞切)의 삶을 통해서 자신 고유의 '간이'(簡易)의 삶을 이루는 것이라고 하겠다.(김흥호 전집, 《양명학 공부》(1), 솔, 1999, 머리말)

3) 김흥호, 《사색 10, 제소리—류영모 선생의 말씀》, 도서출판 풍만, p.356.

4) 김미영, 〈朱熹의 佛教批判과 工夫論 硏究〉, 고려대 대학원 박사논문, 1998.

5) 위의 글, p.65ff.

6) 위의 글, p.75.

7)《晦庵先生朱文公文集》36권, 答陸子美 제1서. "……然殊不知不言無極 則太極同于一物 而 不足爲萬化之根. 不言太極 則無極淪于空寂 而不能爲萬化之根.";中文出版社 영인본, 같은 글, p.99 재인용.

8) Julia Ching, "Wang Yang-ming(1472~1528), A Study in 'Mad Ardour' ", Papers on Far Eastern History 3, 1971 March, pp.85~130.

9)《傳習錄》上 103조, "先生謂學者曰, 爲學須得箇頭腦, 工夫方有看落, 縱未能無間, 如舟之 有舵, 一提便醒." 이 글에서 따른 양명의《傳習錄》은 김흥호의《양명학 공부》1, 2, 3이 사용한 臺灣商務印書館의《傳習錄》이다. 해석은 *Instructions for Practical Living and Other Neo-Confucian Writings by Wang Yang-Ming*, Trans. Wing-tsit Chan(Columbia, New York University Press, 1985)을 많이 참조하였다.

10)《傳習錄》100조, "蓋所以爲精金者, 在足色, 而不在分兩. 所以爲聖者, 在純乎天理, 而不 在才力也. 故雖凡人, 而肯爲學, 使此心純乎天理, 則亦可爲聖人. 猶一兩之金, 此之萬鎰. 分 兩雖懸絶, 而其到足色處, 可以無愧. 故曰人皆可以爲堯舜者以此."

11) Wing-tsit Chan, *Instructions for Practical Living and Other Neo-Confucian Writings by Wang Yang-Ming*, p.xxxv.

12)《傳習錄》5조, "此已被私欲隔斷, 不是知行的本體了 未有而不行者, 知而不行, 只是未知. ……就如稱某人知孝, 某人知弟, 必是其人已曾行孝行弟, 方可稱他知孝知弟. 不成只是曉得 說些孝弟的話, 便可稱爲知孝弟."

13)《傳習錄》中 4조, "心一而已, 以其全體惻怛而言謂之仁, 以其得宜而言謂之義, 以其條理 而言謂之理. 不可外心以求仁, 不可外心以求義, 獨可外心以求理乎? 外心以求理, 此知行之 所以二也? 求理於吾心, 此聖門知行合一之敎, 吾子又何疑乎!"

14)《傳習錄》中 3조, "夫人必有欲食之心, 然後知食, 欲食之心卽是意卽是行之始矣. 食味之美 惡, 必待入口而後知, 豈有不待入口而已先知食味之美惡者邪? 必有欲行之心, 然後知路, 欲 行之心卽是意卽是行之始矣."

15) 김흥호,《사색 1, 생각없는 생각―종교적 실존과 한국적 실상》, 도서출판 풍만, p.205.

16) 김흥호,《양명학 공부》(2), 솔, p.16.

17) 김흥호,〈現存在와 致良知―하이데거와 왕양명의 인간 이해〉,《신학과 세계》1987년 가을, 15호, p.82.

18)《傳習錄》下 26조, "此須識我立言言宗旨. 今人學問, 只因知行分作兩件, 故有一念發動, 雖 是不善, 然卻未曾行, 便不去禁止. 我今說箇知行合一, 正要人曉得一念發動虛, 便卽是行 了."

19)《傳習錄》上 6조, "先生曰, 然. 身之主宰便是心. 心之所發便是意. 意之本體便是知. 意之所在便 是物. 如意在於事親, 卽事親便是一物. 意在於事君, 卽事君便是一物. 意在於仁民愛物, 卽仁 民愛物便是一物. 意在於視聽言動, 卽視聽言動便是一物. 所以某說無心外之理, 無心外之物."

20) 김흥호,《양명학 공부》(1), 솔, 1999, p.47.

21)《傳習錄》中 41조, "凡某之所謂格物, 其於朱子九條之說, 皆包羅統括於其中, 但爲之有

要, 作用不同, 正所謂毫釐之差耳. 無毫釐之差, 而千里之繆, 實起於此, 不可不辨."

22)《傳習錄》上 32조, "先生曰, 此只是在文義上穿求, 故不明. ……須於心體上用功. 凡明不得, 行不去, 須反在自心上體當, 卽可通. 蓋四書五經不過說這心體, 這心體卽所謂道, 心體明卽是道明. 更無二. 此是爲學頭腦處."

23) 김흥호,《양명학 공부》(1), p.105.

24) 줄리아 칭 저, 이은선 역,《지혜를 찾아서－왕양명의 길》, 분도출판사, 1998, p.143.

25)《傳習錄》中 8조, "心者, 身之主也, 而心之虛靈明覺, 卽所謂本然之良知也. 其虛靈明覺之良知應感而動者, 謂之意. 有知而後有意, 無知則無意矣. 知非意之體乎? 意之所用, 必有其物, 物卽事也. 如意用於事親, 旣事親爲一物, ……有是意卽有是物, 無是意卽無是物矣. 物非意之用乎?"

26)《傳習錄》下 9조, "先生曰, 人若知這良心訣竅, 隨他多少邪思枉念, 這裏一覺, 都自消融, 眞箇是靈丹一粒, 點鐵成金."

27) Julia Ching, *To Acquire Wisdom— The Way of Wang Yang-ming* (Columbia University Press, 1976), pp.226~227.

28)《傳習錄》中 12조, "聖學旣遠, 霸術之傳積已深, 雖在賢知, 皆不免於習染, 其所以講明修飾, 以求宣暢光復於世者, 僅是以增霸者之藩籬, 而聖學之門穡, 遂不復可覩, 於是乎有訓詁之學, 而傳之以爲名, 有記誦之學, 而言之以爲博, 有詞章之學, 而侈之以爲麗, 若是者, 紛紛籍籍, 聖超角立於天下, 又不知其幾家, 萬徑千蹊, 莫知所適. ……蓋至於今, 功利之毒淪浹於人之心髓, 而習以成性也, 幾千年矣. 相矜以知, 相軋以勢, 相爭以利, 相高以技能, 相取以聲譽, 其出而仕也, 理錢穀者則欲兼夫兵刑, 典禮樂者又欲與於銓軸, 處郡縣則思藩臬之高, 居臺諫則望宰執之要. 故不能其事則不得以兼其官, 不通其說則不可以要其譽, 記誦之廣, 適以長其放他, 知識之多, 適以行其惡也, 聞見之博, 適以肆其辨也, 辭章之富, 適以飾其僞也."

29) 위의 책, "蓋至於今, 功利之毒淪浹於人之心髓, 而習以成性也, 幾千年矣."

30)《傳習錄》上, "先生又曰, 吾輩用力, 只求日減, 不求日增. 減得一分人欲, 便是復得一分天理, 何等輕快脫灑? 何等簡易?"

31) 이은선,〈페스탈로치와 왕양명의 인간교육에 있어서의 종교적, 철학적 근거〉,《교육철학》제7호, 한국교육철학회, 1989.

32)《傳習錄》中 37조, "良知不由見聞而有, 而見聞莫非良知之用, 故良知不滯於見聞, 而亦不離於見聞. ……大抵學問功夫只要主意頭惱是當, 若主意頭惱專以‘致良知’爲事, 則凡多聞多見, 莫非‘致良知’之功, 蓋日用之間, 見聞酧酢, 雖千頭萬緖, 莫非良知之發竅用流行, 除卻見聞酧酢, 亦無良知可致矣, 故只是一事, 若曰致其良知而求之見聞, 則語意之間未免爲二."

33)《傳習錄》中 12조, "所幸天理之在人心, 終有所不可泯, 而良知之明, 萬占一日, 則其聞吾拔本塞源之論, 必有惻然而悲, 戚然而痛, 憤然而起, 沛然若決江河, 而有旂不可禦者矣. 非夫豪傑之士, 無所待而興起者, 吾誰與望乎?"

34) Un-Sunn Lee, Die religioese grundlage der Menschenbildung bei H. Pestalozzi und Wang Yang-ming, Basel Universität Diss. Dr., 1987, pp.206~210.

35) 《傳習錄》 中 44조, "古之敎者, 敎以人倫, 後世記誦詞章之習起, 而先王之敎亡. 今敎童子, 惟當以孝弟忠信禮義廉恥爲專務, 其栽培涵養之方, 則宜誘之歌詩以發其志意, 導之習禮以肅其威儀, 諷之讀書以開其知覺. 今人往往以歌詩習禮爲不切時務, 此皆末俗庸鄙之見, 烏足以知古人立敎之意哉!"

36) 《傳習錄》 中 44조, "今敎童子必使其趨向鼓舞, 中心喜悅, 則其進自不能已, 譬之時雨春風, 霑被卉木, 莫不萌動發越, 自然日長月化, 若冰霜剝落, 則生意蕭索, 日就枯槁矣, 故凡誘之歌詩者, 非但發其志意而已, 亦所以洩其跳號呼嘯於詠歌, 宣其幽抑結滯於音節."

37) 《傳習錄》 中 44조, "導之習禮者, 非但肅其威儀而已, 亦所以周旋揖讓而動蕩其血脈, 拜起屈伸而固束其筋骸也, 諷之讀書者, 非但開其知覺而已, 亦所以沈潛反復而存其心, 抑揚諷誦以宣其志也, 凡此皆所以順導其志意, 調理其性情, 潛消其鄙吝, 默化其麤頑, 日使之漸於禮義而不苦其難, 入於中和而不知其故, 是蓋先王立敎之微意也."

38) 《傳習錄》 中 44조, "若近世之訓蒙穉者, 日惟督以句讀課倣, 責其檢束而不知導之以禮, 求其聰明而不知養之以善, 鞭撻繩縛, 若待拘囚. 彼視學舍如囹獄而不肯入, 視師長如寇仇而不欲見, 窺避掩覆以遂其嬉遊, 設詐飾詭以肆其頑鄙, 偸薄庸劣, 日趨下流. 是蓋驅之於惡而求其爲善也, 何可得乎!"

39) 왕양명, 〈大學問〉, 김흥호, 《양명학 공부》 (2), p.313ff.

40) 《傳習錄》 下 112조, "先生曰, 我在南都已前, 尙有些子鄕願的意思在. 我今信得這良知眞是眞非, 信手行去, 更不著些覆藏. 我今繞做得箇狂者的胸次, 使天下之人都說我行不掩言也罷."

41) Wang Yang-ming, The Philosophical Letters of Wang Yang-ming, trans. Julia Ching(Canbera, 1963), p.67.

42) 《傳習錄》 中 41조, "夫衆力嘻嘻之中, 而猶出涕嗟若, 擧世恬然以趨, 而獨疾首蹙額以爲憂, 此其非病狂喪心, 殆必誠有大苦者隱於其中, 而非天下之至仁, 其孰能察之. 其爲'朱子晚年定論', 蓋亦不得已而然. ……平生於朱子之說, 如神明蓍龜, 一日一與之背馳, 心誠有所未忍, 故不得已而爲此. ……蓋不忍牴牾朱子者, 其本心也, 不得已而與之牴牾者, 道固如是, 不直則道不見也. ……夫道, 天下之公道也, 學, 天下之公學也, 非朱子可得而私也, 非孔子可得而私也, 天下之公也, 公言之而已矣."

43) 김흥호, 《길을 찾은 사람들》, 솔, 1999, p.192.

44) 유승국, 〈한국근대사상사에 있어서 양명학의 역할〉, 《동양철학연구》, 동방학술연구원, 1988, p.384.

45) 위의 글, p.385.

부록

명절 — 우리를 다시 근원으로 이끌어주는 거룩한 끈

명절 —우리를 다시 근원으로 이끌어주는 거룩한 끈*

천지와 만물이 다 이루니라. 하느님의 지으시던 일이 일곱째 날이 이를 때에 마치니 그 지으시던 일이 다하므로 일곱째 날에 안식하시니라. 하느님이 일곱째 날을 복 주사 거룩하게 하셨으니 이는 하느님이 그 창조하시며 만드시던 모든 일을 마치고 이 날에 안식하셨음이더라. (창2장 1-3)

I. 오늘 한국여성신학자협의회가 마련한 2월의 '새하늘과 새땅을 여는 예배'에 참여하고 있는 우리는 바로 얼마 전 민족의 최대 명절의 하나인 설날을 지냈습니다. 그 설을 위해 3천만 명 이상의 이동이 있었다고 합니다. 그래서 나라는 온통 다시 한번 새해 인사로 떠들썩했습니다. 원래 '명절'(名節)이란 즐겁고 신나는 날입니다. 인류의 각 공동체가 나름대로의 삶의 습속을 형성하며 살아오는 가운데 특별한 날을 이름하여 구

---

*이 글은 '한국여성신학자협의회'가 성차별 문화개혁과 양성평등문화 확산을 위해서 벌이고 있는 2002년 '새하늘과 새땅을 여는 예배'의 2월 예배를 위해서 쓴 글이다. 이 책의 주제가 되는 '유교'와 '기독교' 그리고 '페미니즘'이 '명절'이라는 첨예한 주제와 관련하여 모두 연결되고, 그래서 우리가 오늘날의 구체적 삶 속에서 어떻게 이 세 주제들과 새롭게 관계 맺을 수 있을까를 잘 보여준다고 생각하여 부록으로 싣는다.

별된 날로 삼아서 축일로 지내오는 날이기도 합니다. 그래서 감사와 넉넉함이 있으며, 함께 함이 있고, 특별한 것이 있는 날입니다. 그러나 오늘 우리가 자주 듣듯이 여기 계신 많은 분들을 포함하여 한국의 여성들에게서 명절은 짐이 되었고, 심한 노동이 되었으며, 한편으로는 외로움이나 부담감으로 경험되고 있습니다. 그래서 우리가 여기 다시 모여서 명절의 참된 의미를 생각해 보고, 거기서 다시 찾아진 뜻과 소망을 우리 존재의 근원이신 하느님께 대한 예배로 표현하고자 하는 것입니다.

II. 오늘 우리가 읽은 창세기 2장 첫머리에는 성서가 증언하는 첫번째 명절에 관한 이야기가 나옵니다. 그것은 하느님이 엿새 동안 천지를 창조하시고 그 일곱째 날에는 모든 일을 마치고 쉬시면서 그 창조하신 것들을 기뻐하고 즐거워하는 축제일로 삼으신 이야기입니다. 하느님은 이 일곱째 날을 안식일로 삼으셨고, 이 안식일 축제의 전통이 다시 신약시대로 이어져서 오늘 우리에게까지 전해져 지금 7일마다의 주일을 지키며 기념하고 있습니다. 이날은 우리가 평소에 하던 일에서 손을 떼고 예배를 드리며, 우리 복의 기원이 어디인가를 다시 기억하고 감사하며, 그래서 그 감사로 우리들에게 소중한 것을 봉헌하고 시간과 정성을 들여서 예배하며 공동체를 위해서 봉사하는 것입니다.

그러나 이렇게 좋은 의미로 시작된 예배이지만 오늘날 많은 크리스천들은 이 주일날의 축제와 예배도 본래의 모습에서 멀어졌다는 것을 경험하고 있습니다. 그것은 원래 진정한 쉼을 위한 것이었지만 오늘날은 많은 사람들에게 더 고단한 날이 되었고, 각종 봉사와 일로 처음 시작에 대한 회상과 감사로 보내야 하는 시간들이 흩어지고 있습니다. 그래서 감사하며 마음과 진정을 다해 예배 드려야 하는 주일의 예배가 다시 노동이 되고 있습니다. 이렇듯 오늘 또 하나의 노동이 되어 버린 기독교 교회의 예배와, 특히 여성들에게 노동과 고통이 되어버린 우리 민족의 명절이 저는 다른 경우가 아니라고 생각합니다.

우리 전통사회에서 조상들은 삶의 근원에 대한 기억과 감사를 여러 가지 나름대로의 방식으로 표현해 왔으며, 그것을 여러 명절의 의식(儀式)으로 표시해 왔습니다. 유교 전통은 그때까지의 어떤 전통보다도 뿌리와 역사에 대한 의식이 첨예하여, 조선시대에 와서는 조상에 대한 차례와 제사가 민족 명절의 핵심적인 일로 자리잡게 되었습니다.

유대 기독교 전통에서의 여러 축제일들도 이와 유사한 모습을 보입니다. 앞에서 이야기한 하느님으로부터 시작된 안식일에서 시작하여 애굽에서의 종살이 기억을 다시 상기하며, 그러한 해방을 주신 하느님께 감사하는 유월절, 그와 관련된 초막절 행사 등 모두 그들의 조상들이 이루어낸 고통과 기쁨들을 다시 기억하자는 것입니다. 그래서 자신의 삶이 방향을 잃고 거짓에 빠지고 이기주의에 빠져서 위태로울 때, 다시 그러한 명절들과 더불어 역사를 상기하며 맨 위로는 우주의 근원인 하느님께 감사하고, 자신들의 조상에게 감사하며, 그 축일을 함께 보내며 즐거워하고 다시 본래의 모습으로 돌아가는 것입니다.

III. 오늘 우리 크리스천들이 이렇듯 의미를 지니고 있는 주일의 예배를 앞에서 들었던 여러 가지 병통과 변질을 이유로 들어서 폐기하거나 없애버릴 수 없듯이, 우리 전통의 민족 명절도 그렇게 할 수 없다고 생각합니다. 우리가 그러한 예식을 모두 버리고 또한 공동체로 모이는 것에 따르는 고통을 이유로 공동체 제의를 버린다면 결국 모든 예배가 사라지게 되며, 우리는 모두 각자가 홀로 된 따로따로의 섬들로 남게 될 것입니다.

우리 민족은 지금까지 여러 종교 전통들과 더불어 명절의 예식과 예배의 예식을 나름대로 가꾸어 왔습니다. 일찍이 불교 전통으로 배웠고, 유교 전통으로 배웠으며, 기독교 전통으로도 배웠습니다. 기독교가 아니었다면 어떻게 모든 평범한 사람들과 여성들이 최고의 궁극자인 하느님게 직접 예배드릴 수 있도록 되었겠습니까? 또한 유교 전통으로 우리 조상들은 자신들의 시작과 역사에 대한 의식을 더욱 뚜렷이 배웠으며, 만약 불교 전통이 아니었다면 우리 민족의 수많은 한과 고통은 치유의 길을 찾기 힘들었을 것입니다. 사실 이러한 모든 전통들이 우리들을 다시 근본으로 이끌어주며 삶의 본질과 대면하게 하면서 거기서 얻은 은혜에 대한 감사로 우리의 희생과 수고를 기꺼이 드릴 수 있게 합니다. 우리가 크리스천으로서 주일마다 우리 새 삶의 기원에 대해 상기하며 그것이 감사해서 무엇인가를 봉헌하고, 또한 그러한 표현인 예배를 드리기 위해서 준비하고 시간과 물질을 쓰듯이 민족의 축제와 명절은 그렇게 근원에 대한 감사의 표현이며, 그것을 같이 한 사람들이 모여서 함께 지내기 위해서 보이지 않는 봉사와 희생을 드리는 것입니다.

1577년 율곡 선생님이 우리 공부의 진정한 목적이 무엇이며 그 내용이 무엇인가를 간단히 밝히려고 쓰신 글인 《격몽요결》(擊蒙要訣)의 제례장에 보면 기제사뿐만 아니라 명절에 드리는 시제에서도 그 기본정신은 기원에 대한 기념과 감사로 자신을 절제하고 준비하며 기억하는 것입니다. 그래서 그 예배를 준비하는 사람은 며칠 전부터 스스로를 삼가서 술이나 자극적인 음식을 멀리하고, 禮가 아닌 일에 참여하지 않으며, 음악을 듣는 것도 절제하며 그 날을 준비하라고 했습니다. 이것은 바로 지금은 멀리 떠나서 눈에 보이지는 않지만 부모와 조상에 대한 생각을 깊이하고, 그것을 예배로 표현하며 예를 요하는 것입니다. 우리의 처음 시작인 하느님에 대한 禮를 우리가 주일마다 드리며 그것을 위해 절제하고 희생하는 것과 다르지 않습니다.

IV. 그런데 문제는 오늘날 이러한 기념과 명절들이 여전히 여성들만의 희생으로 치러진다는 것이고 거기서 여성들은 소외되고 있다는 것입니다. 유교 전통의 철저한 가부장주의로 인하여 남성들은 명절과 차례에 주인이 되지만 여성들은 노동과 희생만 강요당하며 명절에 함께 하지 못한다는 것입니다.

그러나 이러한 전통은 오늘날 더 이상 견지될 수 없습니다. 오늘날 우리 모두가 자유롭게 존재의 처음 근원인 하느님께 예배 드릴 수 있게 된 상황에서 예전의 차별은 더 이상 용납될 수 없습니다. 그러나 그것 때문에 명절 자체를 없애버리자고 하는 것은 앞에서도 이야기한 것처럼 우리가 주일날 들어가는 수고와 노동 때문에 예배 자체를 없애자고 하는 것과 같으므로 여기서 다른 대안을 찾아야 하겠습니다.

지금까지 세계의 각 종교 전통들은 나름대로의 방식으로 '거룩'(聖)과 '속'(俗)의 영역을 구분하면서 그 구분 속에서 자신들의 종교 행태를 지속해 왔습니다. 예를 들어 불교와 기독교는 세속그룹에 대해서 성직자 그룹을 따로 두어서 특별히 종교의식과 예배를 관장하는 성직자그룹을 구별하여 왔습니다. 이에 반해 유교는 그렇게 하지 않아서 성직자 그룹을 따로 두지 않았으며, 바로 각 가정의 남성 가장이 성직자의 역할을 담당해 오고 있으며, 정치와 종교도 따로 구분되어 있지 않습니다. 즉 그것은 바로 세상 속에서 俗의 방식으로 聖의 영역을 표현하려는 것이었으며, 그런 과정에서 유교 전통은 그 남성들을 다시 聖의 영역으로 강화하여 철저한 가부장주의를 전개시켜 온 것으로 이해됩니다. 이와 더불어 오늘날과 같이 만인평등과 사제의 이상이 이야기되는 때에도 기독교가 여전히 성직자 그룹을 따로 세우고 그들에 의해서 예식을 담당하게 하며, 평신도 그룹과 구별을 강조하고 있듯이 유교 전통은 오늘날도 여전히 가부장주의를 고집합니다. 전래된 聖의 영역을 쉽게 포기하지 않으려는 것이지요.

오늘날 기독교 여성신학자들은 이러한 기독교 전통의 성직체계에 대해서 날카로운 비판을 하고 있습니다. 오늘날도 여전히 과거의 성직제도를 고수하면서 거기서 聖과 俗을 철저히 구분하고, 性의 계급주의를 강조하며 평신도 위에 군림하고 예배와 의식에서 역할을 독점하는 것에 대해서 비판하고 있습니다. 그러나 이 비판의 수위와 해결의 모색에서 우리는 많은 토론을 하고 있습니다. 어느 정도까지 전통의 성직제도를 비판할 것인가, 이 성직제도를 비판하고 모두 버린다면 그래도 과연 교회와 예배가 계속될 수 있을 것인가 등 많은 토론을 함으로써 어떻게 이 聖과 俗의 영역을 전통적 권위적으로 나누지 않으면서도 예배의식을 계속해 나갈 수 있을까를 찾고 있는 것입니다. 오늘날 유교 전통의 가부장주의에 대한 비판과 논의도 이와 유사한 경우이고, 또한 그렇게 해야 한다고 생각합니다. 유교가 전통적으로 聖의 영역이라고 생각한 가부장주의를 어디까지 포기할 수 있을까, 혈연공동체로 시작된 가정이 어떻게 폐쇄적인 집단으로 되지 않으면서도 오늘날과 같은 유목민의 시대에 삶의 자연스러운 베이스캠프로서의 역할을 계속해 나갈 수 있을까라는 것들입니다.

우리의 여성의식이 깨어남으로써 인해 시작된 이러한 논의가 그러나 명절 자체를 부인하는 결론으로 나아가서는 안 된다고 생각합니다. 그것은 우리가 모두 하나같이 급진적인 여성신학자가 되어서 전통 교회의 성직제도 자체를 받아들일 수 없으므로 예배와 교회를 더 이상 받아들일 수 없다고 하는 것과 같으며, 그러한 완전한 전통의 부정은 또한 허구일 수밖에 없기 때문입니다. 홀로 서 있는 예배는 지속될 수 없고 그 예배의 한 본질인 공동체성을 가질 수 없기 때문입니다.

V. 예배와 명절이란 창세기의 안식일과 우리 조상들이 가르쳐 주는 원래의 제의의 의미가 말해 주듯이, 자신의 근원에 대한 기억을 새롭게 하며, 자신이 결코 혼자가 아니며, 유아독존적 존재가 아니라 시간과 공간의 그물코 속에 같이 있는 존재라는 것을 가르쳐 줍니다. 그 그물코는 우리로 하여금 방향의식을 주면서 길을 잘못 들었을 때 다시 회복될 수

있게 합니다. 그 근원에 대한 감사는 또한 우리의 봉사와 희생으로 나타납니다. 희생의 진정한 의미는 평소에 자신이 포기할 수 없는 것, 할 수 없는 것을 하는 것이라고 생각합니다. 평소 일에 중독되다시피 살아서 자신의 몸과 마음을 혹사하고 현재에만 집착해서 살던 사람에게는 명절은 강제적으로라도 철저히 자신을 쉬게 하고 다시 자신의 처음 모습을 기억하게 하는 시간이 될 수 있습니다. 그래서 그에게는 철저히 쉬는 것이 명절에 드리는 자신의 희생과 봉헌이 될 수 있습니다. 예수는 안식일이 사람을 위해 있는 것이지 사람이 안식일을 위해서 있는 것이 아니라고 하셨습니다.

그러나 또 한편 다른 사람에게는 평소에 현대의 바쁜 생활 때문에 인스턴트 식품과 패스트푸드로 지내왔다면, 이 명절을 통해서 정성된 음식을 만들고 가족과 이웃 친척들과 함께 나누는 기회를 마련하는 것으로 자신의 명절 봉헌을 삼을 수 있습니다. 또 누군가는 평소에는 자신의 가족들만 생각하다가 명절을 맞이하여 더 넓은 반경의 친척과 어려운 이웃들과 함께 나누는 시간으로 삼는다면 그것 또한 뜻깊은 명절이 될 것입니다. 이렇듯 오늘날 명절은 새로운 방식으로 다양한 새로운 내용으로 채워질 수 있습니다. 특히 오늘날과 같이 모두가 자기 자신에게만 집중해 있고, 자기 가족과 눈에 보이는 것에만 관심을 갖는 이때에, 지금 당장 눈에 보이지 않지만 우리가 현재의 우리 됨을 가능하게 해주신 삶의 여러 밑받침에 대해서 감사하고, 그를 위해서 무엇인가 우리의 일부분을 희생하고 봉사하는 일은 귀하다고 생각합니다. 그렇게 자신의 감옥에서 나와서 타인과 가족을 위해서, 사회와 자연을 위해서 봉사하고 희생할 수 있는 기회를 우리는 얼마나 가지고 있습니까? 우리 전통의 명절은 바로 그것을 배우고 실행할 수 있는 가장 자연스러운 기회라고 생각합니다.

Ⅵ. 창세기의 하느님은 안식일을 강제로 정하시고 무조건 쉬게 하셨습니다. 명절은 우리에게 그런 자연이 강제한 휴일이라고 생각합니다. 근원을 생각하고 자기 자신으로부터 해방되어서 부모와 가족을 생각하고, 이웃을 생각하고, 민족을 생각하는 날입니다. 이 정신을 잃어버리지 말고 각 가정이 나름대로 진정한 명절의 내용을 찾아나가야 할 것입니다. '온고이지신'(溫故而知新), '추원보본'(追遠報本), 하나님과 부모님이 먼 데 있지만 그 먼 데 있는 것을 기억하고 기념하며 섬기고, 자신이 오늘 있게 된 것에 대해서 진정으로 감사하고 예배를 드릴 때 그 가정과 사회와 나라는 복되다고 하셨습니다. 성경 마태복음에서 팔복의 이야기도 바로 이렇게 눈에 보이지 않고 당장 드러나지 않지만 근원적인 가치를 잘 지키고 신앙하면서 복된 사람이 된다는 것을 가르치신 것입니다. 오늘날 국가경쟁력을 말하는 데서도 이제는 '신용'이 가장 큰 경쟁력이 되었다고 합니다.

지금 볼 수 없지만 서로를 믿는 것, 눈에 보이지 않지만 우리 부모가 살아 계신 것처럼 사모하고 예배 드리는 것, 우리 존재와 복의 궁극점인 하느님을 믿는 것, 이 모든 것이 명절의 기초가 되고, 내용이 되며, 가르침이 된다고 생각합니다. 이 명절이 오늘 우리에게 진정한 안식일이 되며 복의 근원이 될 수 있도록 우리 모두가 노력하며 조금씩 서로를 위해서 서로를 나누어주며, 새로운 내용으로 채워 나가야 하겠습니다. 오늘 나는 이 좋은 명절의 예배를 위해 무엇으로 함께 나누고자 합니까?